Copyright © der deutschsprachigen Ausgabe
Thomas Kettler Verlag

1. Auflage 2018

Thomas Kettler Verlag
Von-Hutten-Straße 15
22761 Hamburg

Übersetzung aus dem Finnischen: Anke Michler-Janhunen
Lektorat der deutschsprachigen Ausgabe: Thomas Kettler, Carola Hillmann
Satz und Layout der deutschsprachigen Ausgabe: Carola Hillmann
Anreisekarten & Bearbeitung der Karten für die deutsche Ausgabe: Carola Hillmann
Fotos: © Harri Ahonen mit Ausnahme von Seite 18 unten: © Thomas Kettler, Seite 358: © Mikko Heponeva
Druck: Gutenberg Beuys Feindruckerei

Fotonachweise via Wikimedia Commons: Seite 8: Pethr, Seite 10: Aldebaran, Seite 12: Henrik Sendelbach, Seite 24: Andreaze, Seite 44: Alexandre Buisse, Seite 45: Stichting Saxifraga, Seite 49: Thartmann, Seite 51: Bjone, Seite 52 & 69: Trondhjems Turistforening, Seite 53: color line, Seite 55: Oeikrem, Seite 60 © Kartverket (Kart_og_kompass Uploaded by Arsenikk), Seite 89 & 94: Andreaze, Seite 107: Seniorgirl123, Seite 169 & 170: Robert Anders, Seite 177: Prankster, Seite 187: Elisabet Haveraaen/norden.org, Seite 195: Stichting Saxifraga, Seite 214: Alexander Lindbäck, Seite 216: Lars Rogstad, Seite 222: Thartmann, Seite 234: Danmichaelo, Seite 285: Kurth Brekke, Seite 288: Ola Njå, Seite 320 & 324: Ximonic (Simo Räsänen), Seite 322: fhwrdh from Los Angeles, Seite 331: By W. Bulach, Seite 341: Markus Trienke, Seite 345: Henny stokseth, Seite 347: Frankemann

Copyright der finnischen Originalausgabe:
© Harri Ahonen und Tammi Publishers 2016
Text: © Harri Ahonen
Redaktion: Jenni Salminen
Graphic Design und Cover: Jukka Aalto, Armadillo Graphics
Layout: Jukka Iivarinen, Vitale Ay
Karten: lantmäteriet (Schweden), Kartverk (Norwegen)
Originalausgabe 2016 Tammi Publishers mit dem Finnischen Originaltitel: Keski-Skandinavian VAELLUSREITIT
Veröffentlicht mit Genehmigung durch Bonnier Rights Finland, Helsinki

Alle Rechte vorbehalten. Kein Teil dieses Buches darf in irgendeiner Art und
Weise ohne schriftliche Genehmigung des Verlages reproduziert werden.

Die Deutsche Nationalbibliothek verzeichnet diese Publikation in der Deutschen National-
bibliografie; detaillierte bibliografische Daten sind im Internet über *http://dnb.d-nb.de* abrufbar.

Sowohl Verlag als auch Autoren lehnen im Falle eines Unfalles jegliche Haftung ab. Schriftliche
und bildliche Darstellungen und Angaben dieses Werkes erfolgten nach bestem Wissen und Gewissen.
Sollten sich Fehler in dieses Buch eingeschlichen oder Gegebenheiten im Zusammenhang mit
Touren geändert haben, bitten wir, sich mit uns in Verbindung zu setzen.

ISBN: 978-3-934014-62-6

<small>MITTELSKANDINAVIEN</small>
WANDERWEGE

Harri Ahonen

Für Vater

Kaum ausgetretenen Wanderpfaden folgen und die schneebedeckten Berggipfel ringsum bewundern. Sich auf einen Baumstumpf setzen, die Schnürsenkel festziehen und dem Schrei eines Habichts in der Ferne lauschen. Den Blick nach oben schweifen lassen und am Himmel kreisenden Vögeln nachsehen. Sich vor dem Regen unter einen Felsvorsprung oder eine hohe Fichte flüchten bis die Kälte den Rücken hinaufkriecht. Am Ufer eines Gebirgsbaches stehen und dem schnell dahinströmenden Wasser hinterherschauen das einen einzelnen Baumstamm umspült. Zum Abschluss des Tages auf einen Gipfel steigen und den glutroten Sonnenuntergang bewundern, einen Moment verharren und im Schein der Taschenlampe den letzten Kilometer zur Hütte zurücklegen. Am nächsten Morgen von der strahlenden Sonne geweckt werden und bereit sein für die nächste Tour.

Go tur!
Auf geht's!

Für die deutschsprachige Ausgabe gilt mein Dank den Verlegern Carola Hillmann und Thomas Kettler vom Thomas Kettler Verlag sowie der Übersetzerin Anke Michler-Janhunen, die das Erscheinen des Buches in deutscher Sprache möglich machten.

Für die Unterstützung bei der Entstehung des Buches danke ich Tietokirjailijat ry, Taiteen edistämiskeskus sowie der Literaturstiftung von WSOY.

In der Sachbuchabteilung des Verlags Tammi gebührt mein Dank vor allem Jenni Salminen, Paula Zitting, Tanja Laakkonen, Sara Itkonen sowie natürlich Tuija Nurmiranta und allen, die an der Herstellung des Buches beteiligt waren.

Danke auch an Marika, Sake, Jarno, Lauri, Tero, Petteri, Riitta, Kari und Harri-Pekka, die an der Entstehung dieses Buches mitgewirkt, mich auf meinen Wanderungen durch das Mittlere Skandinavien begleitet und meine teilweise verrückten Unternehmungen mitgemacht haben..

Vielen Dank und eine Riesen-Umarmung an Karri, Tuija, Marko, Nina, Frans, Rane, Märta, Anne, Ståle, Lillian, Andrea, Jessica und Morten!

Und schließlich möchte ich mich bei der Rajaportin Sauna und bei Pispalan Pulteri bedanken – bei Euch konnte ich die Strapazen der Wanderungen ausschwitzen, wieder auftanken und mich erholen.

INHALTSVERZEICHNIS

I PLANUNG UND VORBEREITUNG

Mittelskandinavien – Wanderregion & Anreise 6
   Übersichtskarte der Wandergebiete................... 7
   Anreise zu den Wandergebieten..................... 9
   Anreise mit Auto und Mautgebühren................. 9
   Anreise mit dem Schiff, Flugzeug, Bahn, Bus 10
   Übersicht der Fähr- und Brückenverbindungen ... 13
Eigentümer der Hütten in den Wandergebieten...... 14
   Der Norwegische Wanderverein – Den Norske
      Turistforening (DNT) 15
   Schwedischer Tourismusverband – Svenska
      Turistförening (STF) 22
   Statskog................. 26
   Länsstyrelsen Dalarna................. 27
   Private Betreiber von Hütten & Hotels 27
Allgemeine Wandertipps 28
   Jedermannsrecht................. 28
   Nationalparks und Landschaftsschutzgebiete 30
   Planung der Tour................. 30
   Zeitpunkt wählen................. 33
   Zelten................. 34
   Angeln................. 36
   Reiseversicherung................. 36
   Feuermachen................. 36
   Müll................. 36
   Trinkwasser................. 36
   Flussquerungen................. 37
   Brücken und Bootstransfer................. 39
   Gefahren................. 41
   Mobilfunk-Empfang................. 43
   Grenzübertritt................. 43
   Moschusochse und Tundraren................. 43

Pfade und markierte Wege................. 46
   Markierte Wege................. 47
   Tradierte Pfade und Trampelpfade................. 49
   Fernwanderwege mit Eigennamen................. 51
      *(Fjordruta, Trekanten, Gullruta, Linné Stigen,
      Södra Kungsleden, Armfeldts Karoliner)*
   Karte der Fernwanderwege mit Eigennamen 50
Orientierung im Gelände................. 56
   Karte und Kompass................. 58
Benutzung des Buches & Symbole................. 60
   Wanderrouten & Schwierigkeitsgrade................. 61
   Symbolerklärung.............. Umschlag hinten & 62
   Infos zu den Hütten & Kategorisierung................. 63

II WANDERGEBIETE

Sylarna 66
Femundsmarka & Rogen 132
Rondane 178
Dovrefjell 210
Trollheimen 254
Nordmøre 292
Tafjordfjell 318

Literaturverzeichnis 352
Glossar 359
Über den Autoren 358
Register 359

PLANUNG UND VORBEREITUNG

I

Gråhøin (1.699 m) auf der *Wanderetappe D018*.

MITTELSKANDINAVIEN
WANDERREGION & ANREISE

Mittelskandinavien ist ein ideales Wandergebiet, das mit schmalen Fjorden und ausgedehnten Wildmarkgebieten seinesgleichen sucht. Es wird im Westen und Norden durch den Atlantik begrenzt und die norwegische Atlantikküste bildet ein Mosaik aus tausend Inseln und felsigen Schären. Fjorde, Inseln und Schären fügen sich zur einer märchenhaften Landschaft, die landeinwärts komplettiert wird durch rauschende Wasserfälle und zum Teil weit über 2.000 Meter hoch aufragende Berggipfel.

Zerklüftet von Fjorden und Hochplateaus liegt im Norden die inselreiche Region **Nordmøre**. Südlich davon schließt sich die bezaubernde Region **Trollheimen** an. Die bekannteste Fjordlandschaft ist sicherlich die Region **Tafjordfjell**. In der für ihre instabilen Felsformationen bekannten Gegend ereignete sich 1934 im Tafjord ein Unglück, als ein Teil der Felswand ins Meer stürzte und eine gewaltige Flutwelle auslöste die 40 Menschen das Leben kostete. Die Schönheit der Fjorde besitzt jedoch eine ungeheure Anziehungskraft und der ebenfalls in dieser Gegend zu findende **Geirangerfjord** ist eine von Norwegens größten Attraktionen. Die bekanntesten Fjorde, wie den Geiranger- oder den Halsafjord, kann man auch direkt entlang markierter Wanderrouten erkunden. Ist man in **Tafjordfjell** unterwegs, ruft ein Blick auf die phantastische Landschaft zweifellos Staunen hervor, wie eine derart zerklüftete und bizarr geformte Landschaft überhaupt aus einem Stück bestehen kann. Ein Teil der Bergregion des Tafjord-Gebirges liegt im **Reinheimen-Nationalpark** (norw. *Reinheimen nasjonalpark*), dem mit 1.974 km² drittgrößten Nationalpark Norwegens.

Weiter Richtung Osten wird die Landschaft etwas offener und ruhiger. Hier liegen die Nationalparks **Dovre-Nationalpark** (1.290 km²), **Dovrefjell-Sunndalsfjella-Nationalpark** (1.700 km²) und **Rondane-Nationalpark** (960 km²), Norwegens ältester Nationalpark. In den Schutz- und Hochgebirgszonen nehmen die Entfernungen zu und die Berge massivere und steil aufragende Formen an. Die höchsten Gipfel in den Nationalparks sind der **Storronden** (2.138 m), der **Rondslottet** (2.178 m) sowie der **Svånåtindan** (2.209 m) und der **Snøta** (2.238 m). Ihr Anblick ist ungeheuer beeindruckend und kann eigentlich nur von den über die Berge ziehenden **Moschusochsen** übertroffen werden. Das schon während der Eiszeit lebende Tier ist in die Gegenden Mittelskandinaviens zurückgekehrt. Die größte Wahrscheinlichkeit auf eine Begegnung mit dem urzeitlichen Tier besteht in den Bergregionen der **Nationalparks Dovrefjell** und **Rondane** sowie in den Naturreservaten **Femundsmarka** und **Rogen**.

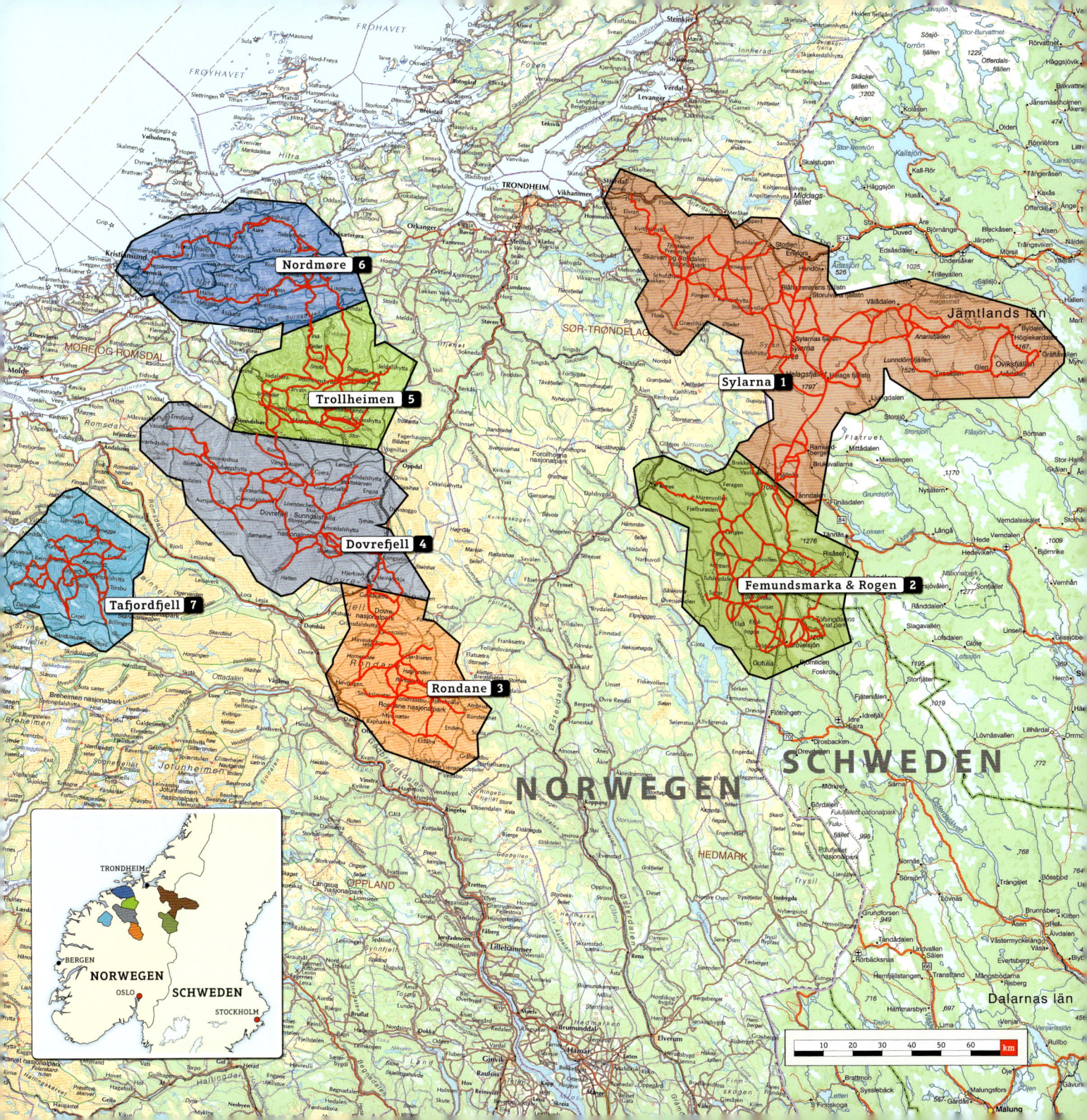

> *Man sollte unbedingt beachten, dass der mächtige **Moschusochse** unberechenbar sein kann und im Extremfall bis zu 60 Stundenkilometer schnell läuft. Im offenen Fjell gibt es kaum Bäume, auf die man zum Schutz flüchten könnte. Aus diesem Grund ist es ratsam, mindestens **200 Meter Sicherheitsabstand** einzuhalten, insbesondere dann, wenn es Kälber in der Herde gibt!*

Tiefer im Osten breitet sich eine gewaltige, von Gletschern beherrschte Wildnis aus. Das Gebirgsplateau *Sylarna* braucht in seiner Ausdehnung den Vergleich mit den einsamsten Wildnisregionen der Nordkalotte nicht zu scheuen. Sylarna erstreckt sich sowohl auf norwegischer als auch auf schwedischer Seite und umfasst ein Gebiet von 4.000-5.000 km², je nachdem wie man rechnet. Auch der 442 km² umfassende **Skarvan og Roltdalen-Nationalpark** (norw. *Skarvan og Roltdalen nasjonalpark*) und das 1.180 km² große **Naturreservat Vålådalen** (*Vålådalens naturreservat*) liegen in einsamen, menschenleeren Gegenden.

Die Grenzregion *Sylarna*, auf Norwegisch *Sylan* oder *Sylene* sowie auf Samisch *Bealjehk* genannt, ist für ihre reiche Kulturgeschichte bekannt.

> *Im Jahre 1718 ereignete sich hier ein tragisches Unglück, als der schwedische General Armfeldt nach erfolgloser Belagerung Trondheims mit seinen Truppen auf dem Rückzug in einen schrecklichen Schneesturm geriet, der tausenden seiner Soldaten das Leben kostete. Ein Großteil von ihnen kam ursprünglich aus dem Gebiet des heutigen Finnlands und die Erinnerung an die als „Todesmarsch der Karoliner" bekannte Tragödie lebt bis heute in der Gegend fort. Zahlreiche Gedenksteine säumen den historischen Wanderweg „Armfeldts Karoliner".*

Moschusochse im Dovrefjell.

Südlich der Wildmark Sylarna liegen die Wandergebiete *Femundsmarka* und *Rogen* in denen viele Zeugnisse der Eiszeit zu finden sind. Die Fläche des **Nationalparks Femundsmarka** und des **Naturreservats Rogen** sowie aller anderen Schutzgebiete (insgesamt acht) beträgt zusammen 1.770 km². Sie bilden eine unverwechselbare Wanderregion, die ihresgleichen sucht im mittleren Skandinavien. Tausende Seen und Tümpel, durchbrochen von schmalen, mehr oder weniger bewachsenen Landengen, durchziehen die Gegend wie ein buntgeschecktes Mosaik. Die Gegend war bereits im 19. und 20. Jahrhundert ein beliebtes Ziel unter Wanderern und bis heute gibt es hier eine Reihe von einsamen Wildmarkhütten, die auf Trekkingtouren genutzt werden können. Man darf in ihnen jedoch nicht länger als eine Nacht bleiben und kann sie nicht vorbuchen.

Sylarna wie auch Femundsmarka und Rogen zählen zu den südlichsten Siedlungsgebieten der **samischen Urbevölkerung** und vor allem im Sylarna gibt es viel Rentierwirtschaft. Die samische Kultur verleiht Wanderungen in diesem einzigartigen, phantastischen Gebiet einen besonderen Reiz.

Anreise zu den Wandergebieten

Auf Seite 13 finden Sie eine Übersicht der Fährlinien und Brückenverbindungen nach Skandinavien.

Mittelskandinavien ist sowohl mit dem eigenen PKW als auch mit öffentlichen Verkehrsmitteln zu erreichen. Mit Schiff, Bahn oder Bus, manchmal aber auch mit dem Taxi, kommen Sie gut in die Wanderregionen. In der Randspalte dieses Kapitels sind einige Internetadressen aufgeführt, auf denen Fahrpläne und Preise der Verkehrsmittel zu finden sind. Die Informationen sind meist auch auf Englisch verfügbar.

Anreise mit dem Auto

Eine Möglichkeit ist die Anreise von Deutschland über Schweden. Eine häufig gewählte Route mit Fähre und Brücke (Maut) ist Puttgarden (Fehmarn) – Kopenhagen – Malmö, dann auf der E 6 über Helsingborg und Göteborg entlang der Westküste Schwedens in Norwegens Hauptstadt Oslo und weiter über Hamar und Elverum in die Wanderregionen Femundsmarka & Rogen sowie Sylarna. In die westlich gelegenen Wanderregionen Rondane, Dovrefjell, Trollheimen, Nordmøre und Tafjordfell gelangt man über Hamar weiter auf der E 6 über Lillehammer.

Mautgebühren in Norwegen und Schweden

In **Norwegen** müssen alle Autofahrer in der Nähe größerer Städte sowie für die Benutzung größerer Brücken oder Tunnel Maut bezahlen. Die automatisierten Mautstellen sind mit einer Kamera ausgerüstet, die die Kfz-Kennzeichen und Vignetten der bei *EPC – Euro Parking Collection* (www.epcplc.com/rental) registrierten, aber auch der unregistrierten Fahrzeuge, erfasst und eine Rechnung zuschickt. Darüber hinaus gibt es kleinere, schmalere Straßen die gebührenpflichtig sind. Hier wird die Gebühr von 2 bis 10 Euro vor Ort an einem Automaten entrichtet, der an einen Briefkasten oder Parkautomaten erinnert. Der Betrag muss passend, bar und in Landeswährung bezahlt werden, Wechselgeld wird nicht erstattet. Auch an einigen Gebirgsstraßen wird Straßenbenutzungsgebühr erhoben, zahlbar in einen Briefkasten oder Automaten. Auch hier gilt – bar und in der Landeswährung, kein Wechselgeld. An privat betriebenen Automaten ist die Bezahlung auch mit einer (norwegischen) Kreditkarte möglich. Nach der Bezahlung muss der Bezahlschein sichtbar innen hinter der Windschutzscheibe angebracht werden. Durch die Wegenutzungs- und Parkgebühren wird der Unterhalt der Gebirgsstraßen finanziert. Die meisten Straßen und Parkplätze sind allerdings gebührenfrei, nur die Straßen zu entfernten oder besonders beliebten Wanderzielen sowie die dortigen Parkplätze sind gebührenpflichtig. Auf den Orientierungskarten zu jedem Wandergebiet in diesem Buch sind die Parkplätze eingezeichnet.

INFOS

AutoPass Box von tolltickets:
www.tolltickets.com/country/scandinavia/autopass.aspx

AutoPass:
www.autopass.no

Mit Hilfe einer **AutoPass Box** von **tolltickets**, die an die Innenseite der Windschutzscheibe geklebt wird, können Sie in Skandinavien Mautgebühren einfach und bequem zahlen. Sie ist vor allem für Urlauber geeignet und vielfach mit Rabatten auf mautpflichtigen Straßen verbunden. Allerdings müssen stets die automatischen Fahrspuren der Mautstationen, Brücken und Fähren genutzt werden. In Norwegen sind diese mit „AutoPASS" gekennzeichneten, in Dänemark und Schweden die grünen „BroBizz / AutoBizz / EasyGo" ausgeschilderten Fahrspuren. Die Maut, Brücken-, Tunnel- bzw. Fährgebühr wird automatisch vom Kundenkonto abgebucht.

Eine Autobahnmaut gibt es in **Schweden** zwar nicht, dennoch ist das Land nicht völlig frei von Straßennutzungsgebühren. In den Städten Stockholm und Göteborg werden werktags uhrzeitabhängige City-Mautgebühren verlangt. Feiertags und am Tag vor einem Feiertag sowie im gesamten Juli müssen dagegen keine Gebühren bezahlt werden.

Anreise mit dem Schiff

Die Anreise mit dem Schiff, bzw. der Fähre von Deutschland oder Dänemark nach Norwegen oder Schweden hat manchmal den Charakter einer kleinen Kreuzfahrt. Natürlich kann auch ohne Auto mit der Fähre angereist werden. Bei der Auswahl der Fährpassage sollten Sie die Anschlussverbindungen mit Bus oder Bahn berücksichtigen. Die Entfernungen zwischen Hafen und Bahnhof / Busbahnhof sind häufig beträchtlich, doch bieten die Fährgesellschaften mitunter Transfermöglichkeiten an. Diese sollten im Vorfeld bei den Fährgesellschaften erfragt werden.

Wer die Ozeanwellen des Atlantiks erleben möchte, sollte die Schiffsverbindung der zwischen Bergen und Kirkenes verkehrenden *Hurtigruten* wählen. Diese mehrere hundert Passagiere fassenden Fähren fahren sehr gemächlich. Es gibt sogenannte Etappentickets, mit denen man relativ erschwinglich von Hafen zu Hafen fahren kann um beispielsweise von *Bergen* nach *Trondheim* zu gelangen, von wo aus Bus und Bahn in die Welterbestadt *Røros* fahren. Weitere Schiffs-Haltepunkte sind der *Geirangerfjord* im Wandergebiet *Tafjordfjell* sowie *Ålesund*, *Molde* und *Kristiansund*, westlich der Wandergebiete *Dovrefjell*, *Trollheimen* und *Nordmøre*.

Bergen erreichen Sie ab dem dänischen Hirtshals mit den Schiffen der *Reederei Fjord Line*.

Hinweis! Bitte die *Hurtigruten* nicht mit den *Hurtigbåter*-Booten verwechseln, die den örtlichen Verkehr an Norwegens Küste und zwischen den Inseln abdecken. Die *Hurtigbåter* sind die Straßenbahnen des Meeres.I

Hurtigruten im Moldefjord.

Hurtigbåter in Nordmøre.

FLUGVERKEHR

Flüge nach Skandinavien
Finn Air www.finnair.com
SAS www.flysas.com
Lufthansa www.lufthansa.de
Norwegian www.norwegian.com
Ryanair www.Ryanair.com
airberlin www.airberlin.com
Eurowings www.eurowings.com
Swiss www.swiss.com
Austrian Airlines www.austrian.com
Niki www.flyniki.com
Danish Air Transport www.DAT.dk
FlyCar www.fly-car.de

Flüge in Norwegen & Schweden
Widerøe www.wideroe.no
Norwegian www.norwegian.com
SAS www.flysas.com
BRA www.flygbra.se
NextJet www.nextjet.se
www.visitfjallen.se

BAHNVERKEHR
Norges Statsbaner www.nsb.no
Norrtåg www.norrtag.se
Inlandsbanan www.inlandsbanan.se
Statens Järnvägar (SJ) www.sj.se
Tågkompaniet www.tagkompaniet.se

BUSVERKEHR

Fernbusübersicht im Internet
www.fernbusse.de

Bus in Norwegen
www.nettbuss.no
www.nor-way.no
www.lavprisekspressen.no
www.frammr.no

Anreise mit dem Flugzeug
Die schnellste und mitunter auch günstigste Alternative ist das Flugzeug. Während einige Fluggesellschaften direkt nach **Trondheim** fliegen, muss in der Regel von Deutschland, Österreich oder der Schweiz kommend in Oslo oder Stockholm ein Anschlussflug genommen werden. Von Oslo aus bestehen gute Flugverbindungen nach **Ålesund, Molde, Trondheim**.

Die norwegische Fluggesellschaft Widerøe verkehrt zwischen Oslo und **Ørsta / Volda** sowie **Røros**. Die Weiterfahrt in die Wandergebiete erfolgt je nach Zielgebiet mit Bus, Bahn oder dem Mietwagen.

Vor Flugantritt sollte man sich bei der Fluggesellschaft nach den Sicherheitsvorschriften erkundigen (Mitnahme von Wanderstab, Gaskartuschen). Gegebenenfalls muss Brennstoff am Zielort gekauft werden. Im Norden sind Flughafenmitarbeiter auf Wanderer eingestellt, aber auf mitteleuropäischen Flughäfen sieht das schon anders aus. Außerdem sollte man für Anschlussfahrten berücksichtigen, dass die Flughäfen oft nicht in Nähe der Bahnhöfe / Bushaltestellen liegen (Shuttle-Busse erfragen) bzw. der Flug erst nach dem letzten Zug / Bus eintrifft und man ggf. eine Übernachtung einplanen muss.

Anreise mit der Bahn
Von Oslo aus fahren die Züge *(Dovrebahn / Dovrebanen)* in Richtung Norden in die Stadt Trondheim, dem drittgrößten Verkehrsknotenpunkt Mittelskandinaviens. Sie halten unter anderem auch in der Stadt **Røros**, die westlich der Wanderregion **Femundsmarka & Rogen** liegt. Weiterhin gelangt man von Oslo aus nach **Hjerkinn, Kongsvoll** und **Oppdal**, von wo aus man beispielsweise gut zu Touren in die Wanderregionen **Dovrefjell** und **Rondane** aufbrechen oder weiter zum Wandergebiet **Trollheimen** fahren kann. All diese Bahnhöfe liegen mitten in der mittelskandinavischen Gebirgsregion.

Zwischen Stockholm und Trondheim hält die Bahn östlich und nördlich des Sylanmassivs an vielen Stationen, beispielsweise in **Östersund, Undersåker, Enafors, Storlien** und **Hegra**. Von den Bahnhöfen Östersund und Undersåker aus besteht ein fahrplanmäßiger Busverkehr zu den Fjällstationen **Höglekardalen** und **Vålådalen**. Von Stockholm aus gibt es darüber hinaus sowohl eine Bahn- als auch eine Busverbindung zur **Fjällstation Grövelsjöen** südlich der Wanderregion **Femundsmarka & Rogen**.

Detailliertere Infos erhält man in den Kapiteln zu den jeweiligen Wandergebieten.

Busverbindungen vor allem von Oslo in die Wanderregion Femundsmarka & Rogen:
www.hedmark-trafikk.no
www.aaeb.no

Bus in Schweden
www.tabussen.nu/lanstrafiken
www.swebus.se

www.lanstrafiken-z.se
(wähle „tidtabeller" & „Åre kommun")

www.dalatrafik.se
(wähle „tidtabeller/kartor" und aus dem Menü „resplaneraren")

www.masexpressen.se

Anreise mit dem Bus

Fernbusse (z.B. www.flixbus.de) fahren Oslo oder Stockholm an. Dort geht es dann mit *Überlandbussen* (in Schweden z.B. Swebus Express, in Norwegen z.B. Lavprisekspressen) oder mit der Bahn weiter. Mit dem Bus kommt man beispielsweise mit ein paar Mal umsteigen vom Zentralbahnhof Oslo ins Dorf Elgå südlich der Wanderregion Femundsmarka & Rogen. Außerdem erreicht man mit dem Bus ab Trondheim die Wanderregionen Nordmøre, Trollheimen und Dovrefjell.

Nicht nur *geführte Trekkingreisen* in Sylarna, Rogen und Femundsmarka sondern auch kostengünstige *Mitfahrgelegenheiten* für Individualreisende ins schwedische *Idre* (Dalarna/Femundsmarka) bietet in der Zeit von Mitte Juni bis Mitte September jede Woche der Veranstalter *Rucksack Reisen* (www.rucksack-reisen.de). Abfahrt in Münster, Bremen, Hamburg und Puttgarden. Selbst Fahrräder *(Bike & Bus)* und andere sperrige Gegenstände werden gegen einen kleinen Aufpreis mitgenommen.

Storebælt-Brücke.

Übersicht der Fähr- und Brückenverbindungen nach Skandinavien

Alle Fähren auf einen Blick
www.directferries.de

Deutschland – Schweden
Travemünde – Malmö (9 Std.)
Finnlines www.finnlines.com
Travemünde – Trelleborg (8 ¼ Std.)
TT-Line www.ttline.com
Rostock – Trelleborg (6 - 6 ½ Std.)
TT-Line www.ttline.com
Stena Line www.stenaline.de
Sassnitz – Trelleborg (4 Std.)
Stena Line www.stenaline.de
Kiel – Göteborg (14 ½ Std.)
Stena Line www.stenaline.de

Polen – Schweden
Swinoujscie – Trelleborg (6 Std.)
TT-Line www.ttline.com

Deutschland – Finnland
Travemünde – Helsinki (29 Std.)
Finnlines www.finnlines.com

Deutschland – Dänemark
Rostock – Gedser (2 Std.)
Scandlines www.scandlines.de
Puttgarden – Rødby (45 Min.)
Scandlines www.scandlines.de

Deutschland – Norwegen
Kiel – Oslo (20 Std.)
Color Line www.colorline.de

Dänemark – Norwegen
Frederikshavn – Oslo (9 ¼ Std.)
Stena Line www.stenaline.de

Kopenhagen – Oslo (17 ¼ Std.)
DFDS Seaways www.dfds.com
Hirtshals – Bergen (16 ½ Std.)
Fjord Line www.fjordline.com
Hirtshals – Langesund (4 ½ Std.)
Fjord Line www.fjordline.com
Hirtshals – Larvik (3 ¾ Std.)
Color Line www.colorline.de
Hirtshals – Stavanger (10 ½ Std.)
Fjord Line www.fjordline.com
Hirtshals – Kristiansand (2 ¼ Std.)
Fjord Line www.fjordline.com
Color Line (3 ¼ Std.) www.colorline.de

Dänemark – Schweden
Grenå – Varberg (4 ¼ Std.)
Stena Line www.stenaline.de
Frederikshavn – Göteborg (3 ¼ Std.)
Stena Line www.stenaline.de
Helsingør – Helsingborg (20 Min.)
HH Ferries www.hhferries.se
Scandlines www.scandlines.de

NORWEGEN HURTIGRUTEN
Bergen – Kirkenes
www.hurtigruten.de

BRÜCKEN DÄNEMARK – SCHWEDEN
Die Anreise über die Øresund- und Storebæltbrücke ist faszinierend (ab 50 € / 34 €) Tipp: Kombi-Ticket kaufen!
Storebæltsbroen (Großer Belt)
www.storebaelt.dk
Øresundsbron (Öresundbrücke)
www.oresundsbron.com

REISEPLANUNGS-SERVICE
Schweden:
Der Service **Resplus** von Samtrafiken kombiniert den Transport der öffentlichen Verkehrsmittel (Fern- und Regionalverkehr) in Schweden: www.resplus.se und www.samtrafiken.se

Ein weiterer Reiseplanungs-Service in Schweden ist **Resrobot**: reseplanerare.resrobot.se

Norwegen:
Rutebok und Ruteinfo – mobile Reisebüros für Bus-, Bahn- & Fährverbindungen in Norwegen:
www.rutebok.no (auch als App)
www.ruteinfo.no (auch Flugzeug)

EIGENTÜMER DER HÜTTEN IN DEN WANDERGEBIETEN

Im Sommer herrscht entlang der Wanderrouten reger Verkehr und abends kommen viele glückliche, aber erschöpfte Wanderer an den Übernachtungshütten an. In Mittelskandinavien gibt es ungefähr 160 Hütten, die von verschiedenen Wanderverbänden oder staatlichen Organisationen unterhalten werden. Zählt man die Hütten privater Anbieter mit, steigt die Zahl der Hütten auf 200 an.

In Norwegen und Schweden bilden die nationalen Wanderverbände das Rückgrat des Hüttennetzes, *Den Norske Turistforening (DNT)* in Norwegen und *Svenska Turistföreningen (STF)* in Schweden.

Die Hütten in Staatsbesitz werden in Norwegen vom staatlichen norwegischen Forstunternehmen *Statskog* unterhalten. In Schweden sind für die Wanderhütten der Wanderregionen dieses Buches die regionalen Bezirksverwaltungen *Länsstyrelsen Dalarna* und *Länsstyrelsen Jämtland* zuständig.

In den Kapiteln mit den Routenbeschreibungen finden sich Listen mit den Wanderhütten und deren Betreiber in der jeweiligen Wanderregion.

Ein "Bezahlkasten".

Vakkerstøylen.

Der norwegische Wanderverein – Den Norske-Turistforening (DNT)

DNT Online
www.turistforeningen.no
www.dnt.no
www.dntoslo.no
Language: "deutsch" auswählen

DNT Online-Shop
www.dntbutikken.no

Der *norwegische Wanderverein* Den NorskeTuristforening wurde im Jahr 1868 gegründet und ist damit die älteste Outdoor-Organisation in den nordischen Ländern. Der DNT ist sehr beliebt und hat mehr als 250.000 Mitglieder inner- und außerhalb Norwegens. Der Verein betreibt ein das ganze Land umfassendes Netz von mehr als 500 Hütten. Die Aktivitäten werden von 57 selbstständigen Regionalsektionen getragen. Insgesamt hat der DNT mehr als 400 Mitgliedsvereine, doch der größte Teil von ihnen ist entweder sehr klein oder auf eine spezielle Zielgruppe (Kinder, Singles, Senioren) ausgerichtet und einer größeren Sektion angeschlossen.

Die größte Regionalsektion ist der *DNT Oslo og Omegn*. Die Regionalsektionen (norweg. *medlemsforening/turlag*) besitzen und unterhalten die sich in ihrem Gebiet befindenden Hütten, betreuen die markierten Wanderwege, die Flussbrücken und die Essensvorräte in den Hütten. Als einzige Regionalsektion besitzt der *DNT Oslo og Omegn* auch Hütten außerhalb seiner Region bis hinauf nach Mittel- oder Nordnorwegen.

Der DNT unterhält dreierlei Arten von Übernachtungshütten im Gebiet Mittelskandinavien: *ubetjent hytte*, *selvbetjent hytte* und *betjent hytte*.

Ubetjente und selvbetjente hytte

Allen, die schon einmal in Nordnorwegen unterwegs waren, sind Hütten der Kategorie *ubetjent hytte* (OHNE Lebensmittelvorrat) vertraut. In Mittelnorwegen sind Hütten der Kategorie *selvbetjent hytte* viel häufiger anzutreffen, aber auch hier gibt es einige *ubetjent*-Hütten. Dem Aussehen und der Ausstattung nach gibt es zwischen *selvbetjent*- und *ubetjent*-Hütten keinen Unterschied. Die beiden Hüttenkategorien unterscheiden sich nur darin, dass *selvbetjent* – also Selbstversorger – eine Lebensmittelkammer haben, in der man konservierte Speisen kaufen kann, man bezahlt mit dem gleichen Formular wie die Übernachtung. Das Angebot einer Lebensmittelkammer in einer *selvbetjent*-Hütte reicht von Schokoriegeln und Keksen bis zu Kartoffelbreipulver und Eintopfgerichten. Diese Hütten sind auch mit einem Holzhammer oder einer Dosenpresse zum platzsparenden und wertstoffgerechten Entsorgen der Büchsen ausgerüstet. *Selvbetjent*-Hütten sind, bis auf wenige Ausnahmen (beispielsweise im Gebiet der Nationalparks Femundsmarka oder Rondane), das ganze Jahr über geöffnet und in der Regel sehr gut ausgestattet. Die Benutzung ist kostenpflichtig und die meisten Hütten sind verschlossen.

DNT-Standardschloss.

DNT Online-Shop
www.dntbutikken.no

Mitglieder von gleichgestellten Organisationen wie *Suomen Latu* und *Svenska Turistföreningen* erhalten in den Selbstversorgerhütten die gleichen Ermäßigungen wie Mitglieder des *DNT*.
Eine Mitgliedschaft im DNT lohnt sich schon ab drei Übernachtungen!

Um in den Hütten übernachten zu können, benötigt man den **Standardschlüssel** (*DNT-nøkkel/standardnøkkel*), den man für 100 NOK über den Internetshop des DNT beziehen kann. Um den DNT-Schlüssel zu bestellen, muss man jedoch Mitglied eines nordischen Outdoorverbandes, also *DNT*, des finnischen *Suomen Latu* oder des schwedischen *Svenska Turistföreningen* sein. Eine Mitgliedschaft im DNT lohnt sich schon ab drei Übernachtungen (Jahresbeitrag 660 NOK – ca. 71 Euro). Auch bei den Mahlzeiten und Proviant wird Mitgliederrabatt gewährt. Nach der Internet-Bestellung teilt man per E-Mail seine Mitgliedsnummer mit, diese wird in den Kundendaten gespeichert. Ohne sie erhält man den Schlüssel nicht. Den Schlüssel kann man so lange behalten, wie man ihn benötigt.

Alternativ ist er auch gegen ein Pfand in den Büros der Outdoorverbände (beispielsweise in Oslo oder Trondheim) sowie bei einigen Tankstellen und Jagdgeschäften beziehbar. In diesen Fällen muss man den Schlüssel an der gleichen Stelle wieder abgeben, an der man ihn ausgeliehen hat. Der DNT-Standardschlüssel ist die „Eintrittskarte" in alle Wanderhütten des *Den Norske Turistforening*.

Beim Besuch einer Hütte muss sich jeder Ankömmling ins **Hüttenbuch** eintragen. Die fortlaufende Nummerierung stellt sicher, dass die Regionalsektionen die Nutzung der Hütte kontrollieren können. Im Hüttenbuch werden Name, Anschrift, Mitgliedsorganisation samt Mitgliedsnummer (berechtigt evtl. zum ermäßigten Übernachtungspreis), Zahlart, Ankunfts- und Abreisetag und die vorhergehende und folgende Hütte / Zeltstelle eingetragen. Diese Informationen sind wichtig, um die Auslastung der Wanderrouten beobachten zu können sowie für eventuelle Notfälle. Mit dem korrekten Ausfüllen des Hüttenbuches erwirbt der Wanderer das Recht auf einen Übernachtungsplatz. In den DNT-Hütten besteht eine sogenannte **Schlafplatzgarantie**. Niemand muss im Freien übernachten, bei Bedarf werden weitere Matratzen auf dem Boden ausgebreitet. Diese Schlafplatzgarantie funktioniert in der Regel tadellos. Gruppen ab 5-6 Personen sollten sich jedoch immer darauf einstellen, notfalls zu zelten. Außerdem sollte man in diesem Fall immer den regionalen Wanderverein im Voraus informieren, in welchen Hütten man zu übernachten plant.

Loennechenbua.

Die **Übernachtungsgebühr** wird am nächsten Morgen vor Verlassen der Hütte entrichtet. In den DNT-Hütten kostet die Übernachtung für erwachsene Mitglieder 255,- NOK (ca. 28 Euro, Stand 2017). Unter 26-Jährige übernachten in der Regel zum halben Preis und Kinder zu einem Viertel des Preises oder kostenlos. Nur Mitglieder von gleichgestellten Organisationen wie *Suomen Latu* und *Svenska Turistföreningen* erhalten in den Selbstversorgerhütten die gleichen Ermäßigungen wie DNT-Mitglieder.

Der norwegische Wanderverein empfiehlt zur **Bezahlung** die Benutzung des Formulars Betalingsfullmakt, ein Formular zur Zahlung per Kreditkarte. Auch Barzahlung ist möglich. In vielen Hütten findet man auch Informationen, wie man direkt durch Überweisung auf das Vereinskonto bezahlen kann. In diesen Fällen muss man sich die Kontonummer abschreiben oder ein Foto von ihr machen.

Bei **Barzahlung** steckt man das Geld in einen der ausliegenden kleinen braunen Briefumschläge, auf dem die Summe, der Name der Hütte, die Nummer im Hüttenbuch, der eigene Name, Adresse und die Mitgliedsorganisation sowie die Mitgliedsnummer vermerkt werden. Danach wird der Umschlag in den dafür vorgesehenen Kasten geworfen. Sind in der Hütte keine braunen Briefumschläge vorhanden, kann man stattdessen jede Form einer verschließbaren Papiertüte nehmen, sofern sie das Geld und die erforderlichen Informationen enthält.

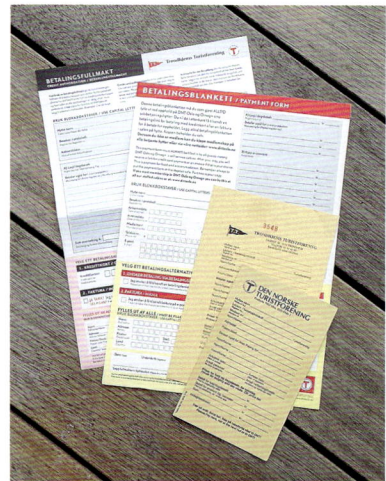

Betalingsfullmakt-Formular und Umschläge für Bargeld.

Das **Betalingsfullmakt**-Formular besteht aus einem zweiteiligen Formular, auf dem der Name der Hütte, die fortlaufende Nummer aus dem Hüttenbuch, die zu entrichtende Summe, das Datum und die eigenen Kontaktdaten sowie die Kreditkartendaten eingetragen werden.

Das Formular muss unterschrieben werden. Alle Beträge werden in Norwegischen Kronen angegeben. Das obere Blatt des Betalingsfullmakt-Formulars wird in den Zahlkasten eingeworfen und den Durchschlag nimmt man als Quittung mit. Mit dem Betalingsfullmakt-Formular ermächtigt man den regionalen Wanderverein, die Übernachtungsgebühr in der vermerkten Höhe von der Kreditkarte des Wanderers abzubuchen. Praktisch bedeutet das, dass der Betrag mit der nächsten Kreditkartenabrechnung fällig wird. Das System ist erprobt und sicher.

In einigen **Selbstversorgerhütten** (*selvbetjent*) ist in der Hochsaison, üblicherweise August, ein **Hüttenwirt** (*hyttevakt*) vor Ort, dessen Aufgabe es ist, dem Wanderer mit Rat und Tat zur Seite zu stehen, etwa bei Fragen

zur Benutzung der Hütte oder bei der Planung der nächsten Tagestour. Die Hüttenwirte sind nicht für das Einsammeln der Übernachtungsgebühr zuständig, diese wird in die dafür vorhandene „Zahlkasse" entrichtet.

Die *Selbstversorgerhütten* des DNT sind immer mit einem *Holzofen*, einem *Holzschuppen* und einem *Gasherd* ausgestattet, die *Schlafräume* verfügen über Doppelstockbetten mit Matratzen, Decken und Kopfkissen. Die Benutzung eigener *Bettwäsche* oder eines eigenen *Schlafsacks* ist vorgeschrieben. Die *Küchen* sind gut ausgestattet mit ausreichend Geschirr, Besteck, Töpfen und Bratpfannen sowie Abwaschutensilien. Manche Hütten haben sogar eine Solaranlage zur Stromversorgung. Wasser wird aus dem nahe gelegenen Bach, Fluss, See oder Brunnen geholt. Wo dieser sich befindet, steht entweder auf einer Informationstafel oder in einem Informationsheft in der Hütte. Wasser darf nur in dafür vorgesehenen Trinkwassereimern geschöpft werden. Diese Trinkwassereimer sind ausschließlich für Trinkwasser gedacht!

Obwohl die DNT-Hütten sich durchaus in Größe und Aussehen unterscheiden, so ist ihr Grundriss doch oft ähnlich: Zuerst gibt es einen *Flur* mit Platz für die Wanderschuhe. Die Schuhe werden immer im Flur aufbewahrt, es sei denn, man bringt sie in den Aufenthaltsraum zum Trocknen. Der kombinierte *Aufenthalts-* und *Essraum* ist meist recht groß und im gleichen Raum befinden sich auch die *Küche* und der *Holzkamin*. Platz zum Trocknen von Kleidung und Ausrüstung gibt es neben oder über dem Kamin. Manchmal findet sich in den Hütten auch ein Sofa und eine kleine Bibliothek (mit Büchern in norwegischer Sprache). Vom Aufenthaltsraum aus geht es in die durch Türen oder Vorhänge abgetrennten *Schlafräume* mit jeweils 1-4 Doppelstockbetten. Häufig sind auf dem Dachboden weitere Schlafplätze. Zum *Waschen* stehen Schüsseln bereit, manchmal gibt es einen Vorhang, hinter dem man sich waschen kann. Saunen gibt es in Mittelnorwegen so gut wie keine. In Hüttennähe befindet sich im Allgemeinen ein ausgewiesener *Waschplatz*, an dem man baden kann, natürlich in ausreichender Entfernung zur Entnahmestelle des Trinkwassers.

Unweit der Hütte steht immer ein *Holzschuppen*, oft unter einem Dach mit dem *Plumpsklo*. Im Holzschuppen gibt es neben dem *Holzvorrat* auch ein Beil, eine *Säge*, ein *Hackklotz*, ein *Sägebock* sowie eine *Ersatzgasflasche* für den Gasherd in der Hütte. Informationen zum Wechseln der Gasflasche findet man entweder an der Informationstafel oder im Hüttenbuch. Zur *Beleuchtung* sind Öllampen und Kerzen vorhanden.

Åmotdalshytta.

Beim **Verlassen der Hütte** müssen alle Räume und Einrichtungen sauber und ordentlich hinterlassen, die Betten gemacht, das Geschirr abgewaschen (auch bevor man schlafen geht) und der Boden gereinigt werden. Schmutz- und Abwaschwasser (*sølevann*) wird an einem extra dafür ausgewiesenen Platz in Hüttennähe entsorgt – wo genau, steht wieder an der Informationstafel oder im Hüttenbuch. Wichtig ist es, den **Gashahn zuzudrehen** und sich zu vergewissern, dass in Nähe des Ofens keine brennbaren Materialien lagern. Ob Wasser für den nachfolgenden Benutzer geholt werden sollte, ist situationsabhängig. In den Sommermonaten ist es sicher angebracht, in abgelegenen Hütten im Oktober eher nicht, da es Tage oder Wochen dauern kann, bis der nächste Wanderer kommt. Meistens ist es am besten, den Trinkwassereimer zu leeren und ihn umzudrehen, damit er trocknen kann. In der Hütte befindet sich ein **Brennholzkorb**, der beim Verlassen der Hütte wieder aufzufüllen ist! Wenn alles erledigt ist und man als letzter die Hütte verlässt, wird die **Hüttentür verschlossen**.

Die Selbstversorgerhütten sind ausschließlich für eine, maximal für ein paar Übernachtungen vorgesehen. Längere Zeit darf man sich hier nur in Notfällen aufhalten. Ist die Hütte voll, geht der, der zuerst angekommen ist und macht dem zuletzt Eingetroffenen Platz.

Betjente hytte

In Mittelnorwegen gibt es insgesamt elf von DNT-Regionalsektionen bewirtschaftete *betjent*-Hütten, die wie ein Hotel funktionieren. Personal ist vor Ort und man kann, meistens muss man sogar, (und sollte vor allem im August) ein Zimmer im Voraus buchen. Es wird Frühstück und ein dreigängiges Dinner angeboten und man kann ein Lunchpaket bestellen. Meist gibt es Duschen und Strom. In den *betjent*-Hütten kann man sowohl als Wanderer übernachten und nur ein Bett mieten oder auch den vollen Service in Anspruch nehmen. Der Preis für eine reine Übernachtung beträgt zwischen 187,- und 410,- NOK (ca. 20 – 45 Euro, Stand 2017). Entscheidend ist die Art des Zimmers: handelt es sich um ein 1–3-Bettzimmer oder um einen Schlafsaal. Allerdings verfügen die meisten betjent-Hütte nur über 2- und 4-Bettzimmer. Im Preis für eine Übernachtung mit Vollpension sind Frühstück, Dinner sowie ein Lunchpaket enthalten. Der Preis variiert zwischen 755,- und 1130,- NOK (ca. 82 – 122 €).

Nicht alle *betjent*-Hütten verfügen über eine Kochmöglichkeit – es sei denn, man geht ins Freie und kocht sich sein Essen mit dem eigenen Gaskocher. Darüber hinaus werden oft Angeltouren, lokale Küche, Kanu- oder Bootsvermietung angeboten. Man kann bar, mit Kreditkarte oder mit Betalningsfullmakt-Formularen bezahlen.

Einige der *betjent*-Hütten sind im Sommer mit dem Auto zu erreichen. Die Bewirtschaftung ist in der Regel auf die Zeit von Mitte Juni bis Mitte September begrenzt. Außerhalb der Saison stehen einige dieser Hütten als *ubetjent*- oder *selvbetjent*-Hütten zur Verfügung (*DNT-Standardschlüssel*).

Nødbu

Die sogenannten Nødbus sind Notunterkünfte, die auch nur in Notfällen zum Übernachten genutzt werden dürfen. Man kann hier abwarten bis der Regen nachlässt sowie eine Mahlzeit einnehmen. In diesen Notunterkünften gibt es immer einen Holzofen oder eine Feuerstelle – allerdings ist das Holz NUR für Notfälle und nicht zum Essenkochen gedacht!

Broktjärnskojan.

Schwedischer Tourismusverband – Svenska Turistförening (STF)

www.svenskaturistforeningen.se

Auch in englischer Sprache, jedoch eingeschränkter Inhalt:
www.swedishtouristassociation.com

Der 1885 gegründete **Schwedische Tourismusverband** *Svenska Turistföreningen (STF)* ist, wie auch sein norwegischer Schwesterverein, der größte Outdoorverband des Landes, der etwa 300.000 Mitglieder in Schweden und auch außerhalb der Landesgrenzen zählt. Der Verband und seine regionalen Mitgliedsvereine (*lokalavdelningar*), von denen es im ganzen Land etwa 65 gibt, unterhalten Wanderwege und Hütten. Der STF organisiert ein vielfältiges Programm von samischen Abenden und kleineren Konzerten bis hin zu Gruppenwanderungen. Größere Veranstaltungen finden meist in den Fjällstationen statt.

Der STF bietet Hütten in drei Kategorien (*Vandrarhem*, *Fjällstation* und *Fjällstuga*) an, die sich über das ganze Land verteilen. Von den etwa 400 Übernachtungsmöglichkeiten liegen 22 in den Fjälls in Mittelschweden.

Jugendherberge (schwed. *Vandrarhem*)

Die *Jugendherbergen* sind meist erschwingliche Unterkünfte in Städten, Dörfern oder auch im Gebirge, wo sie sich in unmittelbarer Nähe von Landstraßen und Bahnstrecken befinden. Die schwedischen Jugendherbergen, von denen es in den Gebirgsregionen Mittelschwedens sechs gibt, sind gut ausgestattete, ruhige Übernachtungsalternativen, die wie andere Jugendherbergen und Hostels, auch in den nordischen Ländern funktionieren. Im August empfiehlt es sich, im Voraus zu reservieren.

Bergstation (schwed. *Fjällstation*)

Die *Fjällstationen* genannten Bergstationen funktionieren wie ein Hotel, von ihnen gibt es in Mittelschweden insgesamt sechs. Sie liegen meist abgelegen und können nicht mit dem Auto erreicht werden. Fjällstationen werden immer bewirtschaftet, es gibt Frühstück, ein dreigängiges Abendessen sowie ein Proviantpaket zum Mitnehmen. Duschen und Strom sind meist ebenfalls vorhanden.

Mit Ausnahme der ersten Wochen zu Beginn der Saison im Juni herrscht in den Fjällstationen recht viel Betrieb und eine Übernachtung sollte im Voraus gebucht werden. Die Fjällstationen haben in der Regel von Anfang / Mitte Juni bis Mitte September geöffnet. Für die Übernachtung muss man zwischen 200 und 800 Schwedische Kronen bezahlen.

Lunndörren Fjällstation.

Berghütte (schwed. *Fjällstuga*)

Die *Berghütten* (schwed. *Fjällstugor*) liegen in straßenlosem Gelände in den mittelschwedischen Wildmark- und Fjällgebieten. Sie sind überwiegend entlang markierter Wanderpfade zu finden. Die Hütten haben etwa von Mitte Juni bis Mitte September geöffnet. Außerhalb der Saison ist in den Hütten nur ein kleiner Raum zugänglich, die eigentlichen Hütten sind geschlossen. Die genauen **Öffnungszeiten** sind auf der Internetseite des STF einsehbar und müssen vor Antritt der Tour unbedingt überprüft werden, da sie von Jahr zu Jahr etwas variieren.

Während der Saison sind in allen STF-Hütten immer ein, manchmal auch zwei **Hüttenwirte** (schwed. *stugvärd*) vor Ort. Ihre Aufgabe ist es, den Wanderern im Bedarfsfall zu helfen und mit Tipps und Infos zu versorgen, für Sicherheit zu sorgen, die Bezahlung für die Unterkunft in Empfang zu nehmen sowie sich um die Hütte und den Miniladen zu kümmern. Fast alle Fjällstugas verfügen über einen solchen **Miniladen**, in dem Proviant, Snacks sowie eine warme Mahlzeit gekauft werden können. Einige Hütten haben eine **Sauna**, hier kümmert sich der Hüttenwirt um das Anheizen.

Grövelsjön Fjällstation.

Bezahlung und Ausstattung der Fjällstugor

Eine Nacht in einer *Berghütte (Fjällstuga)* kostet zwischen 360 und 510 SEK (ca. 37 – 52 Euro, Stand 2017), abhängig vom Zeitpunkt der Wanderung (im August ist Hochsaison) und Lage der Hütte. Anders als in den Vandrarhems und Fjällstationen kann in den Hütten nicht mit Kreditkarte bezahlt werden. Der STF empfiehlt bar zu bezahlen. Die **Bezahlung** kann auch vorab im Internet oder über sogenannte Übernachtungsschecks erfolgen. Der Hüttenwirt kassiert die **Übernachtungsgebühren** in der Regel abends vor dem Schlafengehen.

Bezahlung vorab im Internet
www.svenskaturistforeningen.se
in englischer Sprache:
www.swedishtouristassociation.com

> Find Accomodations & Activities> "accomodation" anklicken> Foto / Karte einer Hütte anklicken> blauer Kasten "BUY"> Datum und Anzahl der Nächte eintragen und bezahlen

Denken Sie daran, Ihre Bestätigung auszudrucken!

Die Hütten verfügen neben Personal auch über ein **Nottelefon** und eine immer offene **Notunterkunft**. Die Berghütten sind, abgesehen von einigen wenigen Ausnahmen, alle gleich ausgestattet: Vom Flur aus geht es in einen großen Raum, in dem sich eine *gut ausgestattete Küche* mit **Gasherd** und **Holzofen** sowie eine **Essecke** befinden. In der Küche findet sich alles, was man zur Essenszubereitung und zum Abwaschen braucht. 2-4 Metalleimer sind zum Wasserholen gedacht. Die **Abwassereimer** tragen die Aufschrift „släsk". Die Gefäße für Trinkwasser und Abwasser dürfen nicht verwechselt werden.

Mitglieder nordischer Outdoor- bzw. Wanderverbände erhalten in den Wanderhütten des STF die gleichen Ermäßigungen wie Mitglieder des STF.

Die **Schlafräume** mit jeweils 2-8 Doppelstockbetten liegen hinter einer Tür oder einem Vorhang. Die Benutzung von **Schlafsack** oder eigener **Bettwäsche** ist vorgeschrieben. Einige Schlafräume verfügen über einen zusätzlichen Holzofen oder einen Gasheizer. In Nähe des Flurs findet sich meist ein **Trockenraum**, in kleineren Hütten werden nasse Sachen neben dem Ofen zum Trocknen aufgehängt.

Als **Beleuchtung** stehen in den Hütten Öllampen und Kerzen bereit. Zum **Waschen** gibt es in den Schlafräumen Schüsseln in ausziehbaren Waschtischen, allerdings wäscht man sich meist in der Sauna, die in vielen Hütten Mittelschwedens vorhanden ist. Eine Stelle im Fluss oder See, an der man sich und die Wäsche waschen kann, ist ausgeschildert. Nähere Informationen gibt auch der Hüttenwirt. Der **Holzvorrat** wird meist unweit der Hütte aufbewahrt, auch das **Toilettenhäuschen** steht nicht weit entfernt. Im **Holzschuppen** sind eine Axt, eine Säge, ein Hackklotz und ein Sägebock vorhanden.

STF Fältjägaren Fjällstuga, *Etappe S022 - S024.*

Rasthütte auf dem Lunndörrspasset, *Etappe S006*.

Beim **Verlassen der Hütte** und auch vor dem Zubettgehen beseitigt der Wanderer alle seine Spuren, macht das Bett, wäscht das Geschirr ab und kehrt den Fußboden. Putz- und Reinigungszubehör werden im Trockenraum oder in einem Reinigungsschrank im Flur aufbewahrt. Jeder überprüfe, dass er im Trockenraum nichts vergessen hat! Das **Abwasser** wird an einem extra dafür vorgesehenen Platz unweit der Hütte weggeschüttet. STF-Hütten brauchen beim Verlassen nicht abgeschlossen zu werden, doch den **Gashahn** sollte man *zudrehen* und einen Eimer **Trinkwasser für den nachfolgenden Gast** holen.

Rastskydd

Die *Rastskydd* genannten *Schutzhütten* sind **nicht zum Übernachten** gedacht. Sie dienen nur der Rast, um etwas zu essen oder um einen Regenschauer abzuwarten. Jede Schutzhütte verfügt über einen **Holzofen**, allerdings ist das vorhandene Holz nur für Wanderer in Not gedacht.

Statskog

www.inatur.no

Das staatliche norwegische Forstunternehmen *Statskog* ist Norwegens größter Grundeigentümer und besitzt etwa 20 Prozent (61.000 km²) der Landesfläche. Statskog erteilt Jagd- und Angelgenehmigungen und ist zuständig für die **Wanderhütten** und deren Reservierung. Neben diesen Wanderhütten, die man mieten muss, unterhält Statskog auch die für jedermann offenen, sogenannten **Wildmarkhütten**. Fast alle Wander- und Wildmarkhütten, die der Statskog in Mittelnorwegen unterhält, befinden sich nördlich oder östlich des Femundsees.

Von den **Wanderhütten** stehen nur einige wenige zur Verfügung, sie sind immer verschlossen und kostenpflichtig und müssen im Voraus reserviert werden. Die Schlüsselübergabe wird bei der Reservierung vereinbart. Die Preise sind hüttenabhängig. Diese reservierungspflichtigen Hütten sind sehr gut ausgestattet und verfügen häufig auch über Strom und fließendes Wasser.

Um den *Femundsee* liegen einige vom Statskog unterhaltene **Wildmarkhütten**, die allen Wanderern offenstehen und auch vorrangig für Wanderer gedacht sind. Diese Hütten werden in Schweden *Norska buer* genannt. Sie sind in der Regel in einem guten Zustand, von der Ausstattung her aber deutlich primitiver als die Hütten des DNT oder STF.

Die Schutzhütte Falkfångarfjället

In den **Wildmarkhütten** gibt es in der Regel ein *Plumpsklo* sowie einen *Holzofen*. Ob es einen Holzvorrat gibt, ist von Hütte zu Hütte verschieden. *Trinkwasser* ist in der näheren Umgebung aller Wildmarkhütten vorhanden. *Zustand* und *Ausstattung* der Hütten sollten im Vorhinein überprüft werden, falls man plant, in ihnen zu übernachten.

Auch in diesen Hütten findet sich meist ein **Hüttenbuch**, in das man die jeweiligen Stationen seiner Tour und das Datum einträgt.

In der Umgebung des Femundsees gibt es etwa 20 Wildmarkhütten, von denen in diesem Buch jene aufgenommen worden sind, die sich in Nähe der Wanderrouten befinden. An dieser Stelle sei noch darauf hingewiesen, dass die Wildmarkhütten zum Übernachten für eine, höchstens zwei Nächte vorgesehen sind.

Ansonsten gelten die gleichen Hüttenregeln wie in allen anderen Hütten auch, die Benutzung eines *eigenen Schlafsacks* ist ebenso vorgeschrieben wie die *Beseitigung aller Spuren vor Verlassen der Hütte*.

Länsstyrelsen Dalarna – Regionalverwaltung Dalarna

Regionalverwaltung/ Verwaltungsbezirk Dalarna (Länsstyrelsen Dalarnas Län):
www.lansstyrelsen.se/dalarna

Direkt zu den Hütten:
www.lansstyrelsen.se/Dalarna/Sv/djur-och-natur/friluftsliv/stugor-i-fjallen

Die *Regionalverwaltung des Verwaltungsbezirks Dalarna* (schwed. *Ländsstyrelsen Dalarna*) unterhält gut ein Dutzend Wanderhütten in Mittelschweden. Vier davon befinden sich in der Wanderregion *Femundsmarka & Rogen*, die Ausstattung und der Nutzungszweck variiert. Alle Hütten in der Zuständigkeit der Verwaltungsbezirke sind kostenpflichtig und werden in der Regel für 24 Stunden oder für eine ganze Woche vermietet.

Die Hütten sind etwas bescheidener ausgestattet als beispielsweise die Hütten von DNT oder STF. Sie verfügen über *Matratzen*, ein *Toilettenhäuschen*, einen *Kamin* und einen *Holzschuppen* mit dem notwendigen Werkzeug. In den *Küchen* gibt es einen *Gasherd* sowie eine gute Ausstattung an Kochlöffeln, Gläsern und Tassen sowie Pfannen und Töpfen.

Die Betten sind mit Matratze und Decke ausgestattet und die Benutzung des *eigenen Schlafsacks* bzw. der *eigenen Bettwäsche* ist vorgeschrieben. *Trinkwasser* wird aus dem nahegelegenen See oder Fluss geholt. *Waschen* kann man sich in ausreichender Entfernung von und niemals oberhalb der Trinkwasserentnahmestelle. Für Abwasser gibt es einen ausgewiesenen Platz, meist in Nähe des Toilettenhäuschens.

In allen Hütten liegt ein *Hüttenbuch*, in welches das vorhergehende und kommende Wanderziel eingetragen werden. *Beim Verlassen* werden in der Hütte *alle Spuren beseitigt* und kontrolliert, ob die *Gasflasche zugedreht* ist und in Nähe des Kamins kein leicht brennbares Material lagert.

Private Betreiber von Hütten

Entlang der Wanderrouten im mittleren Skandinavien sowie an den Ausgangs- und Endpunkten der Touren gibt es eine Reihe von *Übernachtungsmöglichkeiten privater Anbieter*. Die Bandbreite hier ist sehr groß und sie können sich erheblich voneinander unterscheiden.

Die meisten von ihnen liegen in unmittelbarer Nähe der Landstraßen, einige aber auch in (für Fahrzeuge) unzugänglichen Wildmark- oder Gebirgsregionen. Einige ähneln größeren Hotelkomplexen, andere dagegen sind kleine Bauernhöfe.

In einigen *privat vermieteten Quartieren* gibt es manchmal ein gastronomisches Angebot, aber längst nicht in allen. Hinsichtlich ihrer Ausstattung ist an ihnen nichts auszusetzen. Die Nutzung sollte in der Regel im Voraus vereinbart werden. Einige private Anbieter gewähren Mitgliedern von DNT oder STF Ermäßigung auf den Übernachtungspreis. Genauere Informationen hierzu sollte man im Vorfeld einholen.

ALLGEMEINE WANDERTIPPS

Mittelskandinavien besitzt eine reiche Flora und Fauna mit Arten, die teilweise nur dort vorkommen. Als Beispiele seltener Tierarten seien hier der **Moschusochse** sowie das wilde **Tundraren** genannt, dem man weitaus seltener begegnet, als den halbwilden Rentieren, die heute den Großteil der Rentierherden ausmachen. Die Natur weist eine große Vielfalt auf, von den weiten Wildnisgebieten im Osten bis hin zu den schroffen Gebirgen im Westen.

Das mittlere Skandinavien bietet viele **Wandermöglichkeiten**, für Tagesausflüge ebenso wie für viele Wochen umfassende Trekkingtouren. Typisch sind die **Höhenunterschiede**, die man zwar nicht zu fürchten braucht, aber deren kilometerlangen Auf- und Abstiege, mal sanft, mal kurz und steil, selbst dem geübtesten Wanderer den Schweiß auf die Stirn treiben.

Über die meisten **Gewässer** führen Brücken, so dass man die Schuhe getrost anlassen kann. Auch dichtes Weiden- und Kiefernbuschwerk, welches das Vorankommen erheblich verlangsamen kann, wird von den markierten Wanderwegen meist umgangen. Auf den markierten Wanderwegen sind selbst Steinfelder, schroffe Felsen sowie die unangenehmen Geröllfelder seltener. Auf über 1.000 Höhenmetern wird die Situation allerdings anders und es gibt durchaus Routen, auf denen schwierige Stellen zu passieren sind.

Wer in Nationalparks, Naturreservaten, Landschaftsschutzgebieten oder anderen Schutzgebieten unterwegs ist, muss sich an deren Regeln halten. In Norwegen und Schweden gilt das sogenannte *Jedermannsrecht*.

JEDERMANNSRECHT

Das *Jedermannsrecht* in Schweden *allemansrätten* und in Norwegen *allemannsretten* genannt, gründet sich auf alte Traditionen, die aus Zeiten stammen, in denen das Reisen noch langsam und beschwerlich war. Übernachtungen in der freien Natur waren im Mittelalter auf längeren Distanzen einfach unvermeidbar. Dieses alte Gewohnheitsrecht hat sich in unsere heutige Zeit hinübergerettet. Das Jedermannsrecht erlaubt Besuchern der Natur sich relativ frei zu bewegen und macht es uns Wanderern aber auch Kanuten und Fahrradfahrern erst möglich, die Tour frei zu planen und durchzuführen. Das Jedermannsrecht birgt zur gleichen Zeit aber auch Einschränkungen!

Eine einfache Grundregel lautet: NICHT STÖREN – NICHTS ZERSTÖREN

Zwar darf **Privatland** betreten werden, jedoch muss zu Häusern ein Mindestabstand von 200 Metern eingehalten werden. Gatter und Tore sind wieder zu schließen. Hunde müssen in Schweden vom 1. März und in Norwegen vom 1. April bis 20. August an die Leine.

Das **Nächtigen mit dem Zelt** für eine Nacht ist erlaubt, solange man sich außer Sichtweite und mindestens 200 Meter vom nächsten Haus befindet. Besser ist, man fragt den Besitzer des jeweiligen Grundstücks, das gilt insbesondere dann, wenn man eine weitere Nacht das Zelt stehen lassen möchte. In Norwegen ist das Übernachten in freier Natur während der Jagdsaison teils verboten. Das Jedermannsrecht gilt nur für das Übernachten im Zelt oder unter freiem Himmel. Daher sollte man – strenggenommen – mit dem Wohnwagen oder dem Wohnmobil nicht frei stehen, sondern einen Campingplatz oder Stellplatz aufsuchen.

Sowohl in Schweden als auch in Norwegen ist ein **Lagerfeuer** generell gestattet. Lokale Bestimmungen können diese Freiheit einschränken. In Norwegen ist das Entzünden eines offenen Feuers in Waldnähe zwischen dem 15. April und dem 15. September verboten. Die Benutzung von Campingkocher und Feuerschale ist immer erlaubt. *In allen Ländern gilt: Feuer vollständig löschen und Spuren entfernen.*

Das **Sammeln und Pflücken von Pilzen, Beeren und Blumen** auf nicht umzäuntem Gebiet ist für den Eigenbedarf erlaubt, solange diese nicht unter Schutz stehen. Für das **Sammeln der Moltebeere** gelten in Teilen Schwedisch Lapplands und Norwegens strenge Regeln. Das Holz lebender Bäume und Sträucher darf nicht beschädigt werden.

Beim **Angeln** im Salzwasser Norwegens gibt es mit Rute und Schnur keine Einschränkung. In Schweden ist im Meer und an den fünf größten Seen das Posenfischen erlaubt. Für die meisten anderen Angelarten wird in Skandinavien ein **Angelschein** benötigt *(Ausnahmen für unter 18- und über 64-Jährige)*.

Jagen und Sammeln von Eiern fällt nicht unter das Jedermannsrecht und wird als Wilderei streng bestraft.

Flüsse, Seen und das Meer **dürfen mit Ruderbooten oder dem Kanu befahren** werden. Außer an erkennbaren Privatgrundstücken oder Sperrflächen darf überall angelegt werden. Auch motorisierter Bootsverkehr ist generell erlaubt, in Norwegen allerdings nur auf Salzwasser oder Wasserflächen die größer als zwei Quadratkilometer sind.

Wenn sie nicht gänzlich auf Privatgrund liegen ist das **Baden in Seen und Flüssen** erlaubt.

Zum Schluss muss erwähnt werden, dass das Jedermannsrecht in bestimmten Gebieten besonderen **Beschränkungen** unterliegt, insbesondere in **Nationalparks, Naturschutzgebieten oder militärischen Sperrgebieten**. So ist beispielsweise in zahlreichen schwedischen Nationalparks das Zelten grundsätzlich verboten. Jeder, der sich in der Natur frei bewegt, hat die **Pflicht**, sich *im Voraus über die geltenden Beschränkungen und Bestimmungen zu informieren*.

Hundebesitzer müssen darüber hinaus beachten, dass ihr Hund in allen Schutzgebieten, Nationalparks sowie auf Wald- und Feldwegen angeleint sein muss. In Norwegen gilt grundsätzlich **Leinenpflicht**, in Schweden **Leinenzwang vom 1. März bis 20. August**, aber auch außerhalb dieser Zeit ist es üblich, dass Hunde in der freien Natur angeleint sind.

Nationalparks und Naturschutzgebiete

Die Gesamtfläche aller **Nationalparkgebiete** in **Mittelnorwegen** beträgt zusammengerechnet etwa 7.000 km². In **Mittelschweden** umfassen die Nationalparks und Naturreservate ein Gebiet von insgesamt 1.600 km². Daneben gibt es auf norwegischer Seite gesonderte **Landschaftsschutzgebiete** (landskapsvernområde), die zusammen eine Fläche von noch einmal 1.900 km² ausmachen. Mittelskandinavien ist mit anderen Worten fast ein einziges riesiges Naturschutzgebiet, in dem man unterwegs ist.

Im Großen und Ganzen gelten in allen nordischen Ländern ähnliche Verbote und Bestimmungen für die verschiedenen Schutzgebiete. In einigen von ihnen, wie dem **Rondane-Nationalpark** in Norwegen oder dem **Töfsingdalen-Nationalpark** in Schweden, gelten allerdings besondere Bestimmungen die Nutzung und das Zelten betreffend, auf die im jeweiligen Touren-Kapitel näher eingegangen wird.

Planung der Tour

Die Wanderregion Mittelskandinavien ist sehr vielfältig und bietet sowohl dem erfahrenen als auch dem weniger erfahrenen Wanderer interessante Touren. Das Gebiet wird geprägt von einer ausgedehnten Wildmark im Grenzgebiet zwischen Norwegen und Schweden sowie hochaufragenden Gebirgen weiter westlich. Mittelskandinavien ist flächendeckend von einem Wanderwegenetz erschlossen, das sich an vielen Orten kreuzt. Einige der markierten Wanderwege folgen alten Pfaden, andere wurden neu angelegt. Auf vielen Touren überquert man die Grenze zwischen Norwegen und Schweden mehrmals – oftmals, ohne dass man es bemerkt.

Die Wanderrouten orientieren sich an dem vorhandenen Wanderhüttennetz. Gepflegte Plätze zum Zeltaufstellen gibt es kaum. Das Zelten ist in der Regel überall erlaubt, ausgenommen sind einige Naturschutzgebiete und lokale Verbote. Beim Planen einer Wandertour kann man seine Routen von Hütte zu Hütte verlaufen lassen. Die Hütten werden von den Outdoor-/Wanderverbänden Schwedens und Norwegens, vom norwegischen Staat sowie auf schwedischer Seite von den regionalen Bezirksregierungen unterhalten und sind in der Regel in seinem sehr guten Zustand.

Die Landschaften in Skandinaviens Mitte sind äußerst vielfältig. Neben feinsandigen Uferwegen am Meer oder an Seen entlang, durchstreift man auch baumlose Fjälls (norwegisch: Fjells) und wandert über steinige Berghänge. Das Gelände ist sowohl grün und wasserreich als auch karg und steinig. Vor allem bergiges Gelände und der beständige Wind prägen Wandertouren in diesen Breiten.

Internetforen

Trekking-Infos auf Deutsch
www.fjaellwanderung.de
www.visitnorway.de
www.visitschweden.de
www.skandinavien.eu

Trekking-Infos auf Schwedisch
www.utsidan.se
www.utpaatur.net

Trekking-Infos auf Norwegisch
www.fjellforum.no

Während einer Tagestour überquert man zahlreiche kahle Bergrücken und es geht viele Male auf und ab. Die Norweger haben einen passenden Ausdruck für derartige Landschaften: *småkupert terreng*. Frei übersetzt heißt das soviel wie *„leicht hügeliges Gelände"*. In der Praxis sind damit mehrere hundert Höhenmeter überwindende Anstiege in der offenen Tundra gemeint, die sich oft aneinanderreihen und über viele Kilometer hinziehen können.

In der offenen Tundra weht eigentlich ständig ein Wind und je höher die Tour führt, umso stärker bläst er. Der mitunter recht kalte Wind stellt besondere Anforderungen an Kleidung, Mahlzeiten, Rast- und Lagerplätze. Besonders auf über 2.000 Meter Höhe ist der Wind ein wichtiger Faktor, insbesondere, wenn mit ihm auch Regen fällt.

Die Vorbereitungen für eine Trekkingtour sollten rechtzeitig begonnen werden, indem man verschiedene Routenalternativen und den Zeitpunkt abwägt: welche Tour möchte man wandern, mit wem und wann. Hat man sich für eine Wanderregion entschieden, kann mit dem Zusammenstellen der Route, der Auswahl geeigneter Tagestouren und der Übernachtungsplätze begonnen werden. Dabei sollte man die Entfernungen weniger in Kilometern als nach der erforderlichen Wanderzeit berechnen. Ein kurzer, aber steiniger und steiler Aufstieg kann überraschend viel Zeit in Anspruch nehmen. Grundsätzlich geht man bei einer Bergtour von einer durchschnittlichen Wandergeschwindigkeit von 1-3 km/h aus, abhängig vom Gewicht des Rucksacks und der Beschaffenheit des Bodens. Ist das Gelände uneben oder sehr steinig, kommt man entsprechend langsamer voran. Außer dem Gelände wirkt sich auch das Wetter auf die Wandergeschwindigkeit aus. Kräftiger Gegenwind in offenem Gelände, starker Regen oder dichter Nebel behindern erheblich. Auch eventuelle Flussdurchwatungen sorgen für Verzögerung. Sobald die Wanderroute in groben Zügen steht, sollte überprüft werden, ob der Zeitplan nicht zu straff ist.

Der Bahnhof Hjerkinn im Dovrefjell, der höchstgelegene Bahnhof der Dovrebahn, steht unter Denkmalschutz.

DNT-Hütte Rondvassbu am südlichen Ende des Sees Rondvatnet im Rondane-Nationalpark.

Zeitpunkt wählen

Der beste Zeitraum einer Trekkingtour wird wesentlich von den Jahreszeiten bestimmt, die sich gravierend von denen in Mitteleuropa unterscheiden. Im Gebirge beginnt der Frühling später und der Winter eher. Zwischen den einzelnen Wanderregionen im mittleren Skandinavien bestehen allerdings auch erhebliche Unterschiede. So wird es etwa in Küstenregionen wie **Nordmøre** oder in den Wandergebieten **Femundsmarka** und **Rogen**, die in der Grenzregion zwischen Norwegen und Schweden liegen, eher Sommer als in den schroffen Gebirgsregionen. Das **Rondane-Gebirge** stellt hier allerdings eine Ausnahme dar. Im Vergleich mit den benachbarten Gebirgen ist das Rondane-Gebirge recht schneearm. Das Einsetzen des Frühlings schwankt von Jahr zu Jahr. So gab es etwa im Sommer 2015 im Juli noch meterhohe Schneewälle auf den Hochplateaus. Das war allerdings ein Ausnahmesommer – in der Regel schmilzt der Schnee im Juni. Auch zwischen einzelnen Tälern können die Unterschiede groß sein. Wenn die Sonne nicht von Süden oder Westen her in die Täler scheinen kann, schmilzt der Schnee äußerst langsam.

Der Wasserstand von Flüssen und Seen steigt während und nach der Schneeschmelze erheblich an. Dies kann unter Umständen das Wandern bedeutend erschweren oder sogar unmöglich machen. Vor Antritt der Wanderung sollte man sich auf jeden Fall über die örtliche Schneesituation informieren. Einzelne Schneefelder in Senken oder Niederungen sowie an schattigen Orten stellen jedoch kein Hindernis für eine Trekkingtour dar.

Der beliebteste Wandermonat ist der August, in dem es sich empfiehlt, die Übernachtung in den Hütten, dort wo es möglich ist, im Voraus zu reservieren. Im Oktober setzt in der Regel der Winter ein, doch kann der Zeitpunkt stark variieren. So kann beispielsweise die Küstenregion rund um **Nordmøre** noch bis weit in den Dezember hinein schneefrei sein. Man sollte aber immer darauf gefasst sein, dass es auch mitten im Sommer schneien kann.

Im Sommer plagen den Wanderer oft Mücken und Bremsen. Die mückenreichsten Gegenden sind das Grenzgebiet zwischen Norwegen und Schweden sowie die tiefen Seen- und Flusstäler in Mittelnorwegen. Mit zunehmender Höhe nehmen auch die Mücken ab und auch bei stärkerem Wind bleibt man verschont. Dennoch sollte man immer ein Mückennetz oder -hut sowie ein Mückenspray dabeihaben.

Schneesituation

Wetter und Schneestatistiken in Norwegen (auf Englisch)
www.senorge.no

Wetter und Schneestatistiken in Schweden (auf Englisch)
www.smhi.se

Zelten

Zelten entlang der Wanderrouten ist mit Ausnahme einiger Schutzgebiete fast überall gestattet. Spezielle Zeltplätze gibt es dagegen nur wenige, meist in der Nähe bewirtschafteter Hütten. Die zu entrichtende Gebühr beträgt in der Regel 50 - 100 Kronen pro Zelt und berechtigt zur Nutzung der Küche, des Trockenraums sowie einer eventuell vorhandenen Sauna. Die Benutzung des Toilettenhäuschens braucht man nicht extra bezahlen.

Vor allem in den Wanderregionen *Sylarna* und *Femundsmarka* sowie *Rogen*, aber auch entlang einiger anderer beliebter Wanderwege sind *halboffizielle Zeltplätze* entstanden. Deren Benutzung ist zu empfehlen, denn sie befinden sich in der Regel in Nähe eines Flusses oder Sees und liegen geschützt. Doch kann man sein Zelt auch an jedem anderen Ort aufschlagen, der zum Zelten geeignet ist und niemanden stört – mit Ausnahme von Naturschutzgebieten. Auch dürfen durch das Zelten keine Bewohner – Menschen oder Tiere – gestört werden.

Grøndalen, *Etappe TA013.*

Wenn möglich, sollte das Zelt an einem *windgeschützten Ort* und in *Wassernähe* aufgeschlagen werden, jedoch nicht unmittelbar am Ufer eines Sees oder Flusses. Sonst kann es passieren, dass man am nächsten Morgen in einem Mini-Swimmingpool aufwacht. Vor allem im Frühsommer und nach einem heftigen Regenschauer kann der Wasserspiegel von Flüssen und Seen erheblich ansteigen. In Mittelskandinavien wird viel Wasserkraft genutzt und einige Seen sind aufgestaut oder reguliert. Überhaupt bergen *regulierte Gewässer* hohe Gefahren sowohl für Badende als auch für Bootsfahrer, sofern man zu nahe an Strudel und Strömungen gerät. Diese Stellen sind meist durch Warnschilder gekennzeichnet.

Beim Zelten sollte man daher darauf achten, in ausreichender Entfernung vom Ufer eines regulierten Sees zu campen. Ein regulierter See ist leicht auf der Karte zu erkennen, da er durch zwei, durch einen Strich getrennte Höhenangaben gekennzeichnet ist (z.B.: 859-865 m).

In der baumlosen Tundra ist es eigentlich immer windig und mitunter weht der *Wind* auch sehr stark. Das Zelt sollte daher immer in Windrichtung aufgestellt und besonders sorgfältig im Boden verankert werden. Auf den baumlosen Hügeln der Tundra herrscht in der Regel kein Mangel an Steinen zum Beschweren der Verankerungen und Heringe.

Das *Spülen von Geschirr* muss in ausreichender Entfernung vom Fluss- oder Seeufer erfolgen. Auch waschen sollte man sich nicht in unmittelbarer Nähe oder oberhalb der Stelle, an der man sein Trinkwasser holt. Dabei hilft ein Trekkingstock am felsigen und oft glatten Ufer der Bergseen das Gleichgewicht zu bewahren.

Toilettenhäuschen stehen nur bei den Hütten zur Verfügung. In der freien Natur erledigt man sein Geschäft fernab von Gewässern und Zeltstandorten. In die Erde wird eine Grube mit Hilfe eines Klappspatens gegraben, die anschließend wieder zugeschaufelt wird. In felsigem Gelände nimmt man dafür Steine. Auf keinen Fall dürfen Papierfetzen herumfliegen.

Angeln Zum *Angeln* benötigt man eine Erlaubnis, die man sich am besten vor Ort besorgt. Außerdem muss beachtet werden, dass es in den Schutzgebieten Gewässer gibt, in denen das Angeln eingeschränkt oder verboten ist.

Reiseversicherung Eine *Wildniswanderung* ist nicht gefährlicher als sich zu Fuß durch die Stadt zu bewegen. Allerdings ist es ratsam, vor Antritt der Reise seine *Versicherungsbedingungen* zu überprüfen, denn nicht jede Versicherung deckt Wildniswanderungen ab.

Feuermachen Der größte Unterschied zwischen den Jedermannsrechten der einzelnen nordischen Länder besteht beim *Feuermachen*. In *Schweden* gehört das Feuermachen zu den Jedermannsrechten, allerdings können Bestimmungen der einzelnen Schutzgebiete sowie Regionalverwaltungen und Kommunen dieses einschränken. In *Norwegen* ist es in der Zeit von Mitte April bis Mitte September außerhalb von Waldgebieten gestattet, ein Feuer anzuzünden. Die Wanderrouten in Norwegen verlaufen größtenteils oberhalb der Baumgrenze, so dass es schwer ist, überhaupt Feuerholz zu finden. Zweige oder Wurzeln dürfen selbstverständlich nicht abgebrochen oder aus dem Boden gerissen werden. Im Nationalpark Femundsmarka ist es außerdem verboten, herumliegende Baumstämme oder Totholz einzusammeln. Die Holzvorräte, die zum Heizen der Hütten oder Saunen bestimmt sind, dürfen nicht für ein Lagerfeuer verwendet werden..

Müll Ungeachtet der Übernachtung in Zelt oder Hütte muss der *eigene Müll* selbstverständlich aus der Wildnis zurück in die Zivilisation getragen werden. Dinge die brennen, wie Pappverpackungen oder Papier, können zum Anzünden oder Heizen der Holzöfen verwendet werden. Eventuelle Essensreste müssen in möglichst großer Entfernung von Gewässern vergraben werden. Mitgebrachte oder in den Hütten erworbene Dosen werden nach Gebrauch ausgewaschen und mit einem meist in den Hütten vorhandenen Holzhammer oder einer Dosenpresse plattgedrückt.

Trinkwasser *Trinkwasser* ist entlang der Wanderstrecken in Hülle und Fülle vorhanden. Das Wasser in den Bächen und Flüssen ist kristallklar und kann ohne Bedenken als Trinkwasser verwendet werden. Auch das Wasser der Seen ist in der Regel trinkbar, ganz gleich, ob es sich um einen regulierten oder einen Natursee handelt. Nur Flüsse die aus *Gletscherwasser* gespeist werden stellen hier eine Ausnahme dar, denn Gletscherwasser sollte nicht als

Trinkwasser verwendet werden. Das Wasser von Gletscherbächen ist hellgrau oder bräunlich verfärbt, doch entlang der Wanderrouten gibt es nur wenige davon. Aus einem Tümpel, in dem das Wasser steht, darf kein Trinkwasser entnommen werden

Flussquerungen

In Mittelskandinavien gibt es kaum **Flüsse und Bäche** die **durchwatet** werden müssen, da über die meisten von ihnen Brücken gebaut wurden. Oder sie sind so flach, dass man sie von Stein zu Stein balancierend überqueren kann. Dennoch gibt es in nahezu allen Wanderregionen auch tiefere, brückenlose Flüsse, die von der einen oder anderen Wanderroute gekreuzt und durchwatet werden müssen. Bei einer **anspruchsvollen Flussdurchquerung** reicht das Wasser bis über das Knie, es herrscht eine starke Strömung oder / und der Boden ist extrem uneben. Selten kommen jedoch alle drei Merkmale zusammen.

Bei der Planung einer Wanderung sollten mögliche Flussdurchwatungen und der hierfür geeignete Zeitpunkt bedacht werden. Auch die **Tageszeit** spielt eine Rolle, denn der **Wasserstand** ist vormittags meist am niedrigsten und steigt im Tagesverlauf an. Dies gilt natürlich nicht bei Regen, der den Wasserspiegel in jedem Fall ansteigen lässt. **Geeignete Watstellen** sind häufig durch Stangen oder auf Stein gemalte Zeichen gekennzeichnet. Falls die Strömung auch an der markierten Watstelle zu stark oder das

Folda.

Tjønnbotnelva.

Wasser zu tief ist, kann es ratsam sein, eine bessere Stelle zur Querung weiter flussauf oder alternativ flussab im Abflussgebiet zu suchen.

Für mögliche Flussquerungen empfiehlt es sich, extra **Watschuhe** dabeizuhaben, beispielsweise Sandalen mit Klett- oder Druckverschluss. Entscheidend ist, dass die Schuhe eine rutschfeste Sohle haben, da die Steine unter Wasser extrem glatt sein können. Außerdem sollten sie fest am Fuß sitzen, damit sie sich beim Waten nicht vom Fuß lösen, denn die Strömung kann mitunter recht stark sein. Watschuhe sind auch gut als Schuhe für abends oder zwischendurch zu verwenden, daher sollte man sie nach dem Durchwaten zum Trocknen außen an den Rucksack hängen. Ratsam ist auch das Tragen von Wollsocken, insbesondere dann, wenn der zu querende Fluss aus einem Gletscher oder hoch gelegenen See stammt. Vor allem Gletscherwasser ist ausgesprochen kalt.

Ulvådalen.

Als *Hilfsmittel bei einer Flussdurchwatung* hat sich ein langer Holz- oder Wanderstock, bzw. Trekkingstöcke bewährt. Es ist leichter, das Gleichgewicht zu halten, wenn man außer seinen Beinen noch eine dritte oder sogar vierte Stütze hat. Bei der Durchquerung von breiten, tiefen Flüssen mit starker Strömung müssen die **Schulterriemen des Rucksacks gelockert** und der **Hüft- und Brustgurt geöffnet** werden. Mit straffen Riemen ist der Rucksack zwar leichter zu tragen, doch sollte man ins Wasser fallen, ist es wichtig, den Rucksack möglichst schnell abstreifen zu können.

Die **Watstelle** muss *sorgfältig ausgewählt* werden. Etwaige Inseln oder Steine im Fluss machen die Durchquerung leichter – ein kurzer Moment in dem man das kalte Wasser verlassen kann, ist eine große Erleichterung. Ein Fluss wird stets schräg gegen die Strömung und in leicht vornübergebeugter Haltung durchquert. Indem man nur jeweils einen Fuß oder eine Stütze auf einmal versetzt, bleibt man selbst bei starker Strömung im Gleichgewicht. Ist das Wasser mehr als kniehoch, wirkt sich die Strömung schon erheblich auf das Gleichgewicht aus.

Reicht das Wasser mehr als eine Handbreit übers Knie, sollte der Fluss **nicht durchquert** werden, es sei denn, man ist sich sicher, dass es so gut wie keine Strömung gibt. Im Frühsommer kann sich bei der Schneeschmelze eine hohle Schnee- oder Eisdecke über den Flüssen und Gebirgsbächen bilden. Es ist dringend davon abzuraten, diese zu betreten.

Brücken und Bootstransfer

Auf den markierten Wanderwegen Mittelskandinaviens gibt es dutzende *Brücken*: große Hängebrücken ebenso wie mit wenigen Schritten zu überwindende kleinere Brücken. Die Brücken in Norwegen und Schweden sind in einem sehr guten Zustand, auch wenn vereinzelt die Konstruktion recht wacklig wirken kann. Die Brücken werden in ganzjährige und nur im Sommer zugängliche Brücken unterteilt. Die kleineren, sogenannten **Sommerbrücken**, werden jedes Jahr im Juni neu errichtet, wenn die Eismassen auf den Flüssen geschmolzen sind, und im Herbst wieder abgebaut. Ansonsten würden sie durch Eisschollen, Wind, Steinschläge oder Hochwasser fortgerissen werden. Ein Ort an dem einmal eine Brücke stand, ist nie ein guter Ort, um einen Fluss zu durchqueren

In Mittelskandinavien existiert so gut wie kein *Bootstransfer*. Manchmal findet man jedoch anstelle einer zerstörten Brücke zwei kleine **Ruderboote zum Überqueren**. Die Idee dabei ist, dass auch nach dem Übersetzen an jedem Ufer ein Boot vorhanden und gut befestigt sein muss (festgebunden, umgedreht oder auf die Ruder gestellt). Um das zu gewährleisten, kann schon ein kleines logistisches Manöver – und Muskelkraft – notwendig sein: Also rudert man zuerst ans gegenüberliegende Ufer, um das zweite Boot zum Ausgangspunkt überzuholen. Ein Boot verbleibt gut befestigt hier, mit dem anderen Boot rudert man wieder hinüber und befestigt es, um dann die Wanderung fortzusetzen. Es ist extrem wichtig, dass an beiden Ufern immer ein Boot liegt, denn ohne sie kann sich die Wanderung schnell um dutzende Kilometer verlängern oder sogar ganz „ins Wasser fallen". Die Ruderboote werden normalerweise im Frühsommer an die Wanderrouten gebracht und vor Wintereinbruch wieder abgeholt.

Tverråa, Trollheimen.

Djupholma, Sylarna.

Kaldbekken, Rondane.

Kvernabekken, Trollheimen.

MS Fæmund II
www.femund.no
Tel. +47 (0)93 69 20 17

M/S Sylöra
www.sylora.se
Tel. +47 (0)70 336 25 80

Knut Arne Vike
www.eikesdalsvatnet.no
Tel. +47 (0)71 23 45 70
Tel. +47 (0)91 86 29 33

Bootstransfer
Auf einigen Seen besteht ein sogenannter **Bootstransfer**.

Auf dem *Femundsee*, am westlichen Rand der Wanderregion *Femundsmarka & Rogen*, verkehrt von Mitte Juni bis Anfang September die **MS Fæmund II** nach Fahrplan. Am nördlichen Ende der Schiffsroute besteht eine Busverbindung zum Bahnhof *Røros*, deren Fahrplan auf den Schiffsfahrplan abgestimmt ist.

Auf dem See *Grövelsjön*, am südlichen Rand derselben Wanderregion, verkehrt von Ende Juni bis Ende September das *Bootstaxi M/S Sylöra*.

Über den *Eikesdalsvatnet*-See westlich des *Dovrefjell*-Gebirges kann man einen kostenpflichtigen **Bootstransfer** in Anspruch nehmen. Dieser muss im Voraus beim Bootseigentümer **Knut Arne Vike** bestellt werden.

Leider wurde auf dem See *Gjevillvatnet*, südlich der Trollheimen-Gebirgsregion, der Bootsverkehr eingestellt.

Gefahren

Das *Wetter* in den Gebirgsregionen und ausgedehnten Wildnisgebieten Mittelskandinaviens kann sich schnell ändern. Plötzlich einsetzender starker oder langanhaltender Regen, Schneeregen oder Schnee, starker und böiger Wind, ein Sturm, ein Gewitter oder Nebel sind die häufigsten – wenn auch seltenen – Gründe für Gefahrensituationen während einer Trekkingtour. Eine dramatische Wetterverschlechterung muss bei der Planung einer Route in Betracht gezogen werden. Auf einen *Wetterumschwung* sollte man vorbereitet sein und Regen- sowie Wollkleidung dabeihaben. Außerdem ist es gut, sich vorab über mögliche Schutzhütten, Koten und Notunterkünfte entlang der Route zu informieren. Besonders feuchtigkeitsempfindliche und auch alle übrigen Dinge sollten im Rucksack zusätzlich in *wasserfeste Säcke* verpackt werden. Feiner Sprühregen dringt besonders bei Wind auch durch die regendichteste Schutzhülle. Beim Aufziehen einer dunklen Wolkenwand am Bergrand ist es ratsam, die Richtung und die aktuelle Position mit dem Kompass genau zu bestimmen. Im Spätsommer und Herbst sollte man auch einen Blick auf die Uhr werfen.

Ein *Gewittersturm* ist in den Bergen relativ selten und geht in der Regel schnell vorbei. Die größte Gefahr bei einem Gewitter geht von Sturmböen und Blitzen aus. Ein Blitzeinschlag ist bei Gewitter in Bergregionen durchaus eine konkrete Bedrohung, auch wenn es extrem selten passiert, dass ein Wanderer vom Blitz getroffen wird. Schutz vor Gewitterstürmen und

Blitzen findet man in Gebäuden, Senken im Gelände oder unter Felsvorsprüngen. Das Wichtigste ist allerdings, hochgelegene Berghänge schnellstmöglich zu verlassen. Das Zeltaufstellen ist nicht empfehlenswert.

Weitaus häufiger als ein Gewitter ist plötzlich einsetzender **Nebel**, der schnell und ohne sich anzukündigen die Sicht behindert und die Orientierung erschwert. Wegmarkierungen oder größere Landmarken sind schwer zu erkennen, wenn sie vom Nebel „verschluckt" werden. Einem ausgetretenen Pfad kann man auch bei Nebel leicht folgen, doch auf höher gelegenen Wegen, auf denen der Pfad häufig über steinige Halden führt, ist die Orientierung deutlich schwieriger. Bei schlechter Sicht ist die Wahrscheinlichkeit sich zu verlaufen deutlich größer. Ein zweiter häufiger Grund sind „Abkürzungen". Mitunter sind auch die Wegmarkierungen lückenhaft

Wind kann dann gefährlich werden, wenn er mit starkem Regen oder Gewitter einhergeht, sehr stark ist und in den Böen sogar Sturmwerte erreicht. Vor allem dann, wenn man gerade ein Gewässer mit dem Boot oder

Die Route zwischen Reindalseter und Muldal *(TA014)*.

durchwatend überquert oder einen hohen Berg überwindet. Bei stürmischem Wind sollte man nach Möglichkeit in Gebäuden oder in tiefer gelegenen Tälern unterhalb der Baumgrenze Schutz suchen. Das Zelt wird immer in Windrichtung aufgebaut und fest im Boden verankert. Bei Bedarf kann die Befestigung mit Steinen verstärkt und das Zelt an Bäumen oder Steinen festgebunden werden.

Die größte Gefahr geht jedoch von der *Erschöpfung des Wanderers* selbst aus. Erste Anzeichen sind, wenn man mit den Wanderschuhen immer häufiger an Steinen oder Wurzeln hängenbleibt. Fehltritte oder Stolpern sind deutliche Erschöpfungszeichen und allerspätestens dann ist es höchste Zeit, eine Pause einzulegen. Jetzt sollte man den Rucksack absetzen und etwas essen und trinken. Vor allem bei schlechtem Wetter muss auf ausreichende Pausen geachtet werden, am besten alle 45 bis 60 Minuten.

MOBILFUNKEMPFANG

Im Gebirge gibt es nur an wenigen Stellen **Handyempfang**, daher sollte man sich nie darauf verlassen. Die größte Chance besteht in Nähe von Staumauern oder Parkplätzen ebenso wie in Nähe einiger Hütten oder auf Berggipfeln – allerdings längst nicht auf allen. Der Weg ins nächste Krankenhaus kann sehr weit sein, deshalb ist es wichtig, immer eine **Notfallapotheke** dabeizuhaben. In den Hütten des STF, des Verwaltungsbezirks Dalarna sowie in fast allen betjent- und einigen selvbetjent-Hütten des DNT gibt es ein **Nottelefon**. In den Hütten von Statskog nicht.

GRENZÜBERTRITT

Auf den Wanderrouten kann die *Staatsgrenze zwischen Norwegen und Schweden* frei überquert werden. Beim *Grenzübertritt* zwischen Norwegen und Schweden braucht man sich in der Regel nicht bei den Behörden zu melden und kann die Grenze so oft überqueren, wie man möchte, es sei denn, man hat zu verzollende Ware dabei.

Hundebesitzer müssen sich vor der Einreise über die jeweiligen Landesbestimmungen informieren.

MOSCHUSOCHSE UND TUNDRAREN

In der **Wanderregion Dovrefjell** gibt es ungefähr 300 **Moschusochsen** (*moskusfe / moskus*), die mitunter auch im Norden der *Region Rondane* anzutreffen sind. Auch im nordöstlichen Teil der Wandergebiete *Femundsmarka & Rogen* gibt es auf beiden Seiten der Grenze eine etwa ein Dutzend Tiere umfassende Herde.

Ein ausgewachsener *Moschusochse* wiegt zwischen 200 und 400 kg und kann eine Geschwindigkeit von bis zu 60 km/h erreichen. Normalerweise handelt es sich um einen harmlosen Pflanzenfresser, der aber unberechenbar und bei der Verteidigung seiner Kälber auch sehr aggressiv sein kann. Zu Moschusochsen sollte man immer einen **Sicherheitsabstand von mindestens 200 Meter** halten, weswegen man sie auch nur mit einem ausreichend starken Teleobjektiv fotografieren kann.

Um Moschusochsen sollte man bei den Wanderungen einen weiten Bogen schlagen und diese möglichen Verzögerungen bei der Planung einer Tagestour insbesondere in den östlichen Teilen des Dovrefjell sowie auf den Routen im Norden des Rondane von vornherein mit einplanen. Falls man von einem Moschusochsen angegriffen wird sollte man, sofern vorhanden, Schutz auf einem Baum oder einem sehr großen Felsbrocken suchen.

Das **Tundraren/Wildren** (*Rangifer tarandus tarandus,* norw. *villrein*) ist ein sehr scheues Tier, in dessen Schutz der norwegische Staat viel investiert. Letzte europäische Bestände kommen in den **Wanderregionen Reinheim, Dovrefjell** und **Rondane** vor. Die Behörden sind bemüht, den mittelskandinavischen Bestand von etwa 6.000-7.000 Tieren zu erhalten und fordern alle Wanderer auf, diese Tiere nicht zu stören. Das bedeutet vor allem, dass man im **Rondane Nationalpark** einige Gebiete nicht betreten darf und es auch Einschränkungen gibt, an welchen Stellen man sein Zelt aufschlagen darf.

Auf dem Weg zur Rondvassbu.

PFADE & MARKIERTE WEGE

Das *markierte Wanderwegenetz* im mittleren Skandinavien sucht seinesgleichen! Die markierten Routen führen von den tief eingeschnittenen Fjorden am Ufer des Atlantiks im Westen über hunderte Kilometer hin zu den atemberaubenden Berggipfeln Mittelnorwegens. Weiter im Osten breitet sich eine mehrere tausend Quadratkilometer umfassende, scheinbar endlose Wildnis aus, die fast die ganze Region Mittelnorwegens und Mittelschwedens umfasst.

In diesem Buch werden über 230 markierte und etwa ein Dutzend nicht markierte, aber etablierte Wanderrouten vorgestellt. Die markierten Wege und etablierten Pfade orientieren sich in der Regel an Tälern und den Birkenhainen der Tundra oder führen über baumlose Fjells. Einige Wege ziehen sich über hohe Berghänge, einige wenige sogar bis auf über 2.000 Meter hinauf. In den meisten Fällen folgen die Wege dem Ufer von Wasserläufen und machen einen großen Bogen um Moore sowie schwer zugängliche Steinfelder, Weidenbüsche und anderes schwieriges Gelände. Man kann sie nicht immer umgehen, in einigen Fällen führt ein markierter Weg absichtlich durch dichtes Weidenbuschwerk oder über ein scharfkantiges Geröllfeld. Oberhalb von 1.200 Metern wird das Gelände zunehmend steinig und jenseits von 1.500 Metern gibt es nur noch Felsen.

Markierte Wanderwege

Markierte Wanderrouten bilden das Rückgrat des mittelskandinavischen Wegenetzes und führen durch äußerst vielschichtiges Gelände. Sie umspannen ein weitreichendes Gebiet von den Ausläufern der Fjorde über die üppigen Täler und Fjellbirkenwälder im Hochland bis zu den Hängen und Gipfeln steil aufragender Berge. Über größere Flussläufe ist meist eine Brücke gebaut.

Die markierten Wanderrouten verlaufen selten durch besonders schwieriges Gelände. Die anspruchsvollsten Routen führen am Rande ausgedehnter Sumpfgebiete oder schroff aufragender Berghänge entlang oder durchqueren ein Gebiet mit Sturmschäden. All das erschwert das Vorankommen erheblich. Auch wenn der Weg scheinbar grundlos einen Bogen schlägt, gibt es dafür einen guten Grund.

In **Norwegen** sind die Wege mit einem gemalten roten Strich, Kreis oder T-Buchstaben markiert. Dieses rote Zeichen findet sich meist auf Steinen, Baumstämmen oder einem aufgeschichteten Steinhaufen. Der größte Teil der markierten Wanderwege verläuft durch baumlose Fjelllandschaften, wo man die Markierungen gut erkennen kann. Häufig finden sich die Zeichen an leicht erhöhten Stellen, damit sie besser zu sehen sind.

In **Schweden** sind die Markierungen meistens mit gelber, oranger, seltener auch roter Farbe an Bäumen oder Steinen angebracht. Manchmal besteht die Markierung auch nur aus unbemalten, aufgeschichteten Steinen, die im Gelände leicht zu erkennen sind.

Zusätzlich gibt es in Mittelschweden auch *ganzjährige Wegmarkierungen:* ein rotes Kreuz an 2 Meter hohen Stangen. Normalerweise ist dies ein *Winterzeichen*, wird aber auch im Sommer verwendet. Wichtig ist zu wissen, dass Sommer- und Winterzeichen eine zeitlang der gleichen Strecke folgen können, später aber in verschiedenen Richtungen auseinanderführen. Das liegt daran, dass die Winterrouten auch über Moore und Seen führen, die im Winter zugefroren sind. Deswegen sollte man darauf achten, im Sommer immer den *Sommerzeichen* zu folgen.

Im nördlichen Teil der Sylarna-Gebirgsregion gibt es ein paar Routen, die nicht besonders sorgfältig markiert sind. Das liegt daran, dass die Wege in der Regel ausgetreten und gut im Gelände erkennbar sind.

Die **Dichte der Wegmarkierungen** ist sehr unterschiedlich. Im besten Fall gibt es aller 20 Meter ein Zeichen, doch hin und wieder können schon mal 200 Meter dazwischen liegen. Bei Nebel oder starkem Regen muss man die Zeichen schon genau im Auge behalten, zumal die Farbe gerade an Steinen fast abgeplatzt oder ein Steinhaufen eingestürzt sein kann. Auch können andere Pfade, egal ob von Rentieren oder Menschen, die Suche nach dem richtigen Weg erschweren.

Für die **Wegmarkierung** sind in Norwegen die Regionalverbände des DNT und in Schweden die Ortsverbände des STF sowie die Regionalverwaltungen zuständig. Auch einige Privatpersonen beteiligen sich an dem ehrenamtlichen Instandhalten der Wanderwege. Das Erneuern der Farbe und das Aufschichten der Steinhaufen ist zeitaufwändig und erfolgt auf Basis ehrenamtlicher Arbeit. Wer bei seiner Wanderung an einem zusammengerutschten Steinhaufen vorbeikommt, der als Wegezeichen gedacht ist, kann (und sollte!) gern eine Trinkpause einlegen und den Haufen kurz wieder aufschichten, um die Arbeit der Ehrenamtlichen zu unterstützen.

Tradierte Pfade & Trampelpfade

Abseits der markierten Wanderwege gibt es in Mittelskandinavien, vor allem im Grenzgebiet zwischen Norwegen und Schweden, eine Vielzahl weiterer Pfade, die als **tradierte Pfade** bezeichnet werden und nicht markiert sind. Selbst wenn einige dieser Pfade in einem guten Zustand sind, sollte die Bezeichnung nicht dahingehend missverstanden werden, dass es sich um besonders vielbenutzte Pfade mit einem eindeutigen Ziel handelt.

Tradierte Wanderpfade werden nicht gepflegt, das heißt, über Flüsse gibt es keine Brücken, Watstellen sind nicht markiert und die Wege können stellenweise verwildert und zugewachsen sein. Manche dieser Pfade verzweigen sich auch scheinbar endlos. Solange man einem Flusslauf folgt, ist dies kein Problem, doch in einem dichten Birkenwäldchen stellt dies schon einen nicht zu unterschätzenden Nachteil dar.

Entlang der tradierten, nicht markierten Wanderwege gibt es so gut wie **keine Wildnishütten**. Will man diesen Wegen folgen, ist ein eigenes Zelt unerlässlich. Wer allerdings auf der Suche nach ungestörter Ruhe ist, der ist auf diesen abseits gelegenen Pfaden genau richtig.

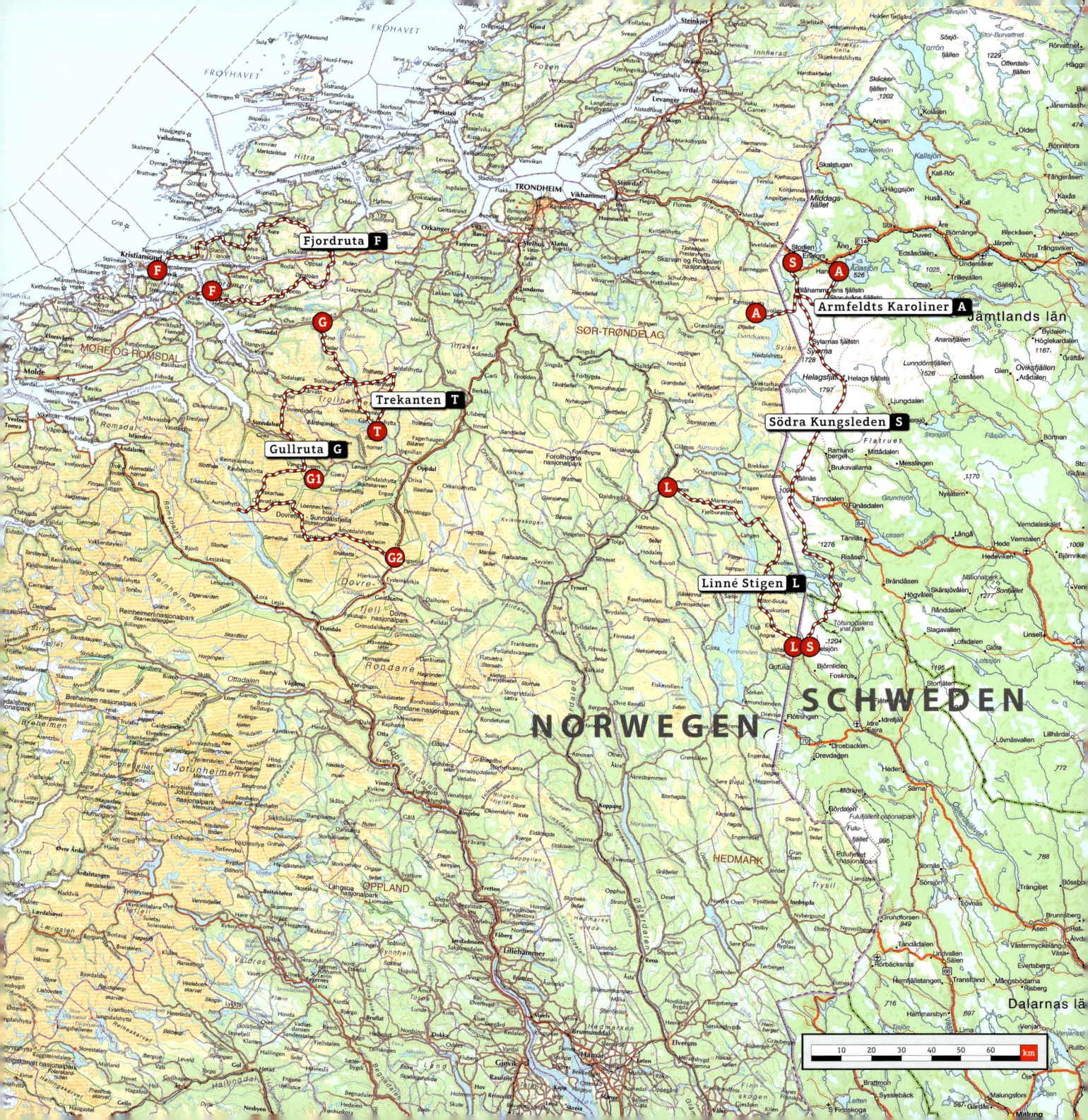

Fernwanderwege mit Eigennamen

Wanderrouten und Fernwanderwege mit Eigennamen

Aus einzelnen markierten Wanderwegen ist im Laufe der Zeit eine zusammenhängende Wanderroute geworden, der man einen Namen gegeben hat. Entlang dieser Fernwanderwege hat sich ein dichtes Band an Hütten herausgebildet, das meist die gesamte Route abdeckt. Doch auch hier gibt es Abschnitte, auf denen die Mitnahme eines Zeltes anzuraten ist.

Diese **Fernwanderwege** sind immer markiert und häufig nach einer berühmten Person, einem Ereignis oder einer typischen Landschaftsform benannt. Ihre Länge variiert von einigen Dutzend bis hin zu viele hundert Kilometer langen Routen. In der Regel gibt es mehrere Einstiegsmöglichkeiten, von denen aus man ausgedehnte Trekkingtouren durch Mittelskandinavien beginnen kann.

Fjordruta, 152 km
Wandergebiet Nordmøre

Die **Fjordruta** – also **Fjord-Route** – verläuft durch atemberaubende Fjordlandschaften in der Region **Nordmøre**. Die markierte Route führt über insgesamt 152 km in einem „U" von Hütte zu Hütte. Unmittelbar am Flughafen von **Kristiansund** gibt es einen Einstiegspunkt und am anderen Ende liegt der Fähranleger **Halsa**, an dem sich auch ein Parkplatz befindet. Von Halsa kann man mit dem Bus zurück nach Kristiansund fahren.

Die Route verbindet die Fjordküste mit steil aufragenden Bergen und Hochplateaus. Sie ist ein relativ junger Fernwanderweg, der erst in den 1990er Jahren eingerichtet wurde. Die letzten Hütten entstanden erst vor wenigen Jahren.

Im Norden ist die Tour recht leicht zu gehen. Auch der Süden der Route ist nicht besonders anspruchsvoll, auch wenn hier die bergigen Abschnitte zunehmen. Auf der **Fjordruta** kann man ohne Zelt unterwegs sein und es gibt eine Reihe von Einstiegspunkten. Der größte Teil der Hütten entlang der Route ist mit dem DNT-Standardschlüssel verschlossen.

Die Hütte Sollia am Vinjefjord auf der Fjordruta.

Trekanten, 58 km
Wandergebiet Trollheimen

Trekanten – also die **Dreiecksroute** – ist ein klassischer Fernwanderweg mit knapp 60 km im Herzen der Berglandschaft **Trollheimen**, der die Hütten **Gjevilvasshytta**, **Trollheimshytta** und **Jøldalshytta** miteinander verbindet. Die einzelnen Tagestouren sind recht lang, allerdings darf mit leichtem Gepäck gewandert werden, denn alle drei Hütten bieten während der Saison neben einem Schlafplatz auch Mahlzeiten an.

Gut geeignet als Startpunkt ist die **Gjevilvasshytta**, in deren Nähe sich ein Parkplatz befindet. Alternativ kann man seine Tour auch am Parkplatz **Kleva (Jølhaugen)** in etwa 4 km Entfernung von der **Jøldalshytta** beginnen.

Trollheimshytta.

Der absolute Höhepunkt dieser Route ist der Berg **Snota** (1.669 m), zu dem man einen Tagesausflug von der **Trollheimshytta** aus unternehmen kann. Die charakteristische Gestalt des Snota beherrscht die Landschaft weithin. Der Gletscher am Osthang des Berges besteht aus einer vier Meter dicken Schneeschicht, die in einigen Sommern vollständig abgeschmolzen ist, weshalb man den Gletscher nicht mehr ohne spezielle Eiskletterausrüstung begehen kann. Der *DNT-Ortsverband Trondhjems turistforening* hat eine alternative Route zum Gipfel beschildert, die ganz passabel, allerdings nicht durchgehend markiert ist.

Gullruta, 90–180 km
Wandergebiet Trollheimen und Dovrefjell

Die **Gullruta (Goldroute)**, führt durch Mittelnorwegens Gebirgslandschaft. Ihr nördlichster Punkt ist die Hütte **Sætersetra** nördlich des **Trollheimen-Gebirges**. Im Süden gibt es zwei Einstiegs-/Endpunkte. Der Endpunkt der *90-km-Route* befindet sich an der **Vangshaugen-Hütte** (Karte **G1**). Die längere Routenvariante führt von der Vangshaugen-Hütte über die **Raubergshytta**, **Aursjøhytta** und **Åmotdalshytta** zum Bahnhof **Kongsvoll** (Karte **G2**). Auch die Gullruta verläuft von Hütte zu Hütte, allerdings können einzelne Tagesabschnitte so lang sein, dass es besser ist, ein Zelt dabeizuhaben.

Die Gullruta kann man auch in Teil-Etappen zurücklegen. Gute Einstiegspunkte sind etwa **Surnadalen** und **Vindøldalen** im nördlichen Teil. Von Westen her **Innerdalen** und **Sunndalen** sowie im Süden **Romsdalen**.

Der Wanderweg *Gullruta* ist einer der neuesten in ganz Skandinavien und wird erst im Laufe des Jahres 2018 vollständig in Betrieb genommen sein. Daher gibt es auf dieser Route zur Zeit noch einige unmarkierte Abschnitte.

Linné Stigen oder Linnés veg, ca. 100 km
Wandergebiet Femundsmarka & Rogen

Der berühmte **Naturforscher Carl von Linné**, nach dem dieser Fernwanderweg benannt ist, war ein begeisterter Wanderer und ist im Jahre 1732 auf diesem Pfad, auch unter dem Namen **Linnés veg/väg** bekannt, durch Mittelskandinavien gewandert. Der durch seine Forschungsreise durch die Provinz Dalarna berühmt gewordene Linné kam von Falun über Sälen und Idre nach *Grövelsjön*, von wo aus die eigentliche Reise begann und ihn bis zur Stadt Røros führte.

Der markante Innerdalstårnet (1.450 m) und Kühe an der Gullruta.

Der **Linné Stigen** verläuft zwischen **Grövelsjön** und **Svukuriset** sowie in den nördlichen Teilen der **Femundsmarka** durch relativ leichtes Gelände, allerdings gibt es auch einen mehrere dutzend Kilometer langen, schwierigeren Abschnitt.

Im Prinzip kann man auf dem Linné Stigen von Hütte zu Hütte wandern, jedoch betragen einzelne Tagesetappen dann mehr als 25 Kilometer.

Eine Besonderheit des Linné Stigen sind die als „Falkenfängerlager" *(falkfångarhögdana)* bekannten Orte, an denen Linné vorbeikam. Er beschrieb, dass die Falkenfänger mit einer Taube als Lockvogel und einem Raubwürger als Späher, die Falken in einem Netz fingen. Diese wurden nach Deutschland, in die Niederlande und selbst in arabische Länder verkauft. Spuren der alten Lagerplätze sind noch heute im Gelände zu erkennen.

Entlang der Route und ganz allgemein in der Region Femundsmarka gibt es eine Reihe von alten und wiederhergerichteten **Wildmarkhütten**, in denen man übernachten kann.

Södra Kungsleden (Grövelsjön – Storlien) 165–180 km
Wandergebiet Femundsmarka & Rogen sowie Sylarna

Der **Södra Kungsleden (Südlicher Kungsleden)** ist ein alter Königsweg durch die Grenzregionen Mittelschwedens und der zweite Abschnitt zum "klassischen" Kungsleden in Nordschweden. Um Missverständnisse zu vermeiden, wird dieser Fernwanderweg „**Södra Kungsleden**" genannt.

Der **Södra Kungsleden** verlief ursprünglich nur vom südlichen Ende des Nationalparks **Fulufjället**, von der Stadt **Sälen** zur Fjällstation **Grövelsjön**, wurde aber später bis zur Ortschaft **Storlien** verlängert. In diesem Buch wird jener Teil des Fernwanderweges von der **Grövelsjön Fjällstation** nach Norden beschrieben, der durch den **Nationalpark Långfjället** und das **Naturreservat Rogen** in die Gebirgsregion **Sylarna** bis hinauf nach **Storlien** führt.

Auf dieser Route gibt es eine Reihe von Wegevarianten, die man gehen kann und je nachdem für welche man sich entscheidet, variieren die Längenangaben auf dem Abschnitt ab Grövelsjön Richtung Norden.

Armfeldts Karoliner 40 km (90 km)
Wandergebiet Sylarna

> Im Winter 1718-19 überquerte General Armfeldt mit seinem Heer die verschneite Berglandschaft in Richtung Osten. Die Karolinersoldaten, von denen über die Hälfte aus dem Gebiet des heutigen Finnlands stammten, befanden sich nach einem missglückten Feldzug auf dem Rückzug. Die andauernden Kämpfe, der ungeordnete Zustand des Heeres, Hunger und bittere Kälte forderten einen unbarmherzigen Tribut sowohl von den Truppen als auch von der örtlichen Zivilbevölkerung. Über jene Tage pflegt man in Norwegen zu sagen, dass es keine Sieger, sondern nur Verlierer gab.

Knapp 300 Jahre später kann man unter wesentlich leichteren Bedingungen auf den gleichen Spuren wandeln. Vom Dorf **Haltdalen** in Norwegen führt eine markierte Route zur Ortschaft **Handöl** in Schweden (90 km). Der eigentliche Wanderweg (40 km) beginnt hinter dem Parkplatz westlich der Hütte **Storerikvollen**, von dem aus man an der Hütte vorbei Richtung Osten geht. Nach der norwegisch-schwedischen Grenze passiert man die **Fjällstationen Blåhammaren** und **Storulvån** und gelangt zum Dorf **Handöl**. Man kann die Route in beide Richtungen wandern.

Die Kapelle von Handöl.

ORIENTIERUNG IM GELÄNDE

Zur **Grundausrüstung** auf einer Wanderung in Mittelskandinavien gehören immer – auch auf markierten Wanderwegen – ein **Kompass** und eine **Karte**. Bevor man zu einer Wanderung aufbricht, muss man sich mit den Grundzügen der Orientierung mit Karte und Kompass vertraut machen. Ein **GPS-Gerät**, das auf Satelliten-Informationen zurückgreift, ist in den Bergen eine gute Hilfe, doch Kompass, Karte und Orientierungsvermögen kann es keinesfalls ersetzen.

Wanderkarten haben meist den Maßstab 1:50.000 oder 1:100.000, der ausreichend ist, um markierten Wegen zu folgen. Viele der skandinavischen Wanderkarten können in guten Reisebuchhandlungen oder Outdoorläden bzw. im Internet (*ausgewählte Web-Shops siehe Randspalte Seite 58*) oder eventuell auch vor Ort gekauft werden.

Bei der Bestellung einer Wanderkarte im Online-Shop des *Den Norske Turistforening* (www.dntbutikken.no) bekommen Mitglieder des DNT sowie anderer nordischer Outdoorverbände Rabatt.

Gute Wanderkarten (*Fjällkartan*) für Mittelschweden publiziert beispielsweise das schwedische Vermessungsamt *Lantmäteriet* im Maßstab 1:50.000 oder 1:100.000. Abhängig von der Region decken diese *Fjällkartan* neben Schweden auch einige Kilometer auf norwegischer Seite ab.

Die Bezeichnung dieser *Fjällkartan*, für die Wanderregionen dieses Buches, mit dem Maßstab 1:100.000 haben eine Nummerierung in Nord-Süd-Richtung *Z6, Z7, Z8 & W1* sowie den Zusatz des jeweiligen Gebietes, z.B. „*Z8 Helags - Funäsdalen - Rogen*". Die Bezeichnung der Kartenserie *Lantmäteriets Fjällkarta* mit dem Maßstab 1:50.000 lauten *Z51 – Z59* sowie *W51*.

Die schwedischen Verlage *Calazo* und *Norstedts* haben auf Grundlage der Daten der nordischen Landesvermessungsämter eigene Kartenserien für die mittelskandinavischen Wandergebiete herausgebracht.

Calazo-Karten decken mittlerweile große Teile des schwedischen Fjälls und der angrenzenden norwegischen Gebiete ab. Die Karten sind reiß- und wasserfest und bieten im Maßstab 1:50.000 und 1:100.000 eine sehr gute kartographische Qualität.

Die *Outdoorkartan* von *Norstedts* liegen in 14 Kartenblättern im Maßstab 1:75.000 für das schwedische Fjäll vor. Das norwegische Grenzgebiet ist großzügig mitabgebildet. Auch diese Karten sind reiß- und wasserfest.

In Norwegen ist als Ergebnis der langjährigen Zusammenarbeit zwischen dem Verlag *Nordeca* und dem DNT eine sehr gute Wanderkartenserie entstanden, die Mittelnorwegen fast komplett abdeckt. Die Karten der *Nordeca Turkart-Serie* variieren im Maßstab von 1:50.000 und 1:100.000. Zusätzlich gibt es einzelne Bergkarten von höheren Bergen im Maßstab 1:25.000. Auch die *Turkart-Karten* sind nummeriert, allerdings nicht systematisch. Leichter zu erkennen sind sie aufgrund ihres Namen, wie beispielsweise "*Turkart 1:50.000 Trollheimen Nord*" oder "*Turkart 1:100.000 Femunden*".

Der Verlag *Nordeca* hat auch die sogenannte *Norge-Serie* mit ganz Norwegen umfassenden topographischen Wanderkarten im Maßstab 1:50.000 herausgegeben. Neben Norwegen umfassen auch diese Karte mehrere Kilometer schwedischen Territoriums. Die Landkartenserie von Nordeca umfasst 195 Landkarten, die aus reiß- und wasserfesten Material hergestellt sind.

Karten der *Nordeca-Serie* kann man sich auch kostenpflichtig aufs Smartphone oder den Computer herunterladen.

Für die Wandergebiete **Rondane** und **Trollheimen-Dovre** hat der norwegische Verlag *Cappelen* reiß- und wasserfeste Wanderkarten *(Fjellkart)* herausgegeben. Die Gebiete sind im Maßstab 1:100.000 abgebildet und das Hauptwandergebiet der Region zusätzlich in 1:50.000.

Auch einige regionale Kommunen und andere Organisationen haben Wanderkarten herausgegeben. Diese kann man aber nur vor Ort erwerben.

Karte und Kompass

Topografische Wanderkarten online anschauen:

Norwegen
www.norgeskart.no

Schweden
kso.lantmateriet.se

Online-Shops für topografische Wanderkarten:

Deutschland
www.geobuchhandlung.de
(auch Buchladen in Kiel)

www.globetrotter.de
(auch Ausrüstungsläden mit großer Buchabteilung in Hamburg, Berlin, Bonn, Dresden, Düsseldorf, Frankfurt, Köln, München, Stuttgart, Ulm)

www.nordland-shop.com
www.landundkarte.de
www.mapfox.de
www.arktisversand.de

Österreich
www.freytagberndt.com

Norwegen
www.dntbutikken.no

Die Wanderrouten sind häufig markiert und führen vielerorts durch offenes, bergiges oder hügeliges Gelände, in dem man über weite Entfernungen und in alle Richtungen gute Sicht hat. Schon aus weiter Entfernung zeichnen sich die von Bergen und Hügeln begrenzten Taleinschnitte und Höhenzüge ab, ebenso sind Stromschnellen und Wasserfälle an den Berghängen zu erkennen. Die Orientierung im offenen Gelände ist damit bedeutend leichter als beispielsweise in dichtem Wald.

Das bedeutet jedoch keineswegs, Grundkenntnisse der Orientierung sowie die Handhabung von Karte und Kompass seien überflüssig. GPS-Geräte sind gute, nützliche Hilfsmittel auf Wanderungen, aber auch sie ersetzen weder Kompass noch die Fähigkeit, eine Karte lesen zu können.

Karten

Auf jeder topografischen Karte ist der Norden am oberen Rand markiert. Die Maßstäbe der Karten variieren zwischen 1:50.000 und 1:100.000. Der Maßstab gibt an, welche Entfernung im Gelände einem Zentimeter auf der Karte entspricht. Bei 1:50.000 ist 1 cm = 500 Meter, bei 1:100.000 entspricht

1 cm gleich 1.000 Meter also 1 Kilometer. Die Meterangabe ist einfach zu ermitteln, indem man zwei Nullen bei der Maßstabsangabe streicht.
Karten enthalten vielerlei Informationen: Seen, Flüsse, Brücken, Gletscher, Wälder,

Ausmessen der Route für den nächsten Tag.

Sümpfe sowie Höhenlinien, markante Höhenpunkte und Gipfel, die durch verschiedene Farben und Symbole dargestellt werden. Eingezeichnet sind verschiedene Wegarten wie Wander-, Forst- oder Waldwege, aber auch Straßen in unterschiedlichen Farben. Außerdem sind Hütten, Koten, Schutzdächer sowie Eisenbahnlinien mit Bahnhöfen und Parkplätze durch eigene Symbole markiert. Diese Symbole sollte man vor Beginn einer Wanderung kennen.

Wanderkarten verfügen immer über ein Koordinatensystem. Für den Kartenleser ist es als Gitternetz erkennbar, das über der Karte liegt und durch Koordinatennummern am Kartenrand ergänzt wird. Die vertikalen Gitternetzlinien verlaufen in Nord-Süd-Richtung, die horizontalen Gitternetzlinien in West-Ost-Richtung. Für die Bestimmung der Richtung sind die Nord-Süd-Linien entscheidend.

Kompass

Es gibt viele verschiedene Kompasse. Ein guter Kompass besteht aus einem Kompassgehäuse, Nordlinien und einem Lineal. In dem Kompassgehäuse befinden sich die eigentliche Kompassnadel sowie die Nord-Süd-Linien, die Nordmarkierung und der Nordpfeil.

Richtung bestimmen

1. Der Kompass wird so auf die Karte gelegt, dass die Anlegekante (Außenkante mit Lineal) zwischen Ausgangs- und Zielpunkt eine Linie bildet.
2. Als nächstes wird das Kompassgehäuse so gedreht, dass die Nordlinien, die Nordmarkierung und der Nordpfeil des Kompasses in gleicher Richtung verlaufen, wie die Nord-Süd-Linien des Gitternetzes auf der Karte.
3. Jetzt wird der Kompass vorsichtig waagerecht angehoben und so lange gedreht bis die Kompassnadel vom Kompass mit der Nordmarkierung übereinstimmt. Der Richtungspfeil auf der Bodenplatte des Kompasses zeigt jetzt die Marschrichtung an.
4. Ein markanter Punkt in der Landschaft hilft, die Richtung zu halten.
5. Von Zeit zu Zeit sollte die Laufrichtung mithilfe des Kompasses überprüft werden.

WEITERFÜHRENDE LITERATUR:

"Karte, Kompass, GPS", R. Kummer, Conrad Stein Verlag

"GPS – Grundlagen, Tourenplanung, Navigation", M. Hennemann, Conrad Stein Verlag

"Orientierung mit Karte, Kompass, GPS", W. Linke, Verlag Delius Klasing

"Orientierung. Unterwegs mit Karte, Kompass, GPS, Smartphone", Jean-Marc Lamory, Delius Klasing

"Reise Know-How Orientierung mit Karte, Kompass und GPS", R. Höh, Verlag Reise Know-How

BENUTZUNG DES BUCHES & SYMBOLE

Für dieses Buch wurde ein flächendeckendes Netz interessanter Wanderwege durch Mittelskandinavien ausgewählt, aus denen jeder sich seine eigene Tour zusammenstellen kann. Zu jedem der sieben Wandergebiete gibt es eine Kurzbeschreibung der Region sowie eine Auflistung der Hütten mit Infos und Ausstattung, sortiert nach Hüttenbetreibern. Die letzte Doppelseite im Infoteil des Wandergebietes gibt Kartenempfehlungen und zeigt eine große Orientierungskarte, auf der alle beschriebenen Routen mit Anfangs- und Endpunkt, die Hütten entlang der Wanderwege sowie, wenn vorhanden, Parkplätze, Bushaltestellen, Bahnhöfe, Bootsanleger eingezeichnet sind.

Jede Wanderetappe hat auf der Karte ein farbiges Kästchen `S001 15` mit Nummerncode (z.B. S001, S027), unter dem die detaillierte Streckenbeschreibung im Etappenteil des Kapitels zu finden ist und Kilometerangabe. Die Farbe zeigt den Schwierigkeitsgrad der Etappe *(siehe Seite 61)*.

Die Karte zu jedem Kapitel ist nur zur Übersicht gedacht und ersetzt keine Wanderkarten!

Ostflanke des Hornflågan (1.650 m)

In den Streckenbeschreibungen sind die skandinavischen Namen der Orte verwendet, so wie sie auch auf den topografischen Wanderkarten zu finden sind. Oft ist zusätzlich der samische Name angegeben. Meist enthält schon der Originalname einen Hinweis auf die Landmarke. Manchmal ist die deutsche Übersetzung aufgeführt, um deutlich zu machen, um was für einen Orientierungspunkt im Gelände es sich handelt.

Wanderrouten und Schwierigkeitsgrade

In jeder **Etappenbeschreibungen** ist in der *Überschrift* der Start- und Endpunkt der Route mit Nummernpunkt ① auf der Karte, die Entfernung in Kilometern sowie der Schwierigkeitsgrad in Farbe ▮ angegeben. *Symbole* (siehe Seite 62) zeigen an, ob ein Abschnitt auf zwei Tagesetappen verteilt werden sollte, ob historische Sehenswürdigkeiten oder Naturlandschaften (*Gletscher* ❄, *Wasserfall* ☷) auf der Route liegen oder gar Moschusochsen 🐂 oder Tundrarentiere 🦌 gesichtet werden könnten.

Der *Schwierigkeitsgrad eines Wanderweges* ist immer eine subjektive Einschätzung. Bei der Angabe des Schwierigkeitsgrades geht man in der Regel von einem Wanderer mit gewisser Erfahrung voraus. Es werden vier Schwierigkeitsgrade unterschieden: *leicht, mittelschwer, schwer* und sehr *anspruchsvoll*. Wie schwer oder leicht eine Route zu wandern ist, hängt auch immer von den jeweiligen Wetterverhältnissen sowie dem Gewicht des Rucksacks ab.

Zusätzlich gibt es in jeder Wanderregion zwei Tourenvarianten, eine kürzere und eine längere, die am Anfang des Kapitels beschrieben werden. Mit diesen fertigen Touren kann man seine Trekkingtour beginnen oder sie als Planungsgrundlage nehmen.

Leichte, d.h. *grüne Wanderrouten* sind in der Regel bis zu 12 Kilometer lang und folgen breiten, gut markierten und leicht zu laufenden Wegen. An- und Abstiege sind leicht zu bewältigen und es gibt keine Flussdurchquerungen (ausgenommen bei außergewöhnlich hohem Wasserstand). Es gibt keine größeren Flächen mit Geröll, Weidengestrüpp oder sumpfigem Boden. Die leichten Routen verlaufen meist in einer Höhe von unter 1000 Metern. Anfangs- und Endpunkte der Route sind eine Hütte, eine Fjällstation oder Herberge, ein Bahnhof, eine Hafenanlegestelle, eine Bushaltestelle oder ein Parkplatz. An die Orientierung werden keine besonderen Anforderungen gestellt, da die Route gut markiert ist und sich die Wege deutlich im Gelände abzeichnen. Zusätzlich kann es in der Umgebung eine besondere, leicht zu erkennende Landmarke geben.

Schwierigkeitsgrade der Wander-etappen

▬ leicht
▬ mäßig, mittelschwer
▬ herausfordernd, schwer
▬ sehr anspruchsvoll

Symbolerklärung

Routenmarkierungen

👣 markierter Weg
👣 teilweise markierter Weg

Etappenlänge

☼ 2 Tagesetappen empfohlen

Sehenswertes entlang der Route

🏞 sehenswerte Naturlandschaft
💧 Wasserfall
❄ Gletscher
★ historische Stätte oder Sehenswürdigkeit
🐂 Entlang der Route könnte man evtl. Moschusochsen begegnen. Sicherheitsabstand mind. 200 m!
🦌 Entlang der Route können evtl. Tundrarentiere beobachtet werden.
⛰ Die Etappe führt über einen Berggipfel.

Mittelschwere, hier *blau markierte Wanderetappen*, sind 10 bis 20 Kilometer lang. Der Zustand der Wege ist gut und sie sind deutlich im Gelände markiert. Die Wanderung verläuft durch leicht hügeliges Terrain und die Route kann an einzelnen, kleineren Sumpfgebieten, Geröllfeldern oder Weidengestrüppen vorbeiführen. An Flüssen gibt es entweder eine Brücke, einen Bootstransfer oder eine einfache bis mittelschwere Watstelle. Erste Orientierungskenntnisse werden vorausgesetzt, obwohl der Weg deutlich markiert und im Gelände gut zu erkennen ist. In der Umgebung gibt es bei gutem Wetter leicht zu erkennende Landmarken. Der Weg kann auf über 1.000 Metern Höhe verlaufen, Anfangs- und Endpunkt sind eine Hütte, eine Fjällstation oder Herberge, ein Bahnhof, ein Bootsanleger, eine Bushaltestelle oder ein Parkplatz.

Schwere, hier *gelbe Wanderwege* sind meist über 20 Kilometer lang. Das Gelände ist teilweise schwer zu gehen und es gibt steile oder besonders lange Auf- und Abstiege. Die Wege sind meist in einem guten Zustand und markiert, doch der Boden ist an vielen Orten sehr steinig. Sümpfe, Geröllfelder oder dichtes Weidengestrüpp gibt es häufig, jedoch nicht durchweg, sofern der Weg nicht deutlich unter 20 Kilometern lang und aufgrund des Geländes als schwer eingestuft worden ist. An- und Abstiege können sich über mehrere Kilometer hinziehen und mehrere hundert Höhenmeter überwinden. Das Gelände ist auch sonst sehr bergig. An Flüssen gibt es häufig Brücken, eine eventuelle Ruderstrecke kann an einer Stelle mit starker Strömung liegen, Flussdurchquerungen sind mittelschwer bis schwer. Die Orientierung im Gelände erfordert Konzentration, doch die Wege sind überwiegend gut markiert. In der Umgebung ist bei guter Sicht eine Landmarke erkennbar. Die Strecke erfolgt sowohl ober- als auch unterhalb von 1.000 Höhenmetern. Anfangs- und Endpunkt der Routen sind in der Regel eine Hütte oder Kote, ein Bahnhof, ein Bootsanleger, eine Bushaltestelle oder ein Parkplatz.

Die *sehr anspruchsvollen, orangen Wanderrouten* sind bis auf wenige Ausnahmen über 20 Kilometer lang. Der Zustand der Wege schwankt zwischen gut und mangelhaft, die Wegemarkierung ist teils stark verwittert. Auf der Route können kilometerlange Streckenabschnitte durch sumpfiges, felsiges oder dicht bewachsenes Gelände verlaufen. Durch sumpfiges Gelände führt in der Regel kein Bohlenweg, die Geröllfelder können über schräge Abhänge führen und die größten Steine mehrere Meter hoch sein. Das Weidengestrüpp kann bis zu zwei Metern hoch wachsen. Die An- und Abstiege sind steil. Ein einzelner Anstieg kann sich über zehn Kilometer hinziehen und bisweilen an einem Tag mehr als 1.000 Höhenmeter überwinden. Über Flüsse spannen sich Hängebrücken, die bei regnerischem Wetter glatt sein können, und die Ruderbootstrecken führen durch starke Strömung. Flussdurchquerungen sind schwer bis anspruchsvoll. Die Orientierung im Gelände ist anspruchsvoll und es gibt keine deutlichen Landmarken. Der Weg kann an einzelnen Stellen komplett zugewachsen sein oder über weite Strecken durch steiniges Gelände verlaufen. Bei schlechtem Wetter sind grundlegende Orientierungskenntnisse unentbehrlich. Die einzelnen Streckenabschnitte liegen sowohl ober- als auch unterhalb von 1.000 Höhenmetern. Start- und Endpunkt der Tour sind für gewöhnlich eine Kote oder eine Hütte. Bei extrem schlechtem Wetter, wie etwa starkem Sturm, können einzelne Streckenabschnitte mitunter sogar lebensgefährlich sein.

INFOS ZU DEN HÜTTEN UND KATEGORISIERUNG

Jedem Wandergebiet vorangestellt, ist ein Kapitel der **Beschreibung der Hütten**, deren *Betreiber/Eigentümer* sowie die *Ausstattung*. Ergänzt mit tabellenartiger Auflistung aller Hütten der jeweiligen Eigentümer mit *Höhenangabe* ü. d. Meeresspiegel, *Kategorie* (siehe unten), *Anzahl der Schlafplätze* und *Zusatzinfos* z.B. wie *"offen" / "Schlüssel benötigt"*, *"Vorreservierung notwendig"*, *"Sauna"*, *"Hüttenwirt vor Ort"* usw.) zu jeder Hütte.

Die Hütten sind auf der Übersichtskarte eingezeichnet. Rote Kreise mit Zahl ❶ sind **Start- oder Endpunkt** einer Etappe, meist mit Hütte, blaue Kreise sind **Hütten** ❶ entlang oder in Nähe der Wanderrouten. Zu jeder Karte gibt es eine Tabelle mit durchnummerierten *Start- und Endpunkten (in rot)* und die dazugehörigen Infos (Hütte, Parkplatz, Bus, usw.) sowie die durchnummerierte *Auflistung* von *weiteren Hütten (in blau)*.

KARTENINFORMATIONEN, KOTEN UND ÜBERNACHTUNGSPLÄTZE AUF NORWEGISCH
www.godtur.no

INFOS ZU TOUREN IN NORWEGEN UND ALLEN DNT-HÜTTEN
www.ut.no

Kategorisierung der Hütten
Die Kürzel aus der finnischen Originalausgabe des Buches haben wir beibehalten.

H	(*hotelli* = Hotel) Hotel oder Fjällstation, in Norwegen auch die **betjent**-Hütten des DNT. Sehr gute Ausstattung, meist Strom und Essensversorgung, Vorreservierung. *(betjent-Hütten in straßenlosem Gelände sind einfacher)*.
TU	(*tupa* = Hütte) Gepflegte Hütte in gutem Zustand. Ausgestattet mit Matratzen, Küchenutensilien, Gasherd und Kamin. Zusätzlich Holzschuppen, Toilettenhäuschen und eventuell Sauna. Die Hütten sind häufig verschlossen, mit/ohne Personal/Hüttenwirt.
AT	(*autiotupa* = Wildmarkhütte) Wildnishütte. Instand gehalten, aber Zustand unterschiedlich. Ausstattung evtl. nur Kamin und Bettgestell (ohne Matratze). Toilettenhäuschen vorhanden. Unverschlossen.
HS	(*hätäsuoja* = Schutzdach) Schutzhütte. Gepflegt. Zustand gut. Ausstattung meist nur Feuerplatz und Schlafpritschen. Toilettenhäuschen und oft ein kleiner Holzschuppen. Unverschlossen. Übernachten nur im Notfall.

Femundsee und Flenskampan (1.292 m).

WANDERGEBIET SYLARNA

Die Bergregion im Grenzgebiet zwischen Schweden und Norwegen heißt auf Schwedisch *Sylarna* und auf Norwegisch etwas kürzer *Sylan*. Als erste jedoch gaben die Samen der Region den Namen *Bealjehkh*, der soviel bedeutet wie „Die Dornen", und möglicherweise auf die Umrisse des Gebirgsmassivs von Sylarna verweist.

Das gesamte Wandergebiet umfasst eine Fläche von 4.000 km², dessen Kernregion direkt an der Grenze zwischen Schweden und Norwegen liegt und in dem sich einer der höchsten Grenzberge beider Länder erhebt. Die zerklüftete Berglandschaft des *Sylarna* (1.762 m) begeistert Naturfreunde beiderseits der Grenze. Der zweite fast 1.800 Meter hohe Berg ist der *Helags / Maajåelkie* (1.796 m), der sich auf schwedischer Seite nahe der Grenze befindet. Beide Berge und die sie umgebende Landschaft sind sehr beliebte Wanderziele. Der *Ostteil des Sylarna* ist etwas ruhiger. Auch wenn die Gipfel hier nicht ganz so massiv und hoch aufragen wie im Westteil, so sind doch die engen Täler und steilaufragenden Wände, beispielsweise im Anarisfjäll oder Lunndörrsfjäll, unbedingt sehenswert.

In den siebziger Jahren tobte ein erbitterter Kampf um die Aufstauung des Nesjøe-Sees westlich des Sylarna. Die Umweltschützer haben verloren und seit dem Jahre 1971 ist der See aufgestaut.

Bereits 250 Jahre vorher geschah in der gleichen Gegend eine Tragödie ganz anderer Art, als sich das Heer der Karoliner nach seinem missglückten Eroberungsversuch Trondheims auf dem Rückzug ins Schwedische Königreich befand. Um die Jahreswende 1718-1719 herum wurden General Armfeldt und seine Truppen von einem schlimmen Schneeststurm überrascht, der 3.000 Mann das Leben kostete. In der Stadt *Tydal* gibt es ein Museum zu den damaligen Ereignissen (siehe dazu auch Seite 8 und Seite 55).

Das schwedische *Naturreservat Vålådalen* ist das größte Schutzgebiet (ca. 1.200 km²) der Region. Auf norwegischer Seite gibt es außerdem den *Nationalpark Skarvan og Roltdalen* (441 km²) und das *Naturreservat Sankkjølen* (25 km²) sowie das 2008 gegründete *Landschaftsschutzgebiet Sylan*, das insgesamt 190 km² umfasst.

Der 1.728 Meter hohe Templet, *Etappe S029*.

Wanderer im Sylarna sollten zudem bedenken, dass sich auf beiden Seiten der Grenze das **Rentierzuchtgebiet** erstreckt und man von ihnen erwartet, dass sie dieses respektieren. Die Rentierzucht ist in Norwegen und Schweden den Samen vorbehalten, um die traditionelle Lebensform der letzten Ureinwohner Europas zu schützen. Außer den halbwilden Rentieren leben in dem Gebiet auch *Elche*, *Polarfüchse* und *Vielfraße* sowie das *Islandpferd* – letztgenanntes ist allerdings nicht wild in freier Natur anzutreffen, sondern im Rahmen geführter Reitwanderungen.

Wo starten?

In Schweden gelangt man mit der Bahn nach *Enafors*, *Storlien* und *Undersåker*. Von *Undersåker* besteht eine Busverbindung nach *Vålådalen*. Von der Stadt Östersund gibt es eine Busverbindung nach *Höglekardalen*. Gute Ausgangspunkte für Anreisende mit dem eigenen Auto sind *Storlien*, *Enafors*, *Höglekardalen*, *Vallbo* und *Vålådalen* sowie die im Süden der Region liegenden Orte *Ljungdalen* und *Tossåsen*. Die Landstraße von Mora über Sveg nach Røros führt durch die Wandergebiete *Femundsmarka & Rogen* sowie *Sylarna*. An ihr liegen auch die Täler *Funäsdalen* und *Tänndalen*, die ebenfalls gute Einstiegspunkte sind.

Auf norwegischer Seite ist die Anreise am einfachsten mit dem eigenen Auto. Alternativ kann man mit der Bahn von Trondheim über *Hegra* bis nach *Storlien* fahren, wo man den Zug wechseln muss. Das Auto kann auf den Parkplätzen *Mannseterbakken*, *Bjørneggen* und *Teveltunet* abgestellt werden. Wer über *Røros* anreist, kann bis zu den Hütten *Nedalshytta* und *Storerikvollen* fahren, die südlich bzw. nördlich der Seen *Nesjø* und *Esandsjø* liegen. Auf der Übersichtskarte sind die wichtigsten Parkplätze sowie einige Bushaltestellen der Region eingezeichnet.

Infos über das schwedische Fjäll, Natur, Kultur und Touren im Naturreservat Vålådalen

Naturum Vålådalen Besucherzentrum
Vålådalen 26
83012 Vålådalen / Jämtland
Tel. +46 (0)647 352 32
oder mobil +46 (0)70 530 54 33
www.naturumvaladalen.se

Hütten des DNT (TT und NTT)

DNT **Selbstversorgerhütten (selvbetjent)** verfügen neben der Lebensmittelkammer meist auch über weitere Matratzen, die bei Bedarf auf dem Boden oder den Bänken ausgebreitet werden können. Grundausstattung: Holzkamin, Gasherd, Kochutensilien, Toilettenhäuschen und ein Holzschuppen mit allem, was man zum Holzmachen braucht.

Die *Nedalshytta*, *Schulzhytta* und *Storerikvollen* funktionieren während der Saison als bewirtschaftete *betjent*-Hütten, es ist ein Hüttenwirt vor Ort, Übernachtung und Mahlzeiten können vorher gebucht werden. Außerhalb der Saison funktionieren sie als Selbstversorgerhütten.

Hüttenbetreiber in der region Sylarna

Trondhjems Turistforening (TT)
www.tt.no
firmapost@tt.no

Nord-Trøndelag Turistforening (NTT)
www.nt-tur.no
ntt@turistforeningen.no

BEWIRTSCHAFTETE BETJENT-HÜTTEN DES DNT			
Nedalshytta (TT)	(780 m)	H/60	nedalshytta@tt.no Tel. +47 (0)95 36 46 03
Schulzhytta (TT)	(574 m)	H/30	post@tt.no Tel. +47 (0)92 60 33 33
Storerikvollen (TT)	(769 m)	H/65	storerikvollen@tt.no Tel. +47 (0)91 65 06 64

SELVBETJENT-HÜTTEN UND SCHUTZHÜTTEN DES DNT				
Bjørneggen (NTT)	(590 m)	T/26	*Vorratskammer*	DNT-Schlüssel
Græslihytta (TT)	(598 m)	T/12	*Vorratskammer*	DNT-Schlüssel
Kvitfjellhytta (NTT)	(505 m)	T/11	*Vorratskammer*	DNT-Schlüssel
Nedalshytta (TT)	(780 m)	T/24	*Vorratskammer*	DNT-Schlüssel
Prestøyhytta (NTT)	(620 m)	T/12	*Vorratskammer*	DNT-Schlüssel
Ramsjøhytta (TT)	(775 m)	T/36	*Vorratskammer*	DNT-Schlüssel
Schulzhytta (TT)	(574 m)	T/36	*Vorratskammer*	DNT-Schlüssel
Storerikvollen (TT)	(769 m)	T/16	*Vorratskammer*	DNT-Schlüssel
Fiskåhøgda (TT)	(1.057 m)	HS/2		offen, Notunterkunft

Nedalshytta.

STF – Östersund
www.svenskaturistforeningen.se/vara-lokalavdelningar/stf-ostersund
stfostersund@stfturist.se

Hütten des Svenska Turistföreningen STF

Für die Hütten des STF benötigt man keinen Schlüssel, denn dort ist immer ein **Hüttenwirt** vor Ort. Vor Antritt einer Trekking-Tour sollten die **Öffnungszeiten** der Hütten auf den Internetseiten des STF **überprüft werden**, denn sie sind nicht wie die Hütten in Norwegen ganzjährig geöffnet. In den meisten Hütten werden Konserven, Trekkingproviant und Wanderbedarf verkauft. Die Verfügbarkeit ist von Hütte zu Hütte verschieden und hängt davon ab, ob die Hütte an einer gut frequentierten Route liegt.

Alle Hütten verfügen über ein **Nottelefon** und eine **Notunterkunft**, die auch geöffnet ist, wenn die Hütte geschlossen ist. In den **Fjällstationen** sollte man während der Saison die Übernachtung vorreservieren.

FJÄLLSTATIONEN UND JUGENDHERBERGEN DES STF				
Blåhammaren Fjällstation	(1.080 m)	H/64	Sauna	www.blahammaren.se fjallbokning@stfturist.se Tel. +46 (0)10 190 23 60
Helags Fjällstation	(1.040 m)	H/82	Sauna	www.svenskaturistforeningen.se/helags fjallbokning@stfturist.se Tel. +46 (0)10 190 23 60
Storulvån Fjällstation	(730 m)	H/148	Sauna	www.storulvan.se fjallbokning@stfturist.se Tel. +46 (0)10 190 23 60
Sylarna Fjällstation	(1.035 m)	H/120	Sauna	www.svenskaturistforeningen.se/sylarna fjallbokning@stfturist.se Tel. +46 (0)10 190 23 60
Vålådalen Fjällstation	(600 m)	H/207	Sauna	www.valadalen.se info@valadalen.se Tel. +46 (0)647 353 00
Vandrarhem Ljungdalen 7 km von Kläppen, Etappe S020, S021	(610 m)	H/40	Sauna	egyllensvaan@gmail.com Tel. +46 (0)70 210 48 73
Vandrarhem Ramundberget / Ramundbergets Fjällgård	(600 m)	H/370	Sauna	www.ramundberget.se bokning@ramundberget.se Tel. +46 (0)684 66 88 -30 / -00 / -88
Vandrarhem Storliens Fjällgård	(580 m)	H/72	Sauna	www.storliensfjallgard.se info@stfstorlien.se Tel. +46 (0)647 700 58
Vandrarhem Tänndalen/Skarvruet	(850 m)	H/25	Sauna	www.skarvruet.com info@skarvruet.com Tel. +46 (0)684 221 11

FJÄLLSTUGA (BERGHÜTTEN) DES STF			
Anaris Fjällstuga	(835 m)	T/10	
Arådalen Fjällstuga	(800 m)	T/18	
Fältjägaren Fjällstuga	(1.050 m)	T/20	
Gåsen Fjällstuga	(1.090 m)	T/48	
Lunndörrsstugan	(800 m)	T/24	Sauna
Stensdalen Fjällstuga	(750 m)	T/34	Sauna
Vålåstugan Fjällstuga	(900 m)	T/44	

SCHUTZHÜTTEN DES STF		
Ekorrdörren	(1.100 m)	HS
Endalen	(780 m)	HS
Enkälen	(880 m)	HS
Falkfångarfjället	(1.090 m)	HS
Gamla Sylen	(940 m)	HS
Gräslidfjället	(920 m)	HS
Grönvallen	(600 m)	HS

SCHUTZHÜTTEN DES STF		
Gåsån	(870 m)	HS
Hulke	(920 m)	HS
Härjångsdalen	(1.020 m)	HS
Klukstugan	(760 m)	HS
Ljungan	(920 m)	HS
Lunndörrspasset	(890 m)	HS
Miesehketjahke	(890 m)	HS
Langbrottstugan	(930 m)	HS
Snasahögarna	(1.160 m)	HS
Spåime	(890 m)	HS
Staalavieliekojan	(740 m)	HS
Stäntja	(990 m)	HS
Svaaletjåhke	(1.050 m)	HS
Svalåtjärn	(980 m)	HS
Tvärån	(860 m)	HS
Ulvåtjärn	(840 m)	HS
Visjön	(890 m)	HS

Privat betriebene Hütten und Hotels (PBH)
Die privat betriebenen Hütten sind meist sehr gut ausgestattet. In der Liste sind nur die Hütten aufgeführt, die sich an Ausgangs- oder Endpunkten der Routen befinden.

Auch privat betriebene Hütten und Zeltplätze gewähren Mitgliedern einer nordischen Outdoororganisation oft die üblichen Ermäßigungen. Man sollte sich jedoch im Voraus erkundigen.

PRIVAT BETRIEBENE HÜTTEN UND HOTELS (PBH)			
Enaforsholm Fjällgård	(540 m)	H/50	Reservierungspflichtig www.enaforsholm.se info@enaforsholm.se Tel. +46 (0)647 730 26

Fortsetzung nächste Seite

PRIVAT BETRIEBENE HÜTTEN UND HOTELS (PBH)			
Gräftåvallen Fjällgården	(660 m)	H/90	Reservierungspflichtig www.graftavallen.se graftavallen.fjallgarden@swipnet.se Tel. +46 (0)643 520 12
Hembre gård, Hegra	(20 m)	H/80	Reservierungspflichtig www.hembregard.no aksel.hembre@ntebb.no Tel. +47 (0)92 66 40 59
Höglekardalens fjällpensionat	(600 m)	H/100+	www.bydalsfjallen.se hoglekardalen.fjallpensionat@telia.com Tel. +46 (0)643 320 14
Höglekardalens semesterby	(600 m)	H/100+	www.hoglekardalen.com hoglekardalen@bydalsfjallen.se Tel. +46 (0)643 320 27 / +46 (0)63 12 64 20
De Åtta Årstiderna, Hosjöbottnarna *Etappe S004*	(740 m)	H/30	Reservierungspflichtig www.attaarstiderna.se info@attaarstiderna.se Tel. +46 (0)70 216 35 09 (Daniel)
Storlien Högfjälls hotellet	(620 m)	H/100+	www.storlienhogfjallshotell.se info@storlienhogfjallshotell.se Tel. +46 (0)647 701 70
Pensionat Strandgården Fjällnäs, Tänndalen	(800 m)	H/40	Reservierungspflichtig info@strandgarden.nu Tel. +46 (0)684 230 27
Teveltunet Fjellstue Teveldalen	(445 m)	H/100+	Reservierungspflichtig www.teveltunet.no post@teveltunet.no Tel. +47 (0)74 81 25 00
Tossåsen Sameby	(770 m)	T/30	Reservierungspflichtig www.ripjakt.se/samebyn.html Tel. +46 (0)70 216 38 24 / +46 (0)687 140 48
Per-Olsgården Vallbo	(580 m)	H/35	www.vallbo.nu perolsgarden@vallbo.nu Tel. +46 (0)647 352 00 / +46 (0)70 602 82 54
Vallbo Fjällgård	(580 m)	H/20	Reservierungspflichtig vallbofjallgard.se info@vallbofjallgard.se Tel. +46 (0)647 351 23

Beliebte Etappen-Kombination als Weitwanderweg

Firkanten

Start- & Endpunkt:
Nedalshytta oder Storerikvollen
Etappen:
S040-S039-S033-S029
Die Route kann in beide Richtungen gelaufen werden.

Dauer: 4 Tage
Länge: 71 km
Zelt: nicht erforderlich

Die als *Firkanten*, auf deutsch *Viereck*, bekannte Wanderroute gehört zu den Klassikern in Norwegen. Auf dieser Tour erlebt man das **Sylarna-Gebirgsmassiv** in der Grenzregion zwischen Norwegen und Schweden von vier Seiten aus. Doch nicht nur die Berglandschaft fasziniert, sondern auch die ausgedehnte Wildmark, die vor allem auf schwedischer Seite besonders beeindruckend ist. Bei geeignetem Wetter kann man eine Tagestour hinauf auf den steilen Gipfel des Bergmassivs unternehmen. Von **Sylarna** F*jällstation* aus werden auch geführte Gipfelwanderungen angeboten.

Zur **Nedalshytta**-Hütte kann man direkt mit dem Auto fahren. An der Hütte beginnt die Tour, die einmal um das Bergmassiv auf norwegischer und schwedischer Seite verläuft. Diese Tour ist wirklich etwas zum Genießen; man kann von Hütte zu Hütte wandern und in der Saison den Übernachtungsplatz im Vorhinein reservieren.

Der erste Tag führt auf der Westseite des Bergmassivs in Richtung Norden zur Hütte **Storerikvollen**, an der sich ein weiterer alternativer Einstiegspunkt befindet. Am zweiten Tag läuft man über die Grenze in Richtung Osten zur **Blåhammaren Fjällstation** und von dort weiter zur direkt am Fuße des Gebirges gelegenen **Sylarna Fjällstation**. Am letzten Tag geht man an der Südseite des Gebirgsmassivs in Richtung Westen zurück zur **Nedalshytta**.

Quer durch das Gebirge Sylarna

Startpunkt: Vålådalen
Endpunkt: Hegra
Etappen:
S012-S015-S030-S033-S040-S047-S052-S053-S054.
Die Route kann in beide Richtungen gelaufen werden.

Dauer: 9–10 Tage
Länge: 131 km
Zelt: optional

Auf dieser Route lernt man das **Sylanmassiv** in seiner ganzen Ausdehnung kennen. Zuerst geht es mit der Bahn zum **Bahnhof Undersåker**, von dem aus eine Busverbindung nach **Vålådalen** besteht. Dort gibt es auch einen Parkplatz. Die Wanderroute nach **Hegra** in Norwegen ist lang und landschaftlich sehr abwechslungsreich, man kann von Hütte zu Hütte wandern. Wenn man ein Zelt dabeihat, ist die Tour allerdings lohnender, weil man die Länge der Tagesetappen selbst bestimmen kann.

Anfangs geht es durch Birken- und Kiefernwälder in leicht hügeligem baumlosen Fjäll und kurz vor der norwegischen Grenze am kompakten **Bergmassiv Sylarna** vorbei. Auf norwegischer Seite geht es nördlich des Sees **Essandsjøen** nach Nordwesten bis zur **Schulzhytta**. Von hier aus läuft man noch einen Tag durch die offene Tundra und überschreitet dann erneut die Baumgrenze und geht zur **Prestøyhytta** hinunter. Die letzte Etappe bis zum **Bahnhof Hegra** führt durch dichten Fjällbirkenbestand. Von **Hegra** aus besteht eine Bahnverbindung sowohl nach Trondheim als auch über Storlien, Undersåker und Östersund nach Stockholm.

KARTEN FÜR DAS WANDERGEBIET SYLARNA

LANTMÄTERIETS FJÄLLKARTAN
Maßstab 1:100.000, lateximprägniertes Papier (Pretex):
Z6 Storlien - Ljungdalen (2015)
Z7 Åre - Vålådalen - Bydalen (2015)
Z8 Helags - Funäsdal. - Rogen (2015)

Maßstab 1:50.000, lateximprägniertes Papier (Pretex):
Z52 Storlien - Blåhammaren (2015)
Z53 Vålådalsfjällen (2015)
Z54 Sylarna - Helags (2015)
Z55 Oviksfjällen (2015)
Z57 Funäsdal. - Ramundberg. (2015)

CALAZO FJÄLLKARTEN
Maßstab 1:100.000, reiß- & wasserfest
Jämtlandsfjällen (2016)

Maßstab 1:50.000, reiß- & wasserfest
Jämtlandstriangeln (2016)
Vålådalen, Lunndörren & Oviksfjällen (2016)
Funäsfjällen (2016)

NORSTEDTS OUTDOORKARTAN
Maßstab 1:75.000, reiß- & wasserfest
11 Jämtlandsfjällen (2015)
12 Ramundberg. - Funäsdal. - Vemdal. (2015)

NORDECA TURKART
Maßstab 1:100.000, reiß- & wasserfest
2777 Sylan Nord (2011)
2776 Sylan Sør (2011)
Maßstab 1:50.000
2742 Meråker Sør (2011)

NORDECA NORGE-SERIEN
Maßstab 1:50.000, reiß- & wasserfest
10081 Røros - Ferangen (2017)
10086 Haltdalen (2015)
10087 Sylan (2015)
10091 Stjørdalen (2017)
10092 Åre (2014)

START- & ENDPUNKTE DER ROUTEN
1. Höglekardalen, PBH, P, Bus
2. Gräftåvallen, PBH, P
3. Arådalen, STF, P
4. Anaris Fjällstuga, STF
5. Tossåsen, PBH, P
6. Lunndörrsstugan, STF
7. Vallbo, PBH, P, Bus
8. Vålådalen, STF, P, Bus
9. Vålåstugan Fjällstuga, STF
10. Stensdalsstugan, STF
11. Gåsen Fjällstuga, STF
12. Helags Fjällstation, STF
13. Kläppen, P, keine ÜN Bus & Vandrarhem Ljungdalen (7 km)
14. Fältjägaren Fjällstuga, STF
15. Ramundberget, STF, Bus
16. Tänndalen, STF
17. Fjällnäs, PBH, Bus
18. Nedalshytta, DNT, P
19. Sylarna Fjällstation, STF
20. Storulvån Fjällstation, STF, P
21. Blåhammaren Fjällstation, STF
22. Enafors, PBH, P, Bahnhof
23. Rundhögen, keine ÜN, P
24. Storlien, STF/PBH, P, Bahnhof
25. Teveldalen, PBH
26. Kluksdal, keine ÜN, P
27. Bjørneggen, DNT, P
28. Mannseterbakken, P
29. Storerikvollen, DNT
30. Ramsjøhytta, DNT
31. Græslihytta, DNT
32. Schulzhytta, DNT
33. Prestøyhytta, DNT
34. Kvitfjellhytta, DNT
35. Hembre gård, PBH, P, Bahnhof Hegra
36. Græsli, P

ÜN = Übernachtung   P = Parkplatz   Bus = Bushaltestelle
PBH = Privat betriebene Hütte oder Hotel   DNT = Hütte des Den Norske Turistforening   STF = Hütte der Svenska Turistförening

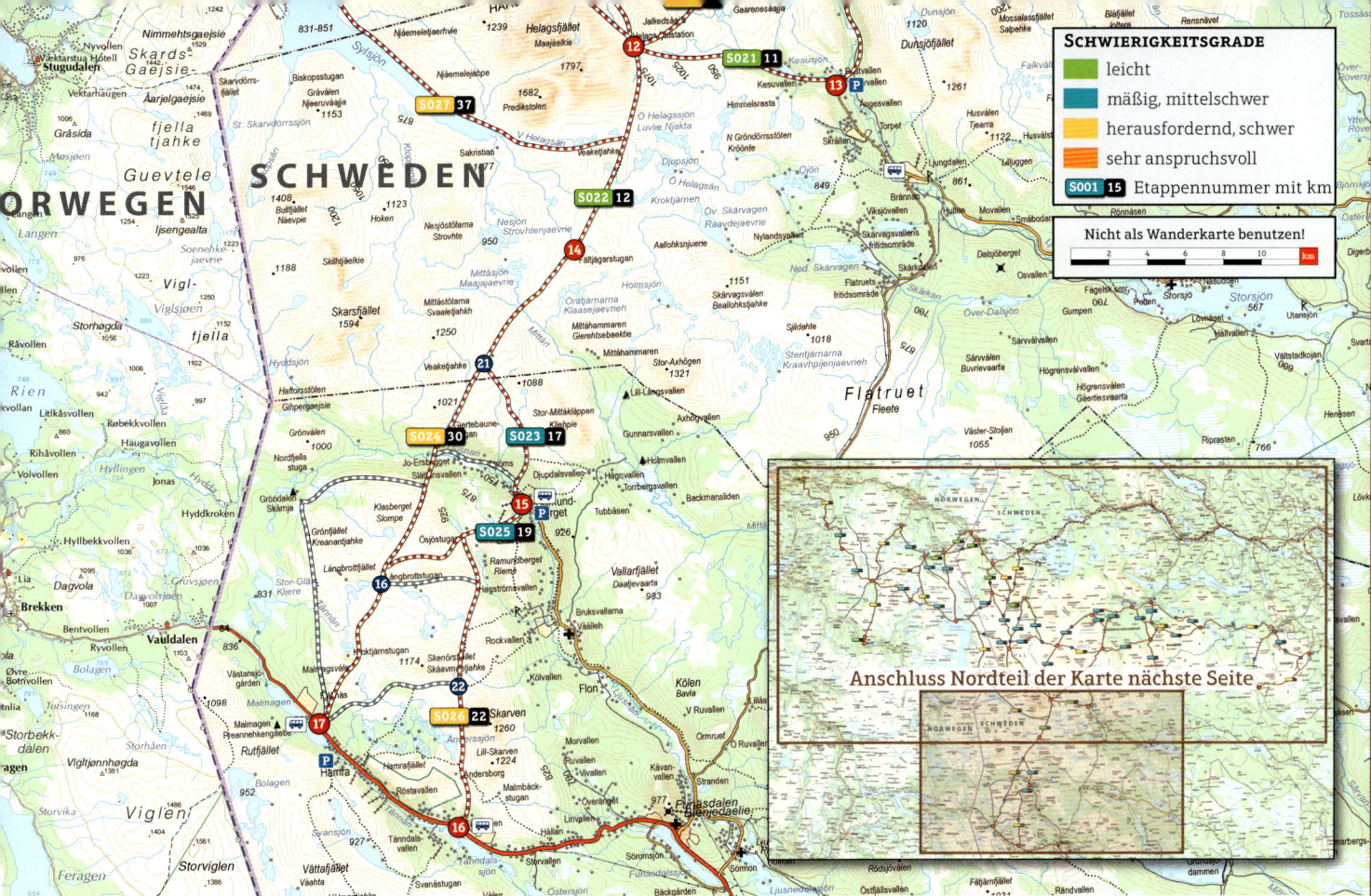

WEITERE HÜTTEN AN DEN ROUTEN – MEIST SCHUTZHÜTTEN, NOTUNTERKÜNFTE

1. Ekorrdörren, STF
2. Endalen, STF
3. Enkälen, STF
3a. De Åtta Årstiderna, Hosjöbottnarna, PBH
4. Falkfångarfjället, STF
5. Fiskåhøgda, DNT
6. Gamla Sylen, STF
7. Gräslidfjället, STF
8. Grönvallen, STF
9. Gåsån, STF
10. Hulke, STF
11. Härjångsdalen, STF
12. Klukstugan, STF
13. Ljungan, STF
14. Lunndörrspasset, STF
15. Miesehketjahke, STF
16. Langbrottstugan, STF
17. Snasahögarna, STF
18. Spåime, STF
19. Staalavieliekojan, STF
20. Stäntja, STF
21. Svaaletjåhke, STF
22. Svalåtjärn, STF
23. Tvärån, STF
24. Ulvåtjärn, STF
25. Visjön, STF

PBH = Privat betriebene Hütte oder Hotel   DNT = Hütte des Den Norske Turistforening   STF = Hütte der Svenska Turistförening

WANDERWEGE MITTELSKANDINAVIEN   WANDERGEBIET SYLARNA · 75

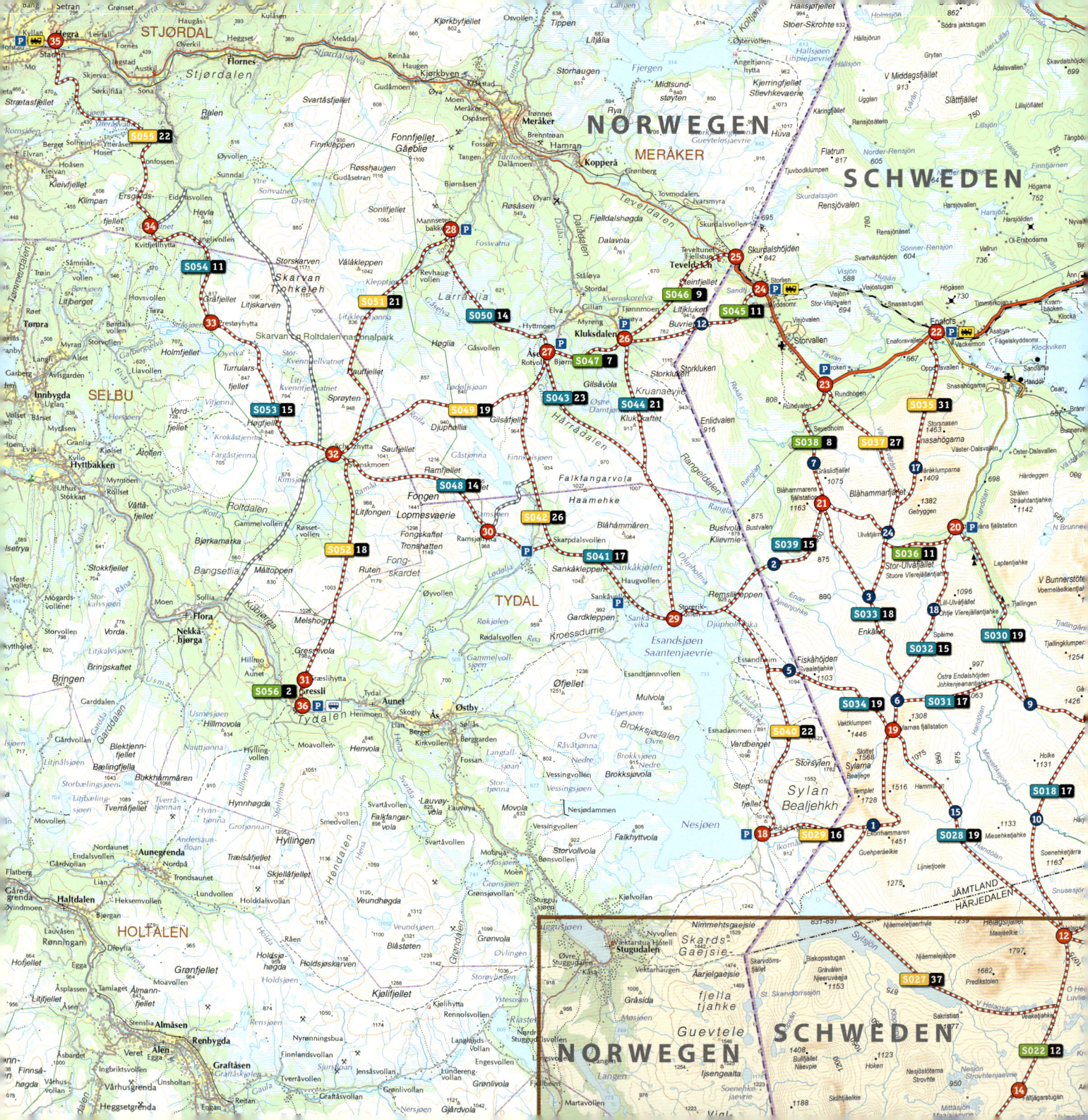

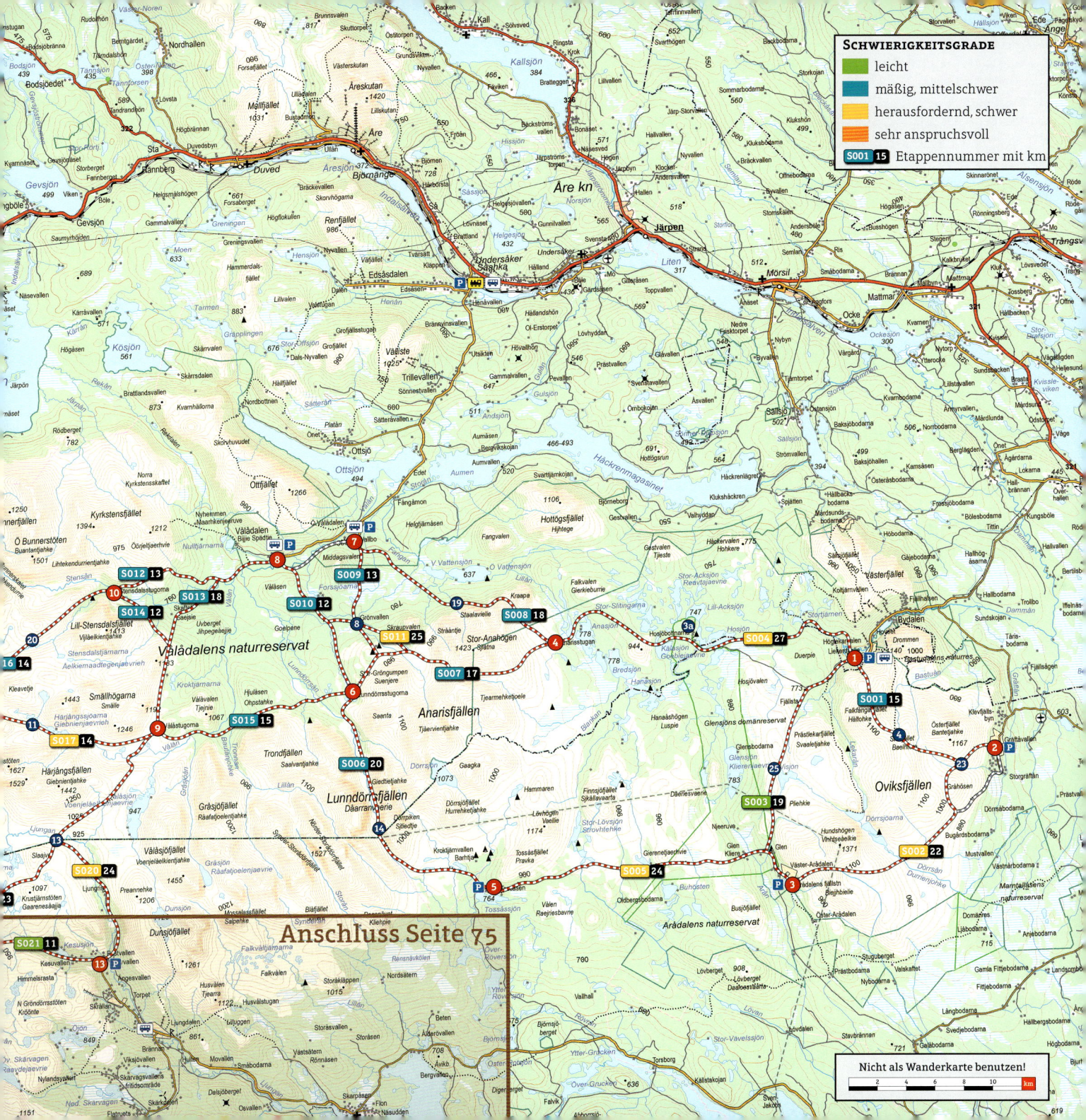

S001 · 15 km · Höglekardalen (Bus & Parkplatz) – Gräftåvallen

Von der Bushaltestelle bzw. vom Parkplatz in *Höglekardalen* geht man zunächst etwa 400 m auf der Straße zurück, um dann Richtung Südsüdost über den kahlgeschorenen Abfahrtshang steil bergauf zu laufen. Vom Skilift folgt man den Winterzeichen am Nordhang des Bergmassivs *Oviksfjäll / Luvlietjahkh* (1.260 m) entlang durch ein Birkenwäldchen und den Hang hinauf bis zu einem Gebirgsbach. Bei einem Blick über die Schulter sieht man eine weitläufige, phantastische Landschaft. Der Pfad führt, nun südwärts, über die Baumgrenze hinaus und ein paar steilere Berge an einem ansonsten gemächlich ansteigenden Hang hinauf. Unterwegs muss man ein paar kleinere Bäche überqueren.

Der Weg verläuft leicht bergan mitten über einen gut zu laufenden baumlosen Fjäll und gelangt schließlich an eine Wegkreuzung. Der Weg, den man kreuzt führt nach Bydalen. An der Kreuzung geht man weiter nach Süden und steigt den sanft ansteigenden Hang zur Kuppe des *Falkfångarfjället / Håltohke* (1.185 m) hinauf. Nach Nordwesten hat man einen phantastischen Blick auf den Berg *Åreskutan* (1.420 m). Weiter im Süden bietet sich mit den steil aufragenden Berghängen um den *Dörrsjöarna*-See ein noch dramatischerer Anblick. Anschließend steigt man von der Kuppe über 2 km sanft ab bis zur Schutzhütte *Falkfångarfjället*.

Von der Schutzhütte geht es Richtung Südosten an kleinen Seen vorbei und einen kurzen Berghang hinauf. Nach dem Scheitel läuft man wieder bergab über ein kurzes felsiges Stück in insgesamt leichtem Gelände bis zu einer Wegkreuzung, an der sich die Winter- und die Sommerroute trennen. Der Pfad führt ostwärts den Hang hinauf und umgeht die sich weiter unten ausbreitenden Sumpfgebiete, über die der Winterweg führt. Weiter geht es hinab zu einer Kreuzung, an der man in Richtung Südwesten an der Schutzhütte Tvärån vorbei und durch den Fluss Tvärån, der durchwatet werden muss, ins *Arådalen (S002)* gelangen kann. Unser Weg in Richtung *Gräftåvallen* führt an der Kreuzung über die Fjällkuppe in Richtung Nordosten und dann steiler über die Skipiste bergab nach *Gräftåvallen*.

S002 · 22 km · Gräftåvallen – Arådalen Fjällstuga

Von *Gräftåvallen* klettert man zunächst die steile Skipiste Richtung Südwesten hinauf und bleibt dann oben auf dem Fjäll bis zur Weggabelung, an der es in Richtung Nordwesten zum Höglekardalen geht *(S001)*. An der Gabelung weiter südwestwärts, erreicht man, vorbei an der *Schutzhütte Tvärån,* bald das Ufer des *Tvärån*-Flusses, der recht leicht zu durchwaten ist. Später im Sommer kann man auch von Stein zu Stein balancieren. Nach dem Fluss geht es einen langsam ansteigenden Hang hinauf. Der Weg ist gut zu laufen und folgt den Wintermarkierungen. Vom Hang aus hat man einen tollen Blick hinunter ins Tal. Die Route steigt vom *Tvärån* etwa 1,5 km weiter am Hang des *Gråhösen* (976 m) an und wendet sich dabei in südliche Richtung, vorbei an schönen kleinen Seen. Als nächstes wird ein kleiner Gebirgsbach überquert, von wo man einen phantastischen Blick ins *Naturreservat Marntallåsen* hat. Bis zum Horizont erstreckt sich ein Landschaftsmosaik aus Sümpfen, Wäldern und Seen.

Dann geht es den Hang hinunter in Richtung Südosten bis zu einer T-Kreuzung, an der ein Weg nach Nordosten zum Parkplatz Storgräftån führt. Unsere

Route, in südwestliche Richtung, führt quer über einen flachen Hang. Am Horizont bietet sich immer noch ein zauberhafter Blick hinunter auf das **Naturreservat Marntallåsen**. Der Weg ist leicht und führt durch anfangs welliges, später deutlich bergigeres Gelände.

Die Landschaft am Osthang des Berges **Hundshögen / Vinhtseåelkie** (1.372 m) ist atemberaubend. Der Pfad senkt sich zum Ufer des Flusses **Dörrsån / Durrienjohke** ab, der im Frühsommer leicht durchwatet, später im Jahr von Stein zu Stein balancierend überquert werden kann.

Vom Fluss geht es westwärts über einen Moränenhügel und anschließend den Berghang hinauf. Der Anstieg ist ungleichmäßig, aber sonst nicht weiter schwer. Vom Felsvorsprung des **Kålåkern** hat man eine tolle Aussicht auf das sich unten ausbreitende Tal und die Südwand des **Hundshögen**. Nun geht man ins Tal hinunter und durch das Tal, einige Bäche überquerend. Am gegenüberliegenden Hang geht es bald wieder hinauf – von oben haben wir einen phantastischen Blick zurück auf das Gebirge **Lunndörrsfjällen / Dåarranvaerie** (1.527 m). Die steil aufragenden Bergwände scheinen in den Himmel hineinzureichen.

Den Hang hinunter kommen wir an einem Wegweiser zum Hundshögen vorbei. Unten ist schon der See **Angelikasjön** zu sehen und man kann einen Blick auf die zwischen den Bäumen liegende Berghütte des STF erhaschen. Die Sommermarkierungen trennen sich jetzt vom Winterpfad und führen in ein Birkenbuschwerk hinein, der Untergrund wird steiniger. Der Pfad endet an einem Fuhrweg, dem man bis zu einer T-Kreuzung folgt und dort links abbiegt. Gleich darauf biegt man nach rechts und geht auf einem Pfad weiter, der wieder mit Winterzeichen beschildert ist. Nach wenigen hundert Metern ist die **Arådalen Fjällstuga** erreicht.

Der Nordhang des Bergmassivs Oviksfjällen (1.370 m), *Etappe S001*.

| S003 | 19 km | **Höglekardalen** (Bus & Parkplatz) – **Arådalen Fjällstuga** |

Die Route startet am großen Parkplatz in *Höglekardalen* und folgt die ersten 6 km dem Sandweg südwestwärts. Nach 4 km zweigt rechts ein Weg zum Dorf Hosjöbottnarna ab, hier hält man sich jedoch links Richtung Südsüdwest. 2 km weiter geht der Sandweg in einen Fuhrweg über. Dieser verläuft durch offenes Fjäll und am See *Visjön* (887 m) vorbei. Am See steht die gleichnamige *Schutzhütte*. Bald nach der Hütte wendet sich der Weg nach Süden, passiert ein Rentierschlachtehaus und kommt an eine Kreuzung. Der Weg nach rechts führt zum Samendorf und Parkplatz Tossåsen *(S005)*.

Nach *Arådalen* geht es nach links, weiter südwärts, an einem samischen Restaurant vorbei. Nach 2 km erreicht man wieder eine Wegkreuzung, an der es erneut nach links und gleich darauf nach rechts bis zur *Arådalen Fjällstuga* geht.

| S004 | 27 km | **Anaris Fjällst.** – **Höglekardalen** (Bus & Parkplatz)  |

An der *Anaris Fjällstuga* passiert man die Hütte des Hüttenwirts, folgt dann einem gut zu laufenden Weg Richtung Osten und über eine kleine Brücke. Über die nassen Stellen führen Bohlen. Kurz nach der Brücke zweigt der Winterweg nach Südosten ab. Die Sommermarkierungen wenden sich nach Nordosten und führen über die Landenge zwischen den Seen *Sönner-Langtjärnen / Skaalnga* (781 m) und *Anasjön* (778 m). Kurz bevor man in ein Birkenwäldchen eintaucht, hat man einen zeizvollen Blick auf die Seen.

Nach der Landenge kreuzt man einem Pfad, der zum Ufer des Anasjön weist. Unser Weg führt nördlich am *Anasjön* vorbei Richtung Nordosten durch einen relativ großen Sumpf. Nach einem kleinen Gebirgsbach, geht es einen steilen Hang hinauf. Hier hat man nochmal einen schönen Blick auf den See. Man kommt in o Gelände, durchquert einen weiteren Bach und wendet sich nach Südosten. Der Pfad verläuft über 3,5 km durch leicht zu gehende, mit Birken bestandene Landschaft, führt dann an der Nordseite des *Bredsjöhögen / Tjiekervaarta* (944 m) hinauf zu einer Wegkreuzung, an der die Wintermarkierungen kreuzen. Im Norden glitzert der See *Stor-Slitingarna / Kruehkerejaevrie* (785 m), nach Westen hat man einen eindrucksvollen Blick auf das Bergmassiv des *Stor-Anahögen / Slätna* (1.423 m).

Hinunter zum See *Kälasjön / Goeblejaevrie* wird der Weg breiter, aber auch steiniger, und führt nördlich am See vorbei und durch einen Wald. Der Fuhrweg erreicht über einen steilen Abhang einen Sandweg. Nach links gelangt man nach Hosjöbottnarna zum Gasthaus De Åtta Årstiderna, wo man essen und übernachten kann. Nach *Höglekardalen* folgt man dem Sandweg nach rechts über knapp 3 km, bis ein schlecht markierter Fuhrweg in Richtung Nordosten abzweigt. Geht man hier geradeaus nach Südosten weiter, führt der Sandweg nach etwa 10 km auch zum Parkplatz und zur Bushaltestelle in *Höglekardalen*.

Unser Wanderweg nach *Höglekardalen* folgt dem Fuhrweg nach Nordosten und überquert nach 1 km leichten Weges eine Brücke. Der Weg wendet sich nun ostwärts und folgt dem nördlichen Flussufer des *Storån / Stoerejohke*. Wir passieren einen Windschutz und erreichen nach 1,5 km durch wechselndes Gelände den verlassenen und verschlossenen *Forsthof Hosjöbodarna*. Der Weg führt über den Hof und zwischen dem Hauptgebäude und einer großen Birke durch, bis nach 10 m in Richtung Süden wieder die Wegmarkierung beginnt und der Pfad mehr schlecht als recht zu erkennen ist.

Stor-Slitingarna (785 m), *Etappe S004*.

Weiter in Richtung Osten marschiert man durch hügeliges, steiniges Gelände mit vielen, vom Wind umgestürzten Bäumen. Der Pfad ist schlecht markiert und man kommt nur langsam voran. Nach etwa 2 km wendet sich der Pfad vom Fluss weg nach Nordosten und führt weiter durch schwieriges Gelände südlich am See **Sörbytjärnen** (695 m) vorbei. In Höhe des Sees gibt es immer mehr große Steine, bis der Weg in ein Geröllfeld übergeht, teilweise sind auch größere Felsblöcke zu überwinden. Immer noch ist der Weg sehr lausig markiert und besonders bei schlechter Sicht mühevoll zu gehen. Südlich des Sees verlaufen eine Reihe von „Irrwegen", meist in Richtung Osten.

Die Route führt an dem Steinfeld vorbei und über einen Bach. Hier sollte man genau auf die Wegmarkierung achten. Nach einem knappen Kilometer gibt es einen weiteren Wasserlauf, der aus dem kleinen See **Imtjärnen** kommt und zwischen Steinen und niedrigen Pflanzen versteckt liegt, aber von Stein zu Stein balancierend bewältigt werden kann. Kurz darauf wendet sich der Weg nach Südosten und führt wieder zum Ufer des **Storån**. Von dort geht es durch hügeliges Gelände und an einigen geeigneten Zeltmöglichkeiten vorbei zu einem Wegweiser „**Wasserfall Storfallet**". Zum 17 Meter hohen Wasserfall sind es vom Hauptweg etwa 200 m sowie eine lange Holztreppe (mit kleinen Plätzen zum Verschnaufen). Hier kann man Biberspuren entdecken.

Unsere Route führt einen leichten Weg am Fluss **Storån** entlang stromabwärts und über die Hängebrücke ans andere Ufer. Danach geht es auf einen Sandweg, an den Ferienhäusern vorbei nach **Höglekardalen / Liekerdaelie**. An der Straße im Ort liegt die Bushaltestelle, direkt gegenüber gelangt man die Skipiste hinauf zur Wanderroute zum Gräftåvallen *(S001)*. Rechts erreicht man nach ein paar hundert Metern den Parkplatz, links das 1,7 km entfernte Höglekardalens Semesterby.

| **S005** | **24 km** | Tossåsen ❺ – Arådalen Fjällstuga ❸ |

Vom Parkplatz **Tossåsen**, an dem es auch eine Informationstafel und ein Trockenklo gibt, geht man zunächst die Straße entlang Richtung Osten. Ein Sandweg führt hinunter ins **Samendorf Tossåsen**, in dem nur noch wenige Häuser bewohnt sind. Man überquert eine Kreuzung und folgt dem Weg bis dieser zu einem Fuhrweg wird. Auf diesem läuft man leicht bergauf. Etwa 3 km nach Tossåsen wird der bis dahin gute Weg stellenweise morastig. Dann erreicht man eine Weggabelung, der Weg nach Südosten weist Wintermarkierungen folgend in sumpfiges Gelände. Unser Route nach **Arådalen** führt geradeaus weiter ostwärts. In Höhe der Gabelung sind die Wegmarkierungen vor allem aus östlicher Richtung gen Westen teilweise schwer auszumachen.

Nach knapp 1 km wendet sich der Feldweg gen Norden, unsere Route nach **Arådalen** aber folgt nun den Wintermarkierungen weiter nach Osten. Nach etwa 500 m spannt sich eine Brücke über den kleinen Fluss **Bröttjärnbäcken**. Im Norden erhebt sich stolz der **Lövhögen / Vaellie** (1.173 m). Leicht bergauf kommen wir durch ein Birkendickicht zur südlichen Flanke des Bergrückens **Stenåsen** und schließlich zu einer Brücke. Oben auf dem Bergrücken hat man einen schönen Rundumblick auf die mit Findlingen und nackten Felsen durchsetzte Fjälllandschaft. Auch ein Blick zurück auf das massive **Lunndörrsfjällen / Dåarranvaerie**-Gebirge (1.527 m) ist lohnenswert.

Die Route führt südlich am **Lillavan**-See (830 m) einen Trampelpfad entlang. Die Wintermarkierungen folgen einem eigenen Pfad. Hier sollte man wieder genau auf die Markierungen achten! Dann geht es hinunter in sumpfigeres Gelände, ein Gebirgsbach wird von Stein zu Stein überquert. Nun geht es durch einen recht nassen Sumpf, hat man diesen überwunden, folgt alsbald eine Brücke. Weiter geht es südlich an einem kleinen See vorbei durch teilweise sumpfiges, dicht mit Birken bestandenes Gelände zu einer Watstelle zwischen zwei Seen mit besonders langen samischen Namen: **Över-Fjällsjön / Gierenetjaerhvienbijjiejaevrie** (819 m) und **Nedre-Fjällsjön / Gierenetjaerhvienvueliejaevrie** (819 m). Im Frühsommer kann das Durchwaten schwierig sein, später im Jahr, kann man auch von Stein zu Stein balancieren. Allerdings herrscht an der Watstelle eine recht kräftige Strömung. Etwas ruhigere, alternative Watstellen gibt es stromabwärts.

Der stellenweise steinige Wanderweg führt nun leicht bergan zur Südseite des Berges **Höstanstöten / Gierenetjaerhvie** (940 m). Dann verläuft der Pfad im offenen Fjäll und wird leichter. Vom Pfad aus hat man nach Süden einen märchenhaften Blick auf ein sich in der Ferne abzeichnendes, beinahe unwirklich erscheinendes Panorama: runde Fjälls und scharfkantige Berge erstrecken sich nebeneinander aufgereiht soweit das Auge reicht.

Auf dem gut zu laufenden Weg geht es weiter, bis an einer Wegkreuzung die Pfähle der Wintermarkierung nach Süden abzweigen. Der Weg nach **Arådalen** führt jedoch weiter nach Osten und leicht bergab in ein Birkendickicht. Der anfangs steinige Pfad wird in Höhe des Dorfs **Glen / Kliere** zunehmend morastiger und schlammiger. Nach diesem kurzen schwierigen Stück erreicht man die Häuser und Hundezäune der Ansiedlung.

Etwa 1,5 km nach dem Dorf folgt eine Wegkreuzung, an der es in Richtung Norden über einen Sandweg nach Höglekardalen *(S003)* geht. Der Weg zur **Arådalen Fjällstuga** zweigt hier nach rechts und führt südwärts, an einem von Samen betriebenen Restaurant vorbei, nach 2 km zu einer weiteren Kreuzung, an der man nach links und gleich darauf nach rechts abbiegt und dem Sandweg bis zur **Fjällstuga** folgt.

S006 | 20 km | Tossåsen ⑤ – Lunndörrsstugan ⑥

Am Parkplatz **Tossåsen** geht man an der Info-Tafel, dem Trockenklo und dem Unterstand vorbei und folgt der markierten Route Richtung Nordwesten, von der gleich zu Beginn die Pfähle der Wintermarkierung in Richtung Norden zum Dörrsjö (1.073 m) abzweigen. Unser Feldweg, der ebenfalls von einer Wintermarkierung flankiert wird, führt zur Brücke über den **Rövran**-Fluss. Kurz vor dem Fluss hat man vom Berg aus einen sagenhaften Panoramablick auf das gewaltige Gebirgsmassiv **Lunndörrsfjällen / Dåarranvaerie** (1.527 m), von dem man sich am liebsten gar nicht losreißen möchte.

Man wird jedoch schon bald darauf entschädigt. Der Fuhrweg schlängelt sich in Richtung Nordwesten bis zum Ufer des Flusses **Västerån**, der gut zu durchwaten ist. Vom Fluss aus geht es auf dem leicht ansteigenden Pfad über einen hügeligen Bergrücken. Die Sommer- und Wintermarkierungen folgen unterschiedlichen Routen führen aber beide erst westwärts, dann wieder nach Nordwesten. Vom Scheitel des Bergrückens hat man an vielen Stellen eine tolle Aussicht auf eine beeindruckende Gebirgslandschaft mit schroffen Felswänden, die in schmalen Schluchten zu verschwinden scheinen. Gleichzeitig sollte man auf den Weg achten, der stellenweise recht steinig ist.

Nach einigen anstrengend zu überwindenden Berggraten erreicht man die Schlucht **Lunndörrspasset**, an der sich die Wintermarkierung wieder mit dem Sommerweg vereint. An der Ostwand der Schlucht ragt der **Dörrpiken / Sjtiedtje** (1.300 m) und an der gegenüberliegenden Wand der **Gruvfjellet / Staajnehke** (1.420 m) empor. Die Schlucht ist schmal und der Weg verläuft durch unebenes Gelände an ihrer Ostseite. Am Boden der Schlucht fließt ein Bach, der mehrere kleine Seen bildet. Kurz vor der **Schutzhütte Lunndörrspasset** überquert man die Grenze zum **Naturreservat Vålådalen**, begleitet von einem dramatischen Blick auf die Westflanke der Schlucht: In der Bergwand des **Gruvfjället** gibt es eine Vertiefung, die einen schroffen Bogen beschreibt. Den besten Blick hat man, wenn man in Höhe der Hütte den Pfad verlässt und ca. 1 km den Hang hinaufklettert.

Das Bergmassiv Lunndörrsfjäll (1.527 m), *Etappe S006*.

Hinter der Schutzhütte Richtung Norden sind wir umgeben von einer sagenhaft stolzen Landschaft. Der Weg ist leicht zu gehen und das Tal *Lunndörren* wird immer breiter und offener. Sommer- und Winterroute folgen wieder unterschiedlichen Wegen. Die Überquerung einiger Gebirgsbäche verursacht keine Schwierigkeiten. Erst am Fluss *Lunndörrsån / Dåarranjohke* muss man die Schuhe ausziehen. Die Querung ist allerdings nicht anspruchsvoll und in einem trockenen Sommer kann man sogar von Stein zu Stein balancieren.

Vom Fluss geht es den gemeinsamen Sommer- und Winterpfad durch Birkendickicht leicht bergauf, die Route wendet sich nach Nordosten. Vom oberen Rand des Berghanges bietet sich noch einmal ein schöner Blick auf den Lunndörrspasset. Im Norden öffnet sich gleichzeitig der Blick auf eine neue Landschaft in Richtung Bergmassiv *Bunnerfjäll / Bunnervaerieh* (1.545 m). Auf dem Scheitel geht es auf relativ ebenem, aber steinigem Weg weiter auf einen zwischen Birken aufragenden Fahnenmast zu. Im Hintergrund erheben sich die Berge *Stor-Gröngumpen / Suenjere* (1.210 m) und *Saanta* (1.200 m). Kurz bevor man zur *Lunndörrsstugan* kommt, läuft man am Ufer eines kleinen Sees entlang, an dessen gegenüberliegendem Ufer eine rote Sauna zu sehen ist.

S007 | 17 km | Lunndörrsstugan ⑥ – Anaris Fjällstuga ④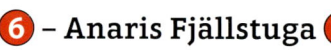

Die Route folgt von der *Lunndörrsstugan* zunächst nordostwärts der Wintermarkierung, die hinter der Sauna beginnt und einen recht flachen, aber steinigen und trotzdem gut zu laufenden Hang hinaufführt. Von oben hat man einen phantastischen Panoramablick auf das Bergmassiv *Bunnerfjälle / Bunnervaerieh* (1.545 m) und die sich südlich daran anschließende Bergkette. Vor den Bergen breitet sich ein grüner Waldteppich aus, der einen schönen Kontrast zu den dunklen Bergprofilen bildet. Der Weg führt weiter über den steinigen Hang und an einer kleinen Felskluft vorbei. Auf der anderen Seite gibt es eine Kote und einen Rentierzaun.

Dann kommt man an eine Wegkreuzung, an der man in Richtung Nordwesten zu den Ortschaften Vallbo und Vålådalen *(S009 und S011)* gelangt. Auch wenn man zur *Anaris Fjällstuga* unterwegs ist, sollte man einen Abstecher zu der Moränenformation mit dem Namen *Pyramiderna* machen. Diese „Pyramiden" sind zwar kleiner als die in Ägypten, dafür aber von der Natur gebildet und unbedingt sehenswert. Sie dürfen NICHT betreten werden!

Zurück an der Kreuzung bleibt man auf dem leicht zu laufenden Bergrücken, folgt diesem ostwärts gut 2 km bis zur nächsten Kreuzung, an der es ebenfalls nach Vallbo und Vålådalen *(S009 und S011)* geht. Hier sollte man auf einem kleinen Umweg bei der königlichen Jagdhütte vorbeischauen, die am südöstlichen Ende des *Issjödalen*-Tals liegt. Unsere Route biegt an dieser zweiten Kreuzung nach Südosten, führt ein kurzes Stück einen steilen Berg hinauf und dann über einen leichten Weg weiter auf einen im Osten aufragenden Berghang zu. Der Pfad führt mitten durch das *Anarisfjäll* (1.423 m) und auf den Taleinschnitt zwischen dem *Stor-Anahögen / Slätna*-Berg (1.423 m) und dem südlich liegenden *Aaresketjahke*-Berg (1.320 m) zu. Der Weg endet an einem steilen Berghang, den man erklimmen muss und dabei auf knapp 2 km 320 Höhenmeter überwindet.

Oben geht es weiter ostwärts, vom Rand des Hanges aus hat man einen herrlichen Blick in ein zerklüftetes, ungleichmäßig geformtes und breites U-Tal, das von flachen Hängen begrenzt wird. Der Hang hinunter ins *Hällådalen / Guhkiesvaajja*-Tal ist zwar nicht lang, aber

Lunndörrsstugan.

dafür ziemlich steil. Im Talgrund wird es flacher und leichter. Einige Gebirgsbäche kreuzen unseren Pfad und südlich des Weges fließt ein Fluss. Der Weg wird hügeliger nachdem man den **Hällån**-Fluss am Oberlauf von Stein zu Stein balancierend überwunden und einen kurzen Hang hinaufgeklettert ist.

Oben bietet sich der Blick auf eine phantastische Landschaft mit den Seen **Anasjön** (778 m), **Bredsjön** (778 m), **Hanasjön** (771 m) und einer ganzen Reihe weiterer kleinerer Seen, die unten inmitten von Birken glitzern. Hinter den Seen erhebt sich die sanfte Linie der Berge F**alkvalen**/**Gierkieburrie** (900 m) und B**redsjöhögen**/**Tjiekervaarta** (944 m). Die Route führt nun nach Nordosten leicht auf und ab, dann den stellenweise morastigen Hang hinunter zur **Anaris Fjällstuga**, die schon von oben zu sehen ist.

S008 | 18 km | Vallbo Fjällgård ⑦ – Anaris Fjällstuga ④

Die Route beginnt am Hof **Vallbo Fjällgård** und folgt zunächst dem Weg in Richtung Süden und erreicht das **Vålådalen-Naturreservat**. Nach knapp einem Kilometer biegt man an der Kreuzung nach Osten. Der Weg nach Süden führt zur Lunndörrsstugan *(S009)*. Unsere Route zur **Anaris Fjällstuga** verläuft zunächst ostwärts durch ein waldiges Gebiet, wendet sich dann nach Südosten, steigt dabei leicht an.

Durch bewaldetes Gebiet geht es weiter zur Brücke über den **Källbäcken**, nach der man etwa 1 km durch sumpfiges Gelände zum **Tomröven**-See (673 m) kommt. Dort überquert man eine Brücke über den Wasserlauf, der aus dem See **Tomröven** fließt und läuft etwa 2,5 km leicht bergan, passiert die **Schutzhütte Staalavieliekojan** und gelangt an das Ufer des **Tvärån**. Den Fluss kann man von Stein zu Stein balancierend überqueren, im Frühsommer muss man eventuell waten. Knapp 1 km weiter erreicht man die Baumgrenze. Der Weg führt im Bogen über den Nordhang des **Stor-Anahögen** (1.423 m) ostwärts und steigt die ganze Zeit über leicht an.

Etwa 3,5 km nach dem **Tvärån** wendet sich der Weg nach Süden und führt uns über einen Sattel zwischen den Bergen **Kruptjie** und **Kraapa**. Auf dem Sattel geht es südwärts bis der Anstieg endet.

Hier lohnt es sich, einen Blick auf die Landschaft zu werfen: Inmitten dichter Birken glitzern der *Anasjön* (778 m), der *Bredsjön* (778 m), der *Hanasjön* (771 m) und eine Reihe weiterer kleinerer Seen, dahinter erhebt sich die sanfte Linie der Berge *Falkvalen / Gierkieburrie* (900 m) und *Bredsjöhögen / Tjiekervaarta* (944 m).

Im Norden sind der *Kraapa* (1.000 m) und der *Kruptjie* (1.100 m) zu sehen, die sich aus einem Mosaik von Wäldern und Seen erheben. Vom oberen Rand des Hanges steigt man in Richtung Südosten ab, verlässt das Gebiet des Naturreservats und geht noch etwa 2,5 km bis zur *Anaris Fjällstuga*.

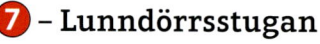

| S009 | 13 km | Vallbo Fjällgård ⑦ – Lunndörrsstugan ⑥ |

Die Route beginnt am Hof *Vallbo Fjällgård* und folgt zunächst dem Weg in Richtung Süden. Nach knapp einem Kilometer geht man an dem Abzweig, der nach Osten zur Anaris Fjällstuga (S008) führt, weiter geradeaus. Unsere Route, weiter nach Süden zur *Lunndörrsstugan,* durchquert leicht ansteigend einen Fichtenwald und erreicht nach 1,5 km den Nordrand des schön anzusehenden Moores *Vargtjärnflätet*. Hinter dem Hochmoor erhebt sich im Süden das *Anarisfjäll*. Durch das Moor verlaufen Bohlenwege, offenes Moor und kleine Waldinseln wechseln sich ab. Nach etwa 2 km gelangt man an das Ufer des Sees *Stor-Vargtjärnen* (688 m) und nach weiteren 1,5 km durch Birkendickicht erreicht man die alte *Samensiedlung Grönvallen* mit gleichnamigr *Schutzhütte*. Dieser Ort ist voller Zauber und es lohnt sich, hier eine Pause einzulegen.

In *Grönvallen* kreuzen sich die Wege nach Vålådalen im Westen *(S011-S010)* und zur Anaris Fjällstuga im Südosten *(S011)*. Unsere Route führt uns weiter südwärts einen sanft ansteigenden Hang hinauf bis zur Baumgrenze zu einem tollen Aussichtspunkt. Von hier wandern wir Richtung Südsüdost an schön geformten Endmoränen vorbei, die *Pyramiderna* genannt werden. Diese „Pyramiden" sind zwar kleiner als die in Ägypten, dafür aber von der Natur gebildet und unbedingt sehenswert! Sie dürfen NICHT betreten werden!

Die Route führt durch einen Rentierzaun zu einer Kreuzung, an der man nach Osten zur Anaris Fjällstuga *(S007)* gelangt. Der Weg zur *Lunndörrsstugan* wendet sich nun nach Südwesten vorbei an einer kleinen Schlucht, hinter der eine Schutzhütte und ein Rentierzaun stehen. Nach der Schlucht geht es über einen steinigen Abhang bergab. Vom Hang aus hat man einen eindrucksvollen Blick auf das Panorama des Bergmassivs *Bunnerfjäll / Bunnervaerieh* (1.545 m) und die sich südlich daran anschließende Bergkette. Vor den Bergen breitet sich ein grüner Waldteppich aus, der einen schönen Kontrast zu den dunklen Bergprofilen bildet. Der Hang führt hinunter zum Saunagebäude, von dem es nur einen Steinwurf bis zur *Lunndörrsstugan* ist.

| S010 | 12 km | Ort Vålådalen (Bus & Parkplatz) ⑧ – Lunndörrsstugan ⑥ |

Vom Parkplatz oder der Bushaltestelle in *Vålådalen (Verpassen Sie nicht das Besucherzentrum Naturum zu besuchen)* geht man zunächst nach Süden und überquert die Brücke über den Fluss *Vålån*. Dahinter beginnt das *Vålådalen-Naturreservat*. Nun folgt man an der Wegkreuzung dem Lauf des *Vålån* knapp 1 km ostwärts. Bald

Die „Pyramiden", *Etappe S007 und S009.*

steht man an einer weiteren Weggabelung, an der es nach Osten zum Ort Vallbo geht, während unsere Route zur **Lunndörrsstugan** Richtung Süden abbiegt. In der Umgebung von **Vålådalen** gibt es eine Reihe nummerierter und markierter Wanderwege, besonders zu Beginn der Wanderung sollte man genau auf die Wegzeichen achten.

Auf einem steinigen Weg in Richtung Süden und über einen kurzen, aber steilen Anstieg wandert man hinauf auf die Ostseite des Bergrückens **Vålåsen** (720 m). Nach dem Bergrücken verläuft der Weg durch einen stellenweise sumpfigen Fichtenwald und passiert nach etwa 2,5 km einen kleinen See. Nach dem See geht es durch teils bergiges Gelände. Hin und wieder begegnen sich in dem Wald die Wintermarkierungen und die Sommerrouten. Gut 2 km nach dem kleinen See in Richtung Südosten kommt man an eine Kreuzung. Der Weg nach Osten führt durch die ehemalige Samensiedlung Grönvallen weiter zur Anaris Fjällstuga (S011). Der Weg zur **Lunndörrsstugan** führt an der Kreuzung weiter in Richtung Südosten und erreicht nach etwa 1,5 km den See **Nedre Bruddtjärnarna**.

Zum See fließen einige Bäche, deren Überquerung keine Schwierigkeiten machen. Nun geht es leicht bergauf und weitere 4 km südwärts zur **Lunndörrsstugan**, die am Fuß des sich im Osten erhebenden Berges **Stor-Gröngumpen/Suenjere** (1.200 m) liegt und über eine kleine rote Strandsauna verfügt.

S011 | 25 km | Ort Vålådalen (Bus & Parkplatz) 8 – Anaris Fjällstuga 4

Vom Parkplatz **Vålådalen** *(Verpassen Sie nicht das Besucherzentrum Naturum)* geht man zunächst nach Süden und überquert die Brücke über den **Vålån**-Fluss. Hinter der Brücke folgt man dem Lauf des **Vålån** weniger als 1 km nach Osten, dann kommt man an eine Gabelung, an der es nach Osten zum Ort Vallbo geht, während unsere Route zur **Anaris Fjällstuga** nach Süden weist.

Der Weg führt durch einen dunklen Wald und ist recht steinig. Nach einem kurzen steilen Anstieg gelangt man über die Ostseite auf die Felskuppe **Vålåsen** (720 m). Weiter geht es über einen lichteren, stellenweise morastigen Waldweg. An der nächsten Wegkreuzung führt ein Weg nach Südosten zur Lunndörrsstugan (S010). Der Weg zur **Anaris Fjällstuga** wendet sich hier nach Osten und führt durch waldiges Gelände über eine Brücke und nach 2 km zur alten **Samensiedlung Grönvallen**, an der man gut rasten kann. Hier kreuzen sich mehrere Wege: In Nord-Süd-Richtung verläuft der Weg vom Ort Vallbo zur Lunndörrsstugan (S009).

Unser Weg zur **Anaris Fjällstuga** steigt nach Südosten leicht an in das schöne **Issjödalen**-Tal hinauf. Unterwegs wird mehrfach der durch das Tal fließende Gebirgsbach passiert, am Südwestrand erhebt sich eine eindrucksvolle Endmoränenlandschaft. Am Ende des Tals kommen wir an der königlichen Jagdhütte vorbei und überqueren anschließend eine kleine Brücke.

Nach einem kurzen, aber steilen Anstieg gelangt man zur Kreuzung, an der es nach Westen zur Lunndörrsstugan (S007) geht. Der Weg zur **Anaris Fjällstuga** führt nach Südosten einen kurzen, aber steilen Aufstieg hinauf, bevor es leichter weitergeht auf einen im Osten aufragenden Berghang zu. Der Pfad hält mitten durch das **Anarisfjäll** (1.423 m) und auf einen Taleinschnitt zwischen dem **Stor-Anahögen/Slätna-Berg** (1.423 m) und dem südlich liegenden **Aaresketjahka**-Berg (1.320 m) zu. Der Weg endet an einem steilen Berghang, den man erklimmen muss und dabei auf knapp 2 km 320 Höhenmeter überwindet.

Vom Rand des Hanges, oben laufen wir nun ostwärts, hat man einen herrlichen Blick in ein zerklüftetes, ungleichmäßig geformtes und breites U-Tal, das von flachen Hängen begrenzt wird. Der Hang hinunter ins *Hällådalen/Guhkiesvaajja*-Tal ist zwar nicht lang, dafür aber ziemlich steil. Weiter geht es den Hang hinab auf einem gut zu laufenden Weg über kleinere Gebirgsbäche sanft bergab in den Talgrund. Südlich des Weges fließt ein Fluss. Der Weg wird hügeliger, nachdem man den *Hällån*-Fluss am Oberlauf von Stein zu Stein balancierend gequert hat und einen kurzen Hang hinaufgeklettert ist und wendet sich nordostwärts.

Oben bietet sich der Blick auf eine phantastische Seenlandschaft mit dem *Anasjön* (778 m), dem *Bredsjön* (778 m), dem *Hanasjön* (771 m) und einer ganzen Reihe weiterer kleinerer Seen, die unten inmitten von Birken glitzern. Dahinter erhebt sich die sanfte Linie der Berge *Falkvalen/Gierkieburrie* (900 m) und *Bredsjöhögen/Tjiekervaarta* (944 m). Unsere Route führt Richtung Nordosten leicht auf und ab den stellenweise morastigen Hang hinunter zur *Anaris Fjällstuga*, die schon von oben zu sehen ist.

| S012 | 13 km | **Ort Vålådalen** (Bus & Parkplatz) ⑧ – **Stensdalsstugan** ⑩ |

Vom Parkplatz oder der Bushaltestelle in *Vålådalen (Besuchen Sie das Naturum)* geht es zunächst nach Westen. Der Weg läuft sich gut, zieht sich durch waldiges Gelände und folgt dabei auf den ersten 1,5 km dem Ren-

Herbst im Vålådalen Naturreservat.

tierzaun. Nach weiteren 500 m kommt eine Kreuzung. Unser Weg führt hier nach Südwesten. In der Umgebung von *Vålådalen* gibt es viele nummerierte und markierte Wanderwege, besonders zu Beginn der Tour ist an den Wegkreuzungen besondere Aufmerksamkeit geboten.

Nach etwa 500 m erreichen wir das Ufer des *Stensån/Giedtietjaerhvienjohke*, dem man etwa 2,5 km lang in wechselnder Entfernung vom Ufer folgt. Dabei wendet sich der Weg leicht nach Westen. Wenn der Pfad endgültig vom Fluss wegführt, folgt eine Gabelung. Der Weg in südwestliche Richtung führt über den Fluss zur Vålåstuga *(S013)*. Zur *Stensdalsstugan* geht es Richtung Westnordwest. Nach 1,5 km auf gutem Untergrund folgt eine weitere Wegkreuzung, an der auch ein mit Wintermarkierungen versehener Weg kreuzt. Darauf sollte man achten, vor allem, wenn man aus der Gegenrichtung von der Stensdalsstugan her kommt.

Unsere Route führt an der Kreuzung weiter nach Westen über den Osthang des *Kyrkstensfjäll* (1.394 m) langsam bergan. Auf den ersten 1,5 km ist der Anstieg zunächst flach, danach wird er steiler. Etwa 3 km ab der Kreuzung wurden 200 Höhenmeter überwunden.

Im Laufe des Aufstiegs wird auch die Baumgrenze erreicht und die Landschaft ringsum öffnet sich. Dann folgt ein sanfter Abstieg zu einer Brücke über den Fluss *Tvärån/Stårjenjohke*, von der es noch einmal 2 km bis zur *Stensdalsstugan* sind. Der letzte Kilometer führt durch Wald und teilweise sehr steil bergab. Am Hang sind Bohlen verlegt, die bei Regen extrem glatt sind. Die *Stensdalsstugan* wurde gerade neu gebaut.

S013 · 18 km · Ort Vålådalen (Bus & Parkplatz) ⑧ – Vålåstugan Fjällstuga ⑨

Vom Parkplatz oder der Bushaltestelle in *Vålådalen (Verpassen Sie nicht das Besucherzentrum Naturum zu besuchen)* geht es zunächst nach Westen. Der Weg läuft sich gut, führt durch waldiges Gelände und folgt dabei auf den ersten 1,5 km dem Rentierzaun. Nach weiteren 500 m kommt eine Wegabelung. In der Umgebung von *Vålådalen* gibt es einige nummerierte und markierte Wanderwege und besonders zu Beginn der Tour ist an den Wegkreuzungen Aufmerksamkeit geboten.

An dieser Gabelung geht es für uns weiter nach Südwesten und nach etwa 500 m kommen wir an das Ufer des *Stensån/Giedtietjaerhvienjohke*, dem man etwa 2,5 km lang in wechselnder Entfernung vom Ufer westwärts folgt. Wenn der Pfad endgültig vom Fluss wegführt, folgt eine Kreuzung. Der Weg, der weiter nach Westen weist führt zur Stensdalsstuga *(S012)*. Unser Weg zur *Vålåstugan Fjällstuga* knickt nach Süden Richtung Fluss und zu einer Brücke über den *Stensån*.

Nun geht es über waldigen und stellenweise feuchten Boden Richtung Südwesten. Knapp 1,5 km nach der Brücke trifft man auf die Winterroute, die auch vom *Stensån* herkommt. Weiter südwestwärts erreicht man nach etwa 3 km die Baumgrenze. Nach einem weiteren Kilometer folgt eine Kreuzung. Der Weg in Richtung Nordwesten führt zur Stensdalsstuga *(S014)*. Zur *Vålåstugan Fjällstuga* geht es an der Kreuzung nach Süden.

Im Westen ragen die östlichen Gipfel (1.133 m und 1.162 m) des *Smälle* (1.340 m) auf. Bei guter Sicht öffnet sich im Süden ein schöner Blick auf die Berglandschaft von *Lunndörrsfjäll* und *Anarisfjäll*.

Der Weg führt weiter gen Süden und nach einigen Kilometern westlich am *Kroktjärnarna*-See (831 m) vorbei. Auf dem Weg liegen einige Bäche, die in den See münden und deren Querung keine Schwierigkeiten bereiten. Nach dem See führt ein gut zu laufender Weg knapp 2,5 km in südlicher Richtung zur *Vålåstuga*n.

S014 | 12 km | Stensdalsstugan ❿ – Vålåstugan Fjällstuga ❾

Von der **Stensdalsstugan** geht es zunächst südostwärts zum ruhig dahinfließenden **Stensån**-Fluss, den man nach knapp 1 km erreicht. Der Fluss ist leicht, im Frühsommer mittelschwer zu durchwaten. Nach dem Abtrocknen der Füße geht es an der nordöstlichen Seite des **Lill-Stensdalsfjäll / Vijlåelkientjahke**-Berges (1.413 m) weiter in südöstliche Richtung etwa 3 km durch leichtes Gelände bis zum Ufer des Flusses **Tvärån / Hilrehkenjohke**. Die Durchquerung ist mittelschwer, im Frühsommer schwierig.

Vom Fluss aus geht es langsam bergauf zum nördlichsten Gipfel (1.133 m) des **Smälle** (1.340 m). Der Weg führt nördlich am Gipfel vorbei bergan und erreicht knapp 2 km nach dem Fluss eine Kreuzung, an der nach Norden ein markierter Weg in Richtung **Vålådalen**-Tal abzweigt *(S013)*. Der Weg zur **Vålåstuga** geht nach Süden.

Im Westen ragen die östlichen Gipfel (1.133 m und 1.162 m) des **Smälle** (1.340 m) auf. Bei guter Sicht öffnet sich im Süden ein schöner Blick auf die Berglandschaft von **Lunndörrsfjäll** und **Anarisfjäll**.

Der Lunndörrsån, im Hintergrund der Gebirgszug Bunnerfjäll (1.545 m), *Etappe S015*.

Weiter gen Süden kommen wir nach einigen Kilometern westlich am *Kroktjärnarna*-See (831 m) vorbei. Auf dem Weg liegen einige Bäche, die in den See münden und deren Querung keine Schwierigkeiten bereitet. Nach dem See führt ein gut zu laufender Weg knapp 2,5 km in südlicher Richtung zur *Vålåstugan Fjällstuga*.

S015 | 15 km | Lunndörrsstugan – Vålåstugan Fjällstuga

Von der *Lunndörrsstugan* führt diese Sommerroute fast auf dem ganzen Weg parallel zu den Wintermarkierungen. An der Hütte geht es sanft bergab nach Westen zu einer Brücke über den *Lunndörrsån*. Nach der Brücke läuft man erst knapp 1 km bergauf zum Fluss *Tvårån* und dann weiter über einen hügeligen Weg auf den Nordhang des *Trondfjäll* (1.320 m) zu. Die Überquerung des *Tvärån* bereitet keine Schwierigkeiten. Nach dem Fluss zieht es sich auf 2,5 km etwa 120 Höhenmeter bergauf bis oberhalb der Baumgrenze, von wo aus sich ein schöner, freier Blick auf das im Westen aufragende Gebirge *Härjangsfjället* bietet.

Dann führt der Weg südwestwärts wieder bergab und erreicht nach etwa 3 km die Brücke über den Fluss *Tronnan* und nach weiteren 2 km die Brücke über den *Vålån*. Hier verläuft der Weg stellenweise durch sumpfiges Gelände. An den nassesten Stellen verlaufen Bohlenwege. Der Abschnitt zwischen den beiden Brücken führt mitten durch eine beeindruckende Gebirgslandschaft. Im Norden ragt der Berg *Vålåvalen / Tjejnie* (1.067 m) empor, im Süden der *Gräsjöfjället / Råafatjoelentjahke* (1400 m) und *Trondfjället*. Weiter im Westen erhebt sich der *Smälle* (1340 m).

Nach der Brücke geht es am nördlichen Ufer des *Vålån* stromaufwärts, ungefähr 3,5 km auf einem steinigen Weg leicht bergan bis zu der *Vålåstugan Fjällstuga*.

S016 | 14 km | Stensdalsstugan – Gåsen Fjällstuga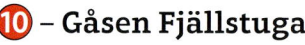

Von der *Stensdalsstugan* aus geht es westwärts hinunter zum *Stensån*-Fluss, über den eine Brücke führt. Danach läuft man durch ziemlich nasses Gelände weiter Richtung Westen. Zu Beginn des Weges genießen wir eine schöne Aussicht nach Süden auf den Berg *Lill-Stensdalsfjället / Vijlåelkientjahke* (1.413 m). Nach gut 1,5 km wendet sich der Weg gen Südwesten und führt an einer alten Kote vorbei, anschließend geht es ein kurzes, aber steiles Stück am Hang des *Tobbege*-Berges (1.032 m) hinauf. Auf einem guten Kilometer werden 140 Höhenmeter überwunden und die Baumgrenze erreicht. Über den Südhang des *Tobbege* laufen wir südwestwärts auf einem leichten Wegstück leicht bergauf und südlich am *Ständja*-Berg (1.158 m) vorbei. Wir halten uns parallel zum Tal *Lill-Stensdalen*, durch das eine Winterroute führt. Danach geht es über den Südhang des *Ständja* gut 1,5 km bergab zu einer *Schutzhütte*, die den Namen des Berges trägt. Im Norden hat man einen schönen Blick auf das *Bunnerfjället / Bunnervaerieh*-Gebirge, dessen höchster Gipfel, der *Västra Bunnerstöten / Voemelåelkientjahke* (1.545 m), im vorderen Teil des Gebirges emporragt. Nach der Schutzhütte geht es weiter Richtung Südwesten und leicht bergauf zum Sattel zwischen dem *Gåsen / Gåasa* (1.426 m) und dem *Kleavetje* (1.278 m), im Nordwesten vorbei am Höhenpunkt 1.233 m und dann gut 1 km bergab zur *Gåsen Fjällstuga*.

Die Schutzhütte Härjångsdalen, *Etappe S017*.

S017 · 14 km · Vålåstugan Fjällstuga ❾ – Gåsen Fjällstuga ⓫

Die Route führt von der **Vålåstugan** Richtung Westen ein kurzes Stück bergab zu einem kleinen Gebirgsbach, der durchquert wird. Etwa 1 km weiter folgt eine Kreuzung, an der man nach Südwesten zur Helags Fjällstation *(S019)* und zur Ortschaft Kläppen *(S020)* abbiegen kann. Unser Weg geht weiter in westliche Richtung.

Die Route steigt leicht bergan und verläuft durch ein Mosaik aus Fjällbirkenwäldchen, Gräser und Moore. Über die besonders feuchten Stellen führen Bohlenwege. An der Südseite des **Gruvsmällen**-Berges (1.246 m) geht es hinauf in trockenere Gegenden. Während der Weg auf und ab verläuft, bietet sich vorn ein ungehinderter Blick. Im Tal fließt der **Härjångsån** in seinem breiten Flussbett, das sich bis an den Horizont hinzieht.

Etwa 3,5 km nach der Kreuzung endet der Anstieg. Der Weg führt südlich um den **Gruvsmällen** (1.246 m) herum, wendet sich nordwestwärts und senkt sich zum Ufer des **Härjångsån** hinab. Zunächst ist ein kleinerer Gebirgsbach zu überqueren, der in den **Härjångsån** mündet, nach gut 1 km kommt man dann zur Watstelle des **Härjångsån**. Das Durchwaten ist schwierig, im Frühsommer anspruchsvoll. Es sind mehrere mögliche Watstellen markiert und es ist dem Wanderer überlassen, die für ihn passende auszuwählen. Falls alle zu schwer erscheinen und die Strömung zu stark ist, kann man alternativ nördlich an den Seen **Härjångsjöarna / Giebnienjaevrieh** (980 m) vorbei gehen, die Route ist allerdings nicht markiert.

Nach der Querung geht es südlich an den **Hörjångsjöarna**-Seen entlang Richtung Nordwesten. Nach 3,5 km Wegstrecke erreicht man die **Schutzhütte Härjångsdalen**, ab da führt ein guter und trockener Weg an der Nordseite des **Stråahpatjaerhvie**-Berges (1.281 m) leicht bergan. Von oben hat man einen phantastischen Blick auf das massive **Sylene / Sylarna / Bealjehkh-Gebirge** (1.762 m) und auf den südlicher gelegenen **Helagsfjället / Maajåelkie**-Berg (1.796 m). Zum Schluss geht es etwa 2 km bergab in Richtung Westen zur **Gåsen Fjällstuga**.

S018 · 17 km · Gåsen Fjällstuga ⑪ – Helags Fjällstation ⑫

Von der **Gåsen Fjällstuga** geht es über den Hang in Richtung Südwesten hinunter zum schon sichtbaren **Gåsån**-Fluss. Der Weg ist in einem guten Zustand. Auf den etwa 2,5 km Wegstrecke bis zum Fluss steigt man ungefähr 210 Höhenmeter ab. Den Fluss selbst kann man von Stein zu Stein überqueren, danach geht es sofort wieder den Hang hinauf zum Sattel zwischen dem **Holke**-Berg (1.120 m) und dem danebenliegen-

Wanderweg im Vålådalen Naturreservat.

den, namenlosen Gipfel (1.169 m). 160 Höhenmeter gilt es auf ungefähr 1,5 km zu überwinden. Vom Sattel aus bietet sich ein prächtiger Blick auf das massive *Sylarna / Bealjehkh-Gebirge* sowie den südlicher gelegenen *Helagsfjället / Maajåelkie*-Berg (1.796 m).

Die Route führt über einen sanft abfallenden Hang in Richtung *Miesehkejohke*-Fluss, an dessen Ufer die Grenze zum *Vålådalens Naturreservat* verläuft und die *Schutzhütte Hulke / Holke* liegt. Auf weiterhin gutem Weg erreicht man 3 km nach dem Sattel das Ufer des Flusses, den man ohne Schwierigkeiten von Stein zu Stein überwinden kann. Im Frühsommer ist das Durchwaten mittelschwer. Nach der Flussquerung geht es wieder ein flaches, kurzes Stück bergauf zum Sattel zwischen dem *Miesehketjahke* (1.152 m) und dem *Soenehketjärra* (1.163 m). Wieder bietet sich ein großartiger Blick auf das *Sylarna-Gebirge* und *Helagsfjället*. Letzterer bietet mit seinem über den Hang verlaufenden Gletscher einen besonders beeindruckenden Anblick.

Nun wendet sich der Weg gen Süden über 2,5 km leicht bergab zum Oberlauf des Flusses *Handölan*. Die Route führt nicht über den Fluss, sondern ein kurzes, aber steiles Stück über den Nordhang des *Jalkedsåajja*-Berges (1.165 m) bergauf. Auf gut 1 km geht es etwa 100 Höhenmeter nach oben. Der letzte Kilometer zur *Helags Fjällstation* führt über einen sanft abfallenden Hang bergab.

S019 · 23 km · Vålåstugan Fjällstuga ⑨ – Helags Fjällstation ⑫

Die Tour beginnt mit einem Abstieg direkt an der *Vålåstugan* zum kleinen Gebirgsbach und auf der anderen Seite weiter Richtung Westen. Knapp 1 km weiter folgt eine Wegkreuzung, der Weg nach Westen weist zur *Gåsen Fjällstuga (S016)*. Unsere Route verläuft nach Südwesten und führt etwa 2,5 km über eine teilweise sumpfige baumlose Bergkuppe zur Brücke über den *Härjångsån*-Fluss. Am gegenüberliegenden Ufer geht es ein kurzes Stück schräg über den Hang recht steil bergauf. Auf gut 1,5 km Wegstrecke werden 160 Höhenmeter überwunden. Vom oberen Teil des Hanges hat man einen phantastischen Ausblick auf den See *Vålåsjön / Voenjelåelkienjaevrie* (947 m) und die sich dahinter erhebenden Berge *Vålåsjöfjället / Voenjelåelkientjahke* (1.352 m) und *Gråsjöfjället / Råafatjoelentjahke* (1.400 m).

Die Tour führt über den Osthang des *Härjångsfjällen* (1.626 m) in Richtung Südwesten und senkt sich langsam, einen Gebirgsbach durchquerend, zur *Schutzhütte Ljungan* hinab. Nach gut 100 m steht man am Ufer des *Ljungan / Preannenjohke*-Flusses. Der Fluss ist leicht zu durchqueren, im Frühsommer mittelschwer. Ein paar hundert Meter nach der Flussquerung gelangt man zur Grenze des *Vålådalens Naturreservat* und gleich anschließend an eine Kreuzung, an der man nach Südosten den Parkplatz Kläppen erreicht *(S020)*.

Unsere Route zur *Helags Fjällstation* geht in südwestliche Richtung weiter. Der Weg führt östlich um den *Slaajve*-Berg (1.079 m) herum, wendet sich dann vor dem Berg *Krustjärnstöten* (1.080 m) nach Westen und dann wieder in Richtung Südwesten zum Nordufer des Sees *Krustjärnen* (945 m). Die Gegend um den *Krustjärnen* bildet mit ihren kleineren und größeren Seen und kleinen Gebirgsbächen ein feines, schön anzusehendes Mosaik. Der Pfad verläuft durch stellenweise feuchtes und sumpfiges Gebiet.

Nun geht es einen kurzen, flachen Hang hinauf und auf der anderen Seite wieder hinunter zu einem Gebirgsbach, der aus dem *Snusesjön*-See (973 m) fließt, und leicht zu überqueren ist. Der Weg hält immer noch auf den Berg *Helagsfjället / Maajåelkie* (1.796 m) zu, der sich vor uns erhebt. Noch einmal geht es ein kurzes, aber steiles Stück über den Westhang des *Jalkedsåajja*-Berg nach oben. Nach gut 1 km hat man 170 Höhenmeter überwunden und schon muss man wieder 1,5 km und 120 Höhenmeter bergab. Nach der Querung eines kleinen Baches folgt eine Kreuzung, an der ein Weg nach Ostsüdost zum Parkplatz Kläppen abzweigt *(S021)*. Etwa 500 m weiter sieht man schon die *Helags Fjällstation*.

| S020 | 24 km | Vålåstugan Fjällstuga ❾ – Kläppen (Parkplatz) ⓭ |

Die Tour beginnt mit einem Abstieg direkt an der *Vålåstugan* zum kleinen Gebirgsbach und auf der anderen Seite weiter Richtung Westen. Nach knapp 1 km folgt eine Wegkreuzung. Der Weg Richtung Westen führt zur Gåsen Fjällstuga *(S016)*. Unser Route hält sich nach Südwesten etwa 2,5 km über eine teilweise sumpfige baumlose Bergkuppe zur Brücke über den *Härjångsån*-Fluss. Am gegenüberliegenden Ufer geht es ein kurzes Stück schräg über den Hang recht steil bergauf. Auf gut 1,5 km Wegstrecke werden 160 Höhenmeter überwunden. Vom oberen Teil des Hanges hat man einen phantastischen Ausblick auf den *Vålåsjön / Voenjelåelkienjaevrie*-See (947 m) und die sich dahinter erhebenden Berge *Vålåsjöfjället / Voenjelåelkientjahke* (1.352 m) und *Gråsjöfjället / Råafatjoelentjahke* (1.400 m).

Die Tour führt weiter über den Osthang des *Härjångsfjällen / Giebnieh* (1.626 m) in Richtung Südwesten und senkt sich langsam, einen Gebirgsbach durchquerend, zur *Schutzhütte Ljungan* hinab. Nach gut 100 m steht man am Ufer des Flusses *Ljungan / Preannenjohke*. Dieser ist leicht zu durchqueren, im Frühsommer mittelschwer. Ein paar hundert Meter weiter erreicht man die Grenze des *Vålådalens Naturreservat* und gleich anschließend eine Kreuzung, an der es Richtung Südwesten zur Helags Fjällstation geht *(S019)*. Unser Weg bringt uns ostwärts Richtung *Parkplatz Kläppen*.

Der Weg führt leicht bergab und folgt dem *Ljungan* südostwärts etwa 2,5 km zum See *Vargtjärnen* (877 m). Der Weg gabelt sich an mehreren Stellen. Vom See geht es über einen kleinen Bach und 1 km weiter zu einer Brücke über den *Ljungan*. Nach der Brücke wird der Weg breiter und erreicht nach 1,5 km die Landstraße, auf der man 5 km Richtung Süden zurücklegt. In *Nyvallen* läuft man über eine Brücke über den *Ljungan* und Richtung Westen zum *Parkplatz Kläppen*.

Hinweis! In Kläppen gibt es zwei nahe beieinander liegende Parkplätze. Der kleinere Parkplatz liegt näher am Fluss. Bus & Übernachten 7 km entfernt in *Ljungdalen*.

| S021 | 11 km | Helags Fjällstation ⓬ – Kläppen (Parkplatz) ⓭ |

Von der *Helags Fjällstation* laufen wir zunächst 500 m in Richtung Südosten bis zu einer kleinen Kreuzung, an der es nach Nordosten zur Vålåstugan geht *(S019)*. Die Route Richtung *Kläppen* führt nach Ostsüdost und folgt den Stromleitungen an einem leicht abschüssigen Hang über 5,5 km bis zur Baumgrenze. Danach geht es durch waldigeres Gebiet südlich am *Kesusjön*-See vorbei bis zum *Parkplatz Kläppen*.

Hinweis! In *Kläppen* gibt es nahe beieinander zwei Parkplätze. Der kleinere Parkplatz liegt näher am Fluss. Eine Bushaltestelle und Übernachtungsmöglichkeit gibt es 7 km südöstlich in *Ljungdalen*.

| S022 | 12 km | **Helags Fjällstation** 12 – **Fältjägaren Fjällstuga** 14 |

Von der **Helags Fjällstation** geht es zunächst nach Süden über die nahegelegene Brücke. Dann zieht sich ein Weg über 2 km leicht bergauf und wir passieren einen Rentierzaun. Hier hat man einen schönen Blick auf die im Südosten liegenden Seen und die sich dahinter sanft erhebende Berglandschaft. Vom Rentierzaun fällt der Pfad Richtung Südsüdwest sanft bergab, wir überwinden auf 3 km insgesamt 200 Höhenmeter. Der Weg gibt den Blick Richtung Westen auf die Südwand des Berges **Helagsfjället / Maajåelkie** (1.896 m) frei. Dieser wuchtige Berg bildet einen deutlichen Kontrast zur friedlichen Landschaft im Osten. Folgt man dem Weg weiter den Hang hinunter, wird nun auch das auf norwegischer Seite liegende **Guevtele-Gebirge** (in älteren Karten verzeichnet als **Skardsfjella**) sichtbar.

Es folgt eine Kreuzung, an der es in Richtung Westen zur norwegischen Grenze und zur Nedalshytta-Hütte (S027) geht. Unsere Route Richtung **Fältjägaren Fjällstuga** führt weiter südwestwärts durch eine nun leicht hügelige Landschaft, über mehrere leicht zu durchquerende Gebirgsbäche und stellenweise morastigen Boden. An den besonders nassen Stellen verlaufen Bohlenwege. Auf dem ganzen Weg bietet sich eine herrliche Aussicht nach Norden, Westen und Osten.

Von der Kreuzung sind es noch etwa 6,5 km bis zur **Fältjägaren Fjällstuga**. *Die Hütte erhielt ihren Namen nach einem Feldjäger, der hier 1944 sein Leben verlor.* Die Landschaft ringsum ist wunderschön.

Helags Fjällstation.

| S023 | 17 km | **Fältjägaren Fjällstuga** 14 – **Ort Ramundberget** (Parkplatz) 15 |

Bevor man von der **Fältjägaren Fjällstuga** Richtung Südwesten aufbricht, sollte man unbedingt nochmal einen Blick auf die tolle Landschaft im Norden werfen.

Die Route führt westlich am See (1.028 m) vorbei. Nach etwa 1 km werden Hang und Weg leicht abschüssig, sind aber trotzdem gut zu laufen und nach 2,5 km erreicht man den **Mittån**-Fluss, dessen zwei Flussarme man von Stein zu Stein queren muss. Im Frühsommer ist es eventuell nötig zu waten. In der Nähe des Flusses ist das Gelände feuchter.

Vom Fluss führt der gut zu laufende Weg nicht allzu steil bergauf in Richtung Südwesten. Auf 2 km werden etwa 170 Höhenmeter überwunden. Dort, wo der Hang wieder flacher wird, hat man einen phantastischen Blick in Richtung Norden auf die eindrucksvollen Berglandschaften des **Helagsfjället / Maajåelkie** (1.796 m) und in Richtung Westen auf das **Skarsfjället** (1.594 m). Nach etwa 1 km kommt der Weg zur **Schutzhütte Svaaletjahke**, neben der sich der Weg gabelt: Richtung Südwesten geht es zum Dorf Fjällnäs und der dort befindlichen Herberge Strandgården (S024). Der Weg nach **Ramundberget** biegt hier nach Südosten ab.

Etwa 1 km nach der Gabelung erreicht man den ersten Flussarm am Oberlauf des *Sveån*, nach 2 km einen weiteren. Beide sind ohne Schwierigkeiten zu überwinden. Dann geht es über 3 km leicht bergab. Gegen Ende wird der Hang steiler. Unterwegs sind einige kleinere Bäche zu überqueren. Die Route wendet sich jetzt nach Süden, unterquert eine Stromleitung und führt ziemlich steil abwärts, auf 2 km insgesamt 200 Höhenmeter. Der Weg bringt uns hinab zur Baumgrenze und an das Ufer des *Ljusnan / Skarnjanjohke*-Flusses, dem man stromabwärts Richtung Südosten folgt. Unweit des Flussufers verläuft ein Feldweg, dem man knapp 1 km folgt, bis man in *Ramundberget* an eine Brücke kommt. Der Parkplatz liegt etwa 100 m weiter am Weg.

S024	30 km	Fältjägaren Fjällstuga ⑭ – Dorf Fjällnäs ⑰

Bevor man von der *Fältjägaren Fjällstuga* aufbricht, sollte man unbedingt nochmal einen Blick auf die Landschaft im Norden werfen. Die Route verläuft westlich am kleinen See (1.028 m) Richtung Südwesten. Nach etwa 1 km werden Hang und Weg leicht abschüssig. Der Weg ist trotzdem noch gut zu laufen und führt nach 2,5 km an den *Mittån*-Fluss, den man von Stein zu Stein balancierend überqueren kann. Der Fluss hat zwei Flussarme,

Das Fjällmassiv Helagsfjäll (1.796 m) bei Ljungdalen, *Etappe S022*.

die man überwinden muss. Im Frühsommer ist es eventuell nötig zu waten. Das Gelände ist hier feuchter.

Vom Fluss führt der gut zu laufende Weg nicht allzu steil bergauf in Richtung Südwesten. Auf 2 km werden etwa 170 Höhenmeter überwunden. Dort, wo der Hang wieder flacher wird, hat man einen phantastischen Blick auf die eindrucksvollen Berglandschaften des *Helagsfjället/Maajåelkie* (1.796 m) im Norden und des *Skarsfjället* (1.594 m) im Westen. Nach etwa 1 km erreicht man die *Schutzhütte Svaaletjåhke*, an der sich der Weg gabelt: in Richtung Südosten geht es zum Parkplatz Ramundberget *(S023)*. Der Weg zum *Dorf Fjällnäs* und zu der dort befindlichen *Herberge Strandgården* verläuft geradeaus in südwestliche Richtung weiter.

Der Hang ist anfangs sehr flach, mehrere kleinere Bäche können problemlos überquert werden. Je weiter man hinunterkommt, umso dichter werden die Weidenbüsche auf beiden Seiten des Weges. Die Route führt bis unterhalb der Baumgrenze und zweimal über den gleichen Gebirgsbach, der beide Male von Stein zu Stein balancierend überwunden werden kann. Stellenweise ist es sumpfig, an einigen Stellen verlaufen Bohlenwege. Man bewältigt bis zum Ende des Hanges auf 2 km insgesamt ca. 180 Höhenmeter bergab.

An einem Traditionshof vorbei geht es weiter zur Brücke über den *Ljusnan/Skarnjanjohke*-Fluss und unmittelbar danach den Berg Richtung Süden hinauf. An der Brücke kann man auch in Richtung Osten gehen, um zum Parkplatz Ramundberget zu gelangen. Der Berg steigt auf 3 km etwa 320 Höhenmeter an, die letzten 160 Höhenmeter liegen oberhalb der Baumgrenze. Etwa 1,5 km nach dem Anstieg kommt man an eine Kreuzung. Der markierte Weg Richtung Westen zieht sich westlich um das Hochplateau herum auch nach Fjällnäs.

Unsere Route führt weiter nach Südwesten, zwischen den Bergkuppen *Klasberget* (1.082 m) und *Ösjövalen* (1.080 m) hindurch und hinab in die wunderschöne Landschaft am *Klastjärnen*-See (974 m). Östlich am See vorbei überquert man ohne Schwierigkeiten einen Wasserlauf zwischen kleineren Seen. Der Weg ist stellenweise sumpfig und häufig auch nass. Die Sommerroute ist stellenschweise schwer auszumachen. Über 1,5 km geht es leicht bergan, dann gelangt man an eine Kreuzung. Der Weg nach Osten führt zum Parkplatz Ramundberget *(S025)*. Die Route nach *Fjällnäs* verläuft weiter in südlicher Richtung und steuert auf den Sattel zwischen dem Doppelgipfel des *Långbrottfjället* (1.020 m) zu. Vom Sattel aus hat man bei schönem Wetter einen tollen Ausblick Richtung Norden auf den Berg *Helagsfjället/Maajåelkie* (1.796 m). Nun geht es kurz, aber steil hinunter zum Fluss *Tännån/Skåavmanjohke* und zur *Långbrottstugan* sowie zur gleichnamigen *Schutzhütte* am gegenüberliegenden Ufer.

Die private Hütte *Långbrottstugan* ist nicht zum Übernachten geeignet, sie wurde jedoch 2016 renoviert, so dass sie zukünftig möglicherweise zum Übernachten zur Verfügung steht. Von der Hütte hat man die Möglichkeit, über einen markierten Weg 5 km Richtung Osten den Weg zwischen dem Parkplatz Ramundberget und dem Dorf Tänndalen *(S026)* zu erreichen.

Unsere Route nach *Fjällnäs* führt an der Hütte und der Brücke in Richtung Süden weiter. Stellenweise laufen wir durch sumpfiges Gelände und erreichen nach etwa 3 km eine T-Kreuzung, die durch das Aufeinandertreffen von sommermarkierter und wintermarkierter Route gebildet wird. Hier befindet sich eine *Schutzhütte*, die allerdings in älteren Karten nicht vermerkt ist. Von dieser Schutzhütte geht es östlich am *Västra Kroktjärnen*-See vorbei etwa 1 km in Richtung Süden, dann wendet sich der Weg nach Südwesten und bringt uns hinauf auf den Scheitel des *Malmagsvålen/Saajsejabbe*-Berges (960 m). Von hier geht es 2 km weiter Richtung Südwesten, der Weg verläuft wieder unterhalb der Baumgrenze.

In dem dichten Birkenwäldchen verlaufen mehrere Pfade, so dass man genau auf die *Fjällnäs*-Schilder achten sollte. Unterwegs kommt man an einem Rastplatz vorbei, der allerdings vorwiegend im Winter genutzt wird. Die *Pension Strandgården* liegt am Ufer des Sees *Malmagen*. Von *Fjällnäs* aus kann man gut die Wanderung in die *Wanderregion Femundsmarka & Rogen* fortsetzen.

S025 | 19 km | Ort Ramundberget (Parkplatz) 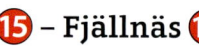 – Fjällnäs

Diese Tour beginnt am Parkplatz in *Ramundberget*, von dem aus man zunächst durch das Feriendorf in Richtung Skiabfahrtshang läuft. Dieser Abschnitt ist teilweise unübersichtlich und recht steil. Am sichersten ist es, immer bergauf zu gehen, bis man zu dem Gebäudekomplex gelangt, der oben am Hang steht. Vom Parkplatz sind es etwa 2 km und 240 m Höhenunterschied.

Nun wandern wir auf einem gut zu laufenden Pfad etwa 2,5 km westwärts und zwischen den länglichen Seen *Västra Ösjösjön* und *Östra Ösjösjön* hindurch. Nach den Seen gabelt sich der Weg, einer zweigt in Richtung Süden zum Dorf Tänndalen *(S026)*. Unsere Route führt nach Südwesten und ein kurzes, aber steiles Stück hinauf in Richtung *Ösjöklappen*-Berg (1.080 m). Auf weniger als 1 km werden 120 Höhenmeter überwunden. Wenn der Hang abflacht, wendet sich der Weg wieder nach Westen und senkt sich leicht hinab zu einem kleinen Wasserlauf, der leicht zu überqueren ist. Etwa 1,5 km weiter treffen wir auf die Route die Richtung Norden zur Fältjägaren Fjällstuga weist *(S024)*.

Wir wollen jedoch nach *Fjällnäs*, biegen in südliche Richtung und steuern auf den Sattel zwischen dem Doppelgipfel des *Långbrottfjället* (1.020 m) zu. Vom Sattel aus hat man bei schönem Wetter einen tollen Ausblick Richtung Norden auf den Berg *Helagsfjället / Maajåelkie* (1.796 m). Nach dem Sattel führt der Weg kurz, aber steil hinunter zum Fluss *Tännån / Skåavmanjohke* und zur *Långbrottstugan* sowie zur gleichnamigen *Schutzhütte* am gegenüberliegenden Ufer.

Die private Hütte *Långbrottstugan* ist nicht zum Übernachten geeignet, sie wurde jedoch 2016 renoviert, so dass sie zukünftig möglicherweise zum Übernachten zur Verfügung steht. Von hier hat man die Möglichkeit, über einen markierten Weg 5 km Richtung Osten den Weg zwischen dem Parkplatz Ramundberget und dem Dorf Tänndalen *(S026)* zu erreichen.

Unsere Route führt an der Hütte über die Brücke in Richtung Süden. Der Weg verläuft durch teilweise sumpfiges Gelände und erreicht nach etwa 3 km eine T-Kreuzung, die durch das Aufeinandertreffen von sommermarkierter und wintermarkierter Route gebildet wird. Neben der T-Kreuzung befindet sich eine *Schutzhütte*, die allerdings in älteren BD-Karten nicht vermerkt ist. Von dieser Schutzhütte aus geht es östlich am *Västra Kroktjärnen*-See vorbei etwa 1 km in Richtung Süden, dann wendet sich der Weg nach Südwesten und führt hinauf auf den Scheitel des *Malmagsvålen*-Berges (960 m). Vom Berg aus geht es 2 km weiter in Richtung Südwesten. Hier verläuft der Weg wieder unterhalb der Baumgrenze.

In dem dichten Birkenwäldchen verlaufen mehrere Pfade, so dass man genau auf die *Fjällnäs*-Schilder achten sollte. Unterwegs kommt man an einem Rastplatz vorbei, der allerdings vorwiegend im Winter genutzt wird. Die *Pension Strandgården* liegt am Ufer des Sees *Malmagen*. Von *Fjällnäs* aus kann man die Wanderung in Richtung Wanderregion *Femundsmarka & Rogen* fortsetzen.

Der Predikstolen (1.682 m) im Helagsfjäll, *Etappe S027*.

| S026 | 22 km | **Ort Ramundberget** (Parkplatz) ⑮ – **Tänndalen** ⑯ |

Diese Tour beginnt am Parkplatz in **Ramundberget**, von dem aus man zunächst durch das Feriendorf in Richtung Abfahrtshang geht. Dieser Abschnitt ist teilweise unübersichtlich und recht steil. Am sichersten ist es, immer bergauf zu gehen, bis man zu dem Gebäudekomplex gelangt, der oben am Hang steht. Vom Parkplatz sind es etwa 2 km und 240 m Höhenunterschied.

Nun geht es auf einem gut zu laufenden Pfad etwa 2,5 km weiter und zwischen den länglichen Seen **Västra Ösjösjön** und **Östra Ösjösjön** hindurch. Nach den Seen gabelt sich der Weg, Richtung Südwesten weist er zum Dorf Fjällnäs *(S025)*. Unsere Route nach **Tänndalen** führt nach Südsüdost über die unteren Hänge des **Ösjökläppen** (1.080 m), westlich am See **Östra Ösjösjön** vorbei und biegt dann Richtung Südsüdwest ab.

Die Überquerung kleinerer Gebirgsbäche bereitet keine Schwierigkeiten, danach gabelt sich der Weg. Von hier aus kann man 5 km in Richtung Westen zur privaten Långbrottstugan an der Route zwischen Fältjägaren Fjällstuga und Fjällnäs laufen *(S024)*. Unser Weg geht in südsüdwestlicher Richtung weiter und führt erst auf der Nord-, dann auf der Westseite des **Hästkläppen**-Berges (1.000 m) leicht bergauf. Vom Hästkläppen geht es 3,5 km östlich am **Skenörsfjället**-Berg vorbei zum Ufer des Sees **Svalåtjärnen** und zur **Schutzhütte Svalåtjärn**.

Von hier führt ein markierter Weg Richtung Westen zum Dorf Fjällnäs. Die Route zum **Tänndalen**-Tal folgt an der Schutzhütte dem Weg nach Süden. Wir laufen etwa 4 km durch hügeliges, leichtes Gelände, im Osten flankiert von den Bergen **Stor-Skarven** (1.260 m) und **Lill-Skvarven** (1.224 m) und passieren den See **Anderssjön** (919 m). Hier ist der Boden deutlich nasser, danach erreicht man **Andersborgs (Våffelstuga)**, wo sich mehrere Pfade kreuzen. Will man den Weg zum Tal **Tänndalen** nicht verlassen, muss man gut auf die Markierungen achten. Die Route führt südwärts hinunter über 3,5 km bergab bis zur Landstraße. In *Tänndalen* gibt es mehrere Übernachtungsmöglichkeiten. Von Tänndalen aus kann man gut seine Wanderung in Richtung der **Wanderregion Femundsmarka & Rogen** fortsetzen.

S027 — 37 km — Helags Fjällstation ⑫ – Nedalshytta ⑱

Von der *Helags Fjällstation* geht es zunächst nach Süden über die nahegelegene Brücke. Dann läuft man einen Weg über 2 km leicht bergauf und durch einen Rentierzaun. Hier hat man einen schönen Blick auf die im Südosten liegenden Seen und die sich dahinter sanft erhebende Berglandschaft. Vom Rentierzaun laufen wir Richtung Südsüdwest sanft den Berg hinunter, man überwindet auf 3 km insgesamt 200 Höhenmeter. Der Weg gibt den Blick in Richtung Westen auf die Südwand des Berges *Helagsfjället / Maajåelkie* (1.896 m) frei. Dieser wuchtige Berg bildet einen deutlichen Kontrast zur friedlichen Landschaft im Osten. Folgt man dem Weg weiter den Hang hinunter, wird nun auch das auf norwegischer Seite liegende *Guevtele-Gebirge* (in älteren Karten als *Skardsfjella* verzeichnet) sichtbar.

Es folgt eine Kreuzung, an der es in Richtung Südwesten zur Fältjägaren Fjällstuga geht *(S022)*. Unsere Route zur *Nedalshytta* biegt nach Westen ab und führt südlich am See *Västra Helagssjön* (940 m) vorbei. Nach dem See folgt man dem Fluss *Västra Helagsån* stromabwärts über einen flachen Hang bergab. Etwa nach 3,5 km folgt die leichte Überquerung des *Helagsån* von Stein zu Stein, im Frühsommer ist eventuell eine mittelschwere Durchwatung erforderlich. Von der Kreuzung bis zum regulierten *Sylsjön*-See (831-851 m) wird unser Weg rechterhand vom schroff aufragenden Berg *Predikstolen / Beallehkse* (1.682 m) flankiert. Nach der Querung des *Helagsån* geht es noch etwa 1 km weiter bis man den *Sylsjön* erreicht. Es folgt ein langer Abschnitt von etwa 13 km entlang dem Nordufer des Sees auf dem historischer *Pilgerweg Jämt-Norgevägen* Richtung Nordwesten.

Nach etwa 1 km passiert man eine Hütte der Rentierzüchter, anschließend erreicht man einen etwas größeren Gebirgsbach, den man dennoch von Stein zu Stein balancierend überqueren kann. Auf dem weiteren Weg folgen mehrere kleinere Gebirgsbäche. Das Gelände ist stellenweise recht feucht. Etwa 4,5 km nach dem ersten Gebirgsbach passiert man eine weitere Hütte der Rentierzüchter. Dann folgen zwei etwas breitere Bäche, die man mit Hilfe der Steine überqueren kann. Der *Njåemeletjaerhive*-Berg (1.137 m) liegt etwa 1,5 km nach der zweiten Rentierzüchterhütte und markiert ungefähr die Hälfte dieses Routenabschnitts am Seeufer. Nach Osten hat man eine schöne Sicht auf den *Helagsfjället / Maajåelkie* (1.796 m) und im Norden ragt das Panorama des *Sylarna / Bealjehkh*-Gebirges (1.762 m) empor.

Nach dem *Njåemeletjaerhive* folgt ein recht nasses Stück mit mehreren kleinen Gebirgsbächen. Ist das Nordende des *Sylsjön* erreicht, gelangt man an eine Gabelung. Der nach Südwesten abzweigende Weg zeigt zum Staudamm des Sees. Der Weg zur *Nedalshytta* wendet sich hier nach Nordosten und führt direkt auf das *Sylarna / Bealjehkh*-Gebirge zu. Dessen zweithöchster Gipfel, der *Templet* (1.728 m), erhebt sich stolz und mächtig vor uns. Der Pfad ist stellenweise nass und überquert eine Reihe leichterer Gebirgsbäche. Dabei geht es auf einer Strecke von 5 km etwa 260 Höhenmeter bergauf bis man am Fuß des *Templet* eine T-Kreuzung erreicht. Zur Sylarna Fjällstation gehts nach Osten *(S029)*, für uns zur *Nedalshytta* nach Westen.

Nach der Kreuzung senkt sich der Weg über den Hang leicht ab. Etwa 2,5 km nach dem Abstieg überschreitet man die Staatsgrenze und erreicht Norwegen. Im Westen ist schon der große **Nesjøen**-See (710-733 m) gut zu erkennen. Nach der Grenze geht es weiter westwärts über eine Reihe von Gebirgsbächen und stellenweise nasses Gelände auf den in der Ferne schimmernden **Nesjøen** zu. Die gesamt Strecke von der Kreuzung bis zur Hütte ist abschüssig und führt auf 7 km etwa 400 Höhenmeter nach unten. Die **Nesdalshytta** erreicht man etwa 4,5 km hinter der Grenze. Sie liegt traumhaft schön am Hang in einem kleinen Birkenwald *(siehe Foto Seite 69)* mit Blick über den See und die Berge im Rücken. Auch die Route **Firkanten** *(siehe Seite 73)* führt hier entlang.

| S028 | 19 km | Helags Fjällstation ⑫ – Sylarna Fjällstation ⑲ 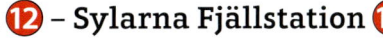 |

Die Etappe beginnt an der **Helags Fjällstation** auf dem Weg der Richtung Nordwesten führt. Zu Beginn gibt es einige Brücken über Gebirgsbäche. Die danach folgenden Gebirgsbäche können von Stein zu Stein überquert werden. Der Weg führt über den Hang hinunter zur Nordseite des **Helagsfjället/Maajåelkie**-Berges (1.796 m). Nach den ersten 2,5 km wird der ohnehin nicht sehr steile Hang noch flacher und das Gelände steiniger und nasser, ist aber immer noch gut zu laufen. Neben dem Pfad wachsen stellenweise recht dichte Weidenbü-

Der schmale Bergpass Ekorrdörren, *Etappe S029*.

sche. Etwa 3,5 km nach dem Aufbruch gelangt man an einen Gebirgsbach, der mittelschwer und im Frühsommer schwer zu durchwaten ist. Er entspringt oberhalb in einem kleinen See einer Senke des *Helags*. Nach der Watstelle folgen mehrere kleinere Gebirgsbäche, die ohne Schwierigkeiten überquert werden können.

Der Weg führt auf den Fluss *Handölan / Johkenjuananjohke* zu. Die ganze Zeit hat man einen schönen Blick auf die umliegende Landschaft. Über einen Handölan-Zufluss führt eine Brücke, danach geht es 2,5 km, nah am Westufer des *Handölan*, durch stellenweise feuchtes und steiniges Gelände zur Brücke über den *Åeruvedurrienjohke*-Fluss und zur *Schutzhütte Miesehketjahke*. Über besonders nasse Stellen führen Bohlenwege.

An der Schutzhütte genießen wir eine phantastische Aussicht Richtung Westen auf das Tal zwischen dem Berg *Ekorrhammaren* (1.451 m) und einem namenlosen Gipfel (1.550 m). Von hier führen Wintermarkierungen nach Westen zur Nedalshytta. Unsere Route verlässt an der Schutzhütte das Flussufer und führt weiter Richtung Nordnordwest. Nach knapp 1 km folgt ein Gebirgsbach, den man von Stein zu Stein überwinden kann, dann steigt der Weg auf den ersten 2,5 km zur Ostseite des Bergs *Hammaren* (1.324 m) leicht an. Am *Hammaren* wird es steiler und der Boden trockener. Die ersten 1,5 km ist der Anstieg recht mühsam, dann wird es wieder flacher. Es folgen die Querung eines Flusses, der aus dem See *Pojktjärnen* (1.048 m) am Berg *Kläppen* fließt, und eine Wegkreuzung. Der Weg nach Westen führt auf die Route, die zwischen der Sylarna Fjällstation und der Nedalshytta westlich des Herrklumpen (1.288 m) verläuft *(S029)*.

Unsere Route zur *Sylarna Fjällstation* bringt uns weiter Richtung Norden. Der Weg führt über die Ostseite des *Herrklumpen* und steigt auf 1,5 km etwa 150 Höhenmeter an. Schon vom Hang aus und erst recht von oben hat man einen beeindruckenden Blick auf das Bergmassiv *Sylarna / Bealjehkh* und dessen höchsten Gipfel, den *Storsylen* (1.762 m). Diesem vorgelagert, erheben sich die Berge *Slottet* (1.640 m), *Lullsylen* (1.702 m) und etwas weiter nördlich der *Vaktklumpen* (1.446 m). Das letzte Stück zur *Sylarna Fjällstation* ist ziemlich abschüssig und überwindet auf 1 km 140 Höhenmeter.

S029 · 16 km · Sylarna Fjällstation ⓳ – Nedalshytta ⓲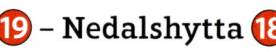

Die *Sylarna Fjällstation* liegt inmitten einer atemberaubenden Landschaft. Zunächst geht es Richtung Südsüdwest auf einem steinigen Weg westlich am *Herrklumpen* (1.288 m) längs. Der Weg steigt leicht an und mit jedem Schritt wird die umgebende Gebirgslandschaft beeindruckender. Nach etwa 2 km gelangt man an eine Wegkreuzung. Hier führt ein Weg nach Osten Richtung Helags Fjällstation *(S028)*.

Die Hänge der umgebenden Berge, vor allem des *Slottet* (1.640 m) und des *Templet / Storsola* (1.728 m) erheben sich stolz und bieten einen eindrucksvollen Anblick. Die Täler zwischen den Bergen sind wie Pfannen, durch die eine Reihe kleinerer Bäche und Flüsse aus den Gletschern und von den schneebedeckten Hängen fließen. Unser Weg ist immer noch recht steinig und führt südwärts leicht bergan. Weiter oben am Hang hat man einen freien Blick auf den messerscharfen Gipfel des *Storsylen* (1.762 m). Der Pfad schlängelt sich am Hang und führt über zwei Geröllfelder. Von oben hat man eine phantastische Sicht gen Süden: am südlichen Rand eines tief eingeschnittenen Tals ragt der *Ekorrhammaren*-Berg (1.451 m) empor, etwas weiter im Süden ist die schöne, weichere Silhouette des *Helagsfjäll / Maajåelkie* (1.796 m) zu sehen und noch weiter

Das Sylarna- Gebirge (1.762 m).

südlich zeichnet sich das ganze zerklüftete Panorama des *Sylarna-Bergmassivs* bis zum *Lunndörrsfjäll / Dåarranvaerie-Gebirge* (1.527 m) ab. Unmittelbar zu Füßen des Wanderers schimmert die von Moränen durchzogene Plateaulandschaft in den verschiedensten Farben.

Vom Bergrücken geht es über eine schmale Klippe und danach recht steil bergab in Richtung Süden zur Schutzhütte *Ekorrdörren*. Von hier wandern wir nach Westen über einen gut zu laufenden Weg durch eine wunderschöne Tallandschaft. Zu Beginn geht es über einige Hügel und kleinere Gebirgsbäche, danach wird der Weg leichter. Im Norden bietet sich ein beeindruckender Blick auf die Südwand des *Sylarna / Bealjehkh*. An den Hängen des zerklüfteten *Templet* (1.728 m) erkennt man einen kleinen Gletscher. Einen angenehmen Gegensatz zu den schroffen Bergwänden bieten der im Süden glitzernde *Sylsjöen* (831-851 m) sowie das in Wanderrichtung sich öffnende U-Tal.

Der Weg führt weiter über das steinige Flussbett eines Gebirgsbaches, den man im Frühsommer mittelschwer durchwaten muss. Nach etwa 1,5 km erreicht man den Grenzstein und einen Rentierzaun. Hinter diesem liegt die norwegische Grenze und das *Landschaftsschutzgebiet Sylan Landskapsvernområde*.

Nach der Grenzüberschreitung sollte man für einen Moment die Landschaft im Norden genießen: hier hat sich ein idyllisches U-Tal in den Berg geschnitten. Weiter geht es über zwei kleinere Gebirgsbäche, die von Stein zu Stein überquert werden können. Es folgen noch kleinere Bäche, die mit einem großen Schritt zu überwinden sind. Der Pfad führt sanft bergab in Richtung Westen und des am Horizont glitzernden Sees *Nesjøen* (706-729 m). Schließlich gehts durch einen Fjellbirkenwald weiter bergab zur *Nedalshytta*.

| **S030** | **19 km** | **Gåsen Fjällstuga 11 – Storulvån Fjällstation 20** |

Die Route führt von der *Gåsen Fjällstuga* Richtung Westnordwest, südlich um den Berg *Gåsen/Gåasa* (1.426 m) herum zum unten im Tal fließenden Fluss. Der gut zu laufende Weg erreicht den *Gåsån*-Fluss und die daneben liegende *Schutzhütte Gåsån* nach 4 km und 260 abgestiegenen Höhenmetern. Unweit der Schutzhütte gibt es eine Wegkreuzung, an der es durch den Fluss Richtung Nordwesten zur Sylarna Fjällstation geht *(S031)*. Unsere Route zur *Storulvån Fjällstation* verläuft an der Schutzhütte Richtung Norden weiter.

Etwa 3 km folgen wir dem Ostufer des *Gåsån* und erreichen in leichtem Gelände den Fluss *Handölan/ Johkenjuananjohke*. Hier führt der Weg durch lichtes Birkendickicht und stellenweise Sumpf, über die nassesten Stellen führen Bohlenwege. Die Route folgt nun dem Lauf des *Handölan* über 4 km Richtung Norden bis zur Brücke über den *Tjallingån*-Fluss. Im Nordosten erhebt sich massiv der Berg *Västra Bunnerstöten/Voemelåelkientjahke* (1.545 m), gleichzeitig öffnet sich der Blick auf den schönen Taleingang des *Västra Bunnerskalet* zwischen *Bunnerstöten* und *Laptentjahke* (1.245 m).

Über die Brücke gelangt man in die *Samensiedlung Tjallingen*, in der man eine Kaffeepause einlegen kann. Von der Siedlung aus geht es etwa 5,5 km über die Landstraße weiter nach Norden, bis ein Pfad in Richtung Westen zur Brücke über den Fluss *Handölan* abzweigt. Bis zur Brücke sind es etwa 300 m. Nach der Brücke führt ein guter Weg knapp 1,5 km bis zur *Storulvån Fjällstation*. Kurz vor der Fjällstation führt noch eine Brücke über den *Stor-Ulvån*.

| **S031** | **17 km** | **Gåsen Fjällstuga 11 – Sylarna Fjällstation 19** |

Die Route führt von der *Gåsen Fjällstuga* Richtung Westnordwest, südlich um den Berg *Gåsen/Gåasa* (1.426 m) herum hinunter ins Tal. Der gut zu laufende Weg erreicht den Fluss *Gåsån* und die daneben liegende *Schutzhütte Gåsån* nach 4 km und 260 abgestiegenen Höhenmetern. Unweit der Schutzhütte gibt es eine Weggabelung, an der es Richtung Norden am Fluss entlang zur Storulvån Fjällstation geht *(S030)*.

Unser Weg zur *Sylarna Fjällstation* verläuft durch den Fluss in Richtung Nordwesten. Den *Gåsån* kann man leicht durchwaten, im Frühsommer mittelschwer.

Nach der Watstelle geht es etwa 2,5 km lang auf einem guten Weg nordwestwärts, die Aussicht hinunter zum Fluss und in das mit Birkenwäldchen geschmückte Tal ist sehenswert. Man erreicht die Brücke über den *Handölan/Johkenjuananjohke*-Fluss, der hier einige kleine Stromschnellen hat, dann beginnt ein langer Aufstieg südwestwärts über den Südhang des *Östra Endalsjöjden/Johkenjeanantjahke* (1.120 m). Es gilt 240 Höhenmeter auf 3 km zu überwinden. Vom Hang aus bietet sich ein herrlicher Blick auf den stolz aufragenden *Västra Bunnerstöten/Vielmelåelkientjahke* (1.545 m) im Nordosten und das sich östlich davon ausbreitende Tal *Västra Bunnerskalet/Saedtiedurrie*.

Über 2,5 km läuft man bergab, vorbei am See *Långtjärnen* und weitere 2 km bis zur *Schutzhütte Gamla Sylen*. Nach Süden ist der Blick auf das Gebirgsmassiv *Sylarna/Bealjehk* (1.762 m) sowie den vorgelagerten Berg *Slottet* (1.640 m) atemberaubend. Weiter im Süden schaut man auf das schöne, sich öffnende U-Tal zwischen den Bergen **Templet** (1.728 m) und **Sylskalstöten** (1.518 m). An der Schutzhütte gibt es einen Abzweig nach Norden, über den man zur Storulvån Fjällstation *(S032)* und zur Blåhammaren Fjällstation *(S033)* gelangt. Zur **Sylarna Fjällstation** geht es von hier 2 km nach Süden.

S032 | 15 km | Storulvån Fjällstation ⑳ – Sylarna Fjällstation ⑲

Der Weg führt von der **Storulvån Fjällstation** über den **Stor-Ulvån**, dann leicht bergauf in Richtung Südwesten und folgt über knapp 1,5 km den Stromleitungen. An einer Gabelung, geht es Richtung Westen zur Blåhammaren Fjällstation *(S036)*. Unser Weg zur **Sylarna Fjällstation** verläuft weiter nach Süden.

Man folgt 1,5 km den Stromleitungen, und läuft ein kurzes Stück bergab zur Brücke über den Fluss **Lill-Ulvån**. Nach der Brücke führt die Route leicht südostwärts etwas weg von den Stromleitungen. Der Pfad steigt wieder sanft an und verläuft westlich am Berg **Lill-Ulvåfjället / Ohtje Vierejällantjahke** (1.096 m) vorbei, nun Richtung Süden. Dann geht es zur Südwestseite des Berges wieder bergab, die Route wendet sich gen Südsüdwest. Der Weg nähert sich abermals den Stromleitungen und erreicht die **Schutzhütte Spåime**, einige Bäche unterwegs können ohne Probleme überquert werden.

Von der Schutzhütte zieht sich ein nicht allzu steiler Hang hinauf zum **Endalen**-Tal zwischen den Bergen

Abendstimmung an der Sylarna Fjällstation.

Västra Endalshöjden/*Äjnentjahke* (1.093 m) und *Östra Endalshöjden*/*Johkenjeanantjahke* (1.120 m), von wo man einen schönen Blick auf das Bergmassiv *Sylarna*/*Bealjehkh* (1.762 m) hat. Durchs *Endalen* läuft man wieder leicht bergab zur Brücke am Oberlauf des *Enan*/*Äjnänjohke*, wo sich auch eine Wegkreuzung befindet. Der Weg in Richtung Nordwesten weist zur Blåhammaren Fjällstation *(S033)*.

Unsere Route führt über die Brücke Richtung Süden und erreicht nach 1,5 km eine weitere Kreuzung, an der die *Schutzhütte Gamla Sylen* liegt. Hier bietet sich ein herrlicher Panoramablick nach Südwesten auf das beeindruckende Gebirgsmassiv *Sylarna*/*Bealjehkh* (1.762 m) sowie den vorgelagerten Berg *Slottet* (1.640 m). Weiter im Süden sehen wir das schöne U-Tal zwischen den Bergen *Templet* (1.728 m) und *Sylskalstöten* (1.518 m).

An der Schutzhütte gabelt sich der Weg, eine Route verläuft nach Osten zur Gåsen Fjällstuga *(S031)*.

Diese Route führt uns nochmal über 2 km Richtung Süden, dann ist die *Sylarna Fjällstation* erreicht. Hier lassen wir in der gemütlichen Sauna den herrlichen Wandertag ausklingen.

S033 · 18 km · Blåhammaren Fjällstation 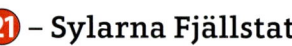 – Sylarna Fjällstation

An der *Blåhammaren Fjällstation* wendet man sich zunächst Richtung Süden und passiert den nach Südsüdwest weisenden Abzweig zur Storerikvollen-Hütte *(S039)*. Hier wendet sich unsere Route in Richtung Südosten und führt über Hangfalten und kleinere Bäche leicht bergab. Unterwegs hat man eine schöne weite Aussicht nach Westen auf den Berg *Fongen*/*Lopmesvaerie* (1.441 m) in Norwegen und im Osten auf das Gebirgsmassiv *Bunnerfjällen*/*Bunnervaerieh* (1.545 m) sowie auf die näher gelegenen Berge *Tväråklumparna* (1.409 m) und *Getryggen*/*Tjiejhtenrudtje* (1.382 m). Der Weg kreuzt einen Bach, der den Hang hinunterfließt und von Stein zu Stein überquert werden kann. Danach geht es über 2 km weiter leicht bergab bis zum Fluss *Finnbäcken*. Über den Fluss spannt sich eine Brücke, nach der es über Bohlenwege am Hang wieder leicht bergauf geht. Bei Regen muss man auf den nassen, rutschigen Bohlen äußerst vorsichtig sein.

Nach etwa 2 km passieren wir die etwas weiter oben am Berg stehende *Schutzhütte Enkälen*, zu der auch ein Weg aus Richtung Nordosten vom Bahnhof Enafors herführt *(S035)*. Nach der Schutzhütte folgt ein leichter Anstieg weiter südostwärts. Der Weg führt durch recht steiniges Gelände, ist aber dennoch gut zu laufen. Etwa 3,5 km nach der Schutzhütte endet der Anstieg, es wird noch einmal bergig und die Route führt über kleine Gebirgsflüsse westlich am Berg *Västre Endalshöjden*/*Äjnentjahke* (1.093 m) vorbei. Der Panoramablick zum *Sylarna*-Gebirgsmassiv ist schlicht atemberaubend. Mitten im Gebirge liegt ein Tal, in dem man einen freien Blick auf den *Sylälven*-Fluss sowie auf die tiefer im Tag gelegene Sylarna Fjällstation hat.

Wir gehen nun leicht bergab über den Südhang zu einer Brücke am Oberlauf des *Enan*/*Äjnänjohke*. An der Brücke weist ein Abzweig Richtung Nordosten durchs Endalen zur Storulvån Fjällstation *(S032)*. Unser steiniger Weg führt an dem Abzweig weiter südwärts über 1,5 km zur *Schutzhütte Gamla Sylen*, an der es einen Abzweig nach Osten zur Gåsen Fjällstuga *(S031)* gibt.

Für uns geht es noch etwa 2 km weiter Richtung Süden bis zur *Sylarna Fjällstation*.

Der letzte Kilometer wird von den Bergen *Vaktklumpen* (1.446 m), *Lillsylen* (1.702 m), *Slottet* (1.640 m) und *Storsylen* (1.762 m) flankiert.

| S034 | 19 km | Sylarna Fjällstation ⑲ – Hütte Storerikvollen ㉙ ★ |

Von der *Sylarna Fjällstation* geht es zunächst westwärts hinunter zur Brücke über den *Sylälven*-Fluss, dann weiter Richtung Nordwesten einen sanft ansteigenden Hang hinauf. Der Weg ist gut zu laufen und führt nördlich um den *Vaktklumpen* (1.446 m) herum. Dann folgt eine Weggabelung, an der es nach Westen zur norwegischen Grenze (etwa 6 km) sowie zur Route zwischen den Hütten Nedalshytta und Storerikvollen *(S040)* geht.

Unser Weg zur *Hütte Storerikvollen* führt weiter nordwestwärts etwa 2,5 km leicht bergab, wendet sich dann nach Westen und erreicht den See *Fiskåtjärnen*. Vom See wendet sich die Route wieder gen Nordwesten und steigt leicht an. Den Gipfel des *Fiskåjöjden / Svaaletjahke* (1.103 m) passiert man auf dessen Südseite und gelangt zur Landesgrenze, die durch einen Grenzstein markiert wird, sowie zu einem Rentierzaun. Im Zaun ist ein Tor, anschließend gelangt man zur kleinen, ringsum von Bergen umgebenen *Hütte Fiskåhøgda*, die heute nur noch als Schutzhütte fungiert. Von der Schutzhütte geht es weiter nach Westnordwest. An der bald folgenden Weggabelung gibt es noch einen Wegweiser nach Nordwesten zur Storerikvollen-Hütte, allerdings wird der Weg dorthin nicht mehr gepflegt. *Diese Gabelung ist auf den Lantmäteriet-Fjällkarten aus dem Jahr 2012 oder älter noch verzeichnet. Auf den Nordeca-Wanderkarten ist sie schon seit dem Jahr 2006 nicht mehr eingezeichnet.*

Die Hütte Fiskåhøgda, im Hintergrund der Lillsylen (1.702 m), *Etappe S034*.

Wir halten uns hier in der Nähe der Wintermarkierung und gehen in Richtung Westnordwest über einen hügeligen Hang bergab. Die Landschaft, die sich vor uns ausbreitet, ist wunderschön. Über dem See *Essandsjøen / Saanteenjaevrie* (706-729 m) erheben sich die stattlichen Hänge des *Fongen / Lopmesvaerie* (1.441 m).

Etwa 2 km nach der *Fiskehøgda*-Schutzhütte folgt eine weitere Kreuzung, an der es nach Süden zur Nedalshytta geht *(S040)*. Der Weg zur *Storerikvollen*-Hütte verlässt hier die Winterroute und biegt in nördliche Richtung ab. Nach etwa 200 m kreuzen wir einen Bergbach, den man von Stein zu Stein balancierend gut überqueren kann. Nach dem Bach ist der Weg gut zu laufen und führt durch eine wellige Landschaft Richtung Nordnordwest.

Die *Storerikvollen* ist schon von weitem am gegenüberliegenden Ufer des Sees *Essandsjøen* auszumachen. Im Süden hat man einen schönen Blick auf das *Sylarna-Bergmassiv* (1.762 m). Der Weg führt durch ein kleines, idyllisches Birkenwäldchen und passiert anschließend den Abzweig des früheren Weges zur Schutzhütte Fiskåhøgda, der nicht mehr gepflegt wird. Man läuft hier geradeaus weiter, nun mehr in Richtung Nordwesten, der Weg führt über schräg am Hang verlegte Bohlen nach unten. Zwar lockt der Blick in die Landschaft rund um den *Essandsjøen*, trotzdem sollte man auf den Bohlenwegen besonders bei Regen äußerst vorsichtig sein. Nach etwa 2 km kommt man an eine Kreuzung, an der ein Weg Richtung Nordosten zur Blåhammaren Fjällstation abzweigt *(S039)*. Unsere Route zur *Storerikvollen* biegt hier nach links zum Ufer des Sees *Essandsjøen* ab. Nun ist man auf der historischen Route von *Armfeldts Karoliner* unterwegs, die zwischen den Dörfern Handöl und Haltdalen verläuft.

Der Weg führt ans Ufer des Sees, an dem es auch einen kleinen Badestrand gibt. Über den See hat man einen phantastischen Blick auf die Berge *Skardsfjella / Gaejsietjahke* (1.529 m), *Øfjellet* und *Storsylen*. Entlang des Sees kommen wir zu einer großen Hängebrücke über den Fluss *Djupholma* und gleich dahinter zu einer langen Holzbrücke. Hier ist es oft windig und bei starkem Wind kann die Brücke von Wellen überspült werden. Bei schlechtem Wetter oder hohem Wasserstand sollte man besondere Vorsicht walten lassen.

Nach den Brücken geht es über ein paar kleinere Hügel über einen gut zu laufenden Weg zur gemütlichen Hütte *Storerikvollen*. Von hier aus hat man eine tolle Aussicht auf das *Sylarna*-Massiv.

S035 · 31 km · Ort Enafors (Bahnhof) 22 – Sylarna Fjällstation 19

Vom *Bahnhof Enafors* läuft man etwa 1 km entlang der Europastraße E 14 Richtung Südwesten, überquert die *Enafors-Stromschnellen* mithilfe der Straßenbrücke und kommt anschließend zu einem kleinen Parkplatz, hinter dem man den Wegweisern zur markierten Wanderroute Richtung Süden folgt.

Auf der Brücke hat man einen herrlichen Blick auf die Stromschnellen und den sich dahinter erhebenden Berg *Snasahögarna / Mijlehkh* (1.463 m).

Der gewundene Weg verläuft in teils nassem, sonst aber gut zu laufendem Gelände durch einen Fichtenwald und erreicht nach knapp 2 km eine Brücke, von der man wieder eine tolle Aussicht auf den nun schon deutlich näherliegenden *Snasahögarna* hat. Die Route führt über einen Bohlenweg weiter in Richtung Südsüdwest und nach Durchquerung des Sumpfes zu einer weiteren Brücke, die über den Fluss *Ingolvån* führt. Nun geht es leicht bergauf über einen weiteren Sumpf und

Der Silverfallet, *Etappe S035*.

zu einer dritten Brücke auf dem Wanderweg, nach der der Anstieg steiler wird. Schweißtreibend führt die Route am mehrteiligen **Silverfallet-Wasserfall** vorbei. Am Hang stehen Lawinenwarnschilder. Es geht weiter steil bergauf. Beim Blick gen Norden, in die Richtung aus der wir kommen, eröffnet sich eine bis zum Horizont reichende, weite Berg- und Waldlandschaft.

Der Weg überschreitet die Baumgrenze, nun wird der Anstieg allmählich einfacher. Die Route führt durch das enge Tal **Ingolvskalet** am Fluss **Ingolvån** entlang Richtung Südsüdwest, dabei weiter gleichmäßig ansteigend. Am südlichen Ende des Tals überquert man einen Fluss und erreicht dann die windige Ostseite des **Getvalen**-Berges (1.322 m). Vom Hang aus hat man einen atemberaubenden Blick gen Süden auf die alpine Landschaft des **Sylarna / Bealjehkh**-Bergmassivs (1.762 m). Im Osten wiederum bietet ein U-Tal, durch das der Fluss **Norder-Tvärån** fließt, einen schönen Anblick.

Die Route führt durch zahlreiche, querfließende Bäche, über stellenweise morastiges Land, streift einen steinigen Berghang und senkt sich dann hinab zur **Schutzhütte Snasahögarna**. Südlich der Hütte liegt ein kleiner See, an dessen Ostseite der Weg entlang, dann über ein kleines Steinfeld führt. Danach wird der Weg leichter und es geht bergab in Richtung Süden. Die Sommerroute verläuft im Gegensatz zur Winterroute etwas weiter oben am Hang. Der Weg führt auf der Westseite der Berge **Tvåråklumparna** (1.409 m) und **Getryggen / Tjiejhtenrudtje** (1.382 m) bergab und vereint sich mit dem Weg, der von Rundhögen herkommt *(S037)*. Etwa 1 km weiter kommt man an der „Abkürzung" zwischen den Fjällstationen Blåhammaren und Storulvån sowie nach einem weiteren Kilometer am Abzweig nach Nordwesten zur Blåhammaren Fjällstation *(S036)* vorbei.

Es geht durch eine schöne, hügelige Landschaft, vorbei an schlängelnden Flusswindungen, wir passieren die **Schutzhütte Ulvåtjärn** sowie den **Stor-Ulvån** von Stein zu Stein. Schließlich gelangt man an eine Kreuzung, an der ein Weg nach Osten zur Storulvån Fjällstation abzweigt *(S036)*. Für uns geht es weiter südwärts durch die gut zu laufende Moränenlandschaft östlich am **Ulvåtjärnen**-See vorbei und einen flachen Hang hinauf. Unterwegs werden einige kleine Gebirgsbäche sowie der Bach **Finnbäcken** überquert. 1 km weiter folgt eine Brücke und etwas weiter oben am Berg die **Schutzhütte Enkälen**, an der es einen Abzweig nach Nordwesten zur Blåhammaren Fjällstation gibt *(S033)*. Hier wenden wir uns nach Südsüdost, wandern gemächlich bergauf, stellenweise über steiniges Gelände, in dem es sich aber dennoch gut laufen lässt. Am Ende des Hangs wird der Anstieg kurz steiler. Etwa 3,5 km nach der Schutzhütte ist der Anstieg zu Ende und der Weg führt durch kleinere Gebirgsbäche westlich am Berg **Västra Endalshöjden / Äjnentjahke** (1.093 m) vorbei. Das Panorama des **Sylarna**-Massivs im Süden ist beeindruckend. Mitten im Gebirge liegt das Flusstal, in das man einen freien Blick auf den **Sylälven**-Fluss sowie auf die tiefer im Tal gelegene **Sylarna Fjällstation** hat.

Nun kommen wir leicht bergab über den Südhang zu einer Brücke am Oberlauf des **Enan / Äjnänjohke**. An der Brücke gibt es einen Abzweig Richtung Nordosten in das Endalen-Tal und zur Storulvån Fjällstation *(S032)*. Unsere Route führt über die Brücke und auf einem steinigen Weg 1,5 km weiter zur **Schutzhütte Gamla Sylen**, wo es einen Abzweig nach Osten in Richtung Gåsen Fjällstuga *(S031)* gibt. Für uns geht es weiter in Richtung Süden und noch etwa 2 km bis zur **Sylarna Fjällstation**.

Der letzte Kilometer verläuft am Fluss **Sylälven** entlang und wird gewürzt vom schönen Anblick der Berge **Vaktklumpen** (1.446 m), **Lillsylen** (1.702 m), **Slottet** (1.640 m) und **Storsylen** (1.762 m).

S036 | 11 km | Storulvån Fjällstation – Blåhammaren Fjällstation

Der Weg führt von der **Storulvån Fjällstation** über die Brücke und leicht bergauf Richtung Süden über knapp 1,5 km den Stromleitungen folgend. An der Gabelung, an der es Richtung Süden zur Sylarna Fjällstation *(S032)* geht, wenden wir uns nach Westen. Dann folgt man der durch den **Todesmarsch der Karoliner** bekannten Route etwa 4 km westwärts. Im Norden erhebt sich eindrucksvoll der Berg **Getryggen / Tjiejhtenrudtje** (1.382 m).

Es folgt eine Wegkreuzung, an der es wieder Richtung Süden zur Sylarna Fjällstation *(S035)* geht. Die Route zur **Blåhammaren Fjällstation** verläuft etwa 500 m nach Norden, dann folgt erneut eine Kreuzung, an der man sich nach Nordwesten wendet. Der Weg nach Norden bringt den Wanderer zum Bahnhof Enafors *(S035)* sowie zum Parkplatz Rundhögen *(S037)*.

Unser Weg zieht sich einen steilen Hang hinauf. Auf 3 km Wegstrecke werden etwa 200 Höhenmeter bezwungen. Zum Schluss geht es über 2,5 km durch eine mit kleinen Bergseen gesprenkelte Landschaft zur höchstgelegensten STF **Fjällstation Blåhammaren**, die gute Küche und einen der phantastischsten Blicke auf das Bergmassiv **Sylarna / Bealjehk** (1.762 m) bietet.

| S037 | 27 km | **Rundhögen** (Parkplatz) ㉓ – **Sylarna Fjällstation** ⑲ |

Vom **Parkplatz Rundhögen** aus folgt man zunächst der Straße Richtung Südosten, nach 200 m geht es auf einen Waldweg dem man wenige hundert Meter bis zur Gabelung folgt, an der es nach Südwesten zur Blåhammaren Fjällstation geht *(S038)*. Unser Weg zur **Sylarna Fjällstation** führt hier nach Südosten, zunächst ein kurzes Stück im Wald, dann in offenerem Gelände und erreicht nach gut 500 m die Brücke über den Fluss **Enan / Äjnänjohke**.

Nach der Brücke geht es leicht bergauf und unter den Stromleitungen durch. Beim Aufstieg lässt man die Baumgrenze hinter sich und in die Richtung aus der man kommt, öffnet sich der Blick auf eine beeindruckende Landschaft aus Bergen und Wäldern, die sich bis zum Horizont im Norden erstreckt.

Der Anstieg wird flacher und wir erreichen den Fluss **Väster-Tvärån**. Die Wintermarkierungen führen über den Fluss, die **Sommerroute** folgt dem Westufer stromauf in Richtung Südsüdost. Hier wird es noch einmal ein bisschen steiler und mehrere Gebirgsbäche sind zu durchqueren. In Wanderrichtung erheben sich die ansehnlichen Berge **Tväråklumparna** (1.409 m) und **Getryggen / Tjiejhtenrudtje** (1.382 m). Der Weg verläuft nun über den Sattel zwischen diesen Bergen und dem Berg **Blåhammarfjäll** (1.120 m), führt dann bergab und

Die Nedalshytta.

vereint sich mit dem Weg, der durchs Tal Ingolvskalet vom Bahnhof Enafors heraufkommt *(S035)*. Etwa 1 km später kreuzt man eine „Abkürzung" zwischen der Blåhammaren und Storulvån Fjällstationen, etwas weiter passiert man den Abzweig zur Blåhammaren Fjällstation *(S036)*. Auf unserer Route von Norden kommend, sieht man zuerst den Wegweiser der Sommerroute, gleich darauf die Markierung der Winterroute.

Unser Weg südwärts führt weiter durch eine schöne hügelige Landschaft, vorbei an sich hübsch schlängelnden Flusswindungen, passiert die **Schutzhütte Ulvåtjärn** und einen der Flüsse von Stein zu Stein und gelangt schließlich an eine Wegkreuzung, an der ein Weg nach Osten zur Storulvån Fjällstation abzweigt *(S036)*. Weiter geht es durch die gut zu laufende Moränenlandschaft östlich am **Ulvåtjärnen**-See vorbei und einen flachen Hang hinauf. Unterwegs werden einige kleine Gebirgsflüsse und der Bach **Finnbäcken** überquert. 1 km später folgt eine Brücke. Etwas weiter oben am Berg steht die **Schutzhütte Enkälen**, an der es erneut einen Abzweig nach Nordwesten zur Blåhammaren Fjällstation gibt *(S033)*. An der Schutzhütte geht es Richtung Südsüdost gemächlich bergauf über stellenweise steiniges Gelände, in dem es sich aber dennoch gut laufen lässt. Am Ende des Hangs wird der Anstieg kurz steiler. Etwa 3,5 km nach der Schutzhütte ist der Anstieg zu Ende und der Weg führt durch kleinere Gebirgsbäche westlich am Berg **Endalshöjden** / **Äjnentjahke** (1.093 m) vorbei. Das Panorama des **Sylarna**-Massivs ist beeindruckend. Vor uns liegt mitten im Gebirge das Flusstal, in das man einen freien Blick auf den **Sylälven**-Fluss sowie auf die tiefer im Tal gelegene **Sylarna Fjällstation** hat.

Der Weg verläuft nun leicht bergab über den Südhang zu einer Brücke am Oberlauf des **Enan** / **Äjnänjohke**. Vor der Brücke gibt es einen Abzweig Richtung Nordosten zur Storulvån Fjällstation *(S032)*.

Unsere Route führt über die Brücke und auf einem steinigen Weg über 1,5 km weiter zur **Schutzhütte Gamla Sylen**, vorbei an einem weiteren Abzweig diesmal nach Osten zur Gåsen Fjällstuga *(S031)*. Für uns geht es Richtung Süden durch die immer eindrucksvollere Tallandschaft noch etwa 2 km bis zur **Sylarna Fjällstation**.

Der letzte Kilometer begleitet den **Sylälven** und wird flankiert vom schönen Anblick der Berge **Vaktklumpen** (1.446 m), **Lillsylen** (1.702 m), **Slottet** (1.640 m) und **Storsylen** (1.762 m).

S038 — 8 km — Rundhögen (Parkplatz) 23 – Blåhammaren Fjällstation 21

Vom Parkplatz in **Rundhögen** geht es zunächst 200 m auf der Landstraße in Richtung Südosten und dann auf einem Waldweg weiter. Nach einigen hundert Metern folgt eine Gabelung, an der man links nach Südosten zur Sylarna Fjällstation gelangen kann *(S037)*.

Der Weg zur **Blåhammaren Fjällstation** zweigt hier nach rechts Richtung Südwesten und wird nach etwa 500 m zu einem Fuhrweg.

Die Route folgt diesem über 1,5 km bis zur Brücke über den Fluss **Enan** / **Åjnänjohke**, an der es auch einen Weg nach Nordwesten nach Storvallen gibt. Über die Brücke geht es weiter in Richtung Süden, unter Stromleitungen hindurch und leicht bergauf. Etwa 3 km nach der Brücke gelangt man an die **Schutzhütte Gräslidfjället**, von der es noch weitere 2,5 km Richtung Süden bis zur **Blåhammaren Fjällstation** sind, die übrigens die höchstgelegenste Fjällstation ist. Der Anstieg von der Brücke bis hierher beträgt insgesamt 430 m auf 5,5 km. Von der Fjällstation hat man einen der schönsten Ausblicke auf das **Sylarna** / **Bealjehkh**-Massiv (1.762 m).

S039 | 15 km | Blåhammaren Fjällstation 🔴21 – Hütte Storerikvollen 🔴29

An der **Blåhammaren Fjällstation** führt die mit „Armfeldts Karoliner" markierte Route entlang, die dem berühmten Marsch der Karoliner folgt. Nach 500 m in südliche Richtung gelangt man an eine Gabelung, an der es nach Südosten (links) zur Sylarna Fjällstation geht *(S033)*.

Die Route zur **Hütte Storerikvollen** führt nach Südwesten (rechts) und in gut zu laufendem Gelände über 4 km ziemlich abschüssig den Südhang des **Blåhammarkläppen** (1.163 m) hinunter. Einige Gebirgsbäche können ohne Schwierigkeiten überquert werden. Dann knickt der Weg nach Westen und zieht sich über 2 km immer noch leicht abschüssig bis zur **Schutzhütte Endalen**. In der Nähe der Schutzhütte ist es stellenweise sumpfig und ziemlich nass. Von hier geht es Richtung Westsüdwest etwa 1 km weiter bis zur Staatsgrenze.

Dort muss man durch einen Rentierzaun und über die Brücke über den **Enan/Åjnänjohke**. Gleichzeitig mit der Landesgrenze überschreitet man die Grenze zum **Landschaftsschutzgebiet Sylan**. Nun geht es südwestwärts leicht bergan bis zum Gipfel des **Remskleppen** (928 m), von dem aus man einen phantastischen Blick hat. Der Stausee **Essandsjøen/Saantenjaevrie** (706-733 m) bildet mit den sich dahinter erhebenden Bergen, wie dem **Ørfjellet** (1.251 m) und dem **Mulvola** (983 m), einen herrlichen Anblick. Weiter im Süden erhebt sich das **Sylarna/Bealjehkh**-Massiv (1.762 m).

Die Route nach **Storerikvollen** führt vom **Remskleppen** in südwestliche Richtung wieder bergab. Nach etwa 500 m Abstieg kommt eine Kreuzung, an der es nach Süden zur Nedalshytta geht *(S040)*. Unser Weg verläuft

Blåhammaren Fjällstation.

nach Westen zum Ufer des *Essandsjøen*, an dem es auch einen kleinen Badestrand gibt. Der Blick über den See auf die Berge **Skardsfjella / Gaejsietjahke** (1.529 m), **Øfjellet** und **Storsylen** ist unbeschreiblich schön. Am Ufer entlang gelangt man zu einer großen Hängebrücke, nach der eine lange Holzbrücke folgt. Hier ist es windig und bei starkem Wind können die Wellen diese überspülen. Bei schlechtem Wetter oder hohem Wasserstand ist besondere Vorsicht geboten. Nach den Brücken geht es über ein paar kleinere Hügel über einen gut zu laufenden Weg zur gemütlichen **Hütte Storerikvollen**, von der man eine phantastische Aussicht auf den *Sylarna* hat.

| S040 | 22 km | Nedalshytta ⑱ – Hütte Storerikvollen ㉙ |

Von der am Stausee *Nesjøen* (706-729 m) gelegenen **Nedalshytta** folgt man den Wegweisern steil bergauf. Nach etwa 1 km lässt man das Birkendickicht hinter sich und der Aufstieg wird flacher. Von hier hat man einen ungehinderten Blick auf die komplexe Schönheit des **Sylarna / Bealjehkh**-Bergmassivs (1.762 m). Der Weg verläuft nordwärts über einige Moränenzüge und führt dann in ebenerem Gelände über einen mit Bohlen ausgelegten Weg.

Nun geht es zwischen den Bergen **Neklumpen** (1.014 m) und **Bandaklumpen** (1.427 m) hindurch. Nach Westen hat man eine phantastische Aussicht auf den *Nesjøen*-Stausee (706-729 m). Der Weg verläuft weiter Richtung Nordnordost über einige Holzbrücken. Das jährliche Schmelzwasser im Frühling hinterlässt auf dem samtenen Buckel des **Bandaklumpen** ein malerisches Rillenmuster.

Es folgt eine Gabelung, an der ein Weg nach Osten hinauf zum Gipfel des **Storsylen** (1.762 m) führt. Der Aufstieg ist sehr steil und sollte nicht bei Regen oder starkem Wind in Angriff genommen werden.

Nach **Storerikvollen** geht es geradeaus weiter – man hat einen großartigen Blick auf den **Storsylen**, das unter ihm liegende Tal und die auf beiden Talseiten steil aufragenden Bergwände. Der Anblick wird immer eindrucksvoller und gleichzeitig erkennt man auch, wie steil der Aufstieg zum Gipfel tatsächlich ist.

Wir queren von Stein zu Stein einen Wasserlauf, der aus dem *Syltjønna*-See (1.034 m) fließt, im Frühsommer muss man eventuell waten. Etwa 1 km weiter Richtung Norden kommen wir zu einem Tor im Rentierzaun. Durch das Tor führt ein Abzweig nach Osten zur Sylarna Fjällstation. Unsere Route bleibt westlich des Zauns und verläuft ein gutes Stück an diesem entlang auf einem gut zu laufenden Moränenrücken leicht bergab. Dann wendet man sich vom Zaun weg nach Nordwesten und läuft auf und ab über eine baumlose Hügellandschaft bis zum Fluss **Nørdre Fiskåa**. Im Frühsommer kann man ihn ohne Schwierigkeiten durchwaten, oder aber von Stein zu Stein queren. Danach geht es einen sehr flachen Hang hinauf. Richtung Süden eröffnet sich ein herrlicher Blick auf den Berg **Skardsfjella / Gaejsietjahke** (1.546 m).

Wir kommen an Wintermarkierungen vorbei zu einer Kreuzung (auf den *Lantmäteriet fjällkartan* ist verzeichnet, dass man den Wintermarkierungen folgen soll, doch das ist nicht richtig). An dieser Kreuzung weist ein Weg Richtung Osten zur Sylarna Fjällstation *(S034)*. Unsere Route zur **Hütte Storerikvollen** führt weiter nach Norden und gelangt nach 200 m an einen Fluss, der von Stein zu Stein überquert werden kann.

Nun geht es auf einem gut zu laufenden Weg durch eine leicht hügelige Landschaft weiter. Die Hütte ist schon von weitem am gegenüberliegenden Ufer des Stausees **Essandsjøen / Saanteenjaevrie** auszumachen, ebenso der Berg **Øfjellet** (1.251 m). Im Süden hat man einen herrlichen Blick auf das **Sylarna** Bergmassiv (1.762 m). Wir laufen durch ein kleines, hübsches Birkendickicht bis zu einer ehemaligen Kreuzung, an der früher ein Weg, der heute nicht mehr gepflegt wird, zur Schutzhütte Fiskåhøgda abzweigte. Für uns geht es in nordwestliche Richtung weiter über schräg am Hang verlegte Bohlen nach unten. Die Landschaft rund um den See ist schön anzusehen, trotzdem sollte man besonders bei Regen und Nässe auf den Bohlenwegen äußerst vorsichtig sein. Nach etwa 2 km kommt man an eine Kreuzung, an der ein Weg Richtung Nordosten zur Blåhammaren Fjällstation abzweigt *(S039)*.

Unsere Route biegt nach Südwesten zum Ufer des **Essandsjøen** ab. Hier ist man auf der historischen Route „Armfeldts Karoliner" unterwegs, die zwischen den Dörfern Handöl in Schweden und Haltdalen in Norwegen verläuft. Über den See hat man einen phantastischen Blick auf die Berge **Skardsfjella / Gaejsietjahke** (1.529 m), **Øfjellet** und **Storsylen**. Entlang am Ufer, wo es auch einen kleinen Badestrand gibt, kommen wir zu einer großen Hängebrücke über den Fluss **Djupholma** sowie einer langen Holzbrücke dahinter. Hier ist es oft windig und bei starkem Wind kann die Brücke von Wellen überspült werden. Bei schlechtem Wetter oder hohem Wasserstand sollte man auf dem nassen, rutschigen Holz besondere Vorsicht walten lassen. Nach den Brücken geht es über kleinere Hügel einen gut zu laufenden Weg zur gemütlichen **Hütte Storerikvollen** mit großem Kamin. *Im Inneren der Hütte gibt es ein großes Wandgemälde, auf dem die schicksalhaften Tage von Armfeldts Karoliner im Winter 1718-1719 dargestellt sind.*

S041 | 17 km | Hütte Storerikvollen  – Ramsjøhytta

Von der **Hütte Storerikvollen** geht es über einen von Fjellbirken gesäumten Feldweg in Richtung Westen, bis man etwa auf halber Höhe eines langgestreckten Anstiegs auf den markierten Wanderweg nach Nordwesten wechselt. Der Weg ist gut zu laufen und führt immer den Wegweisern folgend durch Fjellbirkenbestände über zwei Brücken und kreuzt die Straße nach **Storerikvollen**. Nach links sieht man den Parkplatz von **Sjursvollen / Sankåvollen**, an dem es auch eine Infotafel zu den historischen Ereignissen rund um Armfeldts Karoliner gibt.

Die Route zur **Ramsjøhytta** kreuzt die Straße und führt weiter nordwestwärts auf dem Pfad durch Birkenbestände. Nach einigen Schritten quert man einen Waldweg und geht unter Stromleitungen hindurch, danach steigt der Weg in Richtung Nordwesten leicht an. Erneut wird der kleine Feldweg gekreuzt, dann führt die Route erst am Zaun, dann am privaten, kleinen Hof **Haugvollen** vorbei durch lichter werdende Birkenbestände und erreicht den Rand eines Moores. Der Weg führt um das Moor herum und überquert dabei zahlreiche Gräben. Nach Verlassen des **Landschaftsschutzgebietes Sylan** geht es weiter durch das feuchte Gelände des **Sankådalen**-Tals, der Weg wendet sich langsam gen Westen und führt bergauf auf ein schön anzusehendes Birkendickicht zu. Im Rücken liegt das großartige Panorama des **Sylarna / Bealjehk** (1.762 m).

Auf einem gut zu laufenden Pfad geht es an den Flusswindungen des **Nørdre Sanka** entlang, dann müssen wir einen kleineren Gebirgsbach von Stein zu Stein balancierend queren. Jetzt kommt man durch eine idyllische Landschaft an der hübsch gelegenen Feriensiedlung **Skarpdalsvollen** vorbei und folgt dem dort beginnenden Feldweg. Nach Norden zweigt ein alter Pfad zur Hütte Bjørneggen ab. Der Feldweg trifft auf eine

Die Ramsjøhytta, im Hintergrund der Fongen (1.441 m).

T-Kreuzung, an der man nach links Richtung Süden auf den Sandweg abbiegt bis man nach etwa 1 km zum Parkplatz und dem dort befindlichen Rastplatz gelangt. Von hier führt ein markierter Weg nach Westen hinunter zur Brücke über den **Lødølja**-Fluss in eine wunderschöne Flusslandschaft mit fein geschliffenen Felsen. Nach der Brücke steigt der Weg Richtung Nordwesten zum **Selbygglia** an und führt durch eine vielschichtige, malerische Gegend. Nach Westen hat man einen weiten Blick über die sich bis zum Horizont erstreckenden sanften Fjellrücken. Und auch der Blick hinunter zum Fluss **Ramsjøelva / Raammanjohke** ist eine Augenweide.

Der Weg führt weiter nordwestwärts bergauf über den Südhang des **Liejpiebåvne** (876 m), bis es ein kurzes Stück zu einem kleinen Fluss hinuntergeht. Dieser kann von Stein zu Stein gequert werden. Danach schlägt der Weg einen Bogen südwärts um einen kleinen Berg herum und wendet sich dann nach Westen. Hier wird eine denkmalgeschützte Stromleitung unterquert. Die **Ramsjøhytta** wird nach und nach hinter einem Bergausläufer sichtbar – sie liegt wunderschön. Auf dem letzten halben Kilometer genießt man den Blick auf den hinter der Hütte schimmernden See **Ramsjøen / Raammanjaevrie** (771 m) mit dem sich dahinter erhebenden Berg **Fongen / Lopmesvaerie** (1.441 m). Vor der Hütte führt eine kleine hölzerne Bogenbrücke über den **Ramsjøelvan**.

S042 · 26 km · Hütte Bjørneggen ㉗ – Hütte Storerikvollen ㉙ (via Skarpdalen) ★

An der **Hütte Bjørneggen** folgt man der Ausschilderung Richtung Süden vorbei an einigen Hofgebäuden des Dorfes **Rotvoll**. In Höhe eines Weidengatters gibt es eine Gabelung, an der es links Richtung Südosten durch das Hårrådalen auch zur Storerikvollen-Hütte geht *(S043)*. Unsere Route folgt rechts Richtung Südwesten der Feldumzäunung. Nach etwa 100 m gibt es die Möglichkeit (orange Markierung), durch den Zaun zu gehen und über einen schmalen Feldstreifen ein rotes Zeichen am gegenüberliegenden Feldrand anzusteuern. Hinter dem Feld kommt man zur Dammbrücke **Gilsådammen**, die schon Patina angesetzt hat, und überquert auf ihr den Fluss **Gilså**. Von der Brücke hat man einen schönen Blick in beide Richtungen auf den mäandernden Fluss.

Danach geht es etwa 1 km auf einem leicht ansteigenden Feldweg bis zu einer Kreuzung, an der es in Richtung Norden zur *historischen Kupferhütte von Gilså* geht. An der Kreuzung stehen mehrere Wegweiser. Zunächst folgt man dem Feldweg kurz nach Süden (die Richtung, in die die meisten Wegweiser zeigen) und biegt dann nach Südwesten über einen steiler werdenden Hang bergauf in das offene Fjell. Der Blick zurück zeigt eine herrliche Landschaft. Dann gabelt sich der Weg, eine Route führt nach Westen zur Schulzhytta *(S049)*. Der Weg zur Hütte **Storerikvollen** knickt in Richtung Süden, erklimmt sanft den Westhang des **Litjfjellet** (855 m) und gelangt an einen Rentierzaun. Hinter diesem geht es weiter leicht bergauf zum *Bergwerk Gilså Gruve aus dem 18. Jahrhundert*, das oben auf dem Berg **Gilsåfjellet/Govke** (964 m) liegt.

Vom alten Bergwerk laufen wir sanft bergab und an vorbei einem Abzweig nach Südwesten, der zum See Finnkoisjøen und zur Hütte Ramsøhytta führt. Hier hält man sich weiter in Richtung Süden, durchquert den Rentierzaun und gelangt auf eine kleine Straße, der man 500 m bis zu einem breiteren Sandweg *(Skarpdalsvegen)* folgt. Diesen wandern wir weiter nach Süden. Kleinere Wege zweigen zu Häusern ab, rechterhand mäandert der Fluss **Lødølja** durch das **Skarpdalen**. Nach etwa 3 km geht ein Feldweg nach links Richtung Osten. Geradeaus käme man nach 1 km an einen Weg, der westwärts zur Ramsjøhytta abzweigt *(S041)*.

Unsere Route zur **Storerikvollen**-Hütte folgt dem Feldweg nach links, auf etwa 1 km durch eine idyllische Landschaft, einen kleinen Fluss querend, zur hübsch gelegenen Ferienhaussiedlung **Skarpsdalsvollen**, wo er im Wanderweg mündet. Der Weg ist gut zu laufen. Vom Feldweg zweigt ein alter Pfad zur Hütte Bjørneggen ab.

Weiter geht es an dem durchs Birkendickicht gut auszumachenden Fluss **Nørdre Sanka** entlang und durch hübschen Fjellbirkenbestand leicht bergab. In Wanderrichtung hat man einen herrlichen Blick auf das **Sylarna/Bealjehkh** Bergmassiv (1.762 m). Die Route erreicht das **Landschaftsschutzgebiet Sylan** *(Sylan landskapsvernområde)*, führt weiter am Rand eines Moores und überquert mehrmals einen Bach. Dann läuft man durch Birkendickicht, bis man an den Zaun des kleinen Hofes **Haugvollen** kommt. Ein kurzes Stück geht es Richtung Südosten, man kreuzt einen Feldweg und geht leicht bergab unter Stromleitungen hindurch bis zu einem Sandweg. Rechts geht es zum Parkplatz **Sjursvollen/Sankåvollen**, auf dem eine *Informationstafel zu den schwedischen Karoliner-Truppen Armfeldts* steht. Die Route zur **Storerikvollen**-Hütte quert den Sandweg und folgt dem Pfad in ein Birkendickicht, in dem mehrere Holzbohlenbrücken überquert werden. Auf einem gut zu laufenden Weg kommt man zu einem Feldweg, dem man 1,5 km in westliche Richtung bis zum Ziel folgt.

S043 — 23 km — Hütte Storerikvollen ㉙ - Hütte Bjørneggen ㉗ (via Hårrådalen)

An der **Hütte Storerikvollen** geht es nach Norden auf einem breiten Weg leicht bergauf, östlich an dem aufragenden Berg **Blåkkåkleppen/Blåahke** (909 m) vorbei. Über stellenweise morastigen Boden läuft man weiter nordwärts unter Stromleitungen hindurch und kreuzt einen Feldweg. Beim Blick zurück bietet sich eine schöne Sicht auf den Stausee **Essandsjøen/Saantenjaevrie** (706-729 m) und das sich dahinter stolz erhebende Bergmassiv **Sylarna/Bealjehkh** (1.762 m).

Nach dem Feldweg betritt man das **Sankkjølen Naturreservat** und etwa 1,5 km später erreicht man in teilweise sumpfigem Gelände den Oberlauf des **Djupholma**, den man über große Steine queren kann. Im Frühsommer ist eventuell eine mittelschwere Durchwatung notwendig. Vom Fluss geht es 2,5 km weiter in Richtung Norden, über einen Bach und am hinter einem Berg liegenden See **Sandtjønna** (788 m) vorbei. Am See gibt es einen schönen Sandstrand, der trotz des kalten Wassers bei Wanderern als Rast- und Badeplatz sehr beliebt ist. Hin und wieder sollte man einen Blick zurück auf das Panorama des **Sylarna** werfen.

Der Anstieg wird in Höhe des Sees steiler und wendet sich dabei nach Nordnordwest. Es geht an der Ostseite des Berges **Blåhåmmårkleppen/Snjaltje** (1.007 m) ent-

Ein Gebirgsbach südlich des Hårrådalen, *Etappe S043*.

lang, dann endet der immer noch sanfte Aufstieg und man läuft durch eine hügelige Landschaft bis zu einer Gabelung. Nach Norden weist ein Weg zum Parkplatz Kluksdalen (S044), unser Weg nach Nordwesten führt durch das *Hårrådalen*-Tal zur Hütte *Bjørneggen*. Jetzt verlässt man das *Naturreservat Rangeldalens & Sankkjølens* und betritt den *Skarvan og Roltdalen-Nationalpark*. Der durch das offene Fjell verlaufende Weg ist überwiegend in einem guten Zustand. Etwa 2 km nach der Gabelung folgt die erste Flussüberquerung – den *Hårråa*-Fluss kann man am Oberlauf von Stein zu Stein queren, im Frühsommer ist er leicht zu durchwaten. Danach geht es durch Birkendickicht in Flussnähe leicht bergab. Unterwegs werden mehrere kleinere Bäche gekreuzt. Durch den *Storbekken* kann man im Frühsommer leicht waten.

Der lichte Birkenbewuchs, die Flussüberquerungen und die Nähe des *Hårråa* verleihen dem *Hårrådalen*-Tal einen besonderen Reiz. Am Ende des langgestreckten Flusstals führt der Weg an dem alten und teilweise eingestürzten *Åsvollen*-Hof vorbei und erreicht nach etwa 500 m wieder das Ufer des *Hårråa*. Hier gibt es eine markierte Watstelle, doch 100 m am Flussufer stromaufwärts (nordwärts) gibt es eine neue Brücke, über die die Wanderung fortgesetzt werden kann. Die Brücke ist von der Watstelle nicht zu sehen und es führt auch kein klar markierter oder erkennbarer Weg dorthin (Stand 2016).

Von der Brücke aus geht es über einen Feldweg gut 1 km weiter zu einer kleineren Brücke und weiter auf dem Feldweg bis zu einer Kreuzung. Über den Weg in Richtung Südwesten gelangt man über den Gilsådammen zur Schulzhytta (S049) sowie durch das Skarpdalen-Tal zur Hütte Storerikvollen (S042).

Die Route zur *Bjørneggen*-Hütte führt an der Kreuzung weiter nach Norden, durch ein Gatter und an den Hofgebäuden des Dörfchens *Rotvoll* vorbei.

S044 · 21 km · Kluksdal (Parkplatz) 26 – Hütte Storerikvollen 29

Vom **Parkplatz Kluksdalen** läuft man zunächst nach Süden. An der unmittelbar folgenden Wegkreuzung geht es in Richtung Südwesten zur Hütte Bjørneggen (S047). Die Route zur **Hütte Storerikvollen** führt nach Südsüdost auf den Bergrücken hinauf. Der Aufstieg ist seicht und der Pfad verläuft durch gut zu laufendes Gelände, an nassen Stellen liegen Bohlen. Durch Fichtenbestände gelangt man in ein Birkenwäldchen unweit des *Klukselva*-Flusses, allerdings verläuft der Weg weit oberhalb des Flusses. Am Hang ist ein Rastplatz eingerichtet, an dem ein Wegweiser zum *Bergwerk Blyglansgruva* Richtung Südosten zeigt.

Wir gehen südwärts durch lichten Fjellbirkenbestand weiter bergauf. Der Anstieg ist nun steiler und auf dem Weg sind einige Gebirgsbäche zu durchqueren. In Höhe der Seen *Rangeltjønna* (822 m & 834 m) wird der Anstieg sanfter. *Hier gibt es einen Gedenkstein für den dänischen Kriegsgefangenen Poul Henry Ludvig Hansen, dessen Flucht an diesem Platz im Jahre 1941 ihr Ende fand.*

Weiter geht es leicht bergauf und auf der Ostseite des Berges *Klukskaftet* (913 m) entlang. Die Route verläuft nun an der Grenze des *Naturreservats Sankkjølen*. Über hügelige Bergrücken geht es gut 3 km gen Süden bis sich der Weg gabelt. Nach Nordwesten gelangt man zur Hütte Bjørneggen (S043). Unsere Route zur **Hütte Storerikvollen** führt geradeaus weiter und zieht sich östlich um den Berg *Blåhåmmårkleppen*/*Snjaltje* (1.007 m) herum. Von hier aus hat man eine schöne Sicht auf das *Sylarna*/*Bealjehkh*-Gebirge (1.762 m). Nach etwa 4 km Richtung Süden wird der kleine See *Sandtjønna* (788 m) passiert, an dem es einen schönen Sandstrand gibt und der trotz des kalten Wassers bei Wanderern als Rast- und Badeplatz sehr beliebt ist. Auf einem leichten Weg weiter südwärts kommt man nach etwa 2,5 km an den Oberlauf des *Djupholma*, der gut über Steine zu queren ist. Danach geht es auf einem streckenweise sumpfigen Abschnitt 1,5 km weiter, aus dem *Naturreservat* hinaus, bis zu einem Feldweg. Man kreuzt diesen, läuft unter Stromleitungen durch und auf stellenweise morastigem Untergrund in südliche Richtung auf den voraus aufragenden *Blåkkåkleppen / Blåahke* (909 m) zu. Nochmal gut 1,5 km wandern wir bergan, nun durch trockeneres Gelände, bis zur von Mittsommer bis September bewirtschafteten *Storerikvollen-Hütte* mit gemütlichen Kamin.

S045 · 11 km · Storlien (Parkplatz, Bahnhof)  – Kluksdal (Parkplatz)

Vom Ort *Storlien* in Schweden geht es zwischen den Seen *Sandtjärnarna* hindurch in Richtung Südwesten einen langgestreckten Anstieg, der auf 5 km 260 Höhenmeter überwindet, hinauf. Die Route wendet sich gen Westen und führt südlich am Berg *Lillkluken* (941 m) vorbei und ein kurzes Stück bergab bis zur *Schutzhütte Klukstugan*. Diese liegt fast schon an der Landesgrenze. Von der Schutzhütte läuft man auf felsigem Untergrund Richtung Westen über die Grenze nach Norwegen und einen langen, flachen Abstieg hinunter ins *Kluksdalen*. Unterwegs sind mehrere Gebirgsbäche einfach zu durchqueren, dann ist man auch schon am *Parkplatz*.

S046 · 9 km · Kluksdal (Parkplatz) – Dorf Teveldalen

Vom *Parkplatz Kluksdal* folgt man zunächst dem Feldrand und dem Ostufer des *Klukselva*-Flusses nach Nordwesten und wendet sich direkt vor der Brücke in Richtung Norden. Nach knapp 200 m knickt der Weg nach Osten und führt in den Wald. Dort hält man sich nordostwärts steil bergauf bis zum Scheitel des *Litjfjellet* (741 m) und überwindet dabei auf 2 km etwa 200 Höhenmeter.

Nun erreicht man das offene Fjell, in dem es wieder bergab zum leicht zu querenden Fluss *Kvernskorelva* geht. Nach dem Fluss steigt der Weg abermals leicht an und führt durch stellenweise sumpfiges Gelände am See *Steinfjelltjønna* (667 m) vorbei hinauf ins baumlose Fjell. In Höhe der Westseite des *Steinfjellet / Gierkeske* (909 m) wird der Weg wieder ebener. Vom Fluss aus sind insgesamt 120 Höhenmeter auf 2,5 km Wegstrecke hochzusteigen.

Zum Schluss führt der Weg sanft abfallend über den West- und Nordhang des Berges und erreicht 3,5 km und 300 Höhenmeter später das *Dorf Teveldalen*.

S047 · 7 km · Hütte Bjørneggen – Kluksdal (Parkplatz)

Die Route folgt an der *Bjørneggen*-Hütte im Dörfchen *Rotvoll* zunächst der Landstraße in Richtung Norden. Nach etwa 500 m kommt man an einem abzweigenden Sandweg, der zur ehemaligen *Kupferhütte Gilså* und zum Parkplatz Mannseterbakken führt *(S050)*. Weniger als 100 m bleibt man noch auf der Landstraße, dann beginnt die markierte Route nach **Kluksdal** Richtung Osten. Der Weg taucht in einen Wald aus Birken und Fichten ein und führt über stellenweise nassen Boden. Einige Gebirgsbäche können problemlos gequert werden. Unterwegs kommt man an der privaten **Hütte Volvollen** vorbei, die von Wacholder umstanden ist und an der meistens Schafe weiden.

Hinter dem Waldrand blickt man in eine schöne Fjelllandschaft. Etwa 500 m nach der Hütte kommen wir ans Ufer des **Litjelva**-Flusses, den wir von Stein zu Stein balancierend überqueren und im Frühsommer ohne Schwierigkeiten durchwaten können. Nun führt der Weg über einen kleinen Berg, von dem aus man einen schönen Blick auf das friedliche Panorama der umgebenden Fjelllandschaft hat.

Vom Berg geht es durchs sumpfige **Langmyrskogan**, den Wegweisern folgend weiter in Richtung **Kluksdal** bis sich der Weg nach Nordosten wendet und auf etwa 1 km abwärts bis zu einer Kreuzung führt. Der Weg nach Süden führt zur Hütte Storerikvollen *(S044)*. Um zum **Parkplatz Kluksdal** zu kommen, folgt man dem Weg noch wenige hundert Meter Richtung Nordosten.

| S048 | 14 km | Ramsjøhytta 30 – Schulzhytta 32 ★ |

Der gut zu laufende Weg führt von der **Ramsjøhytta** durch eine reizvolle Landschaft in unmittelbarer Nähe des Ostufers vom See **Ramsjøen / Raammanjaevrie** (771 m) in Richtung Nordwesten und überquert die Grenze zum **Skarvan og Roltdalen-Nationalpark**. Die Route verläuft durch eine hügelige Landschaft leicht bergauf, im Westen blickt man auf den hinter dem See aufragenden Berg **Fongen / Lopmesvarie** (1.441 m). Der Weg überquert kleinere Gebirgsbäche von Stein zu Stein und führt dann steiler hinauf zum Sattel zwischen den Bergen **Fongen** und **Ramfjellet / Raamma** (1.216 m) und wendet sich westwärts. Auf einer Wegstrecke von 1,5 km geht es 150 Höhenmeter hinauf. Vom Sattel aus kann man einen Abstecher auf den Fongen unternehmen und vielleicht sogar dem norwegischen *Skifahrer Peter Northug* begegnen.

Zur **Schulzhytta** geht es über das **Ramskardet / Raammandurrie** nach Westen über den schmalen Pass und nördlich am See **Ramskardtjønna** (859 m) vorbei. Der Weg macht einen Abstecher zu dem vom See kommenden **Ramåa**-Fluss und führt dann wieder schräg und leicht ansteigend über den Berghang. Man folgt einem welligen Hang und über einen Gebirgsbach, den man von Stein zu Stein bewältigen kann. Wieder geht es auf den Bergrücken hinauf, von wo sich ein phantastischer Blick zurück auf die sich überlappenden Hügelketten bietet.

Man läuft über den Bergrücken und wieder bergab, nun in Richtung Nordwesten. Hier genießen wir den märchenhaften Blick auf die friedliche Landschaft des **Roltdalen**-Tals im Südwesten.

Die **Schulzhytta** ist schon von weitem zwischen den Bäumen auszumachen. Wir kommen wieder unterhalb der Baumgrenze und an den Gebäuden der **Svenskmoen-Berghütte** vorbei. Durch das Gatter über die Schafweide an den Hofgebäuden entlang machen wir einen kleinen Bogen Richtung Westen und gehen durch eine kleine Niederung hinunter in einen Fichtenwald und zu einer Brücke über den Fluss **Rotla**.

Nochmal laufen wir ein kurzes Stück bergauf nach Nordwesten und auf dem letzten Kilometer durch Wald bis zur **Schulzhytta**.

Watstelle am Rotla-Fluss, *Etappe S049*.

S049 | 19 km | Hütte Bjørneggen ㉗ – Schulzhytta ㉜ ★

Von der **Hütte Bjørneggen** folgt man den Schildern und läuft Richtung Süden im Dörfchen **Rotvoll** an einigen Hofgebäuden vorbei. In Höhe eines Weidegatters gibt es eine Gabelung, nach Süden gelangt man durch das Hårrådalen zur Storerikvollen-Hütte *(S043)*.

Unsere Route folgt der Feldumzäunung südwestwärts. Nach etwa 100 m gibt es eine Möglichkeit (orange Markierung), durch den Zaun zu gehen und über einen schmalen Feldstreifen ein rotes Zeichen am gegenüberliegenden Feldrand anzusteuern. Nachdem man das Feld hinter sich gelassen hat, überquert man die alte Brücke **Gilsådammen**, von der aus sich ein schöner Blick in beide Richtungen auf den Fluss **Gilsåa** bietet.

Danach geht es etwa 1 km auf einem leicht ansteigenden Feldweg bis zu einer Kreuzung, an der ein Abzweig in Richtung Norden zur *historischen Kupferhütte von Gilså* weist. An der Kreuzung stehen mehrere Wegweiser. Zunächst folgen wir noch dem Feldweg kurz nach Süden (die Richtung, in die die meisten Wegweiser zeigen), dann biegt die Route nach Südwesten und steigt über einen steiler werdenden Hang hinauf ins offene Fjell. Der Blick zurück zeigt eine herrliche Landschaft.

Der Weg gabelt sich, nach Süden führt ein Pfad zur Hütte Storerikvollen *(S042)*. Unser Weg zur **Schulzhytta** verläuft weiter bergauf in westliche Richtung zum *Kupferbergwerk Litjfjellgruva. In dem aus dem 18. Jahrhundert stammenden Bergwerk gibt es heute ein Freilichtmuseum, das einen interessanten Gegensatz zur umgebenden Fjelllandschaft bildet.*

Hier endet der Feldweg, nun führt ein schmalerer Weg über einen kurzen, steilen Abschnitt über den Berg *Gruvfjellet* (928 m), von dem aus man einen herrlichen Rundumblick hat. Es folgt ein flacher Abstieg südwestwärts. Die Bäche, die aus den Seen *Vestre Damtjønna* (902 m) und *Finnoltjønn* (895 m) fließen, können leicht von Stein zu Stein überquert werden. Anschließend erklimmt man eine kleine Anhöhe, von der aus sich ein toller Ausblick auf die schroffen Bergwände des *Ramfjellet/Raamma* (1.216 m) bietet.

Der Weg führt nun gen Westen durch Fjellbirken- und Weidenbüsche leicht bergab zum Fluss *Lødølja*, der von Stein zu Stein überquert und im Frühsommer auch leicht durchwatet werden kann. Vom *Lødølja* aus geht es durch eine gut zu laufende Moränenlandschaft. Nach einem kleinen Hügel wird das Gelände schlammiger. Hier betritt man den *Skarvan og Roltdalen-Nationalpark* und der eben noch gut zu laufende Weg wird mit einem Schlag kurvenreich, uneben und sumpfig. Der Pfad verläuft an der Nordseite des *Djuphøllia/Gaavtjetsegkie*-Berges (940 m), wendet sich dann nach Südwesten und führt über einen schwierigen Abstieg hinunter zum *Rotla*-Fluss, der leicht zu durchwaten ist, im Frühsommer eventuell mittelschwer.

Nur etwa 500 m weit ist es zum Fluss *Sauåa*, der von Stein zu Stein überquert werden kann und im Frühsommer durchwatet (mittelschwer) werden muss. Ca. 100 m oberhalb des markierten Wegs fließt der Fluss langsamer und ist leichter zu durchwaten.

Über 3 km läuft man durch anspruchsvolles Gelände entlang der Nordseite des *Saufjellet* (1.041 m), zuerst leicht ansteigend, zum Schluss durch sumpfiges Gelände hinunter. Den Abzweig nach Svenskmoen lassen wir links liegen. Dann geht es wieder zum Fluss *Rotla*, der hier am Unterlauf breit und stark strömt. Das Durchwaten ist hier mittelschwer, im Frühsommer schwer.

Nach geglückter Flussquerung halten wir uns weiter südwestwärts bis wir nach etwa 1,5 km an eine Kreuzung kommen, an der nach Norden ein Weg zum Parkplatz Mannseterbakken führt *(S051)*.

Zur *Schulzhytta* folgt man dem Weg weiter durch stellenweises feuchtes Gelände. Von der Kreuzung sind es noch etwa 2 km bergab bis zur Hütte.

S050 | 14 km | Mannseterbakken (Parkplatz) 28 – Bjørneggen 27

Vom *Parkplatz Mannseterbakken* läuft man etwa 700 m die Straße nach Südwesten in Richtung Bauernhof *Mannseterbakken Fjellgård* und hält sich an der Gabelung links. Über den Fluss *Torsbjørka* führt eine Straßenbrücke, danach geht man geradeaus weiter etwa 700 m am Fluss entlang bis sich der Weg gabelt. Hier wählt man den linken Abzweig Richtung Südosten und folgt dem Sandweg, der sich in einem weiten Bogen südwestwärts wendet, etwa 2 km, bis links 200 m vor dem Fluss *Bjørkøybekken* eine markierte Wanderroute zur Bjørneggen-Hütte abzweigt. Folgt man dem Sandweg weiter, käme man nach 2 km zu einem kleinen Parkplatz und einer Dammbrücke über den *Torsbjørka* und an dessen Westufer entlang zur Hütte Schulzhytta *(S051)*.

Nach *Bjørneggen* folgt man am Abzweig den Wegmarkierungen Richtung Südosten. Der durch sumpfigen Wald verlaufende Pfad ist selten klar erkennbar und erfordert besondere Aufmerksamkeit den Markierungen

Der Fluss Tverrelva, *Etappe S051*.

zu folgen. Obwohl der Anstieg nicht steil ist, kostet er viel Kraft, da der Boden aufgeweicht, sumpfig und stellenweise schwer zu laufen ist. In der Nähe der privaten **Hütte Movollen** liegt ein schöner Aussichtsfelsen.

Von **Movollen** geht es bergab Richtung Süden zum Ufer des Flusses **Bjørkøybekken**, der von Stein zu Stein überquert werden kann. Dann führt der Weg über einen kleinen Hügel, wendet sich an einer unscheinbaren Gabelung wieder nach Südosten und weist erneut hinunter ans Ufer des **Bjørkøybekken**, den man über große Steine quert. Der Weg steigt nun sanft über einen sumpfigen Hang bergauf an und überquert dabei problemlose mehrere kleinere Gebirgsbäche. Auch hier sollte man, trotz der Bewunderung für die immer offener werdende Landschaft, genau auf die Wegmarkierungen achten.

Je weiter man kommt, umso mehr lässt die Feuchtigkeit des Bodens nach und der Anstieg erreicht seinen Scheitel. Im weiteren Verlauf führt der Weg über einen Felsen, von dem sich ein herrlicher Blick in alle Richtungen bietet. Sanft absteigend geht es hinunter zu einem Moor und einem Bach, der von Stein zu Stein gequert wird. Der Weg verläuft abwechselnd durch anstrengendere Sumpfabschnitte und bequemere Waldstücke. Hier sollte man jedoch stets die Wegweiser im Auge behalten.

Durch hügeliges Gelände wandert man nach Südosten über mehrere offene Moore und Bäche. Der *Svartåa* kann im Frühsommer leicht durchwatet werden, sonst gelangt man von Stein zu Stein hinüber. Der Weg trifft auf einen Fuhrweg, dem wir nordwärts 400 m folgen. Über den Fluss *Gilsåa* spannt sich eine Brücke, dahinter liegt die *Kupferhütte Gilså, eine Schmelzhütte, die von* 1770 bis 1879 in Betrieb war. Das Herrenhaus wurde restauriert und eingerichtet, wie es damals gewesen sein könnte. Von *Gilså* führt ein Sandweg nach Süden, dem man etwa 1,5 km folgt. Er mündet auf eine Straße, an der es über einen nach Osten abzweigenden Weg nach Kluksdal geht *(S047)*. Die Route zur *Hütte Bjørneggen* folgt der Straße 200 m nach rechts Richtung Süden.

S051 — 21 km — Schulzhytta 32 – Mannseterbakken (Parkplatz) 28

Von der *Schulzhytta* steigt man auf dem markierten Weg durch einen Fjellbirkenbestand auf in Richtung Nordosten. Nach etwa 2 km gelangt man an eine Gabelung, an der es in Richtung Nordosten zur Hütte Bjørneggen geht *(S049)*. Der Weg nach *Mannseterbakken* führt in Richtung Norden und verläuft durch teilweise feuchtes Gelände den Wintermarkierungen folgend. Sie helfen, die Richtung zu halten, den zu laufenden Weg muss man sich allerdings selbst suchen, da er im Gelände kaum erkennbar ist.

Die Route führt über zahlreiche Gebirgsbäche, die problemlos überquert werden können. Vor uns ragt der Berg *Nautfjellet* (924 m) weithin sichtbar auf und schiebt sich wie ein Keil in die Landschaft. Der Weg biegt nach Nordwesten und verläuft westlich des *Nautfjellet* durch stellenweise schlecht zu laufendes Gelände.

Es folgt eine weitere Bachquerung von Stein zu Stein kurz vor dem See *Nauttjenna* (690 m), an dessen Ostufer der Weg weiter verläuft. Am See empfiehlt es sich, der Route direkt am Seeufer zu folgen, obwohl die Wintermarkierungen dort nicht verlaufen. In Wanderrichtung hat man einen schönen, offenen Blick auf das Bergmassiv *Skarvan / Tjohkelen* (1.171 m).

Weniger als 1 km nach dem *Nauttjenna* wendet sich der Weg wieder nach Nordosten. Es folgen mehrere Gebirgsbäche, deren Überquerung ohne Schwierigkeiten gelingt. Dann kommt man an den Fluss *Torsbjørka*, das Durchwaten ist mäßig leicht, im Frühsommer mittelschwer. Die Uferböschung ist recht steil. Vom Fluss aus geht es langsam bergauf bis zur Südseite des Sees *Litjklepptjønna* (704 m). Unterwegs macht man einen großen Schritt über einen Bach. Die Route führt am Ostufer um den See herum in Richtung Norden. Oben am Hang ist das *Kongsgruva-Bergwerk* zu erkennen.

Kurz bevor man eine im Besitz der Gemeinde Meråker befindliche Hütte passiert, führt ein ziemlich alter Damm aus aufgeschichteten Steinen über den Fluss *Tverrelva*. Die Steine liegen lose und sind bei Nässe glatt. Von der Hütte hat man einen schönen Blick über den See auf die weichen Linien des *Skarvan*.

Nun geht es nordostwärts durch sumpfiges, von kleineren Gebirgsbächen durchzogenes Gelände leicht bergab. Unterwegs kommt man an einem breiten Wasserfall vorbei. Die sanft geschwungenen Berge rundum bestimmen den Anblick und an vielen Stellen sind die dahinter liegenden, höheren Berge sichtbar, wie der *Vålåkleppen / Bealkese* (1.042 m). Der Weg erreicht einen Fluss, der von Stein zu Stein überquert werden kann.

Immer noch durch sumpfiges Gelände verlässt man das Gebiet des *Skarvan og Roltdalen Nationalparks*. Es wird etwas abschüssiger. Etwa 1 km nach der Nationalparkgrenze überquert man den Fluss *Skakkelbekken* von Stein zu Stein balancierend. Kurz darauf, an der Hütte **Skakkelvollen**, beginnt ein Feldweg und es folgt eine Kreuzung.

Ostwärts den Berg hinunter zum Fluss Torsbjørka gelangt man über einen Steindamm an einem kleinen Parkplatz vorbei zu einem Sandweg, der Richtung Norden 2 km zur Hütte Bjørneggen führt *(S050)*.

Unser Weg nach **Mannseterbakken** bleibt westlich des *Torsbjørka* und folgt dem Feldweg nordostwärts. Etwa 4 km weiter gelangt man an den **Bauernhof Mannseterbakken Fjellgård**, geht daran vorbei und erreicht nach einem weiteren Kilometer den Parkplatz.

S052 **18 km** Græslihytta – Schulzhytta ★

An der **Græslihytta** schlägt man zunächst eine nord-nordöstliche Richtung ein. Die Route ist gut zu laufen und führt über das offene Fjell. Der Aufstieg zum Kamm des Berges **Gresslivola** (798 m) überwindet auf 2 km etwa 200 Höhenmeter und ist schweißtreibend. Danach fällt der Weg gemächlich bergab zum Ostufer des **Seteråtjønna**-Sees (668 m). Nach Durchquerung eines Baches steigt der Weg wieder steil über den Osthang des **Melshogna**-Berges (1.026 m) an. Weiter geht es über ein Plateau an der Bergflanke, vorbei an einem Gipfelpunkt von 830 m und wieder steil bergab in Richtung Norden.

Die Route führt am See **Øvre Veltjenna** (646 m) westlich vorbei und etwa 2 km durch hügeliges Gelände bis zum See **Tjenna** (649 m). Der Blick nach Nordwesten ins Tal **Roltdalen** und die sich dahinter erhebenden Berge ist sehr beeindruckend. Weit im Norden ist der Berg **Rødhåmmåren** (928 m) erkennbar, an dessen Fuß die **Schulzhytta** liegt. Vom **Tjenna** aus steigt man über den nicht sehr steilen Westhang des **Prekstolen** (796 m) gemächlich ab. Weiter geht es in Höhe der Baumgrenze bis zum Ufer des kräftig strömenden Flusses **Fongåa**. Er kann jedoch mäßig leicht, im Frühsommer mittelschwer durchwatet werden. Weitere 2 km laufen wir nach Norden bis zum Ufer des Flusses **Raåa**, das Rauschen der Stromschnelle **Ramåfossen** ist schon von weitem zu hören. Der Fluss kann jedoch mäßig leicht, im Frühsommer mittelschwer durchwatet werden. Bei niedrigem Wasserstand kann man eventuell sogar von Stein zu Stein hinübergelangen. Die Watstelle befindet sich unmittelbar vor der Stromschnelle.

Nun geht es kurz nordwestwärts durch stellenweise feuchtes Gelände bis zum Scheitel des Berges **Bårdsgardsknippen** (661 m) und anschließend wieder mäßig bergab nach Nordnordost zur Brücke über den **Rotla**-Fluss. Hier führt ein Abzweig nach Osten zur Ramsjøhytta *(S048)*. Für uns geht es über die Brücke, einen kurzen Berg hinauf und dann noch einen weiteren Kilometer bis zur **Schulzhytta**.

S053 **15 km** Schulzhytta – Prestøyhytta

Von der **Schulzhytta** laufen wir nach Westnordwest über Bohlenwege durch ein schönes Moor, den Abzweig nach Norden zum Berg Skarvan/Tjohkeleh und weiter über Sunndal nach Sona lassen wir rechts liegen. Etwa 1 km nach dem Abzweig führt der Weg hinunter zum Fluss **Fagermoa**, der von Stein zu Stein überquert werden kann. Es folgt ein leichter Anstieg westwärts auf einem gut zu laufenden Weg bis zu einer Wegkreuzung, an der man rechts, Richtung **Prestøyhytta**, nach Nordnordwest abbiegt. Weiter geht es über einen langen, aber flachen Anstieg bergauf.

Zurück genießen wir einen phantastischen Blick auf die Berge **Saufjellet** (1.041 m), **Ruten** (1.179 m) und **Fongen** (1.441 m). Wenig später wird der Anstieg flacher und man folgt dem Kamm und steigt über die hügelige Flanke wieder leicht bergab. Vor uns erhebt sich im Norden der **Skarvan/Tjohkeleh** (1.171 m) und bietet mit seinen zahlreichen Gipfeln und seiner kantigen Silhouette einen traumhaften Anblick. Der See **Høystakktjenna** wird östlich passiert.

Der Weg führt in Richtung Nordwesten durch eine hügelige Landschaft hinunter zur Brücke über den Fluss **Øyelva**. Der letzte Hang vor der Brücke ist sehr matschig.

Nach der Brücke geht es schräg bergauf. Der Aufstieg ist recht steil, auf knapp 1 km läuft man 160 Höhenmeter hinauf. Auch nach dem Aufstieg wandert man weiter durch bergiges Gelände, dann hinunter in eine Schlucht und über den im Grund fließenden Bach, den man von Stein zu Stein überwinden kann. Nach der Schlucht geht es einen kurzen Berg wieder hinauf, dann ändert man die Richtung und geht etwa 500 m weiter am Hang in Richtung Süden bis zur **Prestøyhytta**.

| S054 | 11 km | Prestøyhytta ③③ – Kvitfjellhytta ③④ |

Von der **Prestøyhytta** geht es über einen recht flachen Hang hinauf in Richtung Nordwesten. Von oben bietet sich ein schöner Blick hinunter auf die Flusslandschaft des **Øyelva**-Flusses und das von ihm durchschnittene Tal. Gut 2,5 km verläuft die Route nun außerhalb des **Skarvan og Roltdalen-Nationalparks**. Es geht westlich am **Gråfjellet** den immer flacher werdenden Hang hinauf nun stärker in Richtung Norden, über einen felsigen Bergrücken und an einigen kleineren Seen vorbei immer weiter auf den an seinem Gipfel kahlen Berg **Grønfjellet** (759 m) zu. Er erinnert an einen glatzköpfigen Mann mittleren Alters und ist leicht zu erkennen.

Am Rand eines Birkenwäldchens laufen wir bergauf, über einen Pfad, der östlich am Berg vorbei wieder in den **Nationalpark** führt. Nun geht es über einen kleinen Hügel bergab in ein Birkendickicht. Der **Skarvan/Tjohkeleh** (1.171 m) im Osten ist schön anzusehen.

Die Route verläuft nordwärts durch ein Moor, das stellenweise sehr nass ist. Nach dem Moor geht es durch eine reizvolle Landschaft weiter, in der sich Kiefernbestände und kleine Moorlöcher abwechseln. Hier verlässt man den **Skarvan og Roltdalen-Nationalpark** endgültig und der Weg schwenkt nun nach Nordwesten. Der Pfad geht weiter und endet plötzlich oberhalb eines steilen Hangs. Kurz, aber steil abwärts gelangen wir zur Brücke über den Fluss **Vestre Tverrsona**.

Nach der Brücke geht es etwas gemächlicher wieder bergauf und man folgt dem schräg über den Hang verlaufenden Weg nach oben Richtung Westen. Insgesamt steigt man von der Brücke aus 100 Höhenmeter auf 1 km bergauf. Dann schlängelt sich der Weg über etwa 1,5 km durch stellenweise feuchtes Gelände bis zu einer Kreuzung, an der es keine Wegweiser gibt.

Auf beiden Wegen kommt man zur **Kvitfjellhytta**, der rechte Weg führt über eine Brücke, der linke Weg zu einer Watstelle. Im Frühsommer sollte man den Weg über die Brücke wählen, auch wenn dieser knapp 100 m länger ist. In der trockeneren Jahreszeit kann man an der Watstelle gut von Stein zu Stein gehen. Auf der anderen Flussseite geht es einen flachen Hang etwa 100-200 m hinauf zur **Kvitfjellhytta**, die hübsch von Bäumen umstanden ist.

S055 | 22 km | Kvitfjellhytta 34 – Ort Hegra (Bahnhof) 35

Von der **Kvitfjellhytta** geht es in Richtung Norden auf einem guten Weg durch eine leicht hügelige Landschaft, die von Mooren und Kiefernwäldchen geprägt ist. Bald stößt der Weg auf die Brücke über den Fluss **Gråvassbekken** – *unter ihr gibt es einen ehemaligen Floßgraben und eine Gedenktafel erinnert an die Flößerei aus dem Jahre 1872*. Nach der Brücke geht es weiter bis zu einer Kreuzung. Richtung Westen könnte man zur Straße 705 und zum Parkplatz am Selbuskogen Skisenter gelangen.

Der Weg zum **Bahnhof Hegra** führt hier nach Norden einen zwar flachen, aber recht langgestreckten Hang bergauf. Man durchquert einen Zufluss des Gråvassbekken und überwindet am **Ertsgardsfjellet** (572 m) die Baumgrenze. Ein phantastischer Blick auf die umgebenden Berge bietet sich, vor allem der **Skarvan / Tjohkeleh** (1.171 m) hebt sich klar von der Umgebung ab.

Danach ist der Weg gut zu laufen und es geht ein Stück bergauf und -ab hinunter in feuchteres Gelände. Über den **Fagerbekken**-Fluss führt eine Brücke und 500 m nach dieser folgt eine Kreuzung, an der es in Richtung Westnordwest nach Ytteråsen geht. Die Route nach Ytteråsen ist ab der Kreuzung mit hohen Stäben markiert, allerdings ist der Pfad schwer zu erkennen.

An der Kreuzung wendet man sich nach Nordosten Richtung **Hegra**. Der Wegweiser ist etwas verwirrend, da das Schild nach Hegra direkt auf ein Gebüsch zeigt, aber die Kompassrichtung stimmt. Der Weg ist jedoch ausgetreten, aber dafür ohne Markierungs-Stäbe. Ob man den richtigen Weg erwischt hat, klärt sich nach 100 m. Dort sollte ein weiterer Wegweiser einladen in der Drei-Personen-**Wildnishütte Fagerlino** zu übernachten bzw. ihr einen Besuch abzustatten. Unter dem Namen der Hütte steht in drei Sprachen das Wort „Außenklo". Diese Wildnishütte ist nicht in den Karten vermerkt.

Nach dem Fagerlino-Wegweiser geht es weiter bergauf in Richtung Nordosten auf den Kamm einer Felskuppe zu, von der aus man einen weiten Blick auf die Bergsilhouetten hat.

Nun läuft man wieder bergab und durch einen breiten und stellenweise sehr nassen Sumpf, der Weg wendet sich nach Nordwesten, rechterhand liegt das Gehöft **Rønäsen**. Über den flachen „Kartoffelbreiberg" geht es nach oben. Der Aufstieg ist lang und schwer. Danach wird das Gelände leichter und bringt uns bergab zur Brücke am Nordostende des Sees **Litlvatnet**, um anschließend wieder bergauf auf einen neuen Berg und durch sumpfiges, matschiges und nasses Gelände zu führen. Richtung Westen geht es erneut bergab, dann einen Berg hinauf, der anfangs flach, aber schwer zu laufen ist. Weiter oben wird er zwar steiler, ist aber leichter zu gehen. Insgesamt erstreckt sich der Anstieg über 2 km und führt etwa 120 Höhenmeter hinauf. Oben passiert man einen Wegweiser, der auf eine lokale Sehenswürdigkeit in 100 m Entfernung vom Wanderweg hinweist: *Dort steht eine extrem kleine Hütte, die nach einem Brand im Jahr 1940 restauriert worden ist und immer noch Gegenstände von damals beherbergt.*

Nun wendet sich der Weg bergab nach Nordwesten. Das Gelände ist hügelig und der Weg macht gegen Ende einige scharfe Kurven, die nicht in der Karte verzeichnet sind. Dann endet der Weg an einem Feldweg, der östlich am See **Flaksjøen** (294 m) vorbeiführt. Der See glitzert schon aus einiger Entfernung durch die Bäume. Die Route führt über den Feldweg zu einem Sandweg, dem man nach rechts bis zu einer Wegkreuzung folgt. Hier nimmt man, der Ausschilderung folgend, einen anderen Feldweg, der Richtung Norden steil bergauf und dann westlich am See **Litltjønna** (310 m) vorbei zu einem Rast-

Versteckt – die Kvitfjellhytta.

platz führt. Vom Rastplatz geht es etwa 2 km auf einem Sandweg nach Norden, bis man nach einer Schranke an eine T-Kreuzung kommt. Rechts gelangt man zur historischen **Festung Hegra (Hegrafestning)**, nach links (Westen), den Berg hinunter, zu einer weiteren T-Kreuzung (unterwegs sollte man besonders im Spätsommer links und rechts auf den Boden gucken – Walderdbeeren!). An der T-Kreuzung geht man nach links, durch eine Sandkuhle und zur **Herberge Hembre Gård** oder weiter zum **Bahnhof Hegra**.

S056	2 km	**Ort Græsli** (Parkplatz, Bus) 36 – **Græslihytta** 31

In *Græsli* (in Karten manchmal auch Gressli), von der Bushaltestelle am östlichen Ortseingang oder vom Parkplatz, geht man nach **Tømmeråsen**, hier beginnt der Feldweg dem man ungefähr 1,5 km steil nach oben folgt. Nach Ende des Feldwegs sind es weniger als 500 m bis zur *Græslihytta*, von der man einen schönen Blick ins *Tydal*-Tal hat. Auf der 2 km kurzen Strecke sind immerhin 300 Höhenmeter zu überwinden.

WANDERGEBIET FEMUNDSMARKA & ROGEN

Das *Naturreservat Rogen & Längfjället* bildet zusammen mit dem *Nationalpark Töfsingdalen & Femundsmarka* und dem *Landschaftsschutzgebiet Langtjønna* den Kern der Wanderregion. Die Gesamtfläche der 3 Parks beträgt etwa 1.800 km². Die Region wird geprägt von zahllosen Seen und kleineren Tümpeln, von Flüssen und Bächen. Der größte See der Region ist der *Femunden (Femundsee)*, der sich im Westen über 60 Kilometer durch die Schutzgebiete erstreckt. Auf ihm verkehrt der Stolz der Region – das *Schiff Fæmund II*. Zwischen mehreren Häfen transportiert es sowohl Wanderer als auch Angler. Es können Fahrräder und Kanus mitbefördert werden.

Die Landschaftsstrukturen sind ruhig, flach ist die Region aber keineswegs. Die Schutzgebiete liegen größtenteils 600-1.000 Meter über dem Meeresspiegel und auch hohe Berge gibt es, wie den *Elgåhøgna* (1.460 m), den *Stor-Svuku* (1.416 m) und den *Viglen* (1.561 m) auf norwegischer Seite.

Der Zauber dieser Region gründet sich jedoch weniger auf hohe Berge. Die Pfade verlaufen in einer Landschaft, die von der Eiszeit komplett umgeformt wurde. Größere und kleinere Gewässer prägen das Gebiet, das durchzogen wird von langgestreckten Moränenrücken sowie vereinzelten Findlingen und weitgestreckten Geröllfeldern. Obwohl die Höhenunterschiede nicht sehr groß sind, ist das Vorankommen mitunter schweißtreibend. Das Gebiet beiderseits der Grenze ist für seine reichen Fischgewässer bekannt und wird daher auch stark von Anglern frequentiert. Außerdem gilt die Region als Paradies für Kanufahrer.

In der Wanderregion gelten Beschränkungen hinsichtlich des Feuermachens und Zeltens. Grundsätzlich sollte man sein Zelt nur an bereits bestehenden Zeltplätzen aufschlagen, gleiches gilt für Feuerstellen. Im *Naturreservat Töfsingdalen* ist sowohl das Zelten als auch das Feuermachen komplett verboten.

Von den nordeuropäischen Großräubern leben *Wolf*, *Vielfraß* und *Bär* in dem Gebiet. Ebenso gibt es *Elche* und, etwas exotischer, eine Herde *Moschusochsen*. In den 1970er Jahren ist die Herde aus der Region Dovrefjellen nach Osten gewandert und hat sich hier niedergelassen. Es ist durchaus keine Sel-

Der Nationalpark Femundsmarka, *Etappe FR035.*

Fulufjället Besucherzentrum, 70 km südöstlich des Gebietes.
Naturum Fulufjället
Njupeskär / Dalarna
Älvdalen, 79090 Mörkret
Tel. +46 (0)10 225 03 46
oder mobil +46 (0)76 809 99 67
www.sverigesnationalparker.se/ park/fulufjallets-nationalpark/ besoksinformation/naturum

Wo Starten?

Femundsmarka Nationalparkzentren:
Doktortjønna-Gelände
Johan Falkbergets vei 16, Røros

Nasjonalparksenter Elgå
Femundveien, 2446 Elgå

Tel. +47 (0)72 40 61 70
www.rorosmuseet.no

Bootsverkehr auf dem Femunden
www.femund.no

Bootsverkehr auf dem Grövelsjön
www.sylora.se

Bootsverkehr auf dem Femundsee

Hüttenbetreiber in der region Femundsmarka & Rogen

tenheit der Herde auf einer Wanderung zu begegnen, allerdings sollte man einen Sicherheitsabstand von 200 m nicht unterschreiten!

Früher war die Gegend übersät mit kleinen Höfen, Waldarbeiterhütten und Katen, die größtenteils zu Wanderhütten umgebaut wurden. Auf Wanderungen wird man immer wieder alten Geschichten und Erzählungen beggenen. *Die bekannteste unter ihnen ist sicher die Geschichte vom Großen Hans (Stor-Hans), der mehr als 40 Jahre in den Wäldern der Region lebte. Noch heute stehen einige der Hütten und Koten, in denen er gehaust hat.* Neben den markierten Hauptwanderwegen gibt es eine Reihe von Pfaden, die zu alten Koten und Hütten führen.

Von Norwegen aus erreicht man den Westteil des Femundsmarka am besten von der kulturhistorisch bedeutsamen Stadt *Røros*, in die man bequem mit der Bahn z.B. von Oslo oder Trondheim gelangt. Die Wandertour kann man entweder direkt in Røros starten oder den Bus nach *Synnervika* am *Femundsee* nehmen, wo im Sommer eine Schiffshaltestelle besteht. Will man mit öffentlichen Verkehrsmitteln zum Ort *Elgå* am Ostufer des Sees gelangen, muss man sehr gut planen. Mit dem Auto sind sowohl Elgå als auch das Südende des Sees leicht zu erreichen.

Auf schwedischer Seite ist die *Grövelsjön Fjällstation* wahrscheinlich der zentralste Ausgangspunkt. Es liegt etwa 500 km nördlich von Stockholm, täglich gibt es mehrere Bahn- und Busverbindungen (umsteigen in *Mora*). Will man seine Wanderung nicht in Grövelsjön beginnen, kann man das erste Stück auch mit der *M/S Sylöra* über den *See Grövelsjøen* zum Anleger *Sylen/Ryvang* in Norwegen zurücklegen. Für große Rucksäcke muss eine Gebühr entrichtet werden. In den Norden des Gebiets gelangt man über die Landstraße 84, die durch *Tännäs, Funäsdalen* und *Tänndalen* verläuft.

Im Westen der Wanderregion *Femundsmarka & Rogen* verkehrt von Mitte Juni bis Anfang September auf dem mehr als 60 Kilometer langen *Femundsee* das Schiff *MS Fæmund II* zweimal täglich zwischen *Elgå* und *Synnervika* in beide Richtungen und hält unterwegs an mehreren Häfen.

Hütten des DNT Engerdal og Trysil Turlag (ETT) und DNT Oslo
In der Region Femundsmarka & Rogen werden die DNT-Hütten von den *Regionalverbänden Engerdal og Trysil Turlag (ETT)* und *DNT Oslo og Omen (DNT Oslo)* betreut. Die *Selbstversorgerhütten (selvbetjent)* sind mit dem DNT-Standardschlüssel verschlossen und haben eine Vorratskammer mit

Engerdal og Trysil Turlag (ETT)
www.dnt.no
ett@turistforeningen.no

DNT Oslo og Omegn (DNT Oslo)
www.dntoslo.no   post@dntoslo.no
Tel. +47 (0)22 82 28 22

Lebensmitteln. In den bewirtschafteten *Betjent-Hütten* müssen Übernachtung und Mahlzeiten vorher gebucht werden. Die Öffnungszeiten der Hütte *Svukuriset* sollte man genau überprüfen, da sie außerhalb der Saison NICHT wie andere betjent-Hütten geöffnet ist.

Mitglieder eines nordischen Outdoorverbandes erhalten eine Ermäßigung auf den Übernachtungspreis.

BEWIRTSCHAFTETE BETJENT-HÜTTE DES DNT			
Svukuriset (DNT Oslo)	(830 m)	H/43	Reservierungspflichtig svukuriset.turistforeningen.no svukuriset@turistforeningen.no und post@dntoslo.no Tel. +47 (0)476 124 96

SELVBETJENT-HÜTTEN UND NOTUNTERKÜNFTE DES DNT					
Marenvollen (DNT Oslo)	(795 m)	T/13		(Vorratskammer)	DNT-Schlüssel
Røvollen (DNT Oslo)	(715 m)	T/25		(Vorratskammer)	DNT-Schlüssel
Sæter (DNT Oslo)	(675 m)	T/20	(Vorratskammer)	(20.6.–8.9.)	DNT-Schlüssel
Viglaskyddet (Skyddet i Vigla)	(1.250 m)	HS			Notunterkunft

Hütten des schwedischen Wanderverbands STF

STF – Östersund
www.svenskaturistforeningen.se/vara-lokalavdelningar/stf-ostersund
stfostersund@stfturist.se

Für die Hütten des STF benötigt man keinen Schlüssel, denn in ihnen ist immer ein *Hüttenwirt* vor Ort. Vor Antritt einer Trekking-Tour sollten die *Öffnungszeiten* der Hütten auf den Internetseiten des STF überprüft werden, denn sie sind nicht wie die Hütten in Norwegen ganzjährig geöffnet. In den *Fjällstationen* sollte man während der Saison einen Übernachtungsplatz *vorreservieren*. Alle Hütten verfügen über ein Nottelefon und eine Notunterkunft, die auch dann geöffnet ist, wenn die Hütte an sich geschlossen ist. In den meisten Hütten werden Konserven, Trekkingproviant und weiterer Wanderbedarf zum Verkauf angeboten.

FJÄLLSTATIONEN DES STF				
Grövelsjön Fjällstation	(815 m)	H/150	Sauna	grovelsjon@stfturist.se Tel. +46 (0)253 59 68 80
Vandrarhem Skarvruet, Högfjällshotell & Vandrarhem im Tänndalen	(850 m)	H/25	Sauna	www.skarvruet.com info@skarvruet.com Tel. +46 (0)684 221 11

Fortsetzung nächste Seite

FJÄLLSTUGAN (BERGHÜTTEN) & SCHUTZHÜTTEN DES STF				
Rogen Fjällstuga	(760 m)	T/18	Sauna	
Skedbro Fjällstuga	(790 m)	T/20		
Storrödtjärn Fjällstuga	(885 m)	T/20		
Broktjärnskojan	(880 m)	HS		Notunterkunft
Slagufjället	(810 m)	HS		Notunterkunft
Slagusjön	(930 m)	HS		Notunterkunft
Spångkojan	(620 m)	HS		Notunterkunft
Särsjöbäcken	(930 m)	HS		Notunterkunft

Hütten des Statskog

www.statskog.no
post@statskog.no
Tel. +47 (0)7421 3000
Reservierung der Hütten:
www.inatur.no

Die vom norwegischen staatlichen Forstunternehmen *Statskog* unterhaltenen *Wildnishütten* und *Koten* sind äußerst einfach ausgestattet, in unterschiedlich gutem Zustand und offen für alle.

Die kostenpflichtigen Hütten sind besser ausgestattet und müssen in jedem Fall vorreserviert werden.

HÜTTEN UND KOTEN DES STATSKOG				
Feragsdambua	(640 m)	T/8	verschlossen	kostenpflichtig
Synnervika	(670 m)	T/7	verschlossen	kostenpflichtig
Fautbua	(840 m)	AT/1-2	offen	Einfache Ausstattung: Plumpsklo & Holzofen
Furrubakken	(660 m)	AT/3	offen	Einfache Ausstattung: Plumpsklo & Holzofen
Gamme ved Roasten	(740 m)	AT/2	offen	Einfache Ausstattung: Plumpsklo & Holzofen
Grådalsbua	(755 m)	AT/2	offen	Einfache Ausstattung: Plumpsklo & Holzofen
Langtjønnbua	(660 m)	AT/5	offen	Einfache Ausstattung: Plumpsklo & Holzofen
Litjrennbua	(660 m)	AT/-	offen	Einfache Ausstattung: Plumpsklo & Holzofen
Lorthølbua	(670 m)	AT/2	offen	Einfache Ausstattung: Plumpsklo & Holzofen
Muggsjøbua	(800 m)	AT/2	offen	Einfache Ausstattung: Plumpsklo & Holzofen
Muggsjølia	(800 m)	AT/4-5	offen	Einfache Ausstattung: Plumpsklo & Holzofen
Møllerbua	(780 m)	AT/2	offen	Einfache Ausstattung: Plumpsklo & Holzofen
Revbua/Reva	(760 m)	AT/2	offen	Einfache Ausstattung: Plumpsklo & Holzofen

Verwaltungsbezirk Länsstyrelsen Dalarna
Internet (Hütten):
www.lansstyrelsen.se/dalarna/Sv/djur-och-natur/friluftsliv/fjallen/stugor-i-fjallen

dalarna@lansstyrelsen.se

Hütten der Bezirksregierung

Die Regierung des *Verwaltungsbezirkes Dalarna* unterhält und betreibt vier reservierungspflichtige Hütten in der *Wanderregion Femundsmarka & Rogen*. Reservierungszeitraum, Buchungsprocedere und Nutzungszweck sind von Hütte zu Hütte verschieden. *Töfsinghån* wird nur für eine Nacht vermietet, *Sårsjön* vorrangig von Fliegenfischern genutzt.

Reservierung von *Hävlingen* und *Särsjön*:
w-rb-havlingen@lansstyrelsen.se oder Tel. +46 (0)253 201 15,
Reservierung von *Töfsinghån* und *Spångkojan*:
arne.jonsson@idreturism.se oder Tel. +46 (0)253 200 00.

HÜTTEN DER REGIONALVERWALTUNG DALARNA			
Hävlingestugorna	(790 m)	T/44	Sauna. Mehrere Hütten, von denen eine von Wanderern genutzt werden kann, nicht reservierbar.
Spångkojan	(620 m)	T/7	
Särsjön	(790 m)	T/12	
Töfsinghån	(650 m)	T/3	

Privat betriebene Hütten und Hotels (PBH) an den Routen

Privat betriebene Hütten und die Campingplätze gewähren Mitgliedern einer nordischen Outdoororganisation in der Regel einen Rabatt. Man sollte sich jedoch im Vorfeld danach erkundigen und gegebenenfalls auf die Zusammenarbeit der Outdoorverbände hinweisen. Privat betriebene Hütten sind in aller Regel sehr gut ausgestattet.

PRIVAT BETRIEBENE HÜTTEN UND HOTELS (PBH)			
Femunden Fjellstue Elgå	(670 m)	H/40	Reservierungspflichtig www.femundfjellstue.no ton-erik@online.no Tel. +47 (0)624 595 41
Femundshytta	(680 m)	H/20	Reservierungspflichtig www.femundshytten.no post@femundshytten.no Tel. +47 (0)624 595 77
Fjølburøsta Wanderroute FR002	(695 m)	T/-	Stillgelegter alter Bauernhof in schöner Umgebung. Nicht zum Übernachten geeignet, kein Holzofen, Toilettenhäuschen vorhanden. Wasser aus einem Bach mehrere hundert Meter Sandweg Richtung Osten.

PRIVAT BETRIEBENE HÜTTEN UND HOTELS (PBH)			
Göransgården camping Fjällnäs	(720 m)	H/16	www.goransgardenscamping.se Tel. +46 (0)684 230 11
Haugen Gård	(670 m)	H/15	Reservierungspflichtig Tel. +47 (0)624 598 60
Jonasvollen Camping			www.jonasvollen.no kjell.svendsen@roros.net Tel. +47 (0)62 49 89 94 / Tel. +47 (0)41 40 32 16
Käringsjön	(780 m)	H/?	Reservierungspflichtig Tel. +46 (0)684 280 22
Langen Gjestegård *auch Kanuvermietung*	(685 m)	H/60	Reservierungspflichtig, geöffnet: 22.6.–1.9. www.langen-gjestegaard.no post@langen-gjestegaard.no Tel. +47 (0)920 660 99 / +47 (0)958 472 58
Ljøsnåvollen Seter	(760 m)	T/20	Reservierungspflichtig, geöffnet: 1.6.–14.9. aj_melien@hotmail.com Tel. +47 (0)724 134 34 / +47 (0)911 279 78
Pensionat Strandgården Fjällnäs	(800 m)	H/40	Reservierungspflichtig strandgarden.nu info@strandgarden.nu Tel. +46 (0)6842 3027
Røros hotell	(680 m)	H/200	Reservierungspflichtig www.roroshotell.no post@roroshotell.no Tel. +47 (0)72 40 80 00
Sylseth Gård	(780 m)	T/20	Reservierungspflichtig Tel. +47 (0)916 356 90 / +47 (0)624 598 30
Berghütte Tänndalsvallens fjällstugor	(720 m)	H/40	Reservierungspflichtig www.tanndalsvallen.nu info@tanndalsvallen.nu Tel. +46 (0)684 221 94
Valdalen Gård	(800 m)	H/50	Reservierungspflichtig Tel. +47 (0)454 564 33
Berghotel Vauldalen fjellhotell	(820 m)	H/80	Reservierungspflichtig www.vauldalenfjellhotell.no post@vauldalenfjellhotell.no Tel. +47 (0)72 41 31 00
Vertshuset i Røros	(630 m)	H/65	Reservierungspflichtig www.vertshusetroros.no post@vertshusetroros.no Tel. +47 (0)72 41 93 50

Beliebte Etappen-Kombination als Weitwanderweg

Start- & Endpunkt:
Elgå
Etappen:
FR037–FR034–FR039
alternativ
FR037–FR036–FR035–FR038
Die Route kann man in beide Richtungen gehen.

Dauer: 3 Tage
Länge: 29 km
Zelt: Nicht erforderlich

Femunden

Die Tour am *Femundsee* – eine Richtung per Schiff und zurück wandernd – ist eine reizvolle Erfahrung, sowohl für Wanderneulinge als auch für erfahrene Trekker. Die Ortschaft *Elgå* am Ostufer ist sowohl mit dem Auto als auch mit dem Bus erreichbar. Das *Passagierschiff M/S Fæmund* verkehrt einmal täglich zwischen *Synnervika* im Nordwesten des Sees und *Elgå*. Morgens legt es in Synnervika ab, erreicht um die Mittagszeit Elgå und fährt dann wieder zurück.

Auf der entspannenden Schifftour geht man in *Røa* von Bord und läuft ein kurzes Stück bis zur *Hütte Røvollen*. Am nächsten Tag geht es weiter gen Süden zur *Hütte Svukuriset*, bei der man während der Saison unbedingt vorreservieren sollte. Diese Tagesetappe ist recht lang, aber gut zu gehen. Vom Berg *Falkfangarhøgda* (968 m) aus hat man einen herrlichen Ausblick über den Femundsee. Der dritte und letzte Wandertag führt nach *Elgå*, wo das Schiff und der Bus fährt.

Start- & Endpunkt:
Grövelsjön Fjällstation
Etappen:
FR028–FR029–R033–FR014/FR015–FR018–FR019–FR024
Die Route kann in beide Richtungen gelaufen werden.

Dauer: 7–8 Tage
Länge: 104 km (106 km)
Zelt: erforderlich

Grenzregion

Von der *Grövelsjön Fjällstation* geht es zunächst zum Südufer des Sees *Grövelsjön*, von dem aus man einen wundervollen Blick gen Norden über den schmalen, von Bergen gesäumten See hat. Über die norwegische Grenze gelangt man in einer langen Etappe über den Hof *Valdalen Gård* zur *Svukuriset-Hütte* (Vorreservierung während der Saison). Von der Hütte steigt man weiter auf den *Falkfangarhøgda* (968 m), von dem aus man einen herrlichen Ausblick über den *Femundsee* hat. Während der weite Blick in alle Richtungen schweift, geht es weiter nach Nordosten. Nach einer Nacht im Zelt gelangt man wieder auf schwedische Seite und zur *Skedbro Fjällstuga*.

Am nächsten Tag geht es entweder im Norden oder im Süden am Seenmosaik des *Naturreservats Rogen* vorbei zur *Rogen Fjällstuga*, die über eine recht neue Ufersauna verfügt. Die Hütte liegt in malerischer Landschaft am Ufer des gleichnamigen Sees. Vom Ufer des Rogen aus geht es weiter in südlicher Richtung über die Hütte mit dem langen Namen *Storrödtjärn Fjällstuga* zur *Hävlingestugorna*, an der ebenfalls eine Sauna auf den müden Wanderer wartet. Der letzte Tag führt über das baumlose Fjäll zurück zur *Grövelsjön Fjällstation*.

Karten für das Wandergebiet Femundsmarka & Rogen

Lantmäteriets fjällkartan
lateximprägniertes Papier (Pretex),
Maßstab 1:100.000, reiß- & wasserfest
Z8 Helags - Funäsdalen - Rogen (2015)
W1 Grövelsjön - Lofsdalen (2013)

Maßstab 1:50.000, reiß- & wasserfest
Z59 Rogen - Tänndalen (2015)
W51 Grövelsjön - Rogen (2013)

Calazo fjällkartan
Maßstab 1:100.000, reiß- & wasserfest
Härjedalsfjällen & Norra Dalarna (2017)

Maßstab 1:50.000, reiß- & wasserfest
Grövelsjön & Rogen (2015)

Norstedts Outdoorkartan
Maßstab 1:75.000, reiß- & wasserfest
13 Rogen - Grövelsjön - Idre (2015)

Nordeca Norge-serien
Maßstab 1:50.000, reiß- & wasserfest
10074 Raudsjøen (2014)
10075 Töfsingdalen (2016)
10081 Røros – Ferangen (2017)

Nordeca Turkart-serien
2559 Femunden 1:100.000 (2010)
2720 Røros - Ferangen 1:50.000 (2008)

Maßstab 1:50.000, reiß- & wasserfest
2721 Femunden Nord (2015)
2722 Femunden Sør (2015)

START- & ENDPUNKTE DER ROUTEN

1. Røros, PBH, P, Bus, Bahnhof
2. Marenvollen, DNT
3. Vauldalen fjellhotel, PBH, P
4. Fjällnäs, PBH, P, Bus
5. Tänndalen, STF, PBH, Bus
6. Käringsjövallen, keine ÜN, P
7. Käringsjön, PBH, P
8. Skedbro Fjällstuga, STF
9. Rogen Fjällstuga, STF
10. Storrödtjärn Fjällstuga, STF
11. Hävlingestugorna, LÄD
12. Spångkojan, LÄD
13. Grövelsjön, STF, P, Bus
14. Valdalen Gård, PBH, P, Bus (ca. 4 km)
15. Sylseth Gård, PBH
16. Elgå, PBH, P, Bus, Boot
17. Svukuriset, DNT
18. Revlingen brygge, keine ÜN, Boot
19. Jonasvollen, Camping PBH, Boot
20. Sæter, DNT
21. Haugen Gård, PBH, Boot
22. Femundshytta, PBH, Boot
23. Røa, keine ÜN, Boot
24. Røvollen, DNT
25. Synnervika, Statskog, P, Bus, Boot
26. Langen, PBH, P
27. Ljøsnavollen, PBH

WEITERE HÜTTEN AN DEN ROUTEN

1. Feragsdambua, Statskog
2. Synnervika, Statskog
3. Särsjön, LÄD
4. Töfsinghån, LÄD
5. Fautbua, Statskog
6. Furrubakken, Statskog
7. Gamme ved Roasten, Statskog
8. Grådalsbua, Statskog
9. Langtjønnbua, Statskog
10. Litjrennbua, Statskog
11. Lorthølbua, Statskog
12. Muggsjøbua, Statskog
13. Muggsjølia, Statskog
14. Møllerbua, Statskog
15. Revbua/Reva, Statskog
16. Broktjärnskojan, STF
17. Slagufjället, STF
18. Slagusjön, SFT
19. Spångkojan, STF
20. Särsjöbäcken, STF
21. Viglaskyddet, DNT

ÜN = Übernachtung   P = Parkplatz   Bus = Bushaltestelle   Boot = Bootsanlegestelle
PBH = Privat betriebene Hütte oder Hotel   DNT = Hütte des Den Norske Turistforening   STF = Hütte der Svenska Turistförening
Statskog = Hütte des Statskog   LÄD = Hütte der Bezirksregierung Länsstyrelsen Dalarna

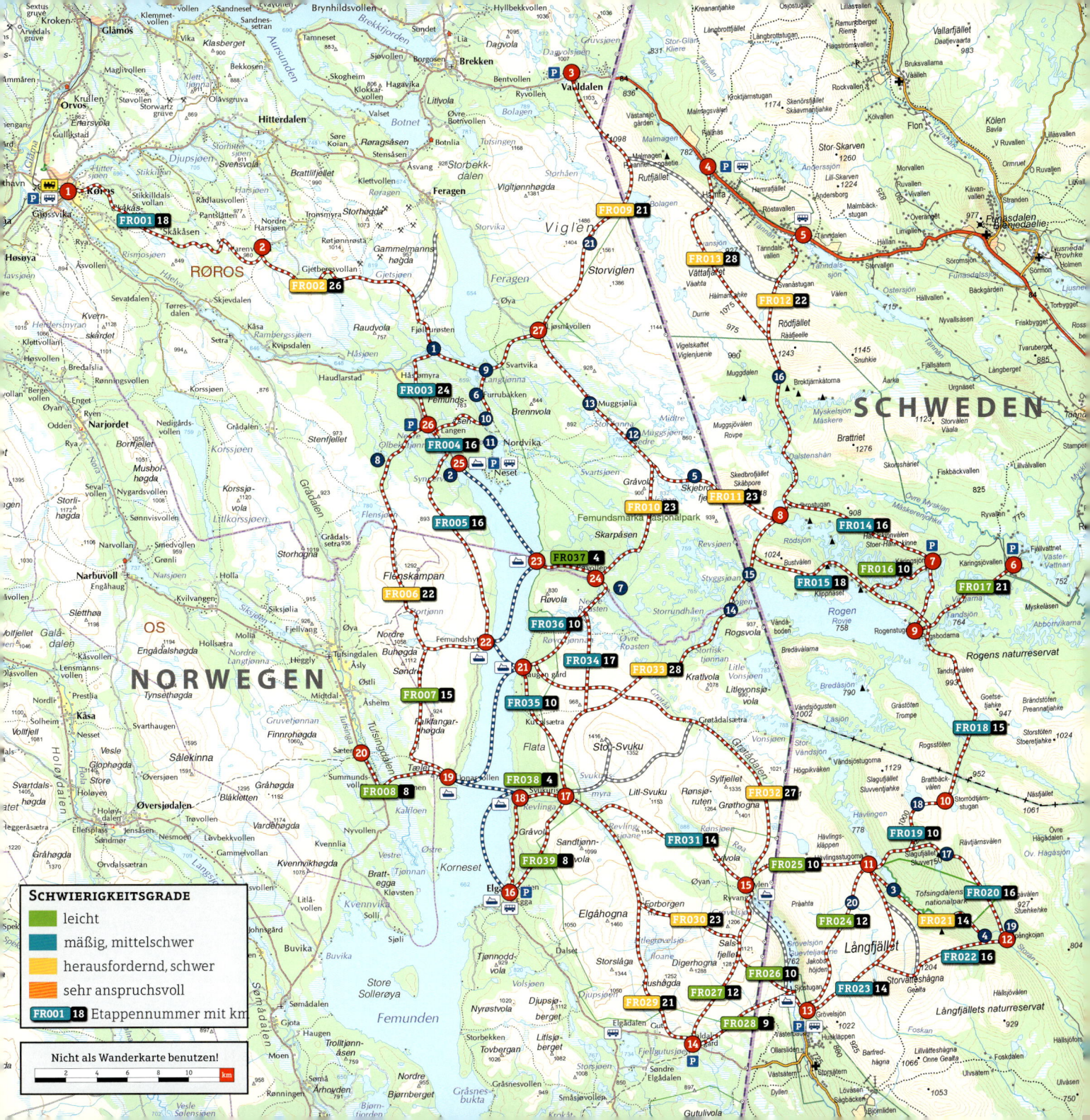

Der See Feragen (654 m), im Hintergrund der Viglen (1.561 m), *Etappe FR002*.

ROUTEN IM WANDERGEBIET FEMUNDSMARKA & ROGEN

FR001 | 18 km | Ort Røros (Bahnhof) ❶ – Hütte Marenvollen ❷

Vom **Bahnhof Røros** geht man über den Parkplatz, überquert die Straße und läuft auf dem Fußweg etwa 250 m in Richtung Südosten. Die Route verläuft bis zur Autobrücke über den **Håelva** parallel zu den Bahnschienen. Vor der Brücke zweigt die Wanderroute nach Norden ab und führt über etwa 300 m flussaufwärts am Wasser und Holzhäusern entlang durch ein idyllisches Dorf.

Dann wird der **Håelva** über die zweite kleine Brücke überquert. Rund 400 m geht es durch die Häuserreihe der Straße *Ole Guldals gate* Richtung Südosten bis zur Landstraße 31 *(Falunveien)*, der man ca. 450 m in nördöstliche Richtung folgt. Dann biegt man rechts auf die Straße *Småseterveien*, folgt ihr etwa 1 km nach Südosten, kreuzt mehrere kleinere Straßen und steigt leicht bergan. Nun geht sie in einen Trampelpfad über und unterquert eine Stromleitung.

Der Trampelpfad ist stellenweise recht nass und matschig. Er verläuft in südöstliche Richtung und steigt auf 2 km Wegstrecke 120 Höhenmeter an. Auf den letzten 250 m wendet sich der Weg nach Nordosten. An der nun folgenden Kreuzung wendet man sich erneut nach Südosten. Von da an ist der Weg markiert.

Die idyllischen Holzhäuser von Røros.

Der markierte Weg führt von der Wegkreuzung leicht bergan und überquert den Berg **Skåkåsfjellet** (900 m), der einen wunderschönen Blick über die Bergkuppen bietet. Dann gehen wir auf einem guten, breiten Weg leicht bergab zur Nordseite des Sees **Skåkåstønna** (824 m) auf den vor uns aufragenden Berg **Rundhaugen** (879 m) zu. Im Umkreis des Rundhaugen ist der Weg stellenweise schwer zu laufen. Von der Wegkreuzung bis zum Rundhaugen sind es insgesamt 5 km.

Nach dem **Rundhaugen** wendet sich die Route in östliche Richtung, das Gelände ist teilweise nass und schwierig begehbar. Es folgt ein leicht zu durchquerendes Moor. Als Orientierungspunkt dient über 2 km der Berg **Klettan** (968 m). Kurz vor ihm knickt der Weg nach Südosten und führt unten am Berghang etwa 1 km weiter. Der Weg wendet sich dann nach Norden und steigt an der Ostseite über 1 km leicht bergan, bevor er wieder in südöstliche Richtung schwenkt. Ein nicht sehr steiler Anstieg führt über 2 km auf den Gipfel des Berges **Gråhøgda** (980 m), von wo es etwa 1.000 m nach Osten bis zu einer Wegkreuzung ist.

Der markierte Weg führt an der Wegkreuzung weiter nach Norden. Etwa 500 m später kreuzt man einen ebenfalls markierten Weg, auf dem man Richtung Südosten zum Hof Ljøsnavollen Seter gelangen kann *(FR002)*.

Für uns sind es von hier noch etwa 750 m nach Norden durch Birkendickicht bis zu der mit einem Grasdach versehenen **Hütte Marenvollen**.

FR002 | 26 km | Hütte Marenvollen ❷ – Ljøsnåvollen Seter ㉗

Von der hübschen, grasbedeckten **Hütte Marenvollen** führt der markierte Wanderweg Richtung Süden und kommt nach 750 m durch spärlich bewachsene Fjellbirkenhaine an eine Kreuzung. Nach Südsüdwest geht es in Richtung der Stadt Røros *(FR001)*.

Unser markierter Weg nach **Ljøsnavollen** richtet sich südostwärts und überquert nach knapp 1 km den Bach **Røbekken**. In Laufrichtung sind schon die flachen Hänge des Berges **Tamneshøgda** (950 m) zu sehen, an dessen Nordseite der gut zu laufende Weg über etwa 2,5 km in Richtung Südosten weiterführt. Von den Hängen des **Tamneshøgda** eröffnet sich eine schöne Aussicht auf den Berg **Hestkampen** (1.014 m) im Nordosten sowie das südöstlich weiter weg liegende Tal **Blindmyrdalen**.

Wir laufen auf 1,5 km 140 Höhenmeter hinab, erst über den Nordhang des **Tamneshøgda,** dann uns nordostwärts wendend zum Fluss **Bjørbekken**, von dem es noch einmal gute 500 m bis zur Kreuzung am Fuße des **Hestkampen** sind. In Höhe des Flusses genießen wir abermals einen tollen Blick auf den Berg **Gjetberget** (925 m) und ins **Blindmyrdalen**.

Der Weg biegt Richtung Südosten und führt uns in etwa 2,5 km, vorbei an einem Gipfelpunkt von 878 m, dann nach Osten schwenkend nördlich am **Gjetberget / Vardkampen** (925 m) vorbei, zum See **Gjetsjøen** (819 m). Hier queren wir den Seeabfluss **Gjeta** (leicht) und wandern weiter ostwärts noch einmal 2,5 km über den **Gjetsjøhøgda** (900 m) zum Seeausfluss **Fjelltjønnbekken** am See **Fjelltjønna**. Die tolle Aussicht die wir dabei nach Süden auf den Berg **Flenskampan** (1292 m) und den **Femundsee** (664 m) haben, ist einfach toll.

Weiter Richtung Südosten laufen wir über einen flachen Hang bergab, insgesamt 3 km durch leichtes Gelände bis zum alten **Hof Fjølburøsten**, einem verlassenen Bauernhof, den die Zeit mit einer schönen Patina versehen hat. In den Gebäuden kann man nicht mehr übernachten, aber Platz zum Zeltaufstellen gibt es ausreichend. Nach Süden hat man einen schönen Blick.

Vom Hof geht es auf einem alten Fuhrweg ostwärts. Nach einigen hundert Metern überquert man eine kleine Brücke, hinter der sich der Fuhrweg nach Süden wendet. Ihm folgt man ungefähr 1 km, dann ist das Ufer der *Feragshåen*, eine lange Bucht des *Feragen*-Sees (654 m), erreicht. Hinter dem See erhebt sich eindrucksvoll das Bergmassiv des *Viglen* (1.561 m). Die breite Farbskala von Wasser, Wald und Bergen ist beeindruckend.

Der markierte Wanderweg schlängelt sich noch ein Stück dem Fuhrweg folgend, zweigt jedoch etwa 200 m nach einer Brücke über den *Feragselva* nach Südosten ab. Zunächst etwa 3 km durch nasses Gelände südostwärts erreicht man zwischen den Seen *Feragen* (654 m) und *Langtjønna* (659 m) eine alte Floßrampe. An deren Südrand liegt am Ufer des *Langtjønna* die *Langtjønnbua*, *eine 100 Jahre alte Flößerhütte*, die für Wanderer wiederhergerichtet wurde. Die Floßrampe und die Hütte bilden einen hübschen Anblick und erzählen ein Stück Kulturgeschichte aus der Zeit, als Holz noch vorwiegend über Flüsse transportiert wurde. In Höhe der Rampe hat man außerdem einen schönen Blick auf den Berg *Viglen* im Nordosten und den See *Langtjønna* im Süden.

Von der Flößerhütte geht es etwa 1 km nach Osten zu einer Kreuzung. Der Abzweig nach Süden führt über einen teilweise markierten Weg zum Hof Langen Gjestegård und zum Schiffsanleger in Synnervika *(FR004)*.

Unsere Route zum *Hof Ljøsnåvollen Seter* biegt hier nach Nordosten. Der Weg passiert nach etwa 1 km den oben auf dem Berg liegenden *Hof Svartvikan*, bis er schließlich eine Brücke über den *Svarvikbekken* erreicht, der aus dem *Feragen* abfließt. Nach der Brücke steigt der Weg über 2 km etwa 100 Höhenmeter nordostwärts an, wendet sich dann mehr ostwärts und kommt zum Ufer des Sees *Ljøsnådalstjønna* (750 m). Der Aufstieg zum See verläuft durch einen Kiefernwald und ist steinig. Von oben hat man einen phantastischen Blick auf den *Viglen*. Vom See aus sind es noch etwa 1,5 km bis zum *Hof Ljøsnåvollen Seter*.

FR003 | 24 km | Hütte Marenvollen

Der markierte Wanderweg führt von der schönen, grasbedeckten *Hütte Marenvollen* in Richtung Süden und kommt nach 750 m durch spärlich bewachsene Fjellbirkenhaine an eine Gabelung. Nach Südwesten geht es Richtung Røros *(FR001)*. Unser markierter Weg weist nach Südosten und überquert knapp 1 km nach der Gabelung den Bach *Røbekken*. Vor uns sind die flachen Hänge des Berges *Tamneshøgda* (950 m) zu sehen, an dessen Nordseite der gut zu laufende Weg über etwa 2,5 km Richtung Südosten weiterführt. Von den Hängen des *Tamneshøgda* hat man einen schönen Blick nach Norden zum Berg *Hestkampen* (1.014 m) sowie zum weiter weg im Südosten liegenden Tal *Blindmyrdalen*.

Über den Nordhang des *Tamneshøgda* wendet sich die Route nach Nordosten rund 140 Höhenmeter auf 1,5 km hinab zum Fluss *Bjørbekken*, von dem es noch einmal gute 500 m bis zur Wegkreuzung am Fuße des *Hestkampen* sind. In Höhe des Flusses genießen wir wieder einen tollen Blick auf den *Gjetberget* (925 m) und ins *Blindmyrdalen*.

An der Kreuzung biegt unser Weg nach Südosten und führt uns über etwa 2,5 km zu einem Gipfelpunkt von 878 m, wo sich die Route ostwärts wendet und wir nördlich am *Gjetberget* vorbei den See *Gjetsjøen* (819 m) erreichen. Über den leicht zu durchquerenden Fluss *Gjeta* laufen wir noch einmal 2,5 km erst nach Südosten, dann Richtung Osten über den *Gjetsjøhøgda* (900 m) bis zum *Fjelltjønnbekken,* dem Seeabfluss des *Fjelltjønna*.

Fjølburøsten, *Etappe FR002*.

Unterwegs hat man eine tolle Aussicht nach Süden auf den **Flenskampan** (1.292 m) und den **Femundsee** (664 m).

Nach der Bachquerung laufen wir Richtung Südosten über einen flachen Hang bergab insgesamt 3 km durch leichtes Gelände bis zum alten **Hof Fjølburøsten**. Den verlassenen Bauernhof hat die Zeit mit einer schönen Patina überzogen. In den Gebäuden kann man nicht übernachten, es gibt aber ausreichend Platz zum Zelten. Von hier folgt man einem alten Fuhrweg ostwärts. Nach einigen hundert Metern geht es über eine kleine Brücke, nach der sich der Fuhrweg nach Süden wendet, dem man ungefähr 1 km folgt bis das Ufer der **Feragshåen**, eine lange Bucht des **Feragen**-Sees (654 m), erreicht ist.

Hinter dem See erhebt sich das eindrucksvolle Bergmassiv des **Viglen** (1.561 m). Die breite Farbskala von Wasser, Wald und Bergen ist beeindruckend.

Der markierte Wanderweg folgt weiter dem schlängelnden Fuhrweg. Über den **Feragselva** spannt sich eine Brücke, dann biegt der Fuhrweg nach Südwesten und führt uns teilweise westwärts teilweise südwestwärts etwa 2 km weiter, bis unser markierter Wanderweg nach Süden abzweigt. Der Weg verläuft in teilweise sumpfigem Gelände und erreicht nach gut 2 km das Ufer des **Svarttjønna**-Sees. 500 m weiter kommt man an eine Stromleitung, der man 2,5 km in Richtung Süden bis zum **Hof Langen Gjestegård** am **Langensjøen** folgt.

| FR004 | 16 km | Synnervika (Bootsanleger)  – Ljøsnåvollen Seter |

Vom **Schiffsanleger Synnervika** am **Femundsee** geht man zunächst 3 km nordwestwärts auf der Landstraße zum **Hof Langen Gjestegård** und von dort weiter über einen markierten Feldweg in Richtung Nordosten. Der Weg steigt leicht bergan auf den Bergrücken **Femundsåsen**, passiert ein kleines Moor und führt dann insgesamt

3,5 km auf der Ostseite des Bergrückens wieder bergab, nun Richtung Südosten, bis zu einer Weggabelung. Die markierte Route, die wir nicht nehmen, weist hier nach Süden und schlägt einen etwa 3 km langen Bogen südlich um den See *Litllangtjønna*. Wir gehen den nur teilweise markierten Weg 1 km nach Nordosten, passieren dabei nach 500 m die Hütte *Litjrennbua* und laufen weitere 500 m bis beide Wege östlich des *Rundtjønna*-Sees (659 m) wieder zusammentreffen.

Nun geht es östlich des Sees *Langtjønna* etwa 1,5 km nach Norden durch leichtes Gelände, linkerhand zweigt ein Weg ab, der zur *Hütte Furrubakken* führt. Hier laufen wir weiter Richtung Norden und erreichen nach 300 m eine Brücke über den Fluss *Hestbetåsbekken*, passieren anschließend die kleine Hütte *Hestbetåsbua* und laufen über einen guten Kilometer in recht sumpfigem Gelände langsam gen Nordosten. Dann folgt erneut eine Kreuzung, an der Richtung Westen ein markierter Weg den Wanderer zur Hütte Marenvollen bringt *(FR002)*.

Unsere Route zum *Hof Ljøsnåvollen Seter* führt weiter nach Osten und passiert nach 1 km den oben am Berg liegenden *Hof Svartvika*. Danach geht es hinunter zu einer Brücke über den Fluss *Svartvikbekken*, der in den *Feragen* fließt. Nach der Brücke geht es mitunter recht steil bergauf in Richtung Nordosten, auf 2 km etwa 100 Höhenmeter, bis man das Ufer des Sees *Ljøsnådalstjønna* (750 m) erreicht. Der Aufstieg zum See verläuft durch einen Kiefernwald und ist steinig. Von oben hat man einen phantastischen Blick auf den *Viglen*. Vom See sind es noch etwa 1,5 km bis zum *Hof Ljøsnåvollen*.

FR005 | 16 km | Langen Gjestegård 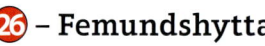 – Femundshytta 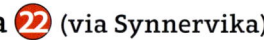 (via Synnervika)

Vom *Hof Langen* folgt man der Landstraße südwärts Richtung Synnervika. Nach etwa 1,5 km biegt man rechts nach Südwesten auf einen kleinen Feldweg ein und folgt diesem bis er in den markierten Wanderweg übergeht. Etwa 500 m nach Ende des Feldweges spannt sich eine kleine Brücke über den *Langsbekken*. Dahinter steigt der Weg in Richtung Südwesten gemächlich an, auf 2 km etwa 100 Höhenmeter und wendet sich nach Südsüdost. Kurz nach dem Richtungswechsel erreicht man das baumlose Fjell und erfreut sich einer wunderbaren Aussicht. Der im Osten glitzernde *Femundsee* (662 m) mit dem Berg *Stor-Svuku* (1.416 m) und den sich hinter dem See ausbreitenden Schutzgebieten ist unsagbar schön! Dieser tolle Anblick begleitet den Wanderer über mehrere Kilometer, denn der Weg führt bis zum See *Storlauvrøsttjønna* (800 m) über insgesamt 6,5 km am Ostrand des *Flenskampan* (1.292 m) durch baumloses Fjell. Der Weg ist in einem guten Zustand.

Nach dem See geht es leicht bergab, wir queren mehrere vom Berg *Flenskampan* herabfließende Bäche ohne Schwierigkeiten und überwinden auf 3 km etwa 100 Höhenmeter. Die letzten 2 km bis zur *Femundshytta* geht es weiter leicht bergab. Der *Schiffsanleger* befindet sich etwa 200 m weiter am Ufer des *Femundsee*.

FR006 | 22 km | Langen Gjestegård 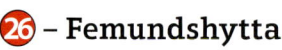 – Femundshytta  (via Flenskampan)

Vom *Hof Langen Gjestegård* folgt man zunächst der Landstraße Richtung Norden. Der markierte Wanderweg führt nach etwa 600 m nach Westen von der Straße weg und steigt kurz, aber scharf an. Dabei geht es knapp

1,5 km in Richtung Westsüdwest zu einem kleinen Moor, dann durch hügeliges Gelände zur Nordseite der Seen *Nedre* und *Øvre Olbekktjønna* (718 m und 724 m). Die Seen liegen nicht direkt am Weg. Nach den Seen führt die Route 1,5 km südwestwärts und an der Westseite des Sees *Stortjønna* vorbei. Einige hundert Meter vor dem *Stortjønna* ist eine kleine Weggabelung, an der es nach Nordwesten zur Wildmarkhütte Grådalsbua geht.

Unser markierter Weg in südsüdwestliche Richtung zur *Femundshytta* steigt nun ordentlich an und führt westlich an zwei kleinen Seen vorbei. Hier überschreitet man die Baumgrenze und hat vor sich einen phantastischen Blick auf die Gipfel des Berges *Flenskampan* und in Richtung Südwesten auf den See *Flensjøen* (780 m). Die Route verläuft zwischen dem *Flensjøen* und den *Kamptjønnan*-Seen (801 m & 802 m) nach Süden und beginnt dann den Aufstieg auf den *Flenskampan* (1.292 m). Anfangs gemächlich, wird er immer steiler und überwindet auf 3,5 km stolze 330 Höhenmeter. Die Mühen werden mit einem herrlichen Ausblick auf den *Femundsee* (662 m) im Süden und die Fjelllandschaft im Norden belohnt.

Der Abstieg ist auf dem ersten Kilometer steil, danach wird es deutlich flacher. Kurz vor dem *Stortjønn*-See (956 m) wendet man sich an einer Weggabelung nach Südosten, an der Ostseite des Sees entlang und kommt dann ans das Ufer des kleinen Sees *Korstjønna* (935 m). Von diesem aus läuft man 1,8 km in Richtung Süden, östlich am See *Butjønn* (950 m) vorbei und zu einer Kreuzung von insgesamt vier Routen. Westwärts geht es zum Tufsingdalen, Richtung Süden zur Hütte Sæter *(FR008)* und zum Schiffsanleger Jonasvollen *(FR007)*.

Unsere Route knickt an der Kreuzung nach Osten, passiert nach etwa 1 km den See *Smålokan* (901 m) und führt dann etwa 2,5 km leicht bergab zu einem Fuhrweg. Diesem folgt man etwa 500 m nach Norden bis zum *Bauernhof Femundshytta*. Der Schiffsanleger befindet sich etwa 200 m weiter am Seeufer.

Wanderweg durch Fjellbirken.

FR007 | 15 km | Femundshytta (22) – Jonasvollen (Bootsanleger) (19)

Von **Bauernhof Femundshytta** folgt man zunächst dem Fuhrweg über 500 m in Richtung Süden. Hier zweigt der markierte Wanderweg von der Straße ab und führt nach Westen den Hang hinauf. Der Anstieg zum See **Smålokan** (901 m) ist mit insgesamt 200 Höhenmeter auf 2,5 km nicht sehr steil. Etwa 1 km nach dem See erreicht man eine Stelle, an der sich vier Routen kreuzen. Nach Norden geht es zum Hof Langen Gjestegård (FR006), nach Osten zum Tal Tufsingdalen.

Unsere markierte Route nach **Jonasvollen** wendet sich nach Süden und führt östlich am Berg **Søndre Buhøgda** (1.112 m) vorbei. Nach etwa 2 km erreicht man einen Gipfelpunkt (950 m), wo es äußerst gemächlich 1 km hinunter zum See **Rundtjønna** (874 m) geht. Ein Bach, der aus dem See abfließt wird ohne Schwierigkeiten überwunden. Auf der anderen Seite beginnt ein guter Pfad und nach knapp 1 km Richtung Süden beginnt der sanfte Abstieg vom **Falkfangarhøgda** (924 m), insgesamt 140 Höhenmeter auf 3,5 km.

In Höhe der Baumgrenze gibt es eine Kreuzung, an der ein alter Weg nach Westen zur Sæter-Hütte weist. Dieser Weg wird wegen häufiger Überschwemmungen und schwer zu passierender Moore nicht mehr gepflegt. Zum **Schiffsanleger** und Camping in **Jonasvollen** führt der Weg in Richtung Ostsüdost, der auf dem ersten Kilometer sanft ansteigt und dann knapp 1 km zu einem Sandweg hinunterführt. Auf dem Sandweg geht es nochmal einen knappen Kilometer in ostsüdöstliche Richtung bis nach **Jonasvollen** am **Femundsee** und zum **Schiffsanleger**.

FR008 | 8 km | Sæter (20) – Jonasvollen (Bootsanleger) (19)

Von der **Hütte Sæter**, westlich am Fluss **Tufsinga** gelegen, geht man an der Landstraße entlang in Richtung Süden. Nach etwa 2,5 km gabelt sich der Weg und folgt über eine Brücke einem kleineren Weg in Richtung Südosten. Am **Gehöft Eggset** beschreibt die Straße eine Kurve nordostwärts vorbei am **Hof Lundbekk**. Dann folgt man ihr ungefähr 3 km nach Osten, bis von Norden ein Wanderweg auf die Straße stößt, der von der Femundshytta kommt (FR007). Nach knapp 1 km weiter südostwärts erreichen wir den **Bootsanleger** in **Jonasvollen**.

FR009 | 21 km | Ljøsnåvollen Seter (27) – Vauldalen Fjellhotel (3)

Die Route führt über den Fluss **Ljøsnåa**, der neben dem **Hof Ljøsnåvollen** fließt, und steigt in Richtung Nordosten gleichmäßig bergan. Bis zum höchsten Punkt der Route sind 600 Höhenmeter auf 7 km Wegstrecke zurückzulegen. Etwa 500 m nach der Flussquerung folgt der Weg dem Flusslauf. Auf den ersten 2 km noch unterhalb der Baumgrenze geht es durch teilweise nasses Gelände. In Höhe der Baumgrenze wird der Anstieg steiler, aber der Weg wird einfacher.

Etwa 1 km nach der Baumgrenze wendet sich der Weg deutlich in Richtung Norden und vom Fluss weg. Der Aufstieg zum Felsplateau **Støvelskaftet** (1.282 m) ist immer noch recht steil und wird mit einem phantastischen Ausblick auf das Tal *Ljøsnadalen* und den sich davor erhebenden Berg *Viglen* (1.561 m) belohnt.

Vom *Støvelskaftet* geht es weiter bergauf, allerdings nicht mehr so steil. Der Weg verläuft in nordöstliche Richtung zwischen den beiden Gipfeln des *Viglen*, dem *Storviglen* (1.561 m) und dem *Tverrviglen* (1.486 m). Weniger als 500 m nach dem höchsten Punkt liegt bergab in Richtung Nordosten die **Schutzhütte Viglaskyddet**. Hier ist der Pfad sehr steinig und mitunter schwer zu laufen. Bei gutem Wetter ist die Aussicht phantastisch. Von der Schutzhütte geht es weiter nach Nordosten, etwa 1 km zum Tal *Slupkieh*, über einen kleinen Gebirgsbach und in Richtung des unten, auf schwedischer Seite, glitzernden Sees *Bolagen* (952 m).

Die Route führt nach Norden um einen steilen Hang herum und passiert den Gipfel (1.178 m) auf der Ostseite. Hier ist der Weg ziemlich schwer zu gehen. Dann kommt man über die Grenze nach Schweden und erreicht nach 1 km einen Bach, der aus dem *Bolagen* fließt. Über ihn führt eine stabile Brücke. Nun läuft man in nördliche Richtung weiter und steigt dabei recht steil an. Auf 1,5 km überwindet man 150 Höhenmeter. Danach verläuft der Weg zwischen den Bergen *Ruten / Ruvda* und

Ljøsnåvollen.

Ruffjället (1.192 m und 1.100 m) und wendet sich nach Nordwesten. Vom Weg aus hat man einen schönen Blick auf das *Dorf Fjällnäs* in Osten.

Nach 2,5 km werden ein Rentierzaun und die Staatsgrenze überquert. Gut 1 km vor der Grenze beginnt schon der Abstieg, der sich in Norwegen fortsetzt. Der Weg führt immer noch in nordwestliche Richtung und nördlich an den kleinen Seen *Ruttjønna* (930, 906, 905, 896 und 894 m) vorbei. Im Norden erhebt sich der Berg *Volldalshøgda* (1.103 m). Nach gut 2 km wendet sich der Weg stärker nach Norden und führt noch gut 1 km am See *Svarttjønna* (827 m) vorbei zum Dorf *Vauldalen*.

FR010	23 km	Ljøsnåvollen Seter ㉗ – Hütte Røvollen ㉔

Der Weg beginnt neben dem **Hof Ljøsnåvollen** und verläuft in südliche Richtung. Auf einer Brücke quert man den *Svenselva*-Fluss und läuft nach etwa 500 m an der Westseite des *Lomtjønna*-Sees entlang. Nun betritt man das Gebiet des **Nationalparks Femundsmarka** und der Weg wendet sich langsam gen Südosten. Es ist stellenweise steinig, aber sonst sowohl ober- als auch unterhalb der Baumgrenze gut zu laufen. Der Blick auf den Berg *Viglen* (1.561 m) wird immer freier und paart sich wunderschön mit dem abwechslungsreichen Landschaftsteppich aus Kiefern, Mooren und Felsen. Es geht weiter in Richtung Südosten, vorbei an einem Gipfelpunkt (849 m) und noch etwa 1 km bis zum See *Halvortjønna* (840 m). Der Weg führt immer noch durch steiniges Gelände westlich am See vorbei und erreicht nach etwa 1,5 km die **Wildmarkhütte Muggsjølia**.

An ihr muss man genau auf die Wegführung achten, denn die Umgebung ist sumpfig und die Markierung nicht immer leicht zu finden. In südöstlicher Richtung erreichen wir nach weniger als 1 km den See *Muggsjølitjønna* (786 m), an dessen Ostufer wir bis zum Südostzipfel gehen und weiter zum nächsten See, dem *Nedre Muggsjøen* (780 m), der mit schönen Sandstränden zum Baden einlädt. Östlich des Sees liegt die *Wildmarkhütte Muggsjøbua*, zu der kein markierter Weg führt.

Unser markierter Weg führt knapp 2 km am Ufer des *Nedre Muggsjøen* entlang nach Südosten. Nun folgen die Flüsse *Mugga* und *Bjørbekken*, die mittelschwer zu durchwaten sind und in deren Anschluss der Weg wieder schwer zu finden ist, da hier auch ein unmarkierter Weg in Richtung Südsüdwest abzweigt. Die markierte Route bringt uns, nahe am *Bjørbekken* entlang, 1,5 km südostwärts zu einer Kreuzung, an der es nach Südosten in Richtung Schweden und Skedbro Fjällstuga (FR011) geht. Wir wenden uns hier nach Süden. Auch an dieser Wegkreuzung muss man aufmerksam auf den Weg achten.

Westlich am See *Litlvolsjøen* vorbei steigt der Weg sehr leicht an, verläuft in steinigem Gelände über das Fjell *Gråvola* und führt dann hinunter in eine kleine Senke. Von dort geht es auf den Rücken des *Stormyåsen* (885 m).

Ab der Kreuzung bis auf den Bergrücken sind es insgesamt 4,5 km. Der Weg ist stellenweise recht anstrengend, allerdings bietet sich ein schöner Blick auf die *Langeggtjønnan*-Seen (784 m & 785 m) und den weiter weg im Süden aufragenden Berg *Stor-Svuku / Svahke* (1.416 m).

Vom *Stormyåsen* geht es bergab in einen Fjellbirkenbestand und unterhalb der Baumgrenze etwa 1,5 km weiter bis zu den *Langeggtjønnan*-Seen. Zwischen ihnen laufen wir einen schmalen Landrücken entlang westwärts. Der Weg verläuft teilweise zickzackförmig durch eine wunderschöne Landschaft. Am Ende des südlicheren Sees steht eine verschlossene Hütte, an der die Route vorbeiführt. Wir wandern erst durch eine immer waldigere Landschaft, dann zwischen zwei kleinen Seen nun in Richtung Südwesten. Einige hundert Meter weiter folgt ein Bach, der aus dem See *Styggfisktjønna* (793 m) fließt und auf den nächsten 1,5 km insgesamt drei Mal überquert wird. Knapp 500 m nach der letzten Querung gabelt sich der Weg, eine Route führt nach Südosten zur Hütte Svukuriset (FR034 & FR036). Unsere Route zur *Hütte Røvollen* biegt hier nach Nordwesten ab und schon nach 200 m ist man am Ziel.

FR011 | 23 km | Ljøsnåvollen Seter ㉗ – Skedbro Fjällstuga ⑧

Am *Hof Ljøsnåvollen* laufen wir über die Brücke des *Svenselva*-Flusses. Gleich darauf gabelt sich der Weg. Unser Weg führt in südlicher Richtung nach etwa 500 m an der Westseite des *Lomtjønna*-Sees entlang. Nun betritt man das Gebiet des *Nationalparks Femundsmarka* und der Weg wendet sich nach Südosten. Es ist stellenweise steinig, aber sonst sowohl ober- als auch unterhalb der Baumgrenze gut zu laufen. Der Blick auf den Berg *Viglen* (1.561 m) wird immer freier und paart sich mit dem abwechslungsreichen Landschaftsteppich aus Kiefern, Mooren und Felsen.

Es geht weiter in Richtung Südosten, vorbei an einem Gipfelpunkt (849 m) und noch etwa 1 km weiter bis zum See *Halvortjønna* (840 m). Der Weg führt, immer noch durch steiniges Gelände, westlich am See entlang und erreicht nach etwa 1,5 km die *Wildmarkhütte Muggsjølia*.

An ihr muss man genau auf die Wegführung achten, denn die Umgebung ist sumpfig und die Markierung nicht immer leicht zu finden. In südöstlicher Richtung kommt man nach weniger als 1 km an den See *Muggsjølitjønna* (786 m), dessen Ufer man bis zum Südostzipfel weiterfolgt. Kurz darauf gelangt man zum nächsten See, dem *Nedre Muggsjøen* (780 m), der mit schönen Sandstränden zum Baden und Rasten einlädt. Östlich des Sees liegt die *Wildmarkhütte Muggsjøbua*, zu der kein markierter Weg führt.

Unsere markierte Route führt knapp 2 km am Ufer des *Nedre Muggsjøen* entlang in Richtung Südosten. Dann müssen die Flüsse *Mugga* und *Bjørbekken* durchwatet werden (mittelschwer). Anschließend ist der Weg wieder schwer zu finden, da nach den Flüssen auch ein unmarkierter Weg in Richtung Südsüdwest führt. Unsere markierte Route bringt uns, nahe entlang des *Bjørbekken*, 1,5 km weiter nach Südosten bis zu einer Gabelung, an der es geradeaus nach Süden zur Røvollen-Hütte geht *(FR010)*. Unser Weg Richtung Schweden zur *Skedbro Fjällstuga* führt immer weiter nach Südosten östlich am See *Litlvolsjøen* vorbei. Stellenweise ist es steinig. Wir erreichen nach 1,5 km die Nordseite des *Volsjøan* (832 m), hier wendet sich der Weg nach Osten und man hat einen schönen Blick auf den stolz aufragenden Berg *Skedbrofjället/Skäbpore* (1.148 m). Die Route verläuft zwischen den *Skedbrotjønnan*-Seen und durch ein recht bergiges und felsiges Gelände. Wir passieren die *Wildmarkhütte Fautbua* etwa 700 m nach Querung des zwischen den *Skedbrotjønnan*-Seen fließenden Baches.

An der Wildmarkhütte wendet sich unsere Route nach Südosten und ein sanfter Aufstieg auf den *Skedbrofjället/Skäbpore* über insgesamt 120 Höhenmeter auf 2,5 km Entfernung beginnt. Dann überqueren wir einen Rentierzaun und die Staatsgrenze.

Hinter der Grenze geht es durch nach wie vor felsiges Gelände auf 2,5 km etwa 180 Höhenmeter bergab und nach etwa 3 km erreichen wir eine Wegkreuzung, an der man nach Südwesten zur Svukuriset-Hütte gelangt *(FR033)*. Zur *Skedbro Fjällstuga* geht man hier an der Kreuzung etwa 1 km in östliche Richtung, quert eine Brücke und ist da. Die Hütte liegt wunderschön am Ufer des Sees *Skedbrosjön/Sjkeappenjaeurie*, hinter dem sich der stattliche Berg *Skedbrofjället* (1.148 m) erhebt.

Ein Fjellplateau im Nationalpark Femungsmarka, *Etappe FR010 & FR011.*

FR012 · 22 km · Ort Tänndalen (Bus) 5 – Skedbro Fjällstuga 8

Der Ort **Tänndalen** verbindet dieses Wandergebiet mit dem **Wandergebiet Sylarna** im Norden. Im Ort folgt man zunächst der Straße *Gamla Vägen*, die Richtung Skizentrum in einem Bogen über den Fluss **Tännån/Skåavma** führt. Nach dem Fluss folgt man der Straße noch bis zum Abfahrtshang und beginnt hier den anfangs recht steilen Aufstieg über insgesamt 160 Höhenmeter auf 2,5 km nach Südwesten. Gegen Ende wird der Anstieg flacher und führt zur Brücke über den Fluss **Svanån**. Auch nach der Brücke geht es über knapp 2 km 120 Höhenmeter weiter bergauf und erst in Höhe des Sees **Rödfjälltjärnen/Dalvesenjaevrie** wird der Weg ebener. Der Blick hinunter ins Tal **Tänndalen** ist phantastisch.

Etwa 1 km nach dem See erreicht man eine Kreuzung, an der es in Richtung Nordwesten zur Pension Strandgården in Fjällnäs *(FR013)* geht. Unsere Route zur **Skedbro Fjällstuga** führt in südliche Richtung weiter. Die sich vor dem Wanderer ausbreitende Mosaiklandschaft bestehend aus Bergen und Seen ist atemberaubend.

Westlich am Berg **Rödfjället/Rååfjeelle** (1.243 m) vorbei überquert man die Grenze ins **Naturreservat Rogen** und läuft durch stellenweise felsiges Gelände unterhalb der Baumgrenze im Birkendickicht. Hier liegt auch die **Kote Broktjärnskojan**, die als Schutzhütte und Notunterkunft dient. Vom Hang und von der Kote aus hat man eine schöne Sicht auf den Berg **Brattriet/Praahtrije** (1.276 m) im Süden.

Von der Kote aus geht es weiter in Richtung Süden immer tiefer in das Birkendickicht hinein. Nach etwa 2,5 km durch weiterhin steiniges Gelände erreicht man den friedlich dahinfließenden **Gaalovenjohke**. Nach der Brücke geht es wieder hinauf in eine baumlose Gegend und etwa 2,5 km weiter südwärts. Dann biegt man nach Südosten auf eine Landbrücke zwischen dem See **Dalstenshån** und einem kleineren See ein. Der Blick über den See auf den Berg **Skedbrofjället/Sjkeappore** (1.148 m) ist überwältigend. Der Weg führt stellenweise am Ufer des **Dalstenshån** entlang wieder nach Süden und erreicht eine Brücke über den Wasserlauf, der die Seen **Dalstenshån** und **Båthån** miteinander verbindet.

Nach der Brücke geht es etwa 1,5 km südwestwärts, man erreicht das Ufer des Sees **Skedbrosjön/Sjkeappen-**

Der Rödfjället (1.243 m), *Etappe FR013*.

jaeurie, wendet sich nach Südsüdost und kommt nach etwa 500 m an eine Kreuzung. Der Weg nach Osten führt über den Käringsjön zur Hütte Rogen Fjällstuga *(FR014)*.

Unsere Route führt noch 500 m weiter in südwestliche Richtung, dann ist die **Skedbro Fjällstuga** erreicht.

| FR013 | 28 km | Ort Fjällnäs (Bus) ❹ – Skedbro Fjällstuga ❽ 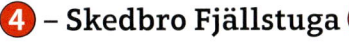 |

Diese Etappe beginnt an der **Pension Strandgården** in **Fjällnäs**. Von hier gibt es auch Verbindungen ins **Wandergebiet Sylarna** im Norden. Zunächst folgt man 1 km dem alten Feldweg, der von der Pension am Ufer des Sees Richtung Südosten führt und sich dann mit der *Landstraße 84* vereint. Über knapp 1,5 km geht man am Rand der Landstraße, dann wendet man sich nach rechts auf die kleinere Straße *Svansjökläppsvägen*, die über den Fluss **Tännån / Skåavma** führt und anschließend ziemlich steil ansteigt. Sich Richtung Südwesten schlängelnd, erreicht man auf ihr nach 2 km und 200 Höhenmetern einen Parkplatz.

Dort stehen mehrere Wegweiser. Die Route zur **Skedbro Fjällstuga** folgt dem Wegweiser in Richtung Südsüdwest und führt südlich am Berg **Svansjökläppen / Trååmpe** (1.120 m) vorbei. Nach 1 km gabelt sich der Weg, eine Route zeigt nach Westen über den See Bolagen (952 m) in Richtung Norwegen. Unsere Route zur **Skedbro Fjällstuga** geht weiter Richtung Süden leicht ansteigend auf den Berg **Vättafjället / Våahta** (1.140 m). Der Scheitel des Anstiegs wird nach 1 km kurz vor einem kleinen See (1.110 m) erreicht, danach geht es durch leichtes und flaches Gelände weiter in Richtung Südosten. Geradeaus hat man einen schönen Blick auf den Berg **Rödfjället** (1.243 m), der einen eindrucksvollen Kontrast zum Gipfel des **Sylarna**-Gebirges im Norden bildet. Nach etwa 3 km senkt sich der Weg ganz allmählich, führt weitere 3 km leicht abwärts und geht dann in einen kurzen Anstieg über. An der folgenden Kreuzung weist ein Weg Richtung Norden nach Tänndalen *(FR012)*.

Unsere Route führt hier Richtung Süden. Der Blick über die von Bergen und Seen geprägte Landschaft ist überwältigend. Wir erreichen das **Naturreservat Rogen**, gehen westlich am Berg **Rödfjället / Rååfjeelle** (1.243 m) entlang und kommen in steinigem Gelände langsam bergab in ein Birkendickicht unterhalb der Baumgrenze. Hier befindet sich die **Kote Bjoktjärnskojan**, die als Schutzhütte dient. Während des Abstiegs und auch von der Kote aus hat man einen schönen Blick auf den Berg **Brattriet / Praahtrije** (1.276 m) im Süden.

Von der Kote aus geht es weiter nach Süden immer tiefer in das Birkendickicht hinein. Das Gelände bleibt steinig. Nach etwa 2,5 km erreicht man die Brücke über den friedlich dahinfließenden **Gaalovenjohke**. Danach geht es wieder hinauf in eine baumlose Gegend und etwa 2,5 km weiter in Richtung Süden. Nun biegt man auf eine Landbrücke zwischen dem See **Dalstenshån** und einem kleineren See ein. Der Blick über den See auf den Berg **Skedbrofjället / Sjkeappore** (1.148 m) ist atemberaubend. Stellenweise geht es am Ufer entlang in Richtung Süden bis man eine Brücke über den Wasserlauf erreicht, der die Seen **Dalstenshån** und **Båthån** verbindet.

Nach der Brücke geht es etwa 1,5 km weiter südwestwärts. Am Ufer des Sees **Skedbrosjön / Sjkeappenjaeurie**, wendet man sich nach Südsüdost und kommt nach etwa 500 m an eine Kreuzung. Nach Osten weist ein Weg über den Käringsjön zur Hütte Rogen Fjällstuga *(FR014)*. Die Route zur **Skedbro Fjällstuga** führt noch 500 m weiter in südwestliche Richtung.

FR014 | 16 km | Skedbro Fjällstuga ⑧ – Rogen Fjällstuga ⑨ (via Käringsjön)

Von der **Skedbro Fjällstuga** geht es etwa 500 m am Ufer des **Skedbrosjön/Sjkeappenjaeurie**-Sees entlang Richtung Nordosten bis zu einer Kreuzung. Der Weg nach Norden führt ins Tal Tänndalen *(FR012)* und zum Ort Fjällnäs *(FR013)*. Die Route zur **Rogen Fjällstuga** biegt hier nach Osten.

Nach der Kreuzung verläuft der Weg durch stellenweise steiniges Gelände zunächst ein Stück gen Osten, danach wendet sich der Weg nach Südosten. Der Weg steigt leicht an und führt an kleineren Seen vorbei, unter einer alten Stromleitung hindurch etwa 3,5 km bis zu einer Kreuzung, die man ignoriert. Die Stromleitung wird ein weiteres Mal nach etwa 1 km unterquert und ein drittes Mal nach etwa 2,5 km in Höhe des Bergs **Handskinnvålen/Stoer-Hannskinne** (999 m).

Der Weg nördlich der Seen **Väster-** und **Öster-Rödsjön** sowie **Uthussjön** ist ausgetreten, aber mitunter steinig. Es lohnt sich, einen Abstecher auf den **Hanskinnvålen** zu machen, denn von ihm aus hat man einen tollen Blick über das **Rogen Naturreservat**. Noch 3 km läuft man südostwärts weiter, die Landschaft verändert sich kaum.

Kurz vor der Ferienhaussiedlung **Käringsjön** wird die alte Stromleitung ein weiteres Mal unterquert. Nach den Ferienäusern geht es an Bootsschupen und östlich am See **Käringsjön** vorbei Richtung Süden. Die alte Stromleitung verläuft bis zur Hütte **Rogen Fjällstuga** in gleicher Richtung wie unser Pfad. Links und rechts des Weges stehen alte Kiefern. Der Weg führt 1 km über eine schmale Landenge weiter nach Süden. Etwa 2,5 km nach der Landenge folgt eine Kreuzung, an der es nach Südosten zur Storrödtjärn Fjällstuga *(FR018)* geht.

Unser Weg zur **Rogen Fjällstuga** zweigt nach Südwesten und kommt bereits nach 100 m an eine weitere Kreuzung, an der es in Richtung Nordwesten zur Skedbro Fjällstuga geht *(FR015)*. Unsere Route weist weiter nach Südwesten.

Nach wenigen hundert Metern öffnet sich die Landschaft und gibt den Blick auf den See **Rogen/Rovje** (785 m) frei. Der Anblick ist phantastisch und wird auf dem letzten Kilometer bis zur **Rogen Fjällstuga** immer eindrucksvoller. Die Hütte liegt wunderschön am Ufer des Sees und verfügt über eine neue Strandsauna.

FR015 | 18 km | Skedbro Fjällstuga ⑧ – Rogen Fjällstuga ⑨ (via Rogen)

An der **Skedbro Fjällstuga** läuft man nach Südwesten. Der Blick über den See **Skedbrosjön/Sjkeappenjaeurie** ist herrlich. Über den Fluss, der aus dem **Skedbrojön** abfließt, führt eine Brücke. Etwa 1 km von der Hütte entfernt gibt es eine Kreuzung, an der es in Richtung Nordwesten nach Norwegen zum Hof Ljøsnåvollen *(FR011)* und zur Hütte Røvollen (FR010) geht. Die Route zur **Rogen Fjällstuga** führt hier weiter südwestwärts. Der Weg ist teilweise steinig und es kann bei Regen sehr glatt sein. Am See **Raavtejaevrie** laufen wir vorbei und danach leicht bergauf. Der Anblick des Berges **Bustvålen** (1.024 m) und der übrigen Umgebung ist eindrucksvoll. Vom Hang geht es gut 500 m leicht bergab bis zu einer Kreuzung. Gen Südwesten gelangt man nach Norwegen und zur Hütte Svukuriset *(FR033)*.

Unser Weg führt nach Südosten. Hinter einem lichten Kiefernwald erhebt sich eindrucksvoll der Berg **Bustvålen**. Kurz nach der Kreuzung führt ein Bohlenweg

Der See Öster-Rödsjön, *Etappe FR015.*

durch ein kleines Moor. Bald wird der Weg wieder steiniger, was vom Wanderer vorallem bei Nässe erhöhte Aufmerksamkeit erfordert. Die Route führt südlich an beiden Gipfeln des **Bustvålen** (1.024 m & 996 m) vorbei und wendet sich dann Richtung Nordosten. Auf den niedrigeren der beiden Gipfel (996 m) lohnt sich ein kleiner Abstecher, denn von ihm hat man einen wunderschönen Blick über den See **Rogen/Rovje** (758 m).

Nun überspannt eine Brücke einen kleinen Fluss, kurz darauf kommt man an eine Kreuzung. Der nun kreuzende Pfad ist ein kurzer Verbindungsweg vom Öster-Rödjön-See zum Rogen-See. Am Ufer des Rogen gibt es einen Rastplatz mit Unterstand.

Unser markierter Weg führt an dieser Kreuzung durch ein lichtes Kiefernwäldchen in Richtung Südosten. Nach etwa 3 km durch ziemlich steiniges Gelände folgt ein Abzweig nach Nordosten, der zum Feriendorf Käringsjön führt *(FR016)*. Etwa 2 km nach dem Abzweig wird ein Bach durchquert und 1 km weiter führt eine Brücke über einen Wasserlauf, der in den **Rogen** fließt.

Etwa 500 m nach der Brücke folgt eine Kreuzung, an der es geradeaus weiter Richtung Südosten zur Storrödtjärn Fjällstuga geht *(FR018)*. Der Weg zur **Rogen Fjällstuga** biegt hier in südsüdwestliche Richtung ab.

Wenige hundert Meter weiter wird die Landschaft offener und gibt den Blick auf den See **Rogen** frei. Der Anblick ist phantastisch und wird auf dem letzten Kilometer bis zur **Rogen Fjällstuga** immer eindrucksvoller. Die Hütte liegt auf einer Landzunge wunderschön am Ufer und verfügt über eine nagelneue Strandsauna.

Der See Käringsjön, *Etappe FR014 & FR016.*

FR016 | 10 km | Siedlung Käringsjön ⑦ – Rogen Fjällstuga ⑨

Von der Ferienhaussiedlung **Käringsjön** geht man etwa 1 km in Richtung Südwesten und durchquert zunächst einen kleinen Sumpf. Dann verläuft der Weg über eine schöne Landenge und eine Brücke zwischen den Seen **Kråksjön** und **Käringsjön** und bringt uns in eine Landschaft wie aus dem Bilderbuch. Ein traumhaftes Labyrint aus Wäldern, kleinen Hügeln sowie kleineren und größeren Seen begleitet uns ans Südufer des **Krattelsjön**. Am Seeufer geht es weiter in Richtung Westen zu einer Landbrücke zwischen den Seen **Hån** und **Krattelsjön**. Beide Seen bieten einen wunderschönen Anblick. Jetzt schlängelt sich der Weg etwa 2 km westwärts bis zu einer Kreuzung. Nach Nordwesten käme man zur Skedbro Fjällstuga *(FR015)*.

Hier läuft man jedoch nach Südosten, überquert nach 2 km einen kleinen Fluss und erreicht nach einem weiteren Kilometer eine Brücke über einen Wasserlauf, der in den See **Rogen** fließt. Etwa 500 m nach der Brücke folgt erneut eine Kreuzung, an der es geradeaus in Richtung Südosten zur Storrödtjärn Fjällstuga geht *(FR018)*.

Der Weg zur **Rogen Fjällstuga** biegt hier in südsüdwestliche Richtung ab. Nach wenigen hundert Metern wird die Landschaft offener und gibt den Blick auf den See **Rogen / Rovje** (785 m) frei. Der Anblick ist phantastisch und wird auf dem letzten Kilometer bis zur **Rogen Fjällstuga** immer eindrucksvoller. Die Hütte liegt auf einer Landzunge wunderschön am Ufer des Sees und verfügt über eine nagelneue schöne Strandsauna.

FR017 | 9 km | Käringsjövallen (Parkplatz) ⑥ – Rogen Fjällstuga ⑨

Wir starten am **Parkplatz Käringsjövallen**, den man über die Straße *Myskelåsvägen* erreicht, die in Tännäs von der *Straße 311 („Käringsjövallen 18 km" ist gelb ausgeschildert)* abzweigt und am Fluss **Mysklan** entlangführt.

Vom Parkplatz folgt man etwa 600 m zunächst den Wintermarkierungen in Richtung Nordwesten, dann zweigt unsere markierte Sommerroute ab und wendet sich nach Südwesten. Etwa 1 km nach der Kreuzung kommt man an den See **Öster-Vingarna**, dessen Nordufer man folgt. Über 1,5 km läuft man auf einem schmalen Landrücken, nun in westliche Richtung, zwischen **Väster-Vingarna** und **Öster-Vingarna**, teilweise ist der Untergrund feucht. Von der Landbrücke hat man einen schönen Blick auf beide Seen.

Nach der Landbrücke führt der Weg nach Südwesten durch eine hügelige Landschaft über den Bergrücken **Vingåsen**. Nach 2,5 km erreicht man an einen leicht zu durchquerenden Wasserlauf. Etwa 1 km weiter folgt eine Weggabelung, an der man nach Osten zum Rastplatz am Ufer des Sees Stor-Tandsjön abzweigen kann. Angeln ist dort verboten.

Wenige hundert Meter weiter folgt eine Kreuzung, an der es nach Norden zur Skedbro Fjällstuga *(FR015)*, nach Süden zur Storrödtjärn Fjällstuga *(FR018)* geht. Unser Weg führt in einem kleinen Bogen in südwestliche Richtung. Die Landschaft wird offener und gibt den Blick auf den See **Rogen / Rovje** (785 m) frei. Der Anblick ist phantastisch und wird auf dem letzten Kilometer durchs ehemalige Fischerdorf **Rogsbodarna**, um die Landspitze herum bis zur **Rogen Fjällstuga**, immer eindrucksvoller. Die Hütte liegt auf einer Landzunge wunderschön am Seeufer und verfügt über eine neue Strandsauna.

"Tømmerrenne" – Holzflüsse, sie dienten zum Transport von Stämmen.

FR018 | 15 km | Rogen Fjällstuga ⑨ – Storrödtjärn Fjällstuga ⑩

Von der **Rogen Fjällstuga** läuft man zunächst zur Landspitze und genießt den herrlichen Blick über den **Rogen/Rovje** (758 m). Von der Landspitze führt die Route durch das ehemalige Fischerdorf **Rogsbodarna,** das wie ein Freilichtmuseum wirkt, über die Landzunge Richtung Nordosten. Nach 1 km folgt eine Kreuzung, an der es in Richtung Norden zur Skedbro Fjällstuga (FR015), in Richtung Osten zum Parkplatz Käringsjövallen (FR017) geht. Unsere Route zur **Storrödtjärn Fjällstuga** biegt hier nach Süden, überquert nach 200 m eine Brücke und erreicht nach etwa 1 km das Ufer eines kleinen Sees.

Nach dem See geht es südostwärts über einen steinigen Pfad auf den Gipfels des **Tandsjövålen** (993 m). Dabei werden auf 3 km 190 Höhenmeter überwunden. Auf dem Weg zum Gipfel wird der Wald lichter und von oben hat man eine herrliche Aussicht über den See Rogen und die dahinter aufragenden Berge: vorn die Doppelgipfel des **Bustvålen** (1.024 m) und des **Skedbrofjället/Sjkeappore** (1.148 m), weiter weg die Silhouette des **Viglen** (1.561 m). Der Blick ist schöner als jede Postkarte.

Knapp 3 km geht es über einen steinigen, aber sonst gut zu laufenden Weg bergab zum See **Fisklöstjärnen**. In Höhe des Sees wendet sich die Route südwestwärts. Es wird wieder waldiger und der Pfad trifft in teilweise sehr steinigem Gelände auf die Brücke über den kleinen Waldbach **Flåtjärnbäcken**. 1 km weiter kommt man an einen Rentierzaun und eine Brücke, die über den **Nässjöbäcken führt**, der hier in den südöstlichsten Zipfel des **Rogen** fließt. In Höhe des Rentierzauns kann man einen Abstecher von 150 m nach Nordwesten zum Rastplatz machen, der sich an einer Bucht des Sees befindet.

Nach der Brücke geht es 1,5 km leicht bergan durch

stellenweise sumpfiges Gelände. An den feuchtesten Stellen liegen Bohlenwege. Wir überqueren eine Brücke und einige hundert Meter danach treffen Winter- und Sommermarkierung zusammen. Weiter geht es gut 500 m bis zur Grenze der **Naturreservate Rogen und Långfjället**. Kurz nach der Reservatsgrenze gibt es eine Quelle, etwa 500 m weiter Richtung Süden trennen sich Winter- und Sommerroute wieder. Der Wanderweg führt östlich des Berges **Brattbäckvålen** (1.000 m) zur **Storrödtjärn Fjällstuga** am See **Storrödtjärnen / Lyökenjaevrie**.

FR019 · 10 km · Storrödtjärn Fjällstuga ⑩ – Hävlingestugorna ⑪

Von der **Storrödtjärn Fjällstuga** folgt man einem steinigen Pfad leicht bergauf Richtung Westen bis zur **Schutzhütte Slagusjön** am Südufer des gleichnamigen Sees **Slagusjön / Sluvvenjaevrie**. Nun geht es südwärts über das fast baumlose **Slagufjället / Slyvventjahke** auf einem gut zu laufenden Weg, der sich über etwa 2,5 km leicht absenkt und zu einer Kreuzung führt, an der es nach Osten zur Hütte Spångkojan geht *(FR020)*.

Unsere Route wendet sich nach Westen, über den **Olåsen**, biegt dann nach Süden zur Brücke auf der Landenge zwischen den Seen **Hävlingen** (778 m) und **Särsjön** (777 m). 500 m weiter folgt eine Kreuzung, an der es Richtung Westen nach Norwegen *(FR025)* und zur Grövelsjön Fjällstation *(FR023 & FR024)* geht. Die Route zur **Hävlingestugorna** führt nordwestwärts am Ufer des **Hävlingen** durch steiniges Gelände zur gleichnamigen Ferienhaussiedlung. Eine der Hütten steht Wanderern zur Verfügung. Am Seeufer gibt es eine Sauna.

FR020 · 16 km · Storrödtjärn Fjällstuga ⑩ – Spångkojan (reservierungspflichtig) ⑫ ★

Von der **Storrödtjärn Fjällstuga** folgt man einem steinigen Pfad leicht bergauf in Richtung Westen bis man zur **Schutzhütte Slagusjön** am Südufer des gleichnamigen Sees **Slagusjön / Sluvvenjaevrie** gelangt. Nun geht es südwärts über das fast baumlose **Slagufjället / Slyvventjahke** auf einem gut zu laufenden Weg etwa 2,5 km bergab zu einer Kreuzung Kreuzung, an der es nach Westen zur Hävlingestugorna geht *(FR019)*.

Unsere Route zur reservierungspflichtigen **Hütte Spångkojan** führt hier in Richtung Osten den Hang des **Olåsen** hinunter etwa 1 km bis zu einem Gebirgsbach, der ohne Schwierigkeiten gequert werden kann. In waldiger Gegend kommt man nach knapp 500 m an einen weiteren Bach, der genauso leicht gequert wird. Der Weg wendet sich langsam südostwärts, ist gut zu laufen und nur ein wenig hügelig. Etwa 1 km nach dem Bach führt der Weg an einer alten, sehr rustikalen *Wohnkote* vorbei, *die heute ein absolut sehenswertes Museum ist*. Einige hundert Meter weiter erreicht man die **Wildmarkhütte Slagufjället**, die als Schutzhütte dient. Danach geht es hinauf über die Baumgrenze und weiter leicht ansteigend über den Westhang des **Rävtjärnsvålen**, auf 2 km werden 140 Höhenmeter überwunden.

Vom Scheitel des Berges beginnt ein 6 km langer Abstieg Richtung Südsüdost ins Tal **Töfsingdalen**, bei dem insgesamt 340 Höhenmeter abgestiegen werden. Auf dem Weg ins Tal führt der Weg insgesamt 1,5 km durch das Gebiet des **Nationalparks Töfsingdalen** und passiert dabei wieder die Baumgrenze. Der Weg ist gut zu laufen. Über feuchtere Stellen führen Bohlenwege.

Nach knapp 5 km spannt sich eine kleine Brücke über einen Bach und 500 m später folgt eine Kreuzung. Nach Westen über die Brücke des *Storån* weist die markierte Route zur Hävlingestugorna *(FR021)* und zur Grövelsjön Fjällstation *(FR022)*. Unsere Route zur *Spånkojan* führt etwa 500 m weiter in Richtung Südosten. Neben der reservierungspflichtigen Hütte steht auch eine offene Hütte, die im Notfall zur Übernachtung genutzt werden kann. Beide Hütten sind leicht anhand des Zustands der Schornsteine zu unterscheiden.

FR021 | 14 km | Spångkojan (reservierungspflichtig) – Hävlingestugorna

Von der Hütte *Spångkojan* gelangt man nach wenigen hundert Metern Richtung Nordwesten an eine Gabelung, an der man Richtung Norden zur Storrödtjärn Fjällstuga kommt *(FR020)*. Unsere Route zur *Hävlingestugorna* führt über die Brücke ans Westufer des Flusses *Storån* und westwärts gut 1 km leicht bergauf bis zu einer Gabelung, an der man weiter Richtung Westen zur Grövelsjön Fjällstation gelangen kann *(FR022)*.

Unser Weg biegt nach Nordwesten und passiert einige hundert Meter weiter die reservierungspflichtige *Hütte Töfsinghån*. Hier ist das Gelände recht sumpfig und kann besonders im Frühsommer ausgesprochen matschig sein. Die Route macht einen kleinen Bogen um die Bucht *Töfsinghån* zum Bach *Tålbäcken*, nach dessen leichter Durchquerung der Weg dem *Storån* stromaufwärts folgt. Hier wird der Weg deutlich schwerer begehbar, ist steinig und führt tief durch den Wald. Umgefallene und dicht gewachsene Bäume, Wurzeln, Steine und größere Felsblöcke erschweren das Vorankommen. An vielen Stellen gabelt sich der Weg und es ist nicht immer leicht, in diesem Labyrinth den richtigen Weg zu erkennen.

Etwa 2 km in Richtung Nordwesten nach dem *Tålbäcken* kommt man erneut an einen Bach, der im Frühsommer leicht zu durchwaten ist, zu allen anderen Zeiten kann man ihn von Stein zu Stein überwinden. Das Gelände bleibt schwierig. Der Weg führt zu einer klar erkennbaren Biegung des *Storån*. An dem überwiegend waldigen Weg gibt es einige Rast- und Zeltplätze. Von der Flussbiegung geht es Richtung Westen langsam bergauf in leichteres Gelände. Etwa 1,5 km danach wird wieder ein Wasserlauf problemlos durchquert, ca. 1 km später erreicht man, nun wieder nordwestwärts, einen Rastplatz am See *Nedersthån*. Die Etappe von der Bucht *Töfsinghån* bis hier zum See erfordert viel Zeit.

Die Route führt nun an einigen Seen und Tümpeln vorbei. Jenseits der Seen liegt der *Nationalpark Töfsingdalen*, zu erreichen über mehrere Brücken, in dem Feuermachen und Zelten verboten sind. Von unserem Pfad führen mehrere Abzweige den Hang hinauf Richtung Südwesten zur Grövelsjön Fjällstation. Etwa 3,5 km später gelangt man zur reservierungspflichtigen *Hütte Särsjön*, in deren Nähe es auch einen Unterstand gibt.

Etwa 1,5 km weiter folgt ein Abzweig, an dem ein Weg südwärts nach Grövelsjön weist *(FR023)*. Für uns geht es etwa 500 m weiter in Richtung Nordwesten zu einer weiteren Kreuzung, an der man nach Grövelsjön *(FR024)* und Norwegen *(FR025)* abzweigen kann. Unsere Route zur *Hävlingestugorna* führt hier nach Ostsüdost und erreicht nach gut 500 m eine dritte Kreuzung, an der es in Richtung Osten zur Storrödtjärn Fjällstuga geht *(FR019)*. Wir biegen hier nach Norden und gehen am Ufer des *Hävlingen* entlang durch steiniges Gelände zu einer Ferienhaussiedlung gleichen Namens. Eine der Hütten steht Wanderern zur Verfügung. Am Ufer des Sees gibt es eine Sauna.

FR022 | 16 km | Spångkojan (reserv.) ⑫ – Grövelsjön ⑬ (via Storvätteshågna 1.204 m)

Etwa 500 m nordwestlich der **Spångkojan** geht es an einer Gabelung nach Norden zur Storrödtjärn Fjällstuga *(FR020)* geht. Unsere Route führt über die Brücke ans Westufer des Flusses **Storån** und gut 1 km leicht bergauf bis zu einer weiteren Gabelung, an der man Richtung Nordwesten zur Hävlingestugorna gelangt *(FR021)*.

Der Weg zur **Grövelsjön Fjällstation** führt weiter in Richtung Westen. Der Anstieg wird nach der Kreuzung etwas steiler und verläuft auf den ersten 1,5 km durch tiefen Wald. Zwei Gebirgsbäche können problemlos überwunden werden. Wenn die Bäume weniger werden wird der Anstieg nochmal steiler. Der Weg verläuft südlich am Berg **Giedtietjahke** (973 m) vorbei und weiter bergauf zum Gipfel des Berges **Storvätteshågna / Gealda** (1.204 m). Von der Brücke an zieht sich der Anstieg auf 6 km insgesamt 590 Höhenmeter gleichmäßig über den ganzen Weg hin. Oben bietet sich ein atemberaubender, weiter Blick über das **Naturreservat Rogen** und den **Nationalpark Femundsmarka**. Am Gipfel zweigt ein Weg in Richtung Norden ab.

Vom **Storvätteshågna** geht es einige hundert Meter östlich am See **Santesonstjärnen** entlang zu einer Kreuzung, die man jedoch ignoriert und den Bergsee weiter südlich umrundet. Man läuft hier oben einen weiteren Kilometer Richtung Westen, bevor die Route deutlich abwärts führt. Auf gut 2 km sind es ungefähr 260 Höhenmeter. Unten am See **Övre Fosksjön** gibt es eine Brücke und eine Kreuzung, an der es in Richtung Nordost zur Hävlingestugorna geht *(FR023)*.

Unsere Route zur **Grövelsjön Fjällstation** verläuft über die Brücke in Richtung Südwesten und folgt einem breiten, gut zu laufenden Weg. Am Berg **Fosksjökläpparna** (1.070 m) geht es nördlich vorbei, leicht ansteigend über 1,5 km bergauf. Nach weiteren 1,5 km beginnt der letzte Abstieg vor der **Grövelsjön Fjällstation**. Vom Scheitel bis zur Hütte sind es etwa 2 km, und je näher man der Fjällstation kommt, umso mehr Wege kreuzen den eigenen Weg. Aber der Weg zur Fjällstation ist gut markiert. Der Langzeitparkplatz an der Fjällstation liegt einige hundert Meter weiter südlich.

FR023 | 14 km | Hävlingestugorna ⑪ – Grövelsjön ⑬ (via Övre Fosksjön)

Von den **Hävlingestugorna** folgt man zunächst dem Ufer des **Hävlingen**-Sees durch steiniges Gelände in Richtung Südosten. Nach 1 km erreicht man eine Kreuzung, an der es nach Osten zur Storrödtjärn Fjällstuga geht *(FR019)*. Hier wendet man sich nach Westnordwest und kommt nach weniger als 1 km an eine weitere Kreuzung. Der Weg nach Südwesten führt am Unterstand Särsjöbäcken vorbei zur Grövelsjön Fjällstation *(FR024)*, der Weg nach Nordwesten Richtung Norwegen und weiter zum Hof Sylseth *(FR025)*.

Unser Weg, vorbei am See **Övre Fosksjön** zur **Grövelsjön Fjällstation**, biegt hier kurz nach Südosten. An der nächsten Gabelung, nach 500 m, an der es Richtung Südosten am Fluss Storån entlang zur reservierungspflichtigen Hütte Spångkojan geht *(FR021)*, geht es für uns nach Süden weiter. Über einen steinigen Weg laufen wir etwa 1,5 km leicht bergauf zum Fluss **Särsjöbäcken**. Die Durchquerung ist im Frühsommer mittelschwer, sonst kommt man unter Umständen sogar trockenen Fußes hinüber.

Weniger als 500 m nach dem Fluss gibt es einen Abzweig nach Nordosten, über den man zum See Särsjön und zur *Route FR021* gelangen könnte.

Unser Weg führt weiter nach Südsüdost und nach einigen hundert Metern zu einer Gabelung, an der es auf dem Weg nach Südosten zum Berg Storvättshågna (1.204 m) geht. Wir laufen hier 4 km weiter südwärts und kommen, am Ufer des Sees *Övre Fosksjön* entlang, zur Brücke über den südlichen Seeabfluss. Auf den letzten 1,5 km macht die Route einen Schlenker nach Südwesten und wird immer weniger steinig je näher man dem See kommt. Auf dem Weg zum *Övre Fosksjön* gibt es eine Reihe von Abzweigen, aber der Weg nach *Grövelsjön* ist eindeutig – gut markiert und breit.

Vor der Brücke zweigt ein Pfad hinauf auf den Berg Storvätteshågna und zur reservierungspflichtigen Hütte Spångkojan *(FR022)*.

Unsere Route führt über die Brücke in Richtung Südwesten weiter. Auf einem breiten, gut ausgetretenen Weg geht es etwa 1,5 km nördlich am Berg *Foksjökläpparna* (1.070 m) vorbei und leicht bergauf. 1,5 km weiter gelangt man zum letzten Abstieg vor der *Grövelsjön Fjällstation*. Vom Scheitel bis zur Fjällstation sind es etwa 2 km und je näher man der Hütte kommt, umso mehr Wege kreuzen unseren Weg. Aber der Wanderweg zur Fjällstation ist gut markiert.

Der Langzeitparkplatz an der *Grövelsjön Fjällstation* liegt einige hundert Meter weiter südlich.

FR024 | 12 km | Hävlingestugorna ⑪ – Grövelsjön ⑬ (via Schutzhütte Särsjöbäcken)

Von den *Hävlingestugorna* folgt man zunächst dem Ufer des *Hävlingen*-Sees durch steiniges Gelände in Richtung Südosten. Nach 1 km kommt eine Kreuzung, an der es nach Osten zur Storrödtjärn Fjällstuga geht *(FR019)*. Hier wendet man sich nach Westnordwest und steht nach weniger als 1 km an der nächsten Kreuzung. Nach Südosten käme man zur reservierungspflichtigen Hütte Spångkojan *(FR021)* oder am See Övre Fosksjön vorbei zur Grövelsjön Fjällstation *(FR023)*. Unser Wanderweg an der *Schutzhütte Särsjöbäcken* vorbei nach *Grövelsjön*, weist nach Südwesten und steigt in steinigem Gelände über gut 2,5 km leicht an bis zur Brücke über den Fluss *Särsjöbäcken*. Hier liegt die gleichnamige Schutzhütte.

Nach der Brücke geht es westlich an einem Gipfelpunkt (988 m) vorbei und auf den aufragenden Berg *Jakobshöjden* (1.103 m) zu. Die Route führt östlich am Berg vorbei nach Süden und steigt südlich des Berges wieder südwestwärts leicht an. Dann beginnt ein 2,5 km langer Abstieg hinunter zur *Grövelsjön Fjällstation*, bei dem es 220 Höhenmeter nach unten geht. Vom Hang aus hat man einen schönen Blick hinab ins Tal. Der Langzeitparkplatz liegt einige hundert Meter weiter südlich.

FR025 | 10 km | Hävlingestugorna ⑪ – Sylseth Gård (Schiffsanleger Sylen) ⑮

Von den *Hävlingestugorna* folgt man zunächst dem Ufer des *Hävlingen*-Sees durch steiniges Gelände in Richtung Südosten. Nach 1 km kommt eine Kreuzung, an der es nach Osten zur Storrödtjärn Fjällstuga geht *(FR019)*.

Hier wendet man sich nach Westnordwest und steht nach weniger als 1 km an einer weiteren Kreuzung. Nach Südosten käme man zur reservierungspflichtigen Hütte Spångkojan *(FR021)*, nach Südwesten über den Särsjöbä-

Der Mjölkstava (1.068 m), *Etappe FR025*.

cken zur Grövelsjön Fjällstation *(FR024)*. Unser Weg zum **Sylseth Gård** führt bergauf Richtung Nordwesten und wendet sich nach wenigen hundert Metern westwärts. Der Anstieg beträgt 160 Höhenmeter auf 3 km. Dann verläuft die Route an einem Rentiergehege vorbei.

Nach 2,5 km einfacher Wegstrecke, unterwegs werden mehrere kleine Bäche problemlos gequert, passieren wir die Staatsgrenze nach Norwegen und laufen bergab. Anfangs ist der Abstieg flach, wird jedoch zunehmend steiler und führt auf 1,5 km etwa 160 Höhenmeter nach unten. Im Tal zweigt an einer Kreuzung ein Pfad zum Hof Haugen Gård *(FR032)* nach Norden ab. Unsere Route nach **Sylen** biegt nach Süden zur Brücke über den Fluss **Röa**. Dann ist es noch 1 km bis zum **Hof Sylseth Gård**. Die Landschaft am **Grövelsjön / Guevteljaevrie** (763 m) ist wunderschön. Es besteht die Möglichkeit einen Boottransfer vom **Schiffsanleger Sylen** nach **Grövelsjön** zu bestellen (Tel. +47 (0)70 336 25 80, www.sylora.se).

FR026 · 10 km · Sylseth Gård ⑮ – Grövelsjön ⑬

Von der Hütte **Sylseth Gård** geht es 300 m zum Wanderweg, der mit einem steilen und steinigen Aufstieg Richtung Südwesten durch ein Birkendickicht hinauf zur Baumgrenze beginnt. Die Route verläuft im Gebiet des **Grøvelsjøen Naturreservats** und windet sich den Berghang östlich des **Salsfjellet** hinauf, bis der Anstieg etwas flacher wird. Der Pfad bringt uns nach Südsüdwest aus dem **Naturreservat** heraus, in den **Nationalpark Femundsmarka** hinein. Der Anstieg geht weiter, wenn auch jetzt flacher. An einem Abzweig kann man nach

Nordwesten zur Hütte Svukuriset gelangen *(FR030)*. Für uns geht es 1 km weiter in Richtung Südsüdwest, immer noch leicht ansteigend. Dann folgt eine Gabelung. Der Weg weiter geradeaus führt zum Hof Valdalen Gård *(FR027)*, während unsere Route, zur **Grövelsjön Fjällstation**, sich leicht bergab in Richtung Südosten wendet. Wir befinden uns auf dem **Linnés veg**. Den **Digerbekken** mit steiler Böschung querend, kommen wir in knapp 2 km zur Staatsgrenze, an der man den **Nationalpark Femundsmarka** verlässt und das Gebiet des **Långfjällets Naturreservats** betritt. Immer noch absteigend laufen wir, durch einen Rentierzaun, bis zu einer Kreuzung, an der ein Abzweig nach Westen zum Hof Valdalen Gård weist *(FR028)*. Wir kommen zum südlichen Ende des Sees **Grövelsjön / Guevteljaevrie** (763 m), an dem es einen schön gelegenen Unterstand gibt. Von hier, über die Brücke, folgen wir den Wegweisern leicht bergauf, etwa 1 km Richtung Süden bis zur **Grövelsjön Fjällstation**. Auf dem letzten Kilometer kann es durchaus passieren, dass man Wichteln, Gnomen oder Naturgeistern begegnet.

FR027 · 12 km · Sylseth Gård (Schiffsanleger Sylen) 15 – Valdalen Gård 14

Von **Sylseth Gård** aus geht es 300 m zum steinigen Wanderweg, der sich steil Richtung Südwesten durch ein Birkendickicht hinauf zur Baumgrenze schlängelt. Die Route verläuft im Gebiet des **Naturreservats Grøvelsjøen** und windet sich den Berghang östlich des **Salsfjellet** hinauf, bis der Anstieg etwas flacher wird. Der Pfad verläuft nach Südsüdwest aus dem Gebiet des **Naturreservats** heraus und in den **Nationalpark Femundsmarka**

Ein nicht gekennzeichneter Zeltplatz am Grövelsjön, *Etappe FR026*.

hinein. Der Anstieg geht weiter, wenn auch jetzt flacher. An einer Kreuzung gelangt man nach Nordwesten zur Hütte Svukuriset *(FR030)*. Für uns geht es 1 km in Richtung Süden, immer noch leicht ansteigend. Dann folgt eine Weggabelung. Der linke Weg nach Südosten führt zur Grövelsjön Fjällstation *(FR026)*, unser Weg zum **Hof Valdalen Gård** weiter nach Süden. Es geht am Südhang des Berges **Salsfjellet** (1.278 m) vorbei, an dem es einen kurzen, aber steilen Abstieg gibt. Weiter laufen wir über ein baumloses Fjell in Richtung Südwesten und etwa 3 km bis zum Südende des **Nationalparks Femundsmarka**. Von der Nationalparksgrenze sind es noch etwa 2 km leicht bergab in Richtung Südsüdwest bis zum **Hof Valdalen Gård (Pension)**.

FR028 – 9 km – Grövelsjön Fjällstation  – Valdalen Gård

Von der **Grövelsjön Fjällstation** geht es zunächst nordwärts über einen Waldweg, auf dem man beinahe wirklich glaubt, Waldgeistern, Wichteln und Kobolden begegnen zu können. Dann geht es hinunter zum südlichen Ende des Sees Grö**velsjön**/*Guevteljaevrie* (763 m), über die Brücke des *Grövlan* und am Unterstand vorbei. Einige hundert Meter in Richtung Westen folgt ein Abzweig nach Nordwesten zum Hof Sylseth Gård *(FR026)* und zur Hütte Svukuriset *(FR030)*. Unsere Route nach **Valdalen** führt weiter westwärts gut 1,5 km leicht bergauf und wendet sich dabei nach Südwesten. Dann wird die Staatsgrenze überschritten und das Gebiet des **Nationalparks Femundsmarka** in Norwegen betreten. Wir folgen dem Weg weiter südwestwärts, können zwei Gebirgsbäche problemlos überqueren. Nach weiteren 2,5 km sanften Anstiegs verlassen wir das Gebiet des Nationalparks, hier lässt der am See Grövelsjön begonnene Anstieg nach. Nach der Nationalparksgrenze geht es gut 2,5 km und 160 Höhenmeter leicht bergab zur Landstraße und zum **Hof Valdalen Gård (Pension)**.

FR029 – 21 km – Valdalen Parkplatz  – Hütte Svukuriset

Etwa 1,5 km westlich des Hofes **Valdalen Gård** befindet sich an der **Straße 221** *(Valdasfjellet)* ein Parkplatz, von dem aus diese Etappe startet. Zunächst führt den Weg in Richtung Nordwesten ein teilweise sumpfiges Fjell hinauf. Vorn ist der Gipfel des **Rundhøgda** (1.120 m) zu sehen. Mäßig bergauf führt der Weg in das Gebiet des **Nationalparks Femundsmarka** hinein. Nun sind der Berg **Storslåga**/*Skuvhtåelkie* (1.344 m) und etwas im Hintergrund der **Elgåhogna** (1.460 m) zu sehen.

Der Pfad schlängelt sich zwischen den Bergen **Sushøgda**/*Jorpetjahke* (1.252 m) und **Storslåga** entlang, wendet sich dabei Richtung Norden und gibt den Blick auf die majestätische Erscheinung des **Elgåhogna** frei. Durch diese schöne Landschaft geht es Richtung Norden über einige kleinere Bäche, die unproblematisch sind. Nur das Gelände kann mitunter recht nass sein, ist aber ansonsten einfach zu laufen.

In teilweise steiniger Umgebung steigt der Weg leicht bergan und führt in Richtung eines Berghangs. Der Weg passiert einen kleinen See und erreicht nach etwa 1 km einen Abzweig, rechterhand liegt der **Forborgen** (1.153 m). In Richtung Ostsüdost gelangt man zur Grövelsjön Fjällstation *(FR030)*. Wir gehen zur Hütte **Svukuriset** den leicht bergab führenden Weg geradeaus. Östlich an der vertikalen Wand des Nordgipfels (1.232 m) des **Elgåhogna** entlang und über dessen unteren Hang führt unsere Route nun stärker in Richtung Nordwesten.

Nördlich des **Elgåhogna** haben wir eine sagenhafte Sicht auf die massive Gestalt des Berges **Stor-Svuku / Svahke** (1.416 m). In sumpfigem Gelände geht es nordöstlich an den Seen **Revlingsjøane** (872 m & 870 m) und an einer privaten Hütte vorbei. Nach etwa 1 km durch waldigeres, stellenweise steinigeres Gelände gelangt man zu einem Abzweig. Der Weg nach Osten führt zum Hof Sylseth (FR031). Unsere Tour führt nach Nordwesten aus dem **Nationalpark** hinaus in das **Landschaftsschutzgebiet Femundslia** und erreicht nach einem weiteren Kilometer die **Hütte Svukuriset**.

| FR030 | 23 km | Grövelsjön Fjällstation ⑬ – Hütte Svukuriset ⑰ ★ |

Von der **Grövelsjön Fjällstation** geht es zunächst Richtung Nordnordwest über einen Waldweg, auf dem man beinahe wirklich glaubt, Waldgeistern, Wichteln und Kobolden begegnen zu können. Dann geht es an der Südspitze des Sees **Grövelsjön / Guevteljaevrie** (763 m) über die Brücke und am Unterstand vorbei. Einige hundert Meter westwärts folgt eine Gabelung, geradeaus nach Westen käme man zur Pension Valdalen Gård (FR028).

Unser Weg, zieht sich, gut ausgetreten, in Richtung Nordwesten leicht bergauf, durch einen Rentierzaun und wechselt aus dem **Långfjällets Naturreservat** in den **Nationalpark Femundsmarka**. Gleichzeitig wird die Staatsgrenze passiert. Die Route, wir befinden uns auf dem *Linnés veg*, führt über den **Digerbekken** und etwa 2 km bergauf bis zu einer Kreuzung, an der es in Richtung Süden zum Hof Valdalen Gård geht (FR027).

Unser Weg zur **Hütte Svukuriset** biegt nach Norden und fällt leicht ab. Nach etwa 1 km folgt unser Abzweig, weiter nach Norden käme man zum Hof Sylseth (FR026). Unsere Route wendet sich hier in westnordwestliche Richtung bergauf. Die als *Carl-von-Linné-Weg (Linnés väg)* bekannte Wanderroute führt auf den Sattel zwischen dem Nord- und dem Südgipfel des **Salsfjellet** (1.206 m & 1.278 m) und senkt sich dann langsam durch sumpfiges Gelände bergab. Im Norden bilden die Berge **Grøthogna** (1.401 m), **Rønsjøruten** (1.264 m) und **Stor-Svuku / Svahke** (1.416 m) eine atemberaubende Landschaft. Der *Linné-Weg, den der berühmte Botaniker im Jahre 1734 gegangen ist*, führt durch offenes Gelände, einige unproblematische Bäche kreuzen unsere Route. Der **Grøvelåa** ist im Frühsommer leicht zu durchwaten.

Anfänglich steigt der Weg langsam in Richtung **Elgåhogna**-Berg (1.460 m) an, dessen geschwungener Osthang besonders eindrucksvoll ist. Der Anstieg wird etwas steiler und führt über den Scheitel des **Forborgen** (1.153 m) zu einer Gabelung. Nach Süden gelangt man zum Parkplatz Valdalen (FR029). Unsere Route verläuft nordwärts, östlich an der steilen Wand des Nordgipfels (1.232 m) des **Elgåhogna** entlang, und über dessen unteren Hang stärker in nordwestliche Richtung.

Nördlich des **Elgåhogna**, immer noch bergab, öffnet sich ein atemberaubender Blick auf die gewaltige Gestalt des Berges **Stor-Svuku / Svahke** (1.416 m). Nun folgt ein sumpfiger Abschnitt, der nordöstlich an den Seen **Revlingsjøane** (872 m & 870 m) und an einer privaten Ferienhütte vorbeiführt. Dann laufen wir etwa 1 km durch waldigeres und stellenweise steinigeres Gelände bis zu einem Abzweig. Der Weg nach Osten führt zum Hof Sylseth (FR031), der Weg nach **Svukuriset** weiter nach Nordwesten über die Grenze des **Nationalparks** in das **Landschaftsschutzgebiet Femundslia** und erreicht sein Ziel nach 1 km.

Der Gipfel des Grøthogna und der Fluß Röa.

FR031 · 14 km · Sylseth Gård (Schiffsanleger Sylen)  – Hütte Svukuriset

Vom Hof **Sylseth Gård,** westlich am Fluss **Grøvelåa** gelegen, geht es, dem Sandweg folgend, Richtung Süden zur Kreuzung, an der man links abbiegt. Über die Brücke des **Grøvelåa** laufen wir Richtung Norden. Es folgt eine Kreuzung, an der es weiter nordwärts zum Haugen Gård *(FR032)* und zur Hävlingestugorna *(FR025)* geht.

Unsere Route zur **Svukuriset Hütte** wendet sich hier nach Nordwesten, auf dem Wegweiser steht auch **Rönsjöen**. Durch ein Birkendickicht steigen wir bergan, kurz darauf werden das offene Fjell und ein schmaler Gürtel des **Naturreservats Grøvelsjøen** erreicht. Weiter geht es ins Gebiet des **Nationalparks Femundsmarka**.

Der Weg führt über den Südhang des Bergs **Sylvola** (1.040 m) und wendet sich nördlich des Berges nach Norden. Direkt in Wanderrichtung ragen die massiven Berge **Grøthogna** (1.401 m), **Rønsjøruten** (1.264 m) und **Stor-Svuku / Svahke** (1.416 m) auf. Die Route wendet sich vor dem am Fuße der Berge ruhenden See **Rønsjøen** (888 m) nach Westen und führt an privaten Ferienhäusern vorbei leicht bergauf. Am Horizont begleiten die Berge den Wanderer die ganze Zeit. Weiter geht es durch offenes Gelände in eine Lücke zwischen den bedächtiger aufragenden Bergen **Revilingkletten** (1.154 m) und **Litl-Svuku** (1.153 m). Richtung Nordwesten laufen wir leicht bergab bis unterhalb der Baumgrenze und zu einer Kreuzung. Der Weg nach Südosten führt zum Parkplatz Valdalen *(FR029)*, unser Weg verläuft weiter nach Nordwesten über die **Nationalparksgrenze** ins **Landschaftsschutzgebiet Femundslia** und erreicht nach 1 km die **Hütte Svukuriset**.

| **FR032** | **27 km** | **Haugen Gård** (Boot) ㉑ – **Sylseth Gård** (Schiffsanl. Sylen) ⑮ |

Vom Hof **Haugen Gård** geht es einen ziemlich steilen Anstieg in Richtung Ostnordost hinauf zur Baumgrenze. Alsbald folgt eine Gabelung, an der man den Wegweisern in Richtung Südosten nachgeht. Weiter nach Nordosten käme man zur Hütte Røvollen *(FR036)*.

Der Aufstieg nach dem Abzweig ist sehr steinig. In Höhe der Baumgrenze wechselt man aus dem *Landschaftsschutzgebiet Femundslia* in den *Nationalpark Femundsmarka*. Hier geht es im offenen Fjell steiler bergauf, dabei wendet sich die Route langsam mehr ostwärts. Der Anstieg flacht ab und kreuzt den Weg zwischen den Hütten Røvollen und Svukuriset *(FR034)*. Nach der Kreuzung geht es weiter den Berghang hinauf bis man nach gut 2 km den Wanderweg zwischen der Skedbro Fjällstuga und der Hütte Svukuriset *(FR033)* kreuzt. Vom Hang fällt der weite, offene Blick in Richtung Norden, im Süden dominiert der Berg *Stor-Svuku / Svahke* (1.416 m) die Landschaft. An der Kreuzung gibt es einen kleinen, von Bäumen gesäumten See, der auch **Oasen** genannt wird.

Grøtådalen, *Etappe FR032*.

Nun laufen wir ostsüdostwärts durch steiniges Gelände. An zahlreichen kleineren Seen vorbei, dann stärker nach Südosten. Hinter dem Tal *Grøtådalen* erhebt sich die leicht erkennbare Gestalt des Bergs *Kratlvola* (1.078 m), rechterhand drei Gipfel des *Stor-Svuku*. Während man auf dem Wanderweg voranschreitet, fühlt man sich tatsächlich mitten in der Wildnis.

Die Route führt langsam ins *Grøtådalen* hinab bis zum Fluss *Grøtåa*, der mitten durchs Tal fließt. Südlich am Fluss geht es durch ein kleines Wäldchen und an einem Abzweig vorbei, auf dem man zur Hütte Svukuriset und zum Gipfel des *Stor-Svuku* gelangen kann.

Durch steiniges Gelände folgt man dem Fluss *Grøtåa* zur Brücke über den Fluss *Vonbekken* und zur Hütte *Grøtådalsætra*. Die Route führt von der Hütte etwa 400 m nach Süden, und wendet sich dann nach Südosten. Über den *Litlebekken* gelangt man von Stein zu Stein, im Frühsommer ist die Durchquerung leicht. Etwa 700 m nach dem *Litlebekken* gelangt man an eine private Hütte, an der sich unser Weg durch einen Gebirgsbach nach Nordosten und kurz danach wieder nach Südosten wendet. Dann passiert man ein weiteres privates Ferienhaus und kommt an eine Brücke über den Fluss *Grøtåa*.

Nach der Brücke folgen wir dem *Grøtåa* stromauf. Das Tal wird schmaler und am Westrand ragen die Felswände der Berge *Grøthogna* (1.401 m) und *Sylfjellet* (1.335 m) immer steiler auf und bilden hunderte Meter hohe Mauern. Der Weg verläuft immer noch durch ein Mosaik aus Wald und Felsen, teilweise kommt man nur schwierig und langsam voran. Die Route wendet sich langsam gen Süden und überquert eine Brücke über einen Bach, der aus einem See (863 m) abfließt. Es geht weiter südwärts und das Tal wird wieder offener. Nach 1 km queren wir einen kleinen Bach ohne Schwierigkeiten, danach geht es durch ein schmales Waldstück gut 1 km nach Süden. Das Waldstück endet dort, wo sich der Pfad vom Fluss *Grøtåa* trennt. Auch der *Grøthogna* weicht zurück und der Wanderweg führt aus dem Tal heraus. Bei gutem Wetter genießt man man einen tollen Blick.

Nun betreten wir das *Naturreservat Grøvelsjøen* und steigen über den Südhang des *Grøthogna* langsam ab. Die Durchquerung des *Brunsdalsbekken* gelingt ohne Schwierigkeiten. Nach 1 km in Richtung Süden gelangen wir an eine Kreuzung, an der man weiter nach Süden geht. Die Route nach Nordosten den Hang hinauf führt zur Hävlingestugorna (FR025). Hier verlässt man das *Naturreservat Grøvelsjøen* wieder. Über eine Brücke erreichen wir eine weitere Kreuzung. Ein Wegweiser mitten in einem Birkendickicht weist den Weg zur Hütte Svukuriset (FR031), auf dem Schild steht auch *Rönsjöen*. Unsere Route geht an der Kreuzung weiter nach Süden auf den Sandweg und zur Brücke über den Fluss *Grøvelåa*, nach der es Richtung Norden die letzten hundert Meter bis zum *Hof Sylseth Gård* weitergeht. Ein Übernachtungsplatz muss im Voraus reserviert werden.

Vom *Bootsanleger Sylen* hat man einen herrlichen Blick auf die den See *Grövelsjön / Gueveltjaevrie* (763 m) umgebenden Berge. Es besteht die Möglichkeit, hier einen Bootstransfer nach *Grövelsjön* zu bestellen (Tel. +47 (0)70 336 25 80, www.sylora.se).

| FR033 | 28 km | Skedbro Fjällstuga  – Hütte Svukuriset |

An der *Skedbro Fjällstuga* läuft man südwestwärts mit einem herrlichen Blick über den See *Skedbrosjön / Sjkeappenjaeurie*. Über den Bach, der aus dem *Skedbrojön* abfließt, führt eine Brücke. Etwa 600 m weiter kommt man an eine Gabelung, an der es in Richtung Nordwesten nach Norwegen zum Hof Ljøsnåvollen (FR011) und

Falkfangarhøgda, *Etappe FR033*.

zur Hütte Røvollen *(FR010)* geht. Unsere Route zur **Hütte Svukuriset** führt weiter nach Südwesten. Der Weg ist teilweise sehr steinig. Aufpassen – die Steine können bei Regen sehr glatt sein!

Am See **Raavtejaevrie** vorbei geht es nun leicht bergauf. Der Anblick des Berges **Bustvålen** (1.024 m) und der übrigen Umgebung ist eindrucksvoll. Vom Hang geht es gut 500 m leicht bergab bis zu einem Abzweig. Der Weg nach Südosten weist zur Rogen Fjällstuga *(FR015)*.

Weiter gen Südwesten geht unsere Route. Wir gelangen zu einer Brücke über einen Wasserlauf vom See **Reva** zum See Rogen und zur **Wildmarkhütte Reva** unmittelbar vor der Landesgrenze. Von **Reva** geht es in Norwegen durch einen lichten Baumbestand in steinigem Gelände weiter südwestwärts. Der Weg führt an der **Wildmarkhütte Møllerbua** vorbei, am Ufer des Sees **Litl-buddhåen** (754 m) entlang zu einer Brücke, nach der es durch eine von Felsen und Kiefern geprägte Plateaulandschaft weitergeht. Gut 1 km nach der Brücke geht es durch eine Senke und zum Ufer des westlichen Sees der Seen **Storfisktjønnan** (751 m). Der Blick über den See und die schmale Bucht ist wunderschön. Weiter Richtung Südwesten gelangt man über eine schmale Landenge, das südliche Ende des **Storfisktjønna** umrundend, über den man einen herrlichen Blick hat. Rechterhand zweigt ein unmarkierter Weg ab, der in die Westteile des *Nationalparks Femundsmarka* führt. Für uns geht es über eine breitere Landbrücke zwischen den Seen **Kløfthåtjønna** entlang und durch ein Kiefernwäldchen im Norden des eigenwillig aussehenden Bergs **Kratvola** (1.078 m). Weiter entfernt erhebt sich die massige Gestalt des Berges **Stor-Svuku / Svahke** (1.416 m).

Der Weg führt nun nach Nordwesten und nach 800 m durch einen dichteren Wald zu den Brücken am Oberlauf des **Grøtåa.** Der Wald endet nach den Brücken und macht einem offenen Moor Platz, durch das sich Bohlenwege ziehen. Nach dem Moor geht es in Richtung Südwesten, über einen schmalen Graben und einen steinigen, nicht allzu steilen Hang hinauf. Der wellige Hang steigt anfänglich sanft an und kreuzt die Route, die den Hof Haugen Gård und Sylseth Gård verbindet *(FR032).* Hier gibt es einen kleinen von Bäumen gesäumten See, den man auch **Oasen** nennt. Nach der Kreuzung wird der Anstieg steiler und schweißtreibender. Der Pfad ist sehr gut zu erkennen.

Die Route führt über den **Falkfangarhøgdan** (968 m), wendet sich dabei westwärts und zieht sich hinunter zu einer Kreuzung. Der Weg nach Norden weist nach Røvollen *(FR034),* weiter geradeaus kann man zur Kuvolsætra gelangen, unsere Route biegt hier nach Südwesten.

Nach der Kreuzung folgt ein steiniger, flacher, etwa 3 km langer Abstieg. Vom Hang schweift ein eindrucksvoller Blick über den **Femundsee** hinweg auf den Berg **Søndre Buhøgda** (1.112 m) im Westen und etwas weiter nördlicher auf den Berg **Flenskampan** (1.292 m). Der Pfad mündet in eine Gabelung, an der es nach Nordwesten zum Hof Haugen Gård *(FR035)* geht. Unsere Route nach **Svukuriset** führt nach Süden. Ein Gebirgsbach kann mit großen Schritten überwunden werden, danach wird der **Nationalpark Femundsmarka** verlassen und wir kommen ins **Landschaftsschutzgebiet Gemundslia**. Noch 2 km laufen wir durch leichtes, bergiges Gelände weiter Richtung Süden, dann über einen Sandweg und durch das Tor zur **Hütte Svukuriset**.

Kuvolsætra, *Etappe FR035.*

Der See Røvoltjønna (775 m), Etappe FR036.

FR034 | 17 km | Hütte Svukuriset ⑰ – Hütte Røvollen ㉔ (via Falkfangarhøgda 968 m)

Die Route führt durch das Tor der **Hütte Svukuriset** hinaus und über den Sandweg einen kurzen, steilen Anstieg hinauf auf den Bergrücken, dem man in Richtung Norden folgt. Der Weg läuft sich gut. Etwa 2,5 km nach der Hütte erreicht man die Grenze des **Nationalparks Femundsmarka** und gleich darauf eine Gabelung, an der es nach Nordwesten über die *Kuvolsætra* zum Hof Haugen Gård geht *(FR035)*. Unsere Route über den **Falkfangarhøgda** (968 m) zur Hütte Røvollen führt nach Nordosten und steigt in steiniger Einöde leicht an. Vom **Falkfangarhøgda** (968 m) hat man einen phantastischen Blick in Richtung Nordwesten zum Berg **Flenskampan** (1.292 m) sowie auf den südöstlich neben einem aufragenden Berg **Stor-Svuku / Svahke** (1.416 m).

Nun steigt man in Richtung Norden ab, kreuzt dabei den Weg zwischen den Höfen Haugen Gård und Sylseth *(FR032)*. Über einen hügeligen Hang gelangt man bergab zum Ostufer des größeren der Seen **Røvoltjønnan** (775 m). Kurz vor dem See zweigt von unserer markierten Route rechts ein unmarkierter Weg zu den Wanderrouten im Osten des Nationalparks ab.

Unser Weg führt vom **Røvoltjønnan** weiter in Richtung Norden zwischen mehreren kleineren Seen hindurch. Fern am Horizont erheben sich eindrucksvolle Berge und machen das Wandern zum Vergnügen. Nach den Seen trifft der Weg auf eine T-Kreuzung. Nach Südwesten geht es zum Hof Haugen Gård *(FR036)*. Unsere Route biegt hier nach Nordosten ab und senkt sich über einen flachen Hang zum Südufer des kleinen Sees **Svarttjønna** (725 m) hinab. Von dort geht es weiter durch eine recht wellige Landschaft zu einer Brücke über einen Fluss, der aus dem **Nedre Roasten**-See (720 m) abfließt.

Nach der Brücke wendet sich der Weg nach Nordwesten und es geht recht lange über ein Geröllfeld, dem im Frühsommer ein Überschwemmungsgebiet vorausgeht, dann laufen wir in leichtem Gelände zur **Hütte Røvollen**. Kurz vor der Hütte zweigt rechts die Route zur Ljøsnavollen ab *(FR010)*.

FR035	10 km	**Hütte Svukuriset** 17 – **Haugen Gård** (Schiffsanleger) 21

Die Route führt durch das Tor der **Hütte Svukuriset** hinaus und über den Sandweg einen kurzen, steilen Anstieg hinauf auf den Bergrücken, dem man in Richtung Norden folgt. Der Weg läuft sich gut. Etwa 2,5 km nach der Hütte erreicht man die Grenze des **Nationalparks Femundsmarka** und gleich darauf eine Gabelung, an der es rechts nach Nordosten über den Falkfangarhøgda (968 m) zur Hütte Røvollen *(FR034)* geht. Unsere Route zum Hof Haugen Gård führt nach Nordwesten über ein rauhes, schönes und gut zu laufendes Bergplateau. Im Osten ragt imposant der Berg **Stor-Svuku / Svahke** (1.416 m), im Nordwesten in größerer Entfernung die leicht zu erkennenden Gipfel des Berges **Flenskampan** (1.292 m) empor. Gut 2 km nach der Kreuzung verlässt man den Nationalpark und betritt das **Landschaftsschutzgebiet Femundslia**. Hier wird das Gelände sumpfiger und der Weg führt in den Wald hinein zur Kuvolsætra. Der **Hof Kuvolsætra** erscheint wie ein Stück Geschichte: *Mitten in einem Birkenwald steht eine vom Lauf der Zeit patinierte Häusergruppe, die man unbedingt besichtigen sollte.*

Die Route führt östlich am Kuvolsætra vorbei durch den Kiefernwald in Richtung Norden und senkt sich über etwa 3 km bis zum **Hof Haugen Gård** langsam ab. Kurz vor dem Hof führt ein Feldweg zum **Schiffsanleger Haugen** der Femund II.

FR036	10 km	**Haugen Gård** (Schiffsanleger) 21 – **Hütte Røvollen** 24

Vom **Haugen Gård** geht es einen ziemlich steilen Anstieg Richtung Ostnordost hinauf zur Baumgrenze. Unterwegs zweigt rechts der Weg zum Sylseth Gård ab *(FR032)*. Der Aufstieg ist recht steinig. In Höhe der Baumgrenze wechselt man aus dem **Landschaftsschutzgebiet Femundslia** in den **Nationalpark Femundsmarka**. Die Route führt weiter Richtung Nordosten inmitten einer atemberaubenden Landschaft. Nah im Südosten erhebt sich der Berg **Stor-Svuku / Svahke** (1.416 m). Weiter im Nordosten ist der Grenzberg **Skedbrofjället / Skädpore** (1.148 m) erkennbar und ganz weit im Norden ragt der massive **Viglen** (1.561 m) auf. Wir laufen zum Westufer des größeren der **Røvoltjønnan**-Seen (775 m). Kurz vor dem See zweigt von unserer markierten Route rechts ein unmarkierter Weg, der zu den im Osten des Nationalparks verlaufenden Wanderrouten führt.

Es geht weiter am Nordwestufer des **Røvoltjønnan** (775 m) durch stellenweise nasse Streckenabschnitte in einem ansonsten leichten Gelände an den Seen vorbei zu einer Gabelung. Die Route nach Süden weist zur Hütte Svukuriset *(FR034)*. Unsere Route führt hier weiter nach Nordosten und senkt sich über einen flachen Hang zum Südufer des kleinen Sees **Svarttjønna** (725 m) hinab. Von dort geht es weiter durch eine recht wellige Landschaft zu einer Brücke über einen Bach, der aus dem See **Nedre Roasten** (720 m) abfließt.

Gråvola (912 m), *Etappe FR039*.

Hinter der Brücke wendet sich der Weg nach Nordwesten und verläuft recht lange über ein Geröllfeld, dem im Frühsommer ein Überschwemmungsgebiet vorausgeht. Dann gelangt man durch leichtes Gelände zur **Hütte Røvollen**. Kurz vor ihr zweigt rechts die Route zur Ljøsnavollen ab *(FR010)*.

| FR037 | 4 km | Hütte Røvollen ㉔ – Røa brygge (Bootsanleger) ㉓ |

Der gut zu laufende Weg von der **Hütte Røvollen** zur **Anlegestelle Røa** führt erst 3 km nach Nordwesten zur Brücke über den **Røa**-Fluss am See **Starrhåen**. Nach der Brücke knickt der Weg nach Norden und führt noch knapp 1 km bis zur **Anlegestelle Røa brygge** am **Femundsee**, an der es auch einen Unterstand (Røosbua) gibt.

| FR038 | 4 km | Hütte Svukuriset ⑰ – Revlingen (Bootsanleger) ⑱ (Elgå ⑯, 10 km) |

Von der **Hütte Svukuriset** folgt man dem Feldweg *(Risveien)* in Richtung Westen. Etwa 100 m weiter kommt man an einem Abzweig nach Süden zur Ortschaft Elgå *(FR039)* vorbei. Nach 3 km gabelt sich der Weg und führt nach links wieder Richtung Elgå. Um zum **Bootsanleger Revlingen brygge** zu kommen, wählt man an der Gabelung den Weg nach rechts in Richtung Westen. Er führt gut 500 m leicht bergab bis zur **Anlegestelle Revlingen**, an der es auch einen Unterstand gibt.
Möchte man die Wanderung zum **Dorf Elgå** fortsetzen,

wählt man an der Weggabelung den linken Weg und folgt dem Sandweg in Richtung Süden etwa 3 km.

Unterwegs überquert man die Grenze des *Landschaftsschutzgebietes Femundslia*. Nach weiteren 3 km passiert man einen kleinen Parkplatz, von dem aus man etwa 700 m dem Sandweg folgt. Der Weg wendet sich nach Westen und führt einige hundert Meter durch den Wald nach *Elgå (Femundsmarka Nationalparkzentrum)*.

| **FR039** | **8 km** | **Ort Elgå** (Bootsanleger, Bus)  – **Hütte Svukuriset** |

Vom Ort *Elgå* folgt man zunächst der markierten Route zwischen eingezäunten Feldern in Richtung Nordosten. Nach einigen hundert Metern kreuzt man eine Straße *(Risveien)* und wendet sich dann leicht bergauf weiter in Richtung Nordosten. Von der Landstraße geht es gut 1 km durch einen schön anzusehenden, steinigen Kiefernwald zur Brücke über den *Sagbekken*.

Nach der Brücke läuft man etwas steiler über 2 km bis zur Grenze des *Nationalparks Femundsmarka*. Das Gelände wird immer steiniger und die Kiefern werden zunehmend von Fjellbirken verdrängt. Kurz nach der Nationalparkgrenze erreicht man das offene Fjell, in dem hier und dort einzelne Fjellbirken wachsen. In steinigem Gelände läuft man auf dem Sattel zwischen den Bergen *Gråvola* (912 m) und *Sandtjønnvola* (1.099 m). Von oben schweift ein schöner Blick über den *Femundsee* (662 m) und auf die dahinter aufragenden Berge.

Vom offenen Fjell geht es hinunter und zurück in den Wald, westlich am See *Ristjønnan* (808 m) vorbei. Beim Abstieg wird es weniger steinig. Vom See aus läuft man etwa 1 km durch hügeliges Gelände, dann auf einer Brücke über den *Revlinga* zur *Hütte Svukuriset*.

MS Fæmund II in Elgå.

WANDERGEBIET RONDANE

Der **Rondane-Nationalpark** (963 km²) ist Norwegens ältester Nationalpark. Er wurde 1962 gegründet, um die einzigartige Tier- und Pflanzenwelt zu schützen und die Spuren steinzeitlicher Jäger- und Sammlerkulturen, die hier gefunden wurden, zu bewahren. Auch heute noch kann man in der Wildmark mit etwas Glück auf 5.000 Jahre alte Fallengruben oder Überreste steinzeitlicher Behausungen treffen.

Die Natur des Rondane-Nationalparks schmeichelt mit ihrer Kargheit dem Auge. Absolutes Highlight ist das über 2.000 Meter hoch aufragende Gebirgsmassiv **Rondslottet** (2.178 m), über das auch eine der markierten Wanderrouten im Gebiet verläuft. Neben dem **Rondslottet** gibt es noch weitere über 2.000 Meter hohe Gipfel, die alle im mittleren oder östlichen Teil des Nationalparks liegen.

Im Norden schließt sich der **Dovre-Nationalpark** (289 km²) an, der von seinen Landschaftsformen her ruhiger ist und damit das Gegenstück zu Rondanes erhabenen Landschaften bildet. Die 1.600 bis 1.700 Meter hohen Gipfel des Dovre-Nationalparks bilden sanft geschwungene Linien.

Im **Wandergebiet Rondane** kommen zwei sehr seltene Tierarten vor: das **Tundraren / Wildren** *(villrein)* und der **Moschusochse** *(moskus)*.

Das **Wildren / Tundraren** ist ausgesprochen scheu. Man sollte es nur aus der Ferne bewundern und sonst in Ruhe lassen, vor allem in der Zeit, in der die Jungtiere geboren werden *(1.5–10.6.)*.

Gleiches gilt für die **Moschusochsen**, allerdings können diese – vor allem wenn sie Jungtiere bei sich führen – den Menschen auch angreifen. Daher muss unbedingt ein Sicherheitsabstand von mindestens 200 Metern eingehalten werden. Der Moschusochse ist jedoch nur relativ selten im Rondane zu beobachten, wenn diese eindrucksvollen Tiere eine Wanderung in die nördlichen Teile des Nationalparks unternehmen.

Høgronden (2.115 m) und Storsvulten (1.871 m), *Etappe R023*.

Wo Starten?

Die **Nationalparks Rondane** und **Dovre** liegen günstig und sind gut zu erreichen. Die Eisenbahnstrecke zwischen Oslo und Trondheim führt westlich an den Nationalparkregionen vorbei und man kann beispielsweise in **Dovre** oder **Dombås** oder auch an dem im Norden gelegenen Bahnhof **Hjerkinn** aussteigen. Unweit des Bahnhofs Hjerkinn gibt es auch zwei Parkplätze.

Im Westteil des **Nationalparks Rondane** gibt es gleich mehrere Orte, unter anderem **Høvringen** und **Mysuseter**, an denen die Trekkingtour begonnen werden kann.

Im Nordteil des **Dovre-Nationalparks** liegen die Berghütten **Hageseter Turisthytte**, **Hjerkinn Fjellstue** und **Sletten Fjellstue**, von denen aus man zu einer Wandertour sowohl nach Norden Richtung Gebirgsregion **Dovrefjell** als auch nach Süden in die beiden Nationalparks **Dovre** und **Rondane** aufbrechen kann.

Am Ostrand der Nationalparks gelangt man über mautpflichtige Straßen zur **Grimsdalshytta** im Tal **Grimsdalen** und zur **Hütte Dørålseter** im Tal **Dørålen**. Auch der **Rastplatz Straumbu (Strømbu Rasteplass)**, ein interessantes Betongebäude mit Informationszentrum, Kiosk, Wärmestube und Panorama-Dachterrasse, ca. 180 Kilometer von der schwedisch-norwegischen Staatsgrenze entfernt, liegt im Ostteil der **Nationalparks Rondane** und **Dovre**. Hier gibt es auch einen Langzeitparkplatz und ein Wanderweg in die Wanderregionen des Rondane startet hier.

Die Wanderrouten im Rondane können mit dem Routennetz der Wanderregion Dovrefjell im Norden gut kombiniert werden.

Infos im Internet:

Høvringen
www.hovringen.no

Mysuseter Servicecenter
www.mysuseter.no

Nationalparkregionen
www.nasjonalparkriket.no
www.nasjonalparker.org
www.rondanevegen.no

Norsk Villreinsenter & Snøhetta viewpoint, Hjerkinn
Pavillon Tverrfjellhytta, Beobachtungspunkt für Wildrentiere
nvs.villrein.no

Moschus-Touren in Dombås
www.moskus-safari.no

Bootsverkehr auf dem Rondvatnet
https://rondvassbu.dnt.no/btrute-/

Hüttenbetreiber in der region Rondane

Hütten des DNT (DNT Oslo og Omen)

Im Wandergebiet Rondane werden die DNT-Hütten von dem **Regionalverband DNT Oslo og Omen** betreut. Die *selvbetjent* Selbstversorgerhütten *(mit Vorratskammer)* sind mit dem DNT-Standardschlüssel verschlossen.

Die Hütten **Bjørnhollia**, **Grimsdalshytta** und **Rondvassbu** werden in der Saison als bewirtschaftete *betjent*-Hütten betrieben. In den *betjent*-Hütten können Übernachtung und Mahlzeiten vorher gebucht werden. Außerhalb der Saison werden diese Hütten nicht bewirtschaftet und dienen als Selbstversorgerhütten *(mit Vorratskammer)*. Mitglieder eines nordischen Outdoorverbandes erhalten Ermäßigung auf den Übernachtungspreis.
Alle Hütten des DNT in dieser Wanderregion sind in der Zeit vom 1. Mai bis 10. Juni, wenn die Wildrentiere kalben, geschlossen.

DNT Oslo og Omegn
www.dntoslo.no
post@dntoslo.no
Tel. +47 (0)22 82 28 22
Tel. +47 (0)22 82 28 00

BEWIRTSCHAFTETE BETJENT-HÜTTEN DES DNT			
Bjørnhollia (DNT Oslo)	(915 m)	H/90	Strom, Reservierungspflichtig bjornhollia.dnt.no bjornhollia@turistforeningen.no Tel. +47 (0)901 113 80
Grimsdalshytta (DNT Oslo)	(1.000 m)	H/54	Strom, Reservierungspflichtig grimsdalshytta.dnt.no grimsdalshytta@turistforeningen.no Tel. +47 (0)452 981 55, evtl. Tel. +47 (0)61 23 17 88
Rondvassbu (DNT Oslo)	(1.173 m)	H/128	Strom, Reservierungspflichtig rondvassbu.dnt.no rondvassbu@turistforeningen.no Tel. +47 (0)61 23 18 66

SELVBETJENT-HÜTTEN UND SCHUTZHÜTTEN DES DNT				
Bjørnhollia (DNT Oslo)	(915 m)	T/14	*mit Vorratskammer*	DNT-Schlüssel
Eldåbu (DNT Oslo)	(1.005 m)	T/18	*mit Vorratskammer*	DNT-Schlüssel
Grimsdalshytta (DNT Oslo)	(1.000 m)	T/12	*mit Vorratskammer*	DNT-Schlüssel
Rondvassbu (DNT Oslo)	(1.173 m)	T/28	*mit Vorratskammer*	DNT-Schlüssel
Høgrondbu, *Etappe Ro18*	(1.742 m)	HS		offen, Notunterkunft

Privat betriebene Hütten und Hotels (PBH) an den Wanderrouten
Die privat betriebenen Berghütten in der Nähe des Rondane-Nationalparks sind in aller Regel sehr gut ausgestattet, legt man jedoch auf Dusche, Strom oder Internet wert, sollte man sich vorher über die Verfügbarkeit informieren. In die Liste aufgenommen wurden nur jene Hütten, die entlang der beschriebenen Wanderrouten liegen.

Privat betriebene Hütten und Campingplätze gewähren Mitgliedern eines nordischen Outdoorverbands meist Rabatt. Nachfragen!

PRIVAT BETRIEBENE HÜTTEN UND HOTELS (PBH)			
Nedre Dørålseter (untere)	(1.040 m)	H/25	www.doralseter.no post@doralseter.no Tel. +47 (0)913 364 78
Øvre Dørålseter (obere)	(1.070 m)	H/100	www.ut.no/hytte/3.2242 Tel. +47 (0)958 289 99 / Tel. +47 (0)91 90 44 85
Øvre Dørålseter (obere)	(1.070 m)	T/38	DNT-Schlüssel

Fortsetzung nächste Seite

PRIVAT BETRIEBENE HÜTTEN UND HOTELS (PBH)			
Hageseter Turisthytte	(915 m)	H/70	www.hageseter.no post@hageseter.no Tel. +47 (0)61 24 29 60
Haverdalseter	(1.040 m)	H/44	www.haverdalseter.no post@haverdalseter.no Tel. +47 (0)91 70 83 58 / Tel. +47 (0)61 24 07 44
Hjerkinnhus	(1.005 m)	H/100+	www.hjerkinnhus.no post@hjerkinnhus.no Tel. +47 (0)46 42 01 02
Hjerkinn Fjellstue (bieten auch Fjellreiten an)	(960 m)	H/70	www.hjerkinn.no booking@hjerkinn.no Tel. +47 (0)61 21 51 00
Høvringen Fjellstue	(980 m)	H/60	hovringenfjellstue.no marit@hovringenfjellstue.no Tel. +47 (0)61 23 37 18
Høvringen Høyfjellshotel	(980 m)	H/110	www.hovringenhotell.no post@hovringenhotell.no Tel. +47 (0)91 56 84 87 / Tel. +47 (0)61 23 37 22
Laurgårdseter Fjellstue Høvringen	(1 000 m)	H/60	www.laurgardseter.no laurgard@online.no Tel. +47 (0)61 23 37 12
Mysuseter Servicesenter (ca. 4,5 km vom Parkplatz Spranget)	(820 m)	H/23	www.mysuseter.no post@mysuseter.no Tel. +47 (0)61 23 39 17
Høyfjellshotell Rondane Spa, in Mysuseter (4,5 km vom Parkplatz Spranget)	(900 m)	H/180	www.rondane.no booking@rondane.no Tel. +47 (0)61 20 90 90
Peer Gynt-Hytta Etappe Ro12	(1.100 m)	H/12	www.peergynthytta.no knut.olstad@hotmail.no Tel. +47 (0)61 23 30 22
Rondane Friluftssenter in Rondetunet	(770 m)	H/40	www.rondetunet.no info@rondetunet.no Tel. +47 (0)90 41 51 49
Rondane Haukliseter Fjellhotel in Høvringen	(1.000 m)	H/56	www.haukliseter.no post@rondane.com Tel. +47 (0)61 23 37 17
Rondeheim in Høvringen	(940 m)	H/100+	www.rondeheim.no rondeheim@hovringen.no Tel. +47 (0)61 23 37 14

PRIVAT BETRIEBENE HÜTTEN UND HOTELS (PBH)			
Øigardseter in Høvringen	(1.000 m)	H/50	www.oigardseter.no mail@oigardseter.no Tel. +47 (0)61 23 37 13
Sletten Fjellgård	(800 m)	H/58	www.fjellgard.no sletten@fjellgard.no Tel. +47 (0)91 54 64 02
Smuksjøseter	(1.120 m)	H/100+	www.smuksjoseter.no info@smuksjoseter.no Tel. +47 (0)61 23 37 19

Beliebte Etappen-Kombination als Weitwanderweg

Der Rondane-Nationalpark

Start- & Endpunkt: Straumbu
Etappen: R023–R019–R015–R017–(R018)–R023
Die Route kann in beide Richtungen gelaufen werden.

Dauer: 4–5 Tage
Länge: 69 (68) km
Zelt: nicht erforderlich

Der Rondane-Nationalpark gehört zu den niederschlagsärmsten Gebirgsregionen Norwegens, was unbedingt als Vorteil zu sehen ist. Er verfügt über die höchsten Berge Mittelnorwegens wie den *Storronden* (2.138 m) und den *Rondslottet* (2.178 m). Diese Wanderroute gehört zu den beliebtesten im Rondane-Nationalpark, vor allem im August sollte man darauf gefasst sein, unterwegs vielen Wanderern zu begegnen.

Ein idealer Startpunkt ist der *Parkplatz Straumbu* im Ostteil des Nationalparks, der ca. 180 Kilometer von der norwegisch-schwedischen Staatsgrenze entfernt liegt. Die Route beginnt mit einer kurzen Tagestour zur *Hütte Bjørnhollia*, von der aus man südlich an den atemberaubend hochaufragenden Bergen vorbei in Richtung Westen zur *Hütte Rondvassbu* wandert. Auf dem See *Rondvatnet* verkehrt im Juli und August das *Schiff Rondejenta*. Alternativ zum Bootstransfer kann man auch westlich des Sees bis zur *Hütte Dørålseter* wandern. Von hier aus gibt es zwei Möglichkeiten, zur *Hütte Bjørnhollia* zurückzukehren: entweder durch das Tal *Langglupdalen* oder über den *Gipfel Høgronden* (2.115 m). Allerdings sollte man die Gipfeltour nicht bei schlechtem Wetter unternehmen. Von *Bjørnhollia* geht es wieder zum Parkplatz *Straumbu*.

Der Dovre-Nationalpark

Start- & Endpunkt: Hjerkinn

Unweit des *Bahnhofs Hjerkinn* befinden sich zwei kostenlose Parkplätze, einer direkt am Bahnhof und der andere an der E6. Am Bahnhof halten Züge sowohl aus dem Norden und Trondheim, als auch aus dem Süden, also Oslo. Die Wanderroute durch den Nordteil des Rondane ist auch als „Sanduhrroute" bekannt.

Fortsetzung nächste Seite

Etappen:
R001–R003–R005–R007–R011–R010–R004–R001
Kann in beide Richtungen gelaufen werden.

Dauer: 6–7 Tage
Länge: 119 km
Zelt: erforderlich

Diese Route beginnt am **Bahnhof Hjerkinn**, quert die E6 und führt durch die Ferienhaussiedlung **Gautåsætre** in Richtung Osten zur **Hütte Sletten Fjellgård**. Auf dieser Etappe kann man unter Umständen Moschusochsen sehen. Von **Sletten** geht es weiter nach Süden zur **Grimsdalshytta** und weiter nach Südosten zur **Hütte Dørålseter**. Von hier aus läuft man dann durch das Tal **Dørålen** in Richtung Südwesten, übernachtet eine Nacht im Zelt und wendet sich am Berg **Sletthøe** (1.576 m) wieder zurück gen Norden.

Auf dem Rückweg kann man auch in der **Haverdalseter Turisthytte** übernachten, sollte aber vorher reservieren. Von hier geht es wieder zurück zur **Grimsdalshytta** und weiter nach Norden über **Gautåsætre** zum **Bahnhof Hjerkinn**.

Karten für das Wandergebiet Rondane

Cappelens fjellkart
Maßstab 1 : 100.000 & 1 : 50.000,
reiß- & wasserfest (Pretex)
CK46 Rondane (2013)

Nordeca Turkart
Maßstab 1 : 100.000
reiß- & wasserfest
2716 Rondane (2011)

Maßstab 1 : 50.000
reiß- & wasserfest
2523 Rondane Nord (2016)
2521 Rondane Sør (2016)

Nordeca Norge-serien
Maßstab 1 : 50.000
reiß- & wasserfest
10065 Otta (2015)
10066 Atndalen (2015)
10072 Lesja (2015)
10073 Folldal (2014)

Start- & Endpunkte der Routen

1. Hjerkinn, Bahnhof, Bus, Hjerkinnhus Hotell & Vandrerhjem (PBH)
2. Hjerkinn Fjellstue, PBH
3. Hageseter Turisthytte, PBH, P
4. Sletten Fjellgård, PBH
5. Grimsdalshytta, DNT, P
6. Haverdalseter, PBH
7. Dørålseter, DNT, PBH, P
8. Høvringen, PBH, P
9. Smuksjøseter, PBH
10. Spranget, P, ÜN in Mysuseter (4,5 km), Bahnhof in Otta (ca. 16 km)
11. Rondvassbu, DNT
12. Eldåbu, DNT
13. Bjørnhollia, DNT
14. Rondetunet, PBH, P
15. Straumbu, P
16. Stodsbuøye, keine ÜN, P

Weitere Hütten an den Routen

1. Peer Gynt-Hytta, PBH
2. Mysuseter, PBH, P

ÜN = Übernachtung   P = Parkplatz   Bus = Bushaltestelle
PBH = Privat betriebene Hütte oder Hotel   DNT = Hütte des Den Norske Turistforening

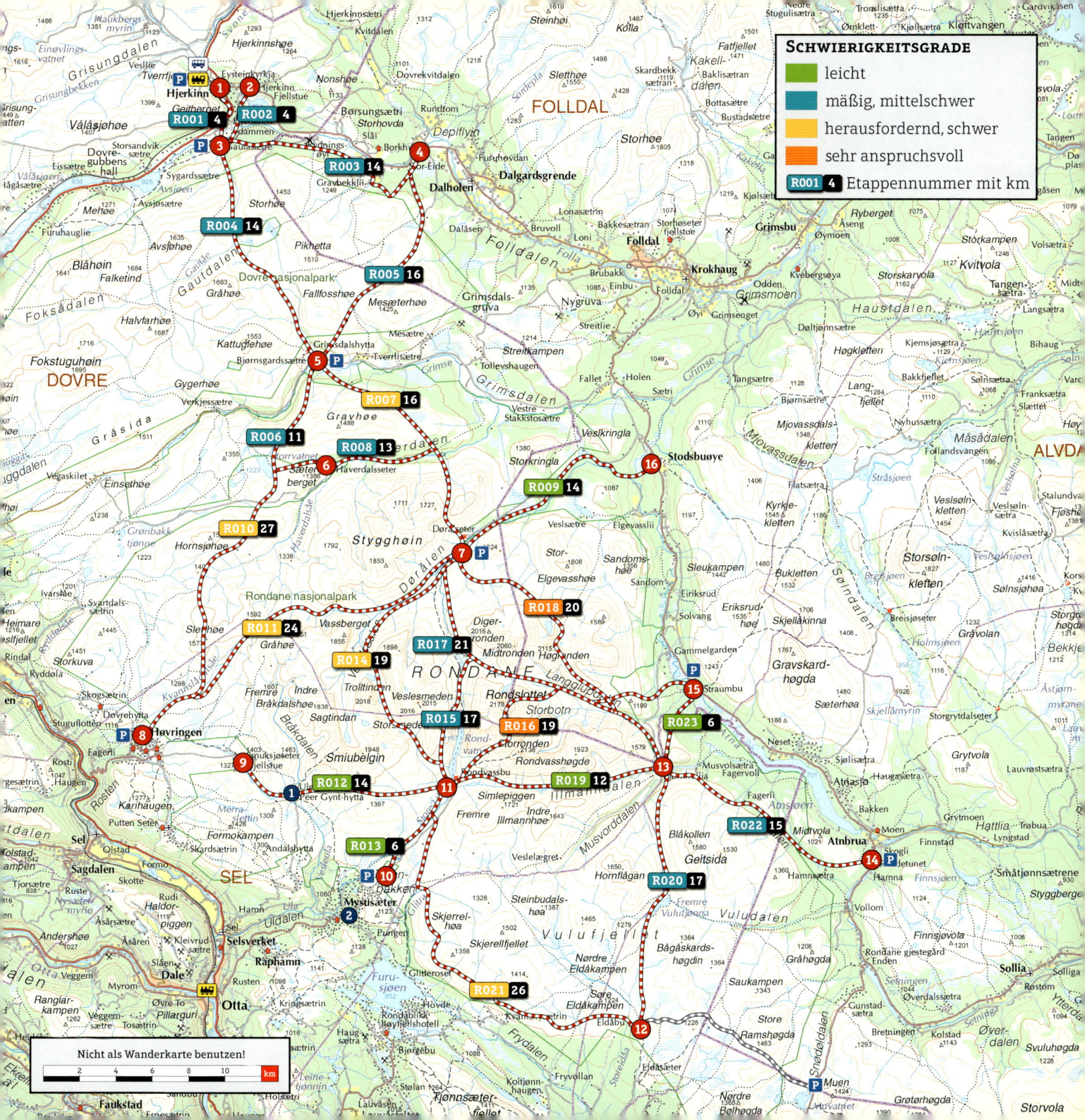

ROUTEN IM WANDERGEBIET RONDANE

R001 · 4 km · Hjerkinn Bahnhof ① – Hageseter Turisthytte ③

Sowohl in Bahnhofsnähe als auch an der Straße zum Bahnhof gibt es einen Parkplatz. Die Route beginnt am *Bahnhof Hjerkinn* – man geht die Straße nach Osten und biegt nach 200 m am Wegweiser rechts auf den markierten Wanderweg, der in ein Birkendickicht führt. Die Route folgt der Bahnstrecke, führt dann von den Schienen weg, überquert an einem Rastplatz die E6 Richtung Südwesten und 300 m weiter eine alte Straße. Man läuft etwa 800 m bis zu einer Straßenbrücke über den *Folla*-Fluss. Die *Hageseter Turisthytte* liegt gleich gegenüber.

R002 · 4 km · Hjerkinn Fjellstue ② – Hageseter Turisthytte ③

Vom Hotel *Hjerkinn Fjellstue* überquert man zunächst die Landstraße 29 *(Folldalsvegen)* und steigt den flachen Berghang hinauf in Richtung Südsüdwest. Nach gut 1 km erreicht man die alte Landstraße *(Hjerkinnvegen)*, der man 200 m Richtung Süden folgt, bis sich der Wanderweg wieder von der Straße trennt. Nach etwa 800 m südwärts, teilweise über Bohlen, kommt man zu einer Brücke über den *Folla*-Fluss. Etwa 1 km nach der Brücke, erst südwärts, dann nach Westen und über den Fluss *Gautåe*, liegt der Zeltplatz der *Hageseter Turisthytte*.

R003 · 14 km · Sletten Fjellgård ④ – Hageseter Turisthytte ③

Vom Hof *Sletten Fjellgård* folgt man zunächst der Landstraße südwärts, die in einen Wanderweg übergeht und nach Südwesten leicht bergauf führt. Man durchquert den Bach *Slettabekken* und kommt an eine Gabelung. Der Weg nach Süden führt zur Hütte Grimsdalshytta *(R005)*, unser Weg geht weiter Richtung Südwest. Gut 500 m weiter kommt man an eine Kreuzung, an der man nach Westen biegt. Wenige hundert Meter weiter folgt wieder eine Gabelung, hier geht man geradeaus in Richtung Westen weiter. Der Weg endet an einer Landstraße am Bauernhof *Gravbekklien*. Man folgt der Landstraße etwa 200 m nach Nordosten bis die Wanderroute in Richtung Westnordwest abbiegt und in das offene Fjell führt. Nun geht es auf einem gut zu laufenden Pfad leicht bergab und durch den Bach *Liabekken* bis man zu einer Landstraße kommt, die zum Bauernhof *Slåsætri* führt. Oberhalb des Pfades erhebt sich im Südwesten eindrucksvoll der Berg *Hardbakken* (1.249 m).

Die Route folgt der Landstraße gut 100 m am Bauernhof vorbei, durchquert einige kleine Bäche und wird dann wieder zum Wanderweg. Dieser verläuft weiter in Richtung Westnordwest durch hügeliges Gelände am Bauernhof *Storslåe* vorbei und kreuzt nach 3 km die Landstraße, die zum Bauernhof *Øyasætre* führt. Der Wanderweg bringt uns weiter in Richtung Westen, nach etwa 1 km beginnt ein leichter Anstieg zum Tal *Okseldalen*, unterwegs wird der Gebirgsbach *Tåteftbekken* problemlos durchquert.

Im Tal geht es steiler bergauf über das Plateau zwischen den Bergen *Veslhjerkinnshovda* (1.011 m) und *Veslhjerkinnshøe* (1.192 m) und anschließend wieder bergab zum Campingplatz der *Hageseter Turisthytte*.

Fjellreiten bietet die Hjerkinn Fjellstue.

R004 | 14 km | Hageseter Turisthytte ❸ – Grimsdalshytta ❺

Von der **Hageseter Turisthytte** steigt man zunächst einen flach ansteigenden Hang hinauf Richtung Süden. Nach gut 1,5 km wird der Anstieg steiler und man betritt das Gebiet des **Dovre-Nationalparks**. Östlich des Weges fließt tief eingeschnitten der Fluss **Gautåe**. Am Scheitel hat man nach Norden eine phantastische Sicht auf den Berg **Snøhetta** (2.286 m). Der Abstieg führt südwärts durch sumpfiges Gelände und einige Gebirgsbäche. Dann geht es wieder leicht bergauf zum Fluss **Gautåe**, den man von Stein zu Stein überqueren kann. Im Frühsommer steht ein mittelschweres Durchwaten an.

Die Route verläuft dann in Richtung Südosten, über ein flaches und gut zu laufendes, baumloses Fjell, das breit zwischen den Bergen **Gråhøe** (1.663 m) und **Steinbuhøe** (1.354 m) liegt, und fällt dann wieder sanft bergab. Vorn ist die leicht zu erkennende Gestalt des Berges **Kattuglehøe** (1.553 m) zu sehen. Der sanfte Abstieg zieht sich über mehrere Kilometer hin, und wird dort steiler, wo sich der Blick in ein tief eingeschnittenes Tal öffnet, an dessen Grund der Fluss **Tverråe** fließt.

Der Abstieg wird steiler und geht auf 800 m insgesamt 160 Höhenmeter hinunter zu einer Brücke über den Fluss **Nørdre Tverråe**. Weiter geht es recht steil bergab in Richtung Südsüdost, aus dem **Nationalpark Dovre** ins **Landschaftsschutzgebiet Grimsdalen** hinein und zur **Grimsdalshytta**.

Das Grimsdalen, *Etappe R006.*

R005 · 16 km · Grimsdalshytta ⑤ – Sletten Fjellgård ④

Von der *Grimsdalshytta* geht man die Straße bergab. In Richtung Südwesten hat man einen schönen Blick auf den Knick des *Grimsdalen*-Tals. Nördlich des Tals ragen eindrucksvoll die geschwungenen Nordhänge des *Kattuglehøe* (1.553 m) auf, vorn ist der breite Berg *Gravhøe* (1.488 m) zu sehen. An der folgenden Straßenkreuzung kreuzen sich auch die Wanderwege. Nach Süden verlaufen die Routen zur Hütte Haverdalseter *(R006)* und zur Dørålseter *(R007)*. Unsere Route zum Hof *Sletten Fjellgard* folgt der Straße in Richtung Osten etwa 300 m, dann trennt sich der Wanderweg von der Straße Richtung Nordosten und führt durch ein Birkendickicht bergan. Der Anstieg auf den Berg *Nysæterhøe* (1.321 m) ist lang und anfangs recht steil und steigt von der Straße auf 3 km insgesamt 300 Höhenmeter an. Während des ersten Kilometers überquert man die Baumgrenze und dort, wo der Anstieg flacher wird, betritt man das Gebiet des *Dovre-Nationalparks*. Der Wanderweg führt am *Nysæterhøe* vorbei und dann leicht abschüssig hinunter zu einem Bach, den man von Stein zu Stein überqueren kann. Weiter geht es nördlich am Berg *Tverrbekkhøe* (1.310 m) vorbei und in Richtung Nordost einen leichten Berghang hinab. Vom Hang aus hat man einen schönen Blick auf die Berge am Ostrand des Tales *Folldalen*.

Am Ende des Berghanges folgt ein weiterer Bach, der von Stein zu Stein überquert werden kann, dann verlässt man den Nationalpark und geht an einem Feldrand entlang zum *Hof Nysætrin*. Von ihm aus folgt man etwa 500 m der Straße nordwärts und dann den Wegweisern nach links zurück auf den Wanderweg. Richtung Nordnordwest geht es am Berg *Storlihovda* (1.024 m) vorbei durch waldiges und sumpfiges Gelände, bis sich der Pfad nach Norden wendet und ziemlich abschüssig durch den Wald zu einer Kreuzung führt. Der Weg Richtung Westen führt zur Hageseter Turisthytte *(R003)*, unser Weg weiter nordwärts. An der Kreuzung geht man zunächst ein Stück nach Norden, dann mehr nordostwärts etwa 1,5 km bis zur Straße und zum *Hof Sletten Fjellgard*.

R006 · 11 km · Grimsdalshytta ⑤ – Hütte Haverdalseter ⑥

Von der *Grimsdalshytta* folgt man der Straße 800 m südostwärts bergab, überquert erst die Straße *Grimsdalsvegen*, dann 200 m weiter die Brücke über den Fluss *Grimse*. Bald gabelt sich der Weg, nach Südosten geht es zur Dørålseter *(R007)*, unsere Route führt nach Südwesten durch ein Birkendickicht bergauf. Kurz vor der Baumgrenze betritt man den *Nationalpark Rondane*, der Anstieg wird steiler und endet an einer Felsspalte, von der aus man einen schönen Blick hinunter ins *Grimsdalen* hat. Nach der Felsspalte kann man im Gelände prähistorische Fallgruben entdecken, die zur Jagd auf wilde Rentiere genutzt wurden.

Die Route führt über die Grenze vom *Rondane-Nationalpark* in das *Landschaftsschutzgebiet Grimsdalen* und hinunter zum See *Storrvatnet* (1.223 m). Hier ist eine Kreuzung, an der es in Richtung Süden am Staudamm vorbei zum Hotel Høvrignen geht. Unsere Route biegt nach Osten ab, überquert den Bach *Gravbekken*, führt an Überresten alter Jagdfallen vorbei und senkt sich über ca. 2 km zur schön gelegenen Hütte *Haverdalseter* hinab.

Haverdalen, *Etappe R006*.

| R007 | 16 km | Øvre Dørålseter – Grimsdalshytta |

Zuerst geht es von der **Øvre Dørålseter** bergauf Richtung Nordwesten und über die Grenze des **Rondane-Nationalparks**. Vorn öffnet sich ein phantastischer Blick auf die **Dørålsglupen**-Schlucht. Die Schlucht, die den **Stygghøin**-Berg (1.858 m) spaltet, ist tief, zerklüftet und steinig. Unser Wanderweg führt einen steilen Berghang hinauf und folgt dabei einem kleinen Gebirgsbach. Der Weg wird immer steiniger und wendet sich zunehmend nach Norden. Zurück bietet sich bei guter Sicht ein toller Blick auf die wild geschwungenen Berge **Høgronden** (2.115 m) und **Digerronden** (2.016 m) sowie auf die Nordgipfel des **Smiulbelgin**-Gebirges (2.015 m) wie den **Nørdre** und den **Austre Smedhamran** (1.898 m & 1.849 m).

Dann reißt der Blick zurück ab und der Weg führt durch die felsige Schlucht nach Norden, in der man sich plötzlich ganz klein fühlt, so zerklüftet wie die **Dørålsglupen** ist. Geht man durch das Felsgestein weiter öffnet sich zunehmend der Blick auf eine weniger dramatische, aber nicht minder schöne Landschaft im Norden des Rondane mit dem Tal **Haverdalen**. Der Weg führt nun bergab, zunächst recht steil, aber nach einem Kilometer wird es flacher. Außerdem wird es weniger steinig und es geht über das offene Fjell einen Hang hinunter zum Ufer des Flusses **Haverdalsåe**. Hier wendet man sich nach Osten, überquert einen kleinen Bach und geht ein paar hundert Meter bis zur Brücke über den *Haverdalsåe*. Nach der Brücke geht es wieder kurz westwärts, dann wendet sich der Weg nach Norden und trifft oben auf dem Berg auf eine Kreuzung. Nach Westen geht es zur Haverdalseter *(R008)*, wir gehen weiter nordwärts.

Nach der Wegkreuzung wird der Anstieg steiler, der Weg verläuft durch ein Birkendickicht, wendet sich gen Nordwesten und steigt auf 1,5 km etwa 280 Höhenmeter an. Oben überschreitet man die Baumgrenze und erreicht eine Gebirgsplatte auf der Ostseite des Berges *Gravhøe* (1.488 m). Über den Nordhang des *Gravhøe* verläuft der Weg schräg nach unten zum Oberlauf des ersten Gebirgsbachs namens *Skridubekken*, durchquert diesen und führt über weitere Gebirgsbäche nach unten. Der letzte Bach fließt in einem tiefen Felsbett. Der Weg verläuft durch ein Birkendickicht und überschreitet die Grenze aus dem *Nationalpark Rondane* ins *Landschaftsschutzgebiet Grimsdalen*. Immer noch bergab gelangt man schließlich an eine Gabelung. Nach Südwesten geht es zur Haverdalseter *(R006)* und zum Hotel Høvringen *(R010)*. Unsere Route führt über die Brücke des Flusses *Grimse*, kreuzt die Landstraße und geht zur 800 m entfernten, oberhalb sichtbaren *Grimsdalshytta*.

R008 | 13 km | Hütte Haverdalseter  – Øvre Dørålseter

Die Route beginnt an der Hütte *Haverdalseter* auf einem in Richtung Ostnordost verlaufenden, guten Weg, eine Brücke führt über den Fluss *Gravbekken*. Etwa 1 km später verlässt man den *Rondane-Nationalpark* und betritt das *Landschaftsschutzgebiet Grimsdalen*. Der Weg führt durch Fjellbirkenbestände und wendet sich ostwärts. Er verläuft am Nordufer des Flusses *Haverdalsåe* und senkt sich in das dicht bewachsenen Tal *Haverdalen*. In dem breiten Tal hat man einen herrlichen Blick auf die Hänge des *Gravhøe* (1.488 m) im Norden und des *Stygghøin* (1.858 m) im Süden.

Der Weg folgt dem Nordufer des Flusses weiter nach Osten, überquert einen Wasserlauf und steigt nach 2 km einen kurzen Hang hinauf bis zu einer Kreuzung. Der Weg nach Norden weist zur Grimsdalshytta *(R007)*.

Unsere Route zur Hütte *Øvre Dørålseter* biegt in Richtung Süden und führt einen mit Birken bestandenen Hang hinunter zum Fluss *Haverdalsåe*. Hier macht der Weg eine kleine Schleife von etwa 200 m nach Osten über die Brücke des Flusses. Nach der Brücke läuft man wieder 200 m Richtung Westen, durchquert einen Gebirgsbach und folgt dem Weg wieder nach Süden. Neben dem soeben überquerten Bach geht es bergan, anfangs flach, nach etwa 1 km wird der Anstieg steiler. Der Pfad führt durch eine kleine, steinige Senke, dann wieder bergan. Zurück blickt man auf eine schöne Landschaft, nach vorn ist es karg und wuchtig. In der engen Schlucht des *Dørålsglupen* fühlt man sich ganz klein.

Durch die steinige Schlucht laufen wir bis 1.416 m hinauf, nach und nach wird im Rücken bei guter Sicht das prächtige Panorama der Berggipfel im Rondane sichtbar: Zuerst die wild zerklüfteten Nordgipfel des *Smiulbelgin*-Gebirges (2.015 m) wie der *Nørdre* und der *Austre Smedhamran* (1.898 m & 1.849 m). Beim Weitergehen, wenn man die Schlucht schon fast wieder verlässt, sind auch der *Digerronden* (2.016 m) und der *Høgronden* (2.115 m) zu sehen. Der Anblick ist atemberaubend.

Der Weg führt über einen steinigen Hang steil nach unten. Dort, wo der Weg neben einem Gebirgsbach verläuft, wird das Gelände leichter und überschreitet die Grenze zum *Rondane-Nationalpark*. Jetzt ist die Hütte *Øvre Dørålseter* nur noch einen Steinwurf entfernt.

R009 | 14 km | Øvre Dørålseter ❼ – Hof Stodsbuøye ⓰

Von der Hütte **Øvre Dørålseter** führt die Schotterstraße etwa 500 m ostwärts zu einer Weggabelung, zu der auch der Weg von der **Nedre Dørålseter** stößt. Es geht geradeaus auf der Straße Richtung Nordosten. Südlich fließt der Fluss **Atna**. Über 2 km folgt man der Schotterstraße bis zu einer Stelle, an der rechts der Wanderweg abzweigt. Man muss nicht unbedingt dem Wanderweg folgen, da dieser später wieder auf die Straße stößt.

Der Wanderweg verläuft in einem Bogen südlich der Straße durch gut zu laufendes Gelände und führt nach etwa 3 km wieder auf die Straße. Man folgt dem schönen **Dørålen**-Tal in Richtung Nordosten. Zu beiden Seiten des Weges erheben sich die Berggipfel auf bis zu über 1.600 m. Am leichtesten ist der Berg **Storkringla** (1.380 m) im Nordwesten zu erkennen. Die Route folgt der Straße und macht eine Kurve nach Südosten. In Höhe des Berges **Veslkringla** (1.126 m) zweigt rechts erneut der Wanderweg ab, führt diesmal aber nicht zur Straße zurück. Weiter geht es sanft bergab Richtung **Atna**. Nach gut 1 km betritt man das **Naturreservat Frekmyr**. Hier verläuft der Weg durch waldiges Gelände zum Ufer des **Atna**, der tief eingeschnitten dahinfließt.

Schon nach knapp 1 km verlässt man das **Naturreservat** wieder und wandert noch einmal zum Fluss **Atna**, der hier leichter zu erreichen ist. Nun wendet sich der Weg ostwärts weg vom Fluss, man läuft etwa 1,5 km zu einem Feldweg, dem man nach rechts Richtung Süden einige hundert Meter zu einer größeren Landstraße folgt. An ihr entlang geht es etwa 200 m bis zum Abzweig, an der eine kurze Straße zum **Hof Stodsbuøye** führt. Früher konnte man hier übernachten, vielleicht ist das ja in Zukunft wieder möglich.

Am Hof vorbei kommt man auf einen Wanderweg, auf dem man in die **Bergregion Alvdal Vestfjell** gelangt.

R010 | 27 km | Ort Høvringen ❽ – Grimsdalshytta ❺

Die Route beginnt im nördlichen Teil von **Høvringen** leicht ansteigend in Richtung Nordosten. Nach 1 km erreicht man den **Rondane-Nationalpark**. In der Umgebung von Høvringen sollte man genau auf den Weg achten, denn hier gibt es eine Reihe von ausgetretenen Pfaden! Der Anstieg ist leicht und nach etwa 3,5 km kommt man an eine Gabelung. Der Weg nach Osten am Südufer des **Kvannslådalsåe**-Flusses führt zur Dørålseter (R011). Unsere Route überquert den **Kvannslådelsåe**-Fluss. Normalerweise gelingt die Querung von Stein zu Stein, im Frühsommer ist das Durchwaten leicht.

Dann geht es in Richtung Norden weiter und über den leicht zu laufenden Südhang des **Sletthøe**-Bergmassivs (1.592 m) bergauf. Der Anstieg wird kurz unter dem Scheitel steiler und überwindet an der steilsten Stelle 220 Höhenmeter auf 1 km. Die Route verläuft über einen Südgipfel (1.577 m) des **Sletthøe**, führt dann kurz bergab und steigt dann zum nördlicheren Gipfel (1.576 m) wieder an. Vom Südgipfel hat man einen phantastischen Blick zurück und über den **Rondane-Nationalpark**.

Es geht kurz, aber steil bergab, danach wird der Weg recht bergig und führt in nordöstliche Richtung. Unten im Tal, südöstlich von uns, fließt der Fluss **Haverdalsåe**, wir laufen über den Südhang des **Hornsjøhøe**-Berges (1.567 m) durch leichtes Gelände und gelangen dann über den Bergrücken zum Nordhang, den wir bergab

Die Grimsdalshytta von 1922.

zum Bach **Skortbekken** laufen. Hier befindet sich ein etwa 4 km² großes Gebiet, das nicht zum Rondane-Nationalpark gehört. Dieser, vom Nationalpark umgebene Steinbruch, wirkt wie ein Störfaktor in der Landschaft.

Die Querung des **Skortbekken** ist unproblematisch und es geht über das Gelände des Steinbruchs den Hang hinauf ins **Landschaftsschutzgebiet Grimsdalen**. Nun laufen wir über den Südhang des **Storrvassberget** (1.406 m) Richtung Nordosten bergauf. Auf der Ostseite geht es kurz bergab, weiter Richtung Norden erreicht man den See **Storrvatnet** (1.223 m). An dessen Südostufer entlang kommt man zu einem kleinen Staudamm und einer Wegkreuzung.

Der Weg nach Osten weist zur Haverdalseter *(R006)*. Unsere Route führt weiter in Richtung Norden und aus dem **Landschaftsschutzgebiet** in den **Rondane-Nationalpark**. Der Blick zum Berg **Gravhøe** (1.488 m) ist sehr beeindruckend. Der Name des Berges verweist auf die in dieser Gegend anzutreffenden Überreste prähistorischer Fallen für wilde Rentiere *(fangstgraver)*. Westlich am Berg vorbei gehen wir leicht bergab. Auf diesem Abschnitt kann man Spuren vorzeitlicher Fallenjagd entdecken, dort, wo der Pfad nach der Felsspalte wieder bergab führt. Weiter geht es leicht bergab und kurz nach dem Birkendickicht aus dem Gebiet des **Nationalparks** hinaus. Wir passieren eine Gabelung, an der man Richtung Südosten zur Hütte Øvre Dørålseter *(R007)* gelangen kann, und laufen über die Brücke. Von der Brücke geht es über die Straße und noch etwa 800 m bis zur **Grimsdalshytta**, die oben schon zu sehen ist.

R011 | 24 km | Ort Høvringen 8 – Dørålseter 7

Die Route beginnt im nördlichen Teil von **Høvringen** leicht ansteigend Richtung Nordosten. Nach 1 km überquert man die Grenze zum **Rondane-Nationalpark**. In der Umgebung von Høvringen sollte man genau auf den Weg achten, denn hier gibt es eine Reihe von ausgetretenen Pfaden! Der Anstieg ist leicht, nach etwa 3,5 km kommt eine Gabelung. Der linke Weg über den **Kvannslådalsåe**-Fluss weist zur Grimsdalshytta *(R010)*. Unsere Route führt südlich des **Kvannslådalsåe** in Richtung Nordosten leicht ansteigend durch leichtes Gelände. Nach etwa 2 km passiert man die privaten Ferienhütten **Kvannslådalsbue**. Nach diesen geht es über den Westhang des **Gråhøe** (1.751 m) schräg bergauf. Der **Kvannslådalsåe** fließt weiter unten im **Kvannslådalen**-Tal. Die Route steigt noch einmal ca. 3 km zur Wasserscheide zwischen dem **Kvannslådalsåe** und dem Bach **Djupdalsbekken** an. Unterwegs werden einige Gebirgsbäche ohne Schwierigkeiten durchquert.

Die Route macht am Oberlauf des **Djupdalsbekken** einen kleinen Bogen in leichteres Gelände. Man folgt dem Nordufer des Baches etwa 500 m bis man ihn ostwärts überwinden kann, um zum Westhang des Gråhøe zurückzukehren. Der Pfad führt nordostwärts weiter schräg über den Westhang etwa 1,5 km leicht bergauf und wendet sich dann nach Osten wieder abwärts ins Tal **Øvre Dørålen**. Zunächst geht es hinunter bis man nördlich eines Gebirgsbaches ist, der in den **Dørålsvatnet**-See (1.263 m) fließt. Von dort geht es bergab in ein Tal, das von steil aufragenden Berghängen umrahmt wird. Der Weg schlängelt sich in Richtung Osten bis nördlich des **Dørålsvatnet** und folgt dann dem aus dem See abfließenden **Vassbekken** auf dessen Nordseite hinunter ins Tal **Dørålen**.

Je tiefer man ins Tal kommt, umso großartiger wird die Landschaft. Im Süden hat man einen tollen Blick auf den **Nørdre Smedhamran** (1.898 m) und gleichzeitig auf die Osthänge der westlich des **Verkilsdalen**-Tals steil aufragenden Berge **Sagtindan** (1.838 m) und **Vassberget** (1.855 m). Aus dem Tal ragt auch messerscharf der **Trolltinden** (2.018 m) auf. Beim Voranschreiten hat man dann rechterhand einen atemberaubenden Blick auf den **Digerronden** (2.016 m). Der Pfad führt vom **Vassbekken** durch massive Gebirgslandschaften schräg in einem gut zu laufenden Graben den Hang hinunter Richtung Fluss **Døråe.** Am **Ragnhildstadbekken** können beide Wasserläufe ohne Schwierigkeiten durchquert werden. Dann geht es nördlich am Ufer des **Døråe** entlang Richtung Nordosten. Nach 1 km folgen zwei weitere Bäche, die problemlos durchwatet werden können, danach gibt es an den unteren Hängen des Tals **Dørålen** Baumbestand. Auch der **Gammelbubekken** wird ohne Schwierigkeiten gequert, danach geht es durch ein kleines Birkenwäldchen an diesem Bach entlang 100 m flussaufwärts, dann biegen wir wieder nach Nordosten. Wir wandern 2 km weiter, durch einige Bäche, bis zu einer Gabelung. Über den Weg Richtung Süden durch den Døråe-Fluss kann man zur Rondvassbu (R014 & R015) sowie zur Hütte Bjørnhollia (R017 & R 018) gelangen.

Unser Weg zur **Hütte Dørålseter** führt von der Kreuzung nach Nordosten und erreicht die Hütte nach 1 km.

Auf dem Weg zur Peer Gynt-Hytta, *Etappe R012.*

| **R012** | **14 km** | Smuksjøseter ⑨ – Rondvassbu ⑪ |

Von der Hütte **Smuksjøseter** wendet man sich nach Südsüdost, geht an einem See (1.124 m) vorbei und weiter Richtung Südosten, insgesamt etwa 3 km, bis man den **Søre Høvringvatnet** (1.105 m) am Nordufer erreicht. Bei jedem Schritt wird der Anblick der Berge **Bråkdalsbelgen** (1.915 m) und **Ljosåbelgen** (1.948 m) schöner. Vom See geht es etwa 1 km ostwärts zur **Peer Gynt-Hytta**, wo man in der Sommersaison auf einen Kaffee einkehren kann. Zuvor queren wir, jeweils über eine Brücke, die Bäche **Søe Kjondalsbekken** und **Bråkdalsbekken**.

Die Route führt von der Hütte weiter nach Osten bergauf und erreicht nach etwa 2,5 km leichten Anstiegs die aus Stein gebaute **Ljosåbue**-Hütte, *die in den 1860er Jahren von dem englischen Lord Charles Garvaghin als Jagdhütte errichtet wurde* und heute allen Wanderern zur Verfügung steht.

Von der **Ljosåbue** wandert man einen gut zu laufenden Pfad gen Ostsüdost. Nach 1 km folgt die leichte Querung des kleinen Flusses **Ljosåbotn**, dann passiert man den Berg **Vesleranden** (1.473 m). Südlich des **Vesleranden** gibt es mehrere steinzeitliche Fallgruben.

Die Route führt nun wieder ostwärts und überwindet am Oberlauf des **Krokåbekken** mehrere Wasserarme. Wir laufen 2,5 km in leichtem Gelände schräg über einen Hang bergab bis zu einer Kreuzung. Der Abzweig nach Norden führt zur Øvre Dørålseter *(R014 & R015)*. Unser Weg knickt nach Südosten, führt über die Brücke des **Store-Ula** und kreuzt ostwärts einige hundert Meter weiter einen Feldweg. Nach zwei Seezuflüssen, die man von Stein zu Stein überqueren kann, kommt man an eine Straße, der man an der Bucht **Lonin** entlang, einige hundert Meter nach Norden zur Hütte **Rondvassbu** folgt.

Der Weg von der Kreuzung bis zur Hütte wird von einem herrlichen Panorama im Norden begleitet, wo der schmale See **Rondvatnet** (1.167 m) von mehreren hunderte Meter aufragenden Bergen umrahmt wird.

| **R013** | **6 km** | Parkplatz Spranget ⑩ – Rondvassbu ⑪ |

Vom **Parkplatz Spranget** folgt man in einer malerischen Landschaft etwa 6 km der Landstraße nordostwärts zur Hütte **Rondvassbu**. Kurz vor dem Ziel hat man einen wunderschönen Blick auf den See **Rondvatnet** (1.167 m).

| **R014** | **19 km** | Rondvassbu ⑪ – Øvre Dørålseter ⑦ (via Smiubelgin) 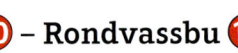 |

Von der Hütte **Rondvassbu** folgt man der Landstraße Richtung Süden und biegt nach einigen hundert Metern nach Westen ab, überquert zwei Seezuflüsse und einen kleinen Feldweg und gelangt zur Brücke über den Fluss **Store Ula**. Von der Brücke aus hat man einen wunderbaren Blick auf den **Rondvatnet** und die ihn auf beiden Seiten umgebenden, hoch aufragenden Berge. Zweihundert Meter weiter, nach einem kurzen, aber steilen Berg folgt eine zweite Brücke. In diesem Gebiet kann der Schnee bis weit in den Sommer liegenbleiben. In Höhe der Brücke beginnt ein enges Tal namens **Jutulhogget**, an dessen Grund sich der gerade überquerte **Kaldbekken**

Der Svartnuten (1.840 m) und der Storronden (2.138 m), *Etappe R015*.

entlangschlängelt. Man sollte unbedingt einen kleinen Abstecher in die Schlucht unternehmen, denn an ihrem Ende befindet sich ein kleiner Wasserfall.

Wir laufen von der Brücke nach Nordwesten steil bergauf Richtung Berg **Rondhalsen**. Der Weg ist gut zu laufen. Nach rund 1 km folgt eine Gabelung, an der es Richtung Norden über den Rondhalsen zur Hütte Øvre Dørålseter *(R015)* geht. Unsere Route über den **Smiubelgin** ist nicht markiert und biegt nach links ab. Sie führt nordwestwärts südlich des **Svarthammaren**-Berges (1.754 m) bergauf, über einen Bach und durch steiniges Gelände weiter bergauf zum Berg **Storsmeden** (2.016 m). Kurz vor der steil aufragenden Südwand des **Storsmeden** macht der Weg einen Bogen und führt zu einem Sattel zwischen dem **Storsmeden** und einem namenlosen Gipfel (1.996 m) des **Smiulbelgin**-Gebirges. Der Hang ist steinig, der Aufstieg über den Sattel sehr steil und beträgt 150

Höhenmeter auf weniger als 500 m. Von oben hat man einen tollen Blick gen Norden auf das von den Bergen **Søre Smedhamran** (1.922 m) und **Trolltinden** (2.018 m) gesäumte Tal **Langholet**.

Nun geht es steil über den steinigen Nordhang bergab zum nördlichen Bergrücken. Nach ein paar hundert Metern wird der Abstieg deutlich flacher und der Weg führt am Grunde eines langgestreckten Tals in Richtung **Langholvatnet**-See (1.450 m). Der Weg wird weniger steinig je näher man dem See kommt. Er führt über zwei schmale Gebirgsbachausläufer und sanft absteigend östlich am See **Langholvatnet** vorbei. Vorn erhebt sich die steile Südwand des massiven Berges **Vassberget** (1.855 m), die sich kerzengerade über 650 hoch über dem Tal erhebt.

Nahe des **Langholskridu**-Flusses laufen wir nordwestwärts wieder steiler bergab auf das schöne Tal **Dørålen** zu. Dabei wendet sich der Weg langsam nach Nordosten und führt durch weniger steiniges, aber hügeliges Gelände über den Nordhang des **Nørdre Smedhamran** (1.898 m). Der Weg endet südlich des Flusses **Døråe** und führt stromaufwärts zum Ufer des **Smedbekken**, den man von Stein zu Stein balancierend queren kann. Nur im Frühsommer muss man waten (mittelschwer). Etwa 500 m nach dem **Smedbekken** führt der Weg über einen kleinen Gebirgsbach und erreicht etwa 2 km weiter den Lauf des **Bergedalsbekken**. Über diesen Bach kommt man eventuell von Stein zu Stein, im Frühsommer ist das Durchwaten mittelschwer.

Nach der Querung folgt man dem Ufer des **Døråe**, hier stößt die Route *R015*, die über den Rondhalsen führt, wieder dazu. Wir wandern, der Flussrichtung folgend, nach Nordosten. Nach weniger als 1 km passieren wir einem Abzweig, an dem es nach Süden über den Berg Høgronden nach Staumbu *(R016)* und Bjørnhollia *(R018)* geht. Unser Weg zur **Øvre Dørålseter** führt weiter nach Nordosten und nach einigen hundert Metern über eine Brücke am **Døråe**-Fluss zu einer weiteren Gabelung. Der nach Südwesten abzweigende Weg weist nach Høvringen *(R011)*, unser Weg zur **Øvre Dørålseter** führt weiter in nordöstliche Richtung in den **Rondane-Nationalpark** und erreicht nach 1 km sein Ziel.

| R015 | 17 km | Rondvassbu ⑪ – Øvre Dørålseter ⑦ (via Rondhalsen) |

Man kann von der **Rondvassbu** einen kostenpflichtigen Bootstransfer zum Nordende des Sees **Rondvatnet** bestellen und die Wanderung so um 5 km abkürzen.

Geht man zu Fuß, dann folgt man an der Hütte zunächst der Landstraße in Richtung Süden und biegt nach einigen hundert Metern in Richtung Westen ab, überquert zwei Bäche und einen kleinen Feldweg und gelangt zur Brücke über den Fluss **Store Ula**. Von der Brücke aus hat man einen wunderbaren Blick auf den **Rondvatnet** und die ihn auf beiden Seiten umgebenden, hoch aufragenden Berge.

Zweihundert Meter weiter, nach einem kurzen, aber steilen Berg folgt eine zweite Brücke. In diesem Gebiet kann der Schnee bis weit in den Sommer liegenbleiben. In Höhe der Brücke beginnt ein enges Tal namens **Jutulhogget**, an dessen Grund sich der gerade überquerte Fluss entlangschlängelt. Man sollte unbedingt einen kleinen Abstecher in die Schlucht unternehmen, denn an ihrem Ende befindet sich ein kleiner Wasserfall.

Unser Wanderweg führt nun nach Nordnordwest steil bergauf in Richtung Berg **Rondhalsen**. Der Weg ist gut zu laufen. Nach rund 1 km folgt eine Gabelung, an der man nach Nordwesten über den Smiubelgin zur Hütte Dørålseter *(R014)* gelangen kann. Unsere Route via Rondhalsen zur **Dørålseter** führt hier nach Norden auf der Westseite des tiefeingeschnittenen Flusses **Rondhalsbekken** steil bergauf. Der Weg quert einige kleinere Bäche und nach weniger als 2 km erreicht man eine Gabelung, an der man nach Nordwesten einen Abstecher zum Gipfel des **Veslesmeden** (2.015 m) machen kann. Der Aufstieg, es geht etwa 2,5 km bergauf, wird weiter oben immer steiniger und führt über den Grat bis zum Gipfel. Der Blick von oben ist spektakulär, der See Rondvatnet selbst, tief zwischen den Bergen gelegen, ist nicht zu sehen. Bei Regen oder starkem Wind sollte man auf den Gipfel-Abstecher verzichten!

Unsere Wanderung zur **Dørålseter** führt an dem Abzweig weiter nach Norden über den **Rondhalsen**. Nach einem Aufstieg von knapp 1 km ist der höchste Punkt von 1.647 m erreicht, danach geht es in Richtung Nordosten schräg über einen stellenweise steinigen Hang bergab. Der Abstieg hinunter ins Tal **Rondvassdalen** sieht steiler aus als er ist. Man hat dabei einen schönen Blick hinunter auf den **Rondvatnet** und ins Tal sowie auf die sich dahinter erhebenden Berge, wie den **Vinjeronden** (2.044 m) und nördlich davon den **Digerronden** (2.016 m). Bei Regen sollte man den Abstieg vorsichtig angehen. Einige Bäche werden durchquert, dann kommt man an eine Gabelung, an der nach Süden der Weg zum Schiffsanleger am nördlichen Ende des Rondvatnet abzweigt.

Unsere Route führt weiter nach Norden, auf einem gut zu laufenden Pfad durch eine bergige Landschaft und erreicht nach weniger als 2 km das südliche Ende des Sees **Bergedalstjønn** (1.230 m). Hier geht es 500 m in Richtung Nordosten zu einer zweiteiligen Kreuzung unterhalb des **Digironden**, deren südöstliche Abzweige zur Hütte Bjørnhollia *(R017)* bzw. zum Naturzentrum und Parkplatz Straumbu *(R016)* führen. Wir laufen an der ersten Weggabelung nach Norden und etwa 200 m später nach Nordwesten. Der Wanderweg westlich des **Bergedalstjønnin** wird nicht mehr unterhalten.

Unsere Route durch das **Bergedalen**-Tal wendet sich langsam gen Norden. Unterwegs kommt man an einer Reihe von Fallgruben vorbei. Der Weg hält auf das vorn sichtbare Bergmassiv des **Stygghøi** (1.858 m) zu und führt zum **Skranglehaugan**, wo sich eine sehenswerte Moränenlandschaft ausbreitet. Das Gelände wirkt wie eine Aneinanderreihung von Granatkratern. Nach dem Moränenfeld geht es zum Ufer des **Døråe**, an der sich unser Weg mit der Route über den Smiubelgin *(R014)* wieder vereint. Von dort geht es in Richtung Nordosten dem Flusslauf folgend.

Nach weniger als 1 km kommt man an einem Abzweig vorbei, an dem es nach Süden über den Berg Høgronden nach Staumbu *(R016)* und Bjørnhollia *(R018)* geht. Unser Weg zur **Øvre Dorålseter** führt weiter nach Nordosten und nach einigen hundert Metern über eine Brücke am **Døråe**-Fluss zu einer weiteren Gabelung. Der Weg nach Südwesten weist nach Høvringen *(R011)*, wir laufen jedoch weiter in nordöstliche Richtung und erreichen nach 1 km unser Ziel, die **Øvre Dorålseter**.

Der Rondvatnet (1.167 m) und Svartnuten (1.840 m).

R016 — 19 km — Rondvassbu ⑪ – Straumbu Parkpl. ⑮ (via Rondslottet 2.178 m)

Zunächst bricht man von der **Rondvassbu** in Richtung Osten auf. Der erste Berg direkt hinter der Hütte steigt steil an, wird aber nach kurzem Anstieg flacher. Etwa 100 m hinter der Hütte gibt es eine Kreuzung, an der man auf dem Weg nach Osten zur Hütte Bjørnvollia *(R019)* gelangt. Unser Weg über den Gipfel des **Rondslottet** (2.178 m) verläuft in nordöstliche Richtung weiter. Den ersten Kilometer nach der Kreuzung geht es ordentlich bergauf bis zu einer Gabelung, an der man rechts nach Osten zum Gipfel des **Storronden** (2.138 m) gehen könnte. Wir laufen weiter nordostwärts hinab zum Ufer des **Rondholbekken**, folgen diesem entlang durchs Bachtal ostwärts in Richtung des vorn erkennbaren Sattels zwischen dem **Vinjeronden** und dem **Storronden**. Der Anblick ist stattlich und der Boden steinig. Der Anstieg zum Sattel ist steil. Auf dem Sattel wendet sich unser Weg nach Nordnordwest und erklimmt auf dem Grat auf 500 m insgesamt 300 Höhenmeter bis zum Gipfel des **Vinjeronden** (2.044 m). Der Blick aus 2.000 Metern Höhe ist atemberaubend!

Blick vom Rondhalsen zum Rondslottet (2.178 m) und Vinjeronden (2.045 m), *Etappe R015*.

Vom Gipfel geht es auf dem Berggrat weiter nach Norden. Der Weg zum **Rondslottet** ist schmal und steinig. Der erste Abstieg vom Gipfel des **Vinjeronden** ist sehr steil, auch danach geht es noch steil und steinig weiter zum Gipfel des **Rondslottet** (2.178 m). Der höchste Gipfel des Rondane bietet einen phantastischen Ausblick!

Von hier oben geht es gen Nordosten einen steilen Berghang hinunter, an dem man besonders auf lose Steine achten sollte. Nach etwa 1 km wird der Abstieg flacher und der Pfad durchquert einen kleinen Bach. Der Weg senkt sich hinab ins Tal **Langglupdalen** und stößt zum Wanderweg zwischen den Hütten Øvre Dørålseter und Bjørnhollia *(R017)*. Unsere Route in Richtung **Parkplatz Straumbu** folgt diesem Weg etwa 1 km südostwärts, trennt sich dann vom Wanderweg und zweigt links nach Osten ins Tal **Veslkolldalen** ab. Nach 1 km wird der Wanderweg zwischen den Hütten Øvre Dørålseter und Bjørnhollia *(R018)* gekreuzt. Nach einem weiteren Kilometer, nördlich des Berges **Veslkollhøe** (1.204 m), verlässt man den **Rondane-Nationalpark**. Vom Rand des Tals hat man einen schönen Blick voraus ins Tal des **Atna**-Flusses und auf den See **Atnsjøen**. Weiter im Süden sieht man einen Einschnitt in der Felslinie, an dem sich die Schlucht **Myldingsgjelet** befindet *(s. R023)*.

Über einen mit niedrigen arktischen Birken bestandenen Hang läuft man ostwärts bergab. Kurz bevor man einen Feldweg kreuzt, führt der Weg durch eine kleine Schlucht. An dieser Stelle sollte man aufmerksam darauf achten, dass man den Weg nicht verliert. Nach dem kurzen Anstieg durch die Schlucht erreicht man den Feldweg, überquert ihn, und läuft weiter Richtung Osten durch einen Kiefernwald. Nach etwa 1 km kommt man an eine Stelle, an der der Pfad kurz sehr steil abfällt. Der Weg führt durch ein sumpfiges Waldgebiet über die Wasserarme des **Stormyldingi** zur Brücke über den **Atna**-Fluss und zum **Parkplatz und Naturzentrum Straumbu**. **Bei schlechtem Wetter ist von dieser Route abzuraten!**

R017 | **21 km** | **Hütte Bjørnhollia ⑬ – Øvre Dørålseter ⑦** (via Langglupdalen)

Von der Hütte **Bjørnhollia** folgt man zunächst der Landstraße etwa 1 km nordwärts, bis links ein guter und breiter Wanderweg am Rand des **Rondane-Nationalparks** nach Nordnordwest führt. Die Route zieht sich um den Nordosthang des **Veslsvulten** (1.579 m) herum in den **Nationalpark**, wendet sich dabei langsam nordwestwärts. Über 3,5 km geht es sanft bergab bis zur Brücke über den **Langglupbekken**, an dem es einen kleinen, aber laut tosenden Wasserfall und eine atemberaubende Landschaft gibt. Hinter dem Wasserfall erhebt sich der höchste Gipfel des Rondane, der Berg **Rondslottet** (2.178 m), den man auf Route *R016* besteigt. Links davon schiebt sich der Bergrücken des nur um wenige Meter niedrigeren Berges **Storronden** (2.138 m) ins Bild.

Nach der Brücke laufen wir ein paar hundert Meter steil bergauf bis zu einer Gabelung, an der man Richtung Nordwesten weiter steil über den Berg Høgronden (2.118 m) zur Øvre Dørålseter *(R018)* gelangen kann.

Unsere Route durch das **Langglupdalen**-Tal führt nach Westnordwest deutlich gemächlicher bergauf. Auf einem guten, ausgetretenen Weg ereicht man gut 1,5 km eine weitere Gabelung. Nach Osten zweigt der Weg zum Naturzentrum und Rastplatz Straumbu *(R016)* ab. Wir wandern hier weiter durch das schöne **Langglupdalen** nordwestwärts bergauf. Nach etwa 1,5 km folgt erneut ein Abzweig, an dem es Richtung Südwesten über den Gipfel des Rondslottet (2.178 m) zur Hütte Rondvassbu geht *(R016)*. Wir laufen weiter geradeaus durch eine herrliche Landschaft. Am südlichen Rand des Tals erheben sich der Berg **Rondvasshøgde** (1.951 m) sowie die steil aufragenden Hänge des **Storronden** und **Rondslottet**. In Laufrichtung bilden die Berge **Rondslottet** und **Midtronden** (2.060 m) ein schön anzusehendes, bogenförmiges U-Tal, auf das der Wanderweg zusteuert.

Am Eingang des Tals liegt auch die Wasserscheide, der man in westnordwestliche Richtung weiter durch steiniges Gelände folgt. Von hier aus senkt sich der Weg zu zwei Weggabelungen, an denen man jeweils rechts in nordnordwestliche Richtung weitergeht. Der eine Abzweig nach Westen führt zur Hütte Rondvassbu *(R015)*, der andere westlich des Bergedalsbekken nach Norden, dieser Weg wird jedoch nicht mehr gepflegt.

Langsam wendet sich der Weg nach Norden ins **Bergedalen**-Tal. Auf dem Weg kommt man an mehreren Fallgruben vorbei. Der Wanderweg führt auf das vorn sichtbare **Stygghøi**-Massiv (1.858 m) zu zum **Skranglehaugan**, wo sich eine sehenswerte Moränenlandschaft ausbreitet. Das Gelände wirkt wie eine Aneinanderreihung von Granatkratern. Nach dem Moränenfeld kommen wir zum Ufer des **Døråe**, dem man Richtung Nordosten folgt. Nach weniger als 1 km passieren wir einen Abzweig, an dem es nach Süden über den Berg Høgronden nach Staumbu *(R016)* und Bjørnhollia *(R018)* geht. Unser Weg führt weiter nordostwärts und nach einigen hundert Metern über die Brücke des **Døråe** zu einem weiteren Abzweig. Nach Südwesten käme man nach Høvringen *(R011)*, unser Weg führt in nordöstliche Richtung und erreicht nach 1 km die **Øvre Dørålseter**.

Høgronden (2.115 m) und Midtronden (2.060 m), *Etappe R018*.

R018 | 20 km | Øvre Dørålseter 7 – Bjørnhollia 13 (via Høgronden 2.118 m)

Von der **Øvre Dørålseter** läuft man südwestwärts knapp 1 km zur Gabelung, an der man nach links ein paar hundert Meter weiter zur Bücke über den Fluss **Døråe** kommt. Auf dem Weg geradeaus, der an der Nordseite des Flusses weiterführt, gelangt man nach Høvringen *(R011)*. Wir laufen über den Fluss und kommen zu einer weiteren Gabelung, an der man nach Westen Richtung Rondvassbu-Hütte *(R015)* und durch das Langglupdalen zur Bjørnhollia *(R017)* gelangen kann.

Unsere Route über den Gipfel **Høgronden** (2.118 m) knickt hier nach Süden. Über einen kurzen, aber steilen Aufstieg gelangt man zu einem Moränenfeld und läuft weiter südostwärts auf einem gut zu laufenden Weg südlich des **Vidjedalsbekken** zum Oberlauf des Flusses, dabei quert man problemlos einen Gebirgsbach.

Nun wendet sich der Pfad nach Osten etwa 1,5 km leicht bergan bis zum See **Neverbutjønne** (1.306 m). Der Blick gen Süden könnte nicht schöner sein: der **Digerronden** (2.016 m), der **Midtronden** (2.060 m) und der **Høgronden** erheben sich in einer zerklüfteten Reihe.

Wir wandern vom **Neverbutjønne** auf einem guten Weg über etwa 3,5 km durch hügeliges Gelände leicht bergan in Richtung Südosten. Wir müssen einige kleinere Gebirgsbäche durchqueren und kommen dann an einen Bach, der aus dem See (1.460 m) unterhalb des **Høgronden** abfließt. Die lange Flanke des **Høgronden** ragt eindrucksvoll etwa 655 m über der Seeoberfläche empor.

Der Aufstieg auf den schmalen Rücken des Berges ist steil und wird Richtung Gipfel immer steiler. Vom Bergrücken hat man eine tolle Aussicht, je weiter man nach oben kommt, umso spektakulärer ist der Blick. Vom Gipfel des **Høgronden** (2.115 m) bietet sich dann ein prächtiges Panorama.

Der steile Abstieg führt schräg über den Berghang in Richtung Südosten. Am Hang sollte man besonders auf lose Steine achten. Nach 1 km Wegstrecke und 380 Höhenmetern erreicht man die steinerne Schutzhütte **Høgrondbu**, nach der es weniger steil über den **Søre Oksle** und nördlich an einem Gipfelpunkt von 1.656 m vorbei zum oberen Rand eines steil ins **Langglupdalen**-Tal hinabführenden Berghanges geht. Die Route führt diesen südostwärts hinunter, überwindet auf 1,5 km etwa 440 Höhenmeter und kreuzt die Route zwischen der Rondvassbu und dem Parkplatz Straumbu *(R016)*. Nach weiteren 500 Metern stößt man auf die Route zwischen Bjørnhollia und Øvre Dørålseter *(R017)*. Wollte man durch das Langglupdalen-Tal bergauf zur Dørålseter würde man sich nach rechts wenden.

Unsere Route zur Hütte **Bjørnhollia** führt Richtung Südosten steil bergab zur Brücke über den **Langglupbekken**, wo es auch einen kleinen, aber heftig tosenden Wasserfall gibt. Hinter dem Wasserfall liegt eine atemberaubende Landschaft, hier erhebt sich der höchste Gipfel des Rondane, der Berg **Rondslottet** (2.178 m). Links davon schiebt sich der buckelige Bergrücken des nur um weniges niedrigeren Berges **Storronden** (2.138 m) ins Bild.

Vom Fluss aus geht es schräg über den Hang gemächlich bergauf in Richtung Südosten und aus dem **Rondane-Nationalpark** heraus. Dann führt der Pfad um den Nordosthang des Berges **Veslsvulten** (1.579 m) herum und wendet sich nach Süden. Nun laufen wir weiter schräg leicht bergab über den Osthang des **Veslsvulten**, bis man auf die Landstraße stößt, der man nach rechts noch 1 km bis zur Hütte **Bjørnhollia** folgt.

Bei schlechtem Wetter ist von dieser Route abzuraten!

Die Bergkette des Rondane von Süden, *Etappe R021*.

R019 — 12 km — Hütte Bjørnhollia ⓮ – Rondvassbu ⓫

An der Hütte **Bjørnhollia** folgt man zunächst einem gut zu erkennenden Pfad durch ein kleines Birkenwäldchen in Richtung Westen. Der Weg steigt über 1 km einen Hang hinauf und führt dann weiter auf und ab über den Berghang. Etwa 3 km nach der Hütte folgt ein Gebirgsbach, der aus einem See (1.463 m) abfließt und dessen beide Arme problemlos durchquert werden können. Wir wandern etwa 4 km auf einem gut zu laufenden Pfad am Grund des Tals **Illmanndalen**, durch das der *Illmannåe* fließt, entlang zum östlichsten der **Illmanntjønn** Seen (1.277 m). Hier beginnt ein etwa 2 km langer Abschnitt entlang der Seen, der landschaftlich sehr reizvoll ist und an der Wasserscheide vorbeiführt. Dabei überquert man mehrere kleinere Bäche problemlos.

Etwa 500 m nach den Seen in Richtung Westen gabelt sich der Weg – beide Routen führen zur Hütte **Rondvassbu**. Der schmalere und etwas oberhalb verlaufende Pfad ist etwas anstrengender, bietet aber vom Hang einen sehr schönen Blick auf die Berge F*remre Illmannhøe* (1.699 m) und **Simlepiggen** (1.721 m). Der untere Weg führt näher an den Gewässern im Talgrund entlang, an einem kleinen Moor und nördlich am See **Fremre Illmanntjønne** (1.220 m) vorbei bis zu einer Kreuzung, zu der auch der obere Weg stößt. An der Kreuzung gibt es auch einen Abzweig in Richtung Nordosten zur Route von der Rondvassbu nach Straumbu *(R016)*. Unsere Wanderung aus dem Tal **Illmanndalen** zur **Rondvassbu** führt an der Kreuzung kurz, aber steil bergab zur Hütte.

R020 — 17 km — Hütte Bjørnhollia ⑬ – Eldåbu ⑫

Von der Hütte **Bjørnhollia** folgt man dem Feldweg nach Südosten zur Brücke, nach der es hoch zum Hof **Gammelsætra** und zu einer Kreuzung geht. Der Weg nach Osten führt zum Parkplatz Rondetunet *(R022)*, der nach Norden zum Parkplatz Straumbu *(R023)*.

Unsere Route biegt nach Süden und wir laufen schräg über den Berghang hinauf. Der Anstieg ist nicht steil, zieht sich aber über ca. 3,5 km. Man sollte zwischendurch immer wieder innehalten und die Landschaft genießen: Richtung Norden hat man einen schönen Blick auf die Schlucht **Myldingsgjelet**, im Südwesten liegt weiter unten das **Musvorddalen** und im Nordwesten ragt, wie eine Mauer, der Berg **Rondvasshøgde** (1.951 m) empor.

Nach dem Scheitel zieht sich der Weg hinab ins **Steindalen**. Man folgt dem Tal Richtung Süden zur Ostseite des Sees **Indre Vulutjønna** (1.072 m). Am gegenüberliegenden Seeufer erhebt sich die unterste Bergflanke des **Hornflågan** (1.650 m) in einem schönen Bogen. Wir gehen an einem kleinen Bootsschuppen vorbei und setzen den Weg nach Süden fort zu einer steinernen Hütte auf der Nordseite des **Fremre Vulutjønna** (1.063 m). Die Hütte steht in hügeliger Landschaft und ist offen, sie eignet sich als Rastplatz, weniger als Schlafplatz.

Nach der Hütte quert man einen Bach von Stein zu Stein und läuft am Nordwestufer des **Fremre Vulutjønna** südwestwärts. Am Südende des Sees wartet schon die Querung eines Seezuflusses von Stein zu Stein auf uns, im Frühsommer ist das Durchwaten leicht. Nach ein paar hundert Metern wird ein weiterer Seezufluss von Stein zu Stein überquert, den man im Frühsommer ebenfalls durchwaten muss.

Der Weg ist steinig und führt durch die Lücke zwischen dem **Veslhøa** (1.279 m) und **Veslflågån** (1.248 m). Nach 2 km ist ein kleiner See (1.084 m) erreicht, von dem man etwa 4 km über das offene Fjell westlich des Berges **Bågåskardshøgd** (1.364 m) nach Süden wandert. Dabei stößt ein Weg vom Gipfel des **Bågåskardshøgd** auf unseren Pfad.

Schließlich wird ein zweiarmiger Gebirgsbach von Stein zu Stein gequert, dann ist man an einer zweigeteilten Kreuzung. Am ersten Abzweig geht man noch ein kurzes Stück nach Süden, am zweiten Abzweig biegt man nach Westen ab. Der Weg führt hinunter in ein Birkenwäldchen, in dem versteckt die Hütte **Eldåbu** liegt.

R021 — 26 km — Eldåbu ⑫ – Rondvassbu ⑪

Von der Hütte **Eldåbu** geht es kurz gen Norden über einen kleinen Bach, dann einen kurzen Abstieg hinunter nach Nordwesten zur Brücke über den **Storeldåa**-Fluss. Schon gleich geht es erneut durch einen kleinen Bach und leicht bergauf in Richtung Westen. Zu Beginn kreuzen viele Wege die Route und es ist Aufmerksamkeit geboten, um auf dem den richtigen Pfad zu bleiben. Wir laufen unterhalb des Berges **Søre Eldåkampen** (1.224 m) entlang und queren einen unproblematischen Bach. Der Weg ist in einem guten Zustand, wenn auch abschnittsweise steinig. Die Route führt weiter westwärts südlich um den Gipfel des **Veslhøa** (1.127 m) herum, wo sie sich nach Nordwesten wendet und 3 km weiter den **Søre Geitberget** (1.202 m) erreicht. Dabei wird ein Wanderweg gekreuzt. Man sollte nicht versäumen, einen Abstecher auf den **Søre Geitberget** zu machen. Die Aussicht auf das

Frydalen im Westen und das dahinterliegende *Jotunheimen*-Gebirge ist großartig.

Unser Weg steigt unterhalb des Berges leicht an und führt schräg nach oben zum Oberlauf des *Ljoslibekken*. Dann geht es oberhalb des **Nørdre Geitberget** (1.178 m) weiter zum schönen **Zwillingswasserfall** am *Buåa*-Fluss. In dem Gebiet kreuzen sich eine Reihe von Wanderwegen und man muss aufmerksam sein, den eigenen nicht zu verfehlen. Unterhalb des Wasserfalls kann man den Fluss leicht von Stein zu Stein queren.

Weiter geht es gut 1 km in Richtung Nordwesten zum *Jøråa*-Fluss, der in einem tief eingeschnittenen Bett fließt und der auch von Stein zu Stein überquert werden kann. An dieser Stelle lohnt sich eine kurze Runde am Fluss stromabwärts zum sehenswerten Wasserfall *Jøråfossen*. Der Weg ist nicht markiert.

Vom *Jøråa*-Fluss sind es etwa 2,5 km über baumloses Fjell in Richtung Nordwesten. Der **Frylibekken** kann problemlos durchquert werden, dann wendet sich der Weg über den Rand des Fjells in Richtung Norden. Der Wanderweg schlägt einen kleinen Bogen zu den Wasserarmen am Oberlauf des **Nedre Tverrglitra**, die hier leicht zu durchqueren sind. Weiter geht es westlich des Berges **Skjerrelhøa** etwa 3 km Richtung Norden bis zum Fluss **Øvre Tverrglitra**. Auf dem Weg hat man nach Norden einen tollen Blick auf das **Smiulbelgin**-Gebirge, dessen

Fremre Vulutjønna (1.063 m), *Etappe R021*.

höchste Gipfel *Trolltinden* (2.018 m) und *Storsmeden* (2.016 m) über 2.000 Meter hoch sind. Die Berge sehen aus wie eine Reihe spitzer Zähne.

Der *Øvre Tverrglitra* ist leicht zu durchqueren, doch kurz vor dem Fluss muss man einen kleinen steilen Berg hinunter und nach dem Fluss wieder einen hinauf. Man hält sich nach der Querung gleich nach Westen, hier muss man genau auf den Weg achten, da es eine Reihe unmarkierter Wege gibt. Etwa 500 m Richtung Westen ist eine Kreuzung, an der es nach Süden ins Glitterdalen-Tal geht.

Unsere Route zweigt an der Kreuzung nach Norden ab und führt etwa 4 km einen langen, nicht sehr steilen Hang westlich des Berges *Fremre Illmannhø* (1.699 m) entlang. Weiter unten fließt der *Store Ula*, neben dem eine Landstraße und der Parkplatz Spranget auszumachen sind. Die Straße nördlich des Parkplatzes ist für den öffentlichen Verkehr gesperrt. Der Wanderweg nähert sich immer weiter der Straße. Im Norden bietet sich ein beeindruckendes Panorama: neben dem *Smiulbelgin* sind der *Svartnuten* (1.840 m), der *Vinjeronden* (2.044 m) und der *Storronden* (2.138 m) zu erkennen, hinter denen der höchste Berg des Rondane, der *Rondslottet* (2.178 m), zu sehen ist.

Dann stößt die Route auf die Straße, man kann ihr folgen oder parallel einen der vielen Fußpfade gehen. Vor uns ist schon die Hütte *Rondvassbu* zu sehen. Die letzten 500 m läuft man auf der Landstraße.

R022 | 15 km | Parkplatz Rondetunet ⑭ – Hütte Bjørnhollia ⑬

Die Tour beginnt am Parkplatz *Rondetunet*, der sich gegenüber vom *Rondetunet Friluftssenter*, auf der anderen Seite der *Landstraße Rv 27,* in einem Waldstück befindet. Zum Parkplatz gelangt man von der Hauptstraße aus über einen Sandweg.

Der Weg ist breit und verläuft durch den Wald den Hang hinauf leicht gen Westen. Kurz darauf wandert man für ein kurzes Stück oberhalb der Baumgrenze, dann senkt sich der Pfad wieder hinunter in ein Wäldchen, führt leicht bergab am Hof *Hamnsætra* vorbei und ans Ufer des Sees *Voldalstjønna* (856 m). Dort folgt man dem Feldweg nach Nordwesten über 1 km zu der alten Hütte *Midtbrennsætra*.

Von der hübsch gelegenen Hütte läuft man weiter in Richtung Nordwesten und leicht ansteigend über den Westhang des Tals *Voldalen* nach oben. Auf dem Weg hinauf durchquert man mehrere Gebirgsbäche und passiert dann wieder die Baumgrenze. Wir kommen nördlich an einem kleinen See (940 m) vorbei und tauchen erneut in ein Birkenwäldchen in Höhe des alten *Hofs Fagerli* ein. Am Hof wendet sich der Weg kurz südwestwärts einige Meter bergauf, über einen Bach, der aus dem Tal *Søre Lausådalen* fließt. Etwa 500 m weiter, nun wieder gen Nordwesten, quert man den Bach, der aus dem *Nørdre Lausådalen* kommt. Beide Gebirgsbäche fließen weiter unten zum Fluss *Lausåa* zusammen. Der Weg führt noch 1 km hinauf ins baumlose Fjell und dann hinunter zu einem dritten Bergbach, der problemlos durchquert werden kann. Der Abstieg nordwärts zum Hof *Musvolsætra* beträgt gut 1 km. Beim Abstieg hat man einen schönen Blick auf den Berg *Beslsvulten* (1.579 m) und auf das Gebirge *Alvdal Vestjell* im Nordosten. Vom Hof *Musvolsætra* folgt man knapp 2 km einem Feldweg in Richtung Westen zu einer Kreuzung, an der es nach Süden zur Hütte Eldåbu *(R021)* und nach Norden zum Naturzentrum und Parkplatz Straumbu *(R023)* geht. Unsere Route führt weiter den Feldweg hinunter zur Brücke und zur Hütte *Bjørnhollia*.

R023 | 6 km | Rastplatz Straumbu (Parkplatz) ⑮ – Hütte Bjørnhollia ⑬

Vom **Park- und Rastplatz Straumbu** geht man zunächst am **Naturzentrum** vorbei und am Flussufer entlang nach Norden zur Brücke. Am Fluss bietet sich ein Bilderbuchblick auf den **Rondane-Nationalpark**. Hinter dem Fluss erheben sich die Westgipfel des Rondane, wie der **Veslsvulten** (1.579 m) und der **Storsvulten** (1.871 m).

Nach der Brücke läuft man im Flussdelta über zwei weitere Brücken Richtung Südwesten, dann auf einem breiten Weg zum Fuß eines steilen Bergrückens. Unterwegs kommt man an einem *Gedenkstein für Peer Gynt vorbei, der an jener Stelle steht, an dem er einem Troll begegnet sein soll.*

Der Anstieg ist nicht lang, aber anstrengend. Oben geht es weiter auf einem gut zu laufenden Weg, der durch lichten Kiefernhain leicht bergauf führt. Weiter oben gehen die Kiefern in Birken über, dann führt der Weg über die Baumgrenze hinaus und am Nordhang des **Musvolkampen** (1.152 m) weiter leicht bergan. Unterwegs hat man eine tolle Aussicht ins Tal **Langglupdalen** und auf die dahinter massiv aufragenden Berge **Høgronden** (2.118 m) und **Rondslottet** (2.178 m).

Nun muss man recht steil über den Südhang des **Musvolkampen** hinunter zum alten Hof **Gammelsætra**, wo man einen Feldweg erreicht. An der Kreuzung geht es nach Süden zur Hütte Eldåbu *(R020)* und nach Osten zum Parkplatz Rondetunet *(R022)*. Zur Hütte **Bjørnhollia** folgt man dem leicht abschüssigen Weg über die Brücke und hinauf zur Hütte.

Vom **Parkplatz Straumbu** kann man seine Wanderungen gen Osten in Richtung **Alvdal Vestfjell** fortsetzen.

Gammelsætra, *Etappe R023.*

Das Tal Langglupdalen, *Etappe R017*.

WANDERGEBIET DOVREFJELL

Landmarke des kargen Hochlandes des Dovrefjells ist das Gebirgsmassiv des *Snøhetta* (2.286 m), das sich wuchtig am Südrand des Gebietes erhebt und lange für den höchsten Berg Norwegens gehalten wurde. Blickt man vom Kamm des *Gråhøin* (1.495 m), breitet sich der Bergrücken lang und ausladend nach Norden hin aus. Der *Snøhetta* und der südlich davon eindrucksvoll aufragende *Svånåtinden* (2.209 m) bilden ein leicht zu erkennendes Bergmassiv. Abgesehen davon, besteht die Region nur aus gemächlich und ruhig ansteigenden Bergen und sich dazwischen schlängelnden tiefen Tälern. Die Aufstiege aus den Tälern sind schweißtreibend, hat man aber die Hochplateaus erreicht, wird das Vorankommen leichter.

Der **Nationalpark Dovrefjell-Sunndalsfjella** *(Dovrefjell-Sunndalsfjella nasjonalpark)* wurde im Jahr 2002 gegründet und erstreckt sich über ein Gebiet von 1.700 km². Seine Tierwelt ist außerordentlich interessant. Hier lebt ein stabiler **Wildrenbestand**, der noch Anfang des letzten Jahrhunderts durch Jagd und fundamentale Einschnitte in deren Lebensraum stark gefährdet war. Umfangreiche Schutzmaßnahmen haben dazu beigetragen, die Situation des Wildrens entscheidend zu verbessern, heute leben in dem Gebiet etwa 2.000 Tiere. Auch **Vielfraß** und **Polarfuchs** kommen wieder vor und bereichern die Fauna des Nationalparks. Am interessantesten ist wohl der **Moschusochse** *(auch Bisam- oder Schafsochse genannt)*, dessen 300 Tiere umfassender Bestand auf Einzeltiere zurückgeht, die in den 1950er Jahren hierhergebracht wurden. An sich ein friedliches Tier, kann er aber gefährlich werden, wenn er sich gestört fühlt. Er ist stark und sehr schnell. In den Hochplateaus gibt es keine Bäume, auf die man sich retten könnte. Ein Sicherheitsabstand von mindestens 200 Metern ist unbedingt einzuhalten.

In der Wanderregion gibt es einige **Wildmarkhütten**, die sich in ihrer **Architektur** von normalen Berghütten unterscheiden. Sie wurden entsprechend den Wünschen englischer Adliger gebaut. Die aus dem 18. Jahrhundert stammende und Ende des 20. Jahrhunderts restaurierte Hütte **Gammelsetra** ist eine absolute Sehenswürdigkeit im Dovrefell.

Im Jahre 1952 ließ der norwegische Wanderverein Den Norske Turistforening

Snøhetta (2.286 m)

an der Südostseite des Snøhetta die Hütte **Snøheim** bauen. *Gegen Ende des Jahrzehnts erklärte die norwegische Armee das Gebiet zum Schießgebiet und übernahm die Hütte. Es dauerte beinahe 50 Jahre, bevor die Armee die Hütte zurückgab und ist noch heute damit beschäftigt, das Erdreich zu reinigen und die Natur in ihren ursprünglichen Zustand zurückzuversetzen.* Aus diesem Grund bedarf jeder Motorverkehr zwischen den Hütten Hjerkinn und Snøheim einer Genehmigung. Allerdings besteht zwischen den beiden Hütten mehrmals täglich eine Busverbindung. Die Zugangsbeschränkungen beziehen sich nur auf einen kleinen Teil des Nationalparks, die Grenzen des Schießgebietes sind sowohl auf Karten als auch im Gelände markiert.

Wo Starten?

Dovrefjell-Sunndalsfjella Nationalpark in Gjøra
Tel. +47 (0)905 664 08
www.nasjonalparker.org

In Hjerkinn sollte man die Wildrenbeobachtungshütte Snøhetta Viewpoint im Pavillon Tverrfjellhytta besuchen – nicht nur architektonisch eine Besonderheit.

Norsk Villreinsenter & Snøhetta viewpoint in Hjerkinn
nvs.villrein.no

Die Bahnverbindung Oslo – Trondheim grenzt im Osten an den Nationalpark, der Zug hält in **Oppdal**, **Hjerkinn** und **Kongsvoll**. Vom Bahnhof **Oppdal** aus besteht eine Busverbindung nach Westen in Richtung **Sunndalsøra**. Von **Hjerkinn** kann man mit dem Bus zur Hütte **Snøheim** fahren und in **Kongsvoll** befindet man sich jenseits der Bahnschienen sofort am Berghang. Die Landstraße Rv 70 zwischen **Oppdal** und **Sunndalsøra** führt durch den Nordteil des Nationalparks. An ihr liegen **Grøa**, **Fale** und **Gjøra**, an denen markierte Wanderrouten ins Nationalparkgebiet beginnen.

Unweit des Bahnhofs **Hjerkinn** gibt es zwei kostenlose Parkplätze. Der Parkplatz am Bahnhof **Kongsvoll** dagegen ist gebührenpflichtig. Weitere Parkmöglichkeiten bestehen am Nordrand des Nationalparks u.a. in der Nähe der Ortschaft **Grøa** sowie der Hütten **Gammelsetra** und **Dindalshytta**.

Wanderungen im **Nationalpark Dovrefjell-Sunndalsfjell** können auf die benachbarten Wanderregionen ausgeweitet werden. Schließt man die Bergregion **Trollheimen** im Norden und **Rondane** im Südosten mit ein, können ausgesprochen lange Trekkingtouren unternommen werden. Das markierte Wanderwegenetz umfasst hunderte von Kilometern.

Hüttenbetreiber in der region Dovrefjell

DNT Oslo og Omegn (DNT Oslo)
post@dntoslo.no   www.dntoslo.no

Trondhjems Turistforening (TT)
post@tt.no   www.tt.no

Hütten des DNT (DNT Oslo, KNT , MRT und TT)
In der Region Dovrefjell werden die DNT-Hütten von den *Regionalverbänden DNT Oslo og Omen (DNT Oslo), Kristiansund og Nordmøre (KNT), Molde og Romsdals (MRT)* und *Trondhjems Turistforening (TT)* betreut.

Die Selbstversorgerhütten *(selvbjent* - Lebensmittelkammer mit Konserven und getrocknete Trekkingnahrung, *ubetjent* - ohne Lebensmittelvorrat!)* sind fast immer mit dem DNT-Standardschlüssel verschlossen.

Kristiansund og Nordmøre Turistforening (KNT)
turist@knt.no   www.kntur.no

Molde og Romsdals Turistforening (KNT)
mrt@dnt.no   www.mrtur.no

Die Hütten **Aursjøhytta**, **Snøheim** und **Vangshaugen** werden in der Saison als bewirtschaftete *betjent*-Hütten betrieben. Übernachtung und Mahlzeiten müssen vorher gebucht werden. Außerhalb der Saison werden diese Hütten nicht bewirtschaftet. **Aursjøhytta**, **Vangshaugen** sind außerhalb der Saison *selvbetjent*, die Hütte **Snøheim** ist dann ganz *geschlossen*!
Snøheim ist aufgrund der Schutzbestimmungen für den Moschusochsen nicht mit dem eigenen Auto, sondern nur per Bus erreichbar.

BEWIRTSCHAFTETE BETJENT-HÜTTEN DES DNT			
Aursjøhytta (KNT)	(860 m)	H/40	Strom, Reservierungspflichtig mie@sunndals.net Tel. +47 (0)47 41 24 74
Snøheim (DNT Oslo)	(1.474 m)	H/80	Strom, Reservierungspflichtig snoheim.dnt.no snoheim@turistforeningen.no Tel. +47 (0)47 86 22 86
Vangshaugen (KNT)	(740 m)	H/64	Strom, Reservierungspflichtig eigudmun@online.no Tel. +47 (0)71 69 57 11

SELVBETJENT-HÜTTEN DES DNT				
Aursjøhytta (KNT)	(860 m)	T/16	*mit Vorratskammer*	DNT-Schlüssel
Åmotsdalshytta (KNT)	(1.305 m)	T/30	*mit Vorratskammer*	DNT-Schlüssel
Eiriksvollen (KNT)	(140 m)	T/20	*mit Vorratskammer*	DNT-Schlüssel
Dindalshytta (TT)	(850 m)	T/11	*mit Vorratskammer*	DNT-Schlüssel
Gammelsetrav (KNT)	(810 m)	T/32	*mit Vorratskammer*	DNT-Schlüssel
Grøvudalshytta (KNT)	(845 m)	T/28	*mit Vorratskammer*	offen
Hoemsbu (MRT)	(22 m)	T/36	*mit Vorratskammer*	offen
Raubergshytta (KNT)	(1.320 m)	T/18	*mit Vorratskammer*	offen
Reinheim (DNT Oslo)	(1.340 m)	T/36	*mit Vorratskammer*	DNT-Schlüssel
Reinsvassbu (MRT)	(900 m)	T/8	*mit Vorratskammer*	offen
Vangshaugen (KNT)	(740 m)	T/16	*mit Vorratskammer*	DNT-Schlüssel

UBETJENT-HÜTTEN DES DNT				
Brandstadbu (MRT)	(200 m)	T/8	*ohne Vorratskammer*	DNT-Schlüssel
Loennechenbua (KNT)	(1.360 m)	T/4	*ohne Vorratskammer*	offen

Kongsvold Fjeldstue.

Privat betriebene Hütten und Hotels (PBH) an den Wanderrouten

Die privat betriebenen Hütten unterteilen sich in zwei Gruppen: Berghütten, die in der Wildmark liegen einerseits und solche auf gewöhnlichen Zeltplätzen. Hütten mit Vollverpflegung und weitere Übernachtungsmöglichkeiten an Landstraßen oder in Ortschaften andererseits.

Privat betriebene Hütten in den Bergregionen sind in aller Regel sehr gut ausgestattet, legt man jedoch wert auf Dusche, Strom oder Internet, sollte man sich vorher über die Verfügbarkeit informieren.

Privat betriebene Hütten und Campingplätze gewähren Mitgliedern eines nordischen Outdoorverbandes oft Rabatt. Nachfragen!

PRIVAT BETRIEBENE HÜTTEN UND HOTELS (PBH)			
Gjøra Kro og Camping	(200 m)	H/16	Strom, Reservierungspflichtig www.nisja.no endre@nisja.no Tel. +47 (0)71 69 41 49 / Tel. +47 (0)917 379 75
Heimstad Gjestgiveri Grøa	(30 m)	H/20	Strom, Reservierungspflichtig Tel. +47 (0)71 69 61 53
Hjerkinnhus	(1.005 m)	H/100+	Strom, Reservierungspflichtig www.hjerkinnhus.no post@hjerkinnhus.no Tel. +47 (0)46 42 01 02
Hjerkinn Fjellstue *(bieten auch Fjellreiten an)*	(960 m)	H/70	Strom, Reservierungspflichtig www.hjerkinn.no booking@hjerkinn.no Tel. +47 (0)61 21 51 00
Kongsvold Fjeldstue Kongsvoll	(900 m)	H/70	Strom, Reservierungspflichtig www.kongsvold.no post@kongsvold.no Tel. +47 (0)900 84 802
Skogly Camping Grøa	(50 m)	H/24	Strom, Reservierungspflichtig www.skoglycamping.no Tel. +47 (0)71 69 61 47
Sletten Fjellgård	(800 m)	H/58	Strom, Reservierungspflichtig www.fjellgard.no sletten@fjellgard.no Tel. +47 (0)915 464 02

Beliebte Etappen-Kombination als Weitwanderweg

Startpunkt:
Hjerkinn, Hütte Snøheim
Endpunkt:
Kongsvoll,
zurück mit dem Zug
Etappen:
D006-D004-D003
Die Route kann in beide Richtungen gelaufen werden.

Dauer: 3 Tage
Länge: 36 km
Zelt: nicht erforderlich

Snøhetta

Unweit des Bahnhofs *Hjerkinn* gibt es zwei kostenlose Parkplätze: einen direkt am Bahnhof und den zweiten näher an der Straße E6. Am Bahnhof halten sowohl die Züge, die von Norden aus Richtung Trondheim kommen, als auch die Züge aus dem Süden und Oslo.

Vom Parkplatz sind es nur wenige hundert Meter Fußweg bis zum *Hotel Hjerkinnhus*, von dem aus die Busverbindung zur *Snøheim*-Hütte besteht. Der Parkplatz direkt am Hotel ist kostenpflichtig.

Die Wanderung beginnt an der *Hütte Snøheim*, führt über den majestätischen *Snøhetta*, der sich 2.286 Meter über dem Meeresspiegel erhebt, und gemächlich wieder bergab zur *Åmotsdalshytta*, die auf der Nordseite des Berges liegt. Am folgenden Tag geht es in Richtung Osten auf einer kürzeren Tagestour zur *Hütte Reinheim*, wo man die Nacht verbringt. Die letzte Tagesetappe der Tour, auf der man gute Chancen hat, Moschusochsen zu sehen, führt zum Hotel und Bahnhof *Kongsvoll*, wo man den Zug zurück zum *Bahnhof Hjerkinn* besteigt. (Fahrtdauer ca. 10 Minuten). In Kongsvoll halten die Züge aus Trondheim und Oslo.

Startpunkt:
Hjerkinn, Hütte Snøheim
Endpunkt:
Kongsvoll,
zurück mit dem Zug
Etappen:
D006-D013-D019-D030-D031-D017+D018-D004-D003
Die Route kann in beide Richtungen gelaufen werden.

Dauer: 8–9 Tage
Länge: 130 km
Zelt: wahlweise

Rundtour Dovrefjell

Unweit des *Bahnhofs Hjerkinn* gibt es zwei kostenlose Parkplätze: einen direkt am Bahnhof und den zweiten näher an der Straße E6. Am Bahnhof halten sowohl die Züge, die von Norden aus Richtung Trondheim kommen als auch die Züge aus dem Süden und Oslo. Vom Parkplatz sind es nur wenige hundert Meter Fußweg bis zum *Hotel Hjerkinnhus*, von dem aus die *Busverbindung* zur *Snøheim-Hütte* besteht. Der Parkplatz direkt am Hotel ist kostenpflichtig.

Die Wanderung beginnt an der *Hütte Snøheim*, führt über den majestätischen *Snøhetta*, der sich 2.286 Meter über dem Meeresspiegel erhebt, und gemächlich wieder bergab zur *Åmotsdalshytta*, die auf der Nordseite des Berges liegt. Am nächsten Tag geht es durch eine wunderschöne Berglandschaft in Richtung Westen und Norden zur *Grøvudalshytta*, die in einem eindrucksvollen Tal liegt. Der nächste Aufstieg in Richtung Westen ist steil, danach geht es weiter zur hübsch anzuschauenden, inmitten von Felsen liegenden *Raubergshytta*. Nach einer erholsamen Nacht laufen wir weiter nach Osten zur historischen *Hütte Vangshaugen*, in der man vorreserviert haben sollte, zumindest im August.

Von *Vangshaugen* führt unser Weg vorbei an herrlichen Stromschnellen und Wasserfällen, südostwärts zur niedrigen *Hütte Gammelsetra*. Beim Gang von

Fortsetzung nächste Seite

Zimmer zu Zimmer sollte man Vorsicht walten lassen, damit man sich nicht den Kopf am Türsturz stößt. Von der **Gammelsetra** durch das **Skirådalen** *(Zwischenstop in der Loennechenbua (nur 4 Betten!) möglich)*, dann folgt ein anstrengender Abschnitt zum **Gråhøin**, der aber von der Aussicht her grandios ist. Besonders der Blick auf den **Snøhetta** ist unvergesslich. Den Wanderer erwartet eine Nacht in der **Åmotsdalshytta** und der Weitermarsch zur **Reinheim-Hütte**. Die letzte Tagesetappe, auf der man gute Chancen hat, Moschusochsen zu sehen, führt nach **Kongsvoll**, wo man den Zug zurück nach **Hjerkinn** nimmt *(Dauer ca. 10 Minuten)*.

Snøhetta Viewpoint.

Karten für das Wandergebiet Dovrefjell

Cappelens fjellkart
Maßstab 1 : 100.000 & 1 : 50.000
reiß- & wasserfest (Pretex)
CK43 Trollheimen-Dovre (2009)

Nordeca Turkart
Maßstab 1 : 100.000:
2497 Dovrefjell Vest - Sunndalsfjella (2009)
Maßstab 1 : 100.000, reiß- & wasserfest:
2710 Dovrefjell Øst - Knutshø (2009)

Maßstab 1 : 50.000, reiß- & wasserfest:
2829 Dovrefjell - Snøhetta (2016)

Nordeca Norge-serien
Maßstab 1 : 50.000
reiß- & wasserfest
10072 Lesja (2015)
10073 Folldal (2014)
10078 Sunndalsøra (2015)
10079 Oppdal (2017)

Snøhetta (2.286 m) und Larstinden (2.108 m), *Etappe D005*.

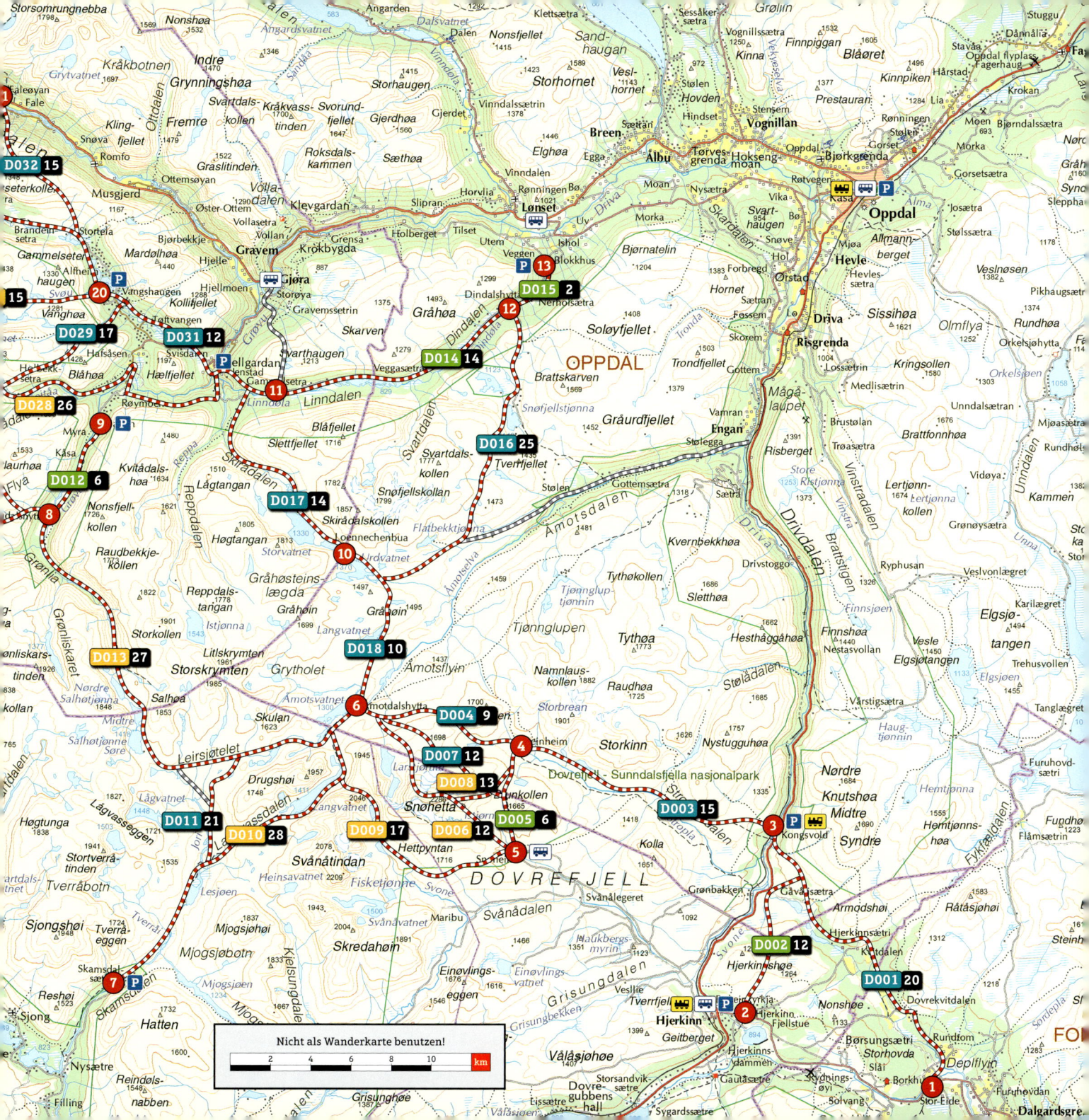

| **D001** | **20 km** | Kongsvold Fjeldstue ③ – Sletten Fjellgård ① |

Die Tour beginnt am historischen Hotel **Kongsvold Fjeldstue**, das sich etwa 400 m südlich des Bahnhofs Kongsvoll befindet. Man startet in Richtung Süden mit einem steilen Anstieg. Der Weg wendet sich nach Südosten, durchquert den kleinen Fluss **Blesebekken** und führt an einem Gipfelpunkt (1.021 m) vorbei. Der Weg ist breit und gut zu laufen. Er verläuft in Höhe der Baumgrenze und führt leicht bergauf zu einer Kreuzung, an der man nach Südwesten zum Hotel Hjerkinn Fjellstue *(D002)* gelanden kann. Unsere Route verläuft weiter in Richtung Südosten.

Nun folgt man dem leicht abschüssigen Berghang, durchquert ein Fjellbirkendickicht und kommt an dem kleinen **Hof Gåvålisætra** sowie einem Abzweig zum Parkplatz Grønbakken vorbei. Nach dem Bauernhof geht es auf einem guten Wanderweg weiter in Richtung Südosten durch Birkenbuschwerk. Mehrere kleinere Bäche werden problemlos durchquert. Der Weg führt um den Hang zwischen dem Berg **Armodshøkollen** (1.274 m) und den Seen **Nordre** und **Søre Kvitdalsvatnet** (935 m & 933 m) herum und wendet sich dabei nach Westen.

Nachdem wir den Bauernhof **Hjerkinnsætri** passiert haben, biegen wir nach Süden ab und kommen zu einem Fuhrweg. Diesem folgen wir, nach einigen hundert Metern wird er zur Landstraße, auf der wir bergab über etwa 6 km bis zur Brücke über den **Kvita**-Fluss laufen. Nach der Brücke folgt man an der Weggabelung dem linken Weg etwa 500 m, biegt links ab und geht weitere 500 m bis zur Landstraße Fv 29 *(Folldalsvegen)*. Hier wendet man sich nach rechts und erreicht nach 1 km die Hütte **Sletten Fjellgård**, von der aus man Wanderungen in die **Wanderregion Rondane** fortsetzen kann.

| **D002** | **12 km** | Kongsvold Fjeldstue ③ – Hjerkinn Fjellstue ② |

Bahnhof Kongsvoll.

Die Tour beginnt am historischen Hotel **Kongsvold Fjeldstue**, etwa 400 m südlich des Bahnhofs Kongsvoll. Man startet Richtung Süden mit einem steilen Anstieg. Dann wendet sich der Weg nach Südosten, durchquert den kleinen Fluss **Blesebekken** und führt an einem Gipfelpunkt (1.021 m) vorbei. Der Weg ist breit und gut zu laufen. Er verläuft in Höhe der Baumgrenze und führt leicht bergauf zu einer Kreuzung, an der es nach Südosten zur Hütte Sletten Fjellgård *(D001)* geht. Unsere Route biegt hier in Richtung Südwesten ab.

Wir laufen etwa 2 km bergab, dann kreuzen wir einen Feldweg und einen Bach und erreichen einen weiteren Feldweg. Rechterhand befindet sich ein Parkplatz an der E 6. Auf diesen Feldweg biegt man nach Süden und folgt ihm bergan auf den vorn aufragenden Berg *Hjerrkinnshøe* (1.293 m) zu. Dieser Weg, eine alte Verkehrsader und Pilgerweg, wird *Den Gamle Kongevegen (Alter Königsweg)* genannt. Nach einem knapp 4 km langen Anstieg erreicht man den Bergrücken, von dem aus sich ein schöner Blick gen Norden auf das Tal *Drivdalen* sowie im Süden zum *Rondane-Nationalpark* bietet. Über die Südflanke des *Hjerkinnshøe* geht es bergab durch Birken und zur *Hjerkinn Fjellstue*, von der aus man Wanderungen in die *Wanderregion Rondane* fortsetzen kann.

D003 | 15 km | Hütte Reinheim ④ – Parkplatz Kongsvoll ③

Von der **Hütte Reinheim** wandert man zunächst nach Osten durch stellenweise steiniges Gelände. Knapp 1 km von der Hütte entfernt wird ein Bach von Stein zu Stein überquert und die Route wendet sich langsam gen Südosten. In Laufrichtung bietet sich ein phantastischer Blick in eine schöne, breite Tallandschaft sowie auf den weiter weg liegenden Fixpunkt, den Berg *Kolla* (1.651 m). Auf dem Weg geht es auf und ab über wellige Bergrücken auf das hoch aufragende *Snøhetta*-Bergmassiv (2.286 m) zu. Die Route führt unterhalb des stumpfen Gipfels des *Håmmårbukinn* (1.901 m) entlang, sein Gipfel selbst ist erst zu sehen, wenn der Weg am See *Stroplsjøtjønna* (1.320 m) vorbeiführt und man über die Hochebene des Tals *Styggedalen* Richtung Norden schaut. Südlich am See *Stroplsjøen* (1.286 m) entlang, laufen wir durch das *Stroplsjødalen* über einen flachen Hang bergab, auf dem man leicht vorankommt. Ein kleiner Bach wird gequert und man läuft näher am Fluss *Stropla*. Der Weg führt kurz bergauf durch eine schmale Talschlucht, dann wieder bergab zu einer Brücke über einen Gebirgsbach, der aus dem *Kaldvellsjøen* abfließt.

Ein Stück nach der Brücke hat man nach Norden eine schöne Sicht auf die Bergwand des *Kaldvellkinn* (1.767 m). Etwas weiter weg ist auch die etwas bescheidenere kerzengerade Flanke des *Kaldvellegga* (1.626 m) zu sehen, rechts davon erhebt sich grau der *Nystugguhøa* (1.757 m). Im Süden ist am Horizont das Rondane-Gebirge zu erkennen. Weiter südostwärts laufen wir an einer

Reinheim.

privaten Hütte vorbei und durch leichteres Gelände über die Südkante des *Vesl-Nystugguhøa* (1.513 m). Der Anstieg ist sehr moderat. Gleichzeitig wendet sich der Weg nach Osten und passiert einen Wegweiser. Hier kann man sich entscheiden, ob man weiter ostwärts zum *Bahnhof* und *Parkplatz* in *Kongsvoll* oder den Hang hinunter in Richtung Südosten etwa 2,5 km bis zum Hotel Kongsvold geht, von dem aus Wanderwege in die Wanderregion Rondane *(D001 & D002)* führen.

Diese Routenbeschreibung folgt dem Weg nach Osten und führt zunächst einen anfänglich flachen und dann steiler werdenden Hang hinab aus dem *Dovrefjell-Sunndalsfjella-Nationalpark* hinaus. Dann kommt man an ein Birkenwäldchen. Nach etwa 3 km quert man die Bahnschienen zum *Parkplatz* und *Bahnhof Kongsvoll*.

D004 | 9 km | Åmotsdalshytta ⑥ – Hütte Reinheim ④ (via Leirpullskardet)

An der **Åmotsdalshytta** folgt man südostwärts den Wegweisern und kommt nach gut 1 km an einen Abzweig, an dem man nach rechts zur Hütte Snøheim via Gebirgsmassiv Snøhetta (2.286 m) abbiegen könnte *(D006)*. Ein paar hundert Meter weiter folgt ein weiterer Abzweig, an dem man über Larsurda zur Hütte Snøheim gelangt *(D007)*. Nach den Abzweigen führt unser Weg leicht bergan in Richtung Osten und über mehrere, kleinere Gebirgsbäche. Der Hang ist stellenweise hügelig und wird weiter oben immer steiniger. Der Blick zurück ist phantastisch. Nach einem insgesamt 4 km langen Anstieg, gerechnet ab den Abzweigen, steht man am Fuß des steilen Hangs am **Leirpullskardet** (1554 m). Hier geht es schweißtreibend und stellenweise sehr steil bergauf und nach Überqueren des Kamms etwas weniger steil und kürzer bergab. Vom Kamm aus hat man einen eindrucksvollen Blick auf das **Stroplsjødalen**-Tal im Osten, das sich beidseits des **Stropla**-Flusses erstreckt.

Die Route zieht sich über den Hang bergab in Richtung Südosten, passiert einen Wegweiser nach Larsurda und führt nördlich des Sees **Leirpullan** (1.436 m) entlang und tiefer ins Tal hinein. Dabei durchquert man einige schöne, kleine Bäche und wandert auf die schon von weitem sichtbare **Hütte Reinheim** zu.

D005 | 6 km | Hütte Reinheim ④ – Hütte Snøheim ⑤

Hat man die Brücke über den **Stropla**-Fluss überquert, steigt man hinter der **Reinheim-Hütte** einen flachen Hang in Richtung Südwesten hinauf. Kurz nach der Brücke gibt es einen Abzweig nach links Richtung Grønbakken. Unsere Route führt weiter nach Südwesten, den steiler werdenden Hang hinauf. Weiter oben wird der

Moschusochse wird auch als Bisamochse oder Schafsochse bezeichnet.

Weg steiniger. Der steilste Abschnitt ist nach etwa 500 m geschafft und in gleicher Höhe gibt es auch eine Weggabelung *(die in den Wanderkarten viel zu weit unten eingezeichnet ist!)*. Der Weg in Richtung Südwesten führt über das vorn aufragende Bergmassiv Snøhetta (2.286 m) zur Hütte Åmotsdalshytta *(D008)*.

Unser Weg zur **Hütte Snøheim** verläuft leicht ansteigend in Richtung Südsüdwest. Nach etwa 1 km folgt ein Abzweig nach rechts, an dem man in Richtung Nordwesten via Larsurda zur Hütte Åmotsdalshytta gelangen kann *(D007)*.

Unsere Route führt hier nach Süden und wird von einer phantastischen Aussicht auf den **Snøhetta** begleitet. Durch stellenweise steiniges, aber ansonsten gut zu laufendes Gelände geht es östlich am See **Stridatjørn** (1.496 m) vorbei und einen flachen Abstieg hinunter zur **Hütte Snøheim.** Von der Hütte aus besteht eine **Busverbindung** zum Parkplatz und Bahnhof **Hjerkinn**.

D006 · 12 km · Snøheim ❺ – Åmotsdalshytta ❻ (via Snøhetta 2.286 m)

Die **Hütte Snøheim** wurde früher von der norwegischen Armee genutzt. Sie bietet eine tolle Aussicht auf den massiven Berg **Snøhetta** (2.286 m). Die Ostflanke des Snøhetta ist sanft geschwungen, während der westliche Teil des Bergmassivs wie ein messerscharfer Zahn wirkt.

Von der Hütte aus folgt man zunächst dem Feldweg etwa 1,5 km lang nach Nordwesten, dann zweigt links der markierte Wanderweg ab. In der Nähe der Hütte Snøheim gibt es eine Reihe von sich kreuzenden Pfaden. Vom Feldweg aus geht es durch steiniges Gelände weiter in Richtung Nordwesten. Der Hang steigt etwa 1,5 km leicht an und kommt zu einer ehemaligen Beobachtungshütte der norwegischen Armee, links unten liegt ruhig der eisblaue See **Istjørni**. Nach Westen zu hat man einen phantastischen Blick auf den scharfkantigen Westgipfel des **Vesttoppen** (2.253 m) im **Snøhetta**-Massiv und den sich an ihm erstreckenden Gletscher.

Von der Hütte geht es steil und steinig bergauf. Nach 1 km folgt ein Abzweig, wo es Richtung Osten zur Hütte Reinheim *(D008)* geht. Unser Weg zur **Snøhetta** führt weiter nach Nordwesten. Der Anstieg flacht etwas ab, doch nun gibt es zwischen den Steinen Schneefelder und -verwehungen und man muss aufpassen, wo man hintritt. Dafür ist der Rundumblick spektakulär!

Nach etwa 1,5 km auf einem immer schneereicheren Weg ist man am höchsten Gipfel des **Snøhetta**, dem **Stortoppen** (2.286 m). Hier stehen ein Betonturm und mehrere Steinhaufen. Die Aussicht aus über 2 Kilometern Höhe ist einzigartig: Weit im Süden erhebt sich das **Jotunheimen**-Gebirge, im Südosten sieht man die Gipfel des **Rondane**. Die zerklüfteten Westflanken des **Snøhetta** ragen unweit auf.

Vom Gipfel geht es durch Schnee und Steine noch ein kurzes Stück weiter nach Westen. Der Weg ist schmal und besonders bei Nebel anspruchsvoll zu gehen. Nach einigen hundert Metern biegt der Weg auf einen abschüssigen Hang in Richtung Norden. Hier muss man besonders aufmerksam sein, um nicht auf dem Weg zum stets windigen Gipfel **Midttoppen** (2.278 m) zu landen.

Durch den Schnee geht es kurz und steil bergab in Richtung Norden, dann wendet sich die Route nordwestwärts. Dabei haben wir einen phantastischen Blick in Wanderrichtung. Nach Norden reicht der Blick weit, im Westen erhebt sich die steil aufragende Ostwand des **Larstinden** (2.065 m).

Weiter geht es über den teilweise mit Schnee bedeckten Hang bergab wieder in Richtung Norden. Nach etwa 2 km wird es deutlich flacher und weniger steinig. Dann geht es weitere 2 km wieder etwas steiler hinunter, linkerhand flankiert von den Seen *Larstjørnin* und dem dahinter steil aufragenden *Larseggen* (1.945 m), zum Ufer des *Larsbekken*, den man von Stein zu Stein überqueren kann. Man sollte beachten, dass der Larsbekken die erste Wasserstelle zum Nachfüllen der Trinkflaschen nach der Hütte Snøheim ist.

Gut 500 m nach der Flussquerung stößt man auf eine Kreuzung, an der die Routen zur Hütte Reinheim *(D004)* und via Larsurda zur Hütte Snøheim *(D007)* nach Ostsüdost abzweigen.

Unsere Route zur Hütte *Åmotsdalshytta* verläuft noch etwa 1 km nach Westnordwest. Im Frühherbst kann man in der Hütte auf Wildrenjäger treffen.

D007 | 12 km | Hütte Snøheim ⑤ – Åmotsdalshytta ⑥ (via Larsurda)

Die **Hütte Snøheim** wurde früher von der norwegischen Armee genutzt und bietet eine tolle Aussicht auf den massiven Berg **Snøhetta** (2.286 m). Seine Ostflanke ist sanft geschwungen, während der westliche Teil des Bergmassivs wie ein messerscharfer Zahn wirkt. Diese Landschaft sollte man genießen, wenn man unterwegs zur Hütte **Åmotsdalshytta** ist.

Die Route verläuft etwa 2 km nach Norden durch steiniges, aber sonst gut zu laufendes Gelände zwischen den Seen **Stridåtjørnin** (1.496 m & 1.514 m) entlang. Etwa 1 km weiter folgt eine Gabelung, an der man weiter Richtung Norden zur Hütte Reinheim gelangen kann *(D005)*.

Wir laufen hier nach Nordwesten. Nach etwa 500 m kreuzen wir den zwischen der Hütte Reinheim und Åmotsdalshytta verlaufenden Weg *(D008)*. Für uns geht es weiter nordwestwärts über einen steinigen Weg, an kleinen eisblauen Seen vorbei, zunächst leicht und nach 1 km steil ansteigend bergauf. Erst hinauf auf einen Kamm und dann schräg über den Hang wieder bergab. Dem hügeligen und steinigen Berghang folgt man nochmals hinauf, am höchsten Gipfel (1.698 m) des *Larsurda* vorbei, danach beginnt ein gemächlicherer Abstieg zur schon von weitem sichtbaren *Åmotsdalshytta*.

Nach dem Gipfel wird der Weg immer besser und weniger steinig und führt etwa 3 km leicht bergab bis zu zwei aufeinanderfolgenden Weggabelungen. An der ersten geht es nach Osten zur Hütte Reinheim *(D004)*, an der zweiten nach Süden über den Snøhetta zur Hütte Snøheim *(D006)*. Unsere Route zur Hütte *Åmotsdalshytta* bringt uns weiter nach Westnordwest und erreicht nach etwa 1 km das Ziel. Im Frühherbst kann man in der Hütte auf Wildrenjäger treffen.

D008 | 13 km | Hütte Reinheim ④ – Åmotsdalshytta ⑥ (via Snøhetta 2.286 m)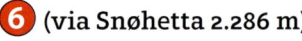

Von der **Hütte Reinheim** geht es über die Brücke am Fluss *Stropla* in Richtung Südwesten einen gut zu laufenden Weg leicht bergauf. Kurz nach der Brücke gibt es einen Abzweig nach links Richtung Grønbakken. Nach 1 km den steiler werdenden Hang hinauf, gabelt sich der Weg *(in den Wanderkarten ist dieses Gabelung viel zu weit unten eingezeichnet!)*. Der stärker Richtung Süden weisende Weg führt zur Hütte Snøheim *(D005)*. Unsere Route zum Berg **Snøhetta** (2.286 m) verläuft mehr nach Südwesten, steigt etwa 500 m recht steil an und flacht dann ab. Nordwestlich des Berges **Brunkollen** (1.665 m) kreuzt man die Route zwischen den Hütten Snøheim und Åmotsdalshytta via Larsura *(D007)*. Der Weg zum *Snøhetta* biegt nach der Kreuzung langsam westwärts und weist dann 2 km in Richtung Westen, den ersten Kilometer sanft und den zweiten steil ansteigend. Es folgt abermals eine Gabelung, nach Südosten kommt man zur Hütte Snøheim.

Unsere Route zum *Snøhetta* führt weiter Richtung Nordwesten, der Pfad wird steiniger, aber der Anstieg flacht etwas ab. Doch nun gibt es zwischen den Steinen Schneefelder und -verwehungen und man muss aufpassen, wo man hintritt. Nach etwa 1,5 km auf einem immer schneereicheren Weg ist man auf dem höchsten Gipfel des *Snøhetta*, dem *Stortoppen* (2.286 m). Hier stehen ein Betonturm und mehrere Steinhaufen.

Die Aussicht aus über 2 Kilometer Höhe ist einzigartig: Weit im Süden erhebt sich das *Jotunheimen*-Gebirge, im Südosten sieht man die Gipfel des *Rondane*. Die zerklüfteten Westflanken des *Snøhetta* ragen unweit auf.

Vom Gipfel geht es durch Schnee und Steine weiter ein kurzes Stück nach Westen. Der Weg ist schmal und besonders bei Nebel anspruchsvoll zu gehen. Nach einigen hundert Metern biegt der Weg auf einen abschüssigen Hang in Richtung Norden. Hier muss man besonders aufmerksam sein, um nicht auf dem Weg zum stets windigen Gipfel Midttoppen (2.278 m) zu landen.

Durch den Schnee laufen wir kurz und steil bergab in Richtung Norden, danach geht es weiter in Richtung Nordwesten. Dabei hat man einen phantastischen Blick

Der Gipfel des Snøhetta (2.286 m), *Etappe D006, D008*.

in Wanderrichtung. In Richtung Norden kann man weit schauen und im Westen erhebt sich die steil aufragende Ostwand des *Larstinden* (2.065 m).

Nun geht es über den teilweise mit Schnee bedeckten Hang bergab in Richtung Norden. Nach etwa 2 km wird es deutlich flacher und weniger steinig. Man läuft weitere 2 km wieder etwas steiler hinunter, linkerhand flankiert von den *Larstjørnin*-Seen und dem dahinter aufragenden *Larseggen* (1.945 m), zum Ufer des *Larsbekken*, den man von Stein zu Stein überquert. Man sollte beachten, dass hier die erste Wasserstelle zum Befüllen der Trinkflaschen nach der Hütte Snøheim ist.

Gut 500 m nach dem Fluss folgt eine Kreuzung, an der es nach Ostsüdost zur Hütte Reinheim *(D004)* und via Larsurda zur Hütte Snøheim *(D007)* geht.

Unsere Route zur *Åmotsdalshytta* verläuft noch etwa 1 km nach Westnordwest. Hinter der Hütte ragen beeindruckende Riesen auf – der *Grytkollen* (1.836 m) und der *Litlskrymten* (1.961 m). Die Hütte mit ihren blauen Fensterläden und dem sich dahinter ausbreitenden See *Åmotsvatnet* (1.301 m) bilden einen hübschen Kontrast zu den zerklüfteten Bergen.

Im Frühherbst kann man in der Hütte auf Wildrenjäger treffen.

| D009 | 17 km | Åmotsdalshytta ❻ – Hütte Snøheim ❺ (via Langvatnet 1.411 m) |

An der *Åmotsdalshytta* folgt man einem steinigen Weg in Richtung Südwesten. Zunächst geht es knapp 2 km durch ebenes Gelände am Südufer des Sees *Åmotsvatnet* entlang bis zu einer Gabelung. Der Weg weiter nach Südwesten weist ins Tal Skamsdalen *(D013)* und zur Hütte Grøvuldalshytta *(D012)*. Unsere Route biegt hier nach Süden ab und führt hinauf in das schmale Tal zwischen den Bergen *Drugshøeggen* (1.812 m) und *Larseggen* (1.945 m). Östlich an einem kleineren See (1.416 m) vorbei kommen wir über einen stellenweise steinigen Weg am Ostufer des Sees *Langvatnet* (1.411 m) entlang zu einer Gabelung. Vor uns, 2 km entfernt, ragt der *Store Langvasstunden* (2.046 m) eindrucksvoll und steil auf.

An der Gabelung verläuft ein Weg am Langvatnet entlang nach Südwesten ins Skamsdalen *(D010)*, unser Weg biegt nach Südosten. Die Route führt über ein paar kleinere Bäche und steigt dann die vor uns aufragende Bergwand hinauf. Der steile Anstieg über den Geröllhang ist anspruchsvoll und man muss genau auf die Wegzeichen achten. Bei Regen, Nebel oder starkem Wind sollte man sich den Aufstieg genau überlegen.

Wir gehen auf 1 km etwa 260 Höhenmeter nach oben, danach lässt der Anstieg nach, der Boden ist aber nach wie vor sehr steinig. Nun läuft man zwischen dem *Larstinden* (2.108 m) und dem *Store Langvasstunden* einen kurzen, aber steilen Hang an zwei Seen (1.642 m & 1.601 m) entlang hinunter. Vorn eröffnet sich ein phantastisches Panorama auf die Berge *Bruri* (2.001 m) und *Svånåtindan* (2.209 m). In nordöstlicher Richtung ist der Westgipfel *(Vesttoppen)* des *Snøhetta* (2.253 m) zu sehen, im Norden der *Larstinden* und der *Store Langvasstinden* – somit ist das Tal von wahren Riesen umstanden.

Vom zweiten See (1.601 m) geht es gut 1 km gemächlich auf einem immer besser werdenden Weg hinunter zu einem weiteren See (1.499 m). Dann wandert man etwa 2 km durch das Tal *Svånådalen* Richtung Südosten. Am Fuß des flachen *Innaste Svånåkollen*-Berges (1.542 m) kommt man zu einem Arm am Oberlauf des Flusses *Svone*, der hier leicht zu durchqueren ist. Etwa 1 km weiter, am *Heimaste Svånåkollen* (1.487 m), wendet sich der Weg nach Osten. Unten im Tal, Richtung Süden, ist ein Feldweg zu sehen, der früher von der Armee

Der Drugshøi (1.957 m) und der See Langvatnet (1.411 m), Etappe D009 & D010.

genutzt wurde. Südlich an den Bergen **Hettpyntan** (1.716 m) und **Veslhetta** (1.669 m) vorbei, kommt man auf einem guten Weg sanft absteigend hinunter zur **Hütte Snøheim**.

| D010 | 28 km | Parkplatz Skamsdalen ❼ – Hütte Snøheim ❺ |

Vom **Parkplatz Skamsdalen** am Ende der Straße *Skamsdalsvegen* geht man über die schöne Holzbrücke am **Jori**-Fluss, vorbei am Hof **Skamsdalsætrin** und folgt dann dem gut zu laufenden Weg am Fluss entlang in Richtung Nordosten. Das **Skamsdalen** liegt tief zwischen den Bergen **Tverråeggen** (1.724 m), **Hatten** (1.732 m) und **Sjongshøi** (1.948 m). Nach etwa 1 km betritt man den **Dovrefjell-Sunndalsfjella-Nationalpark**. Der Weg führt allmählich bergan dem **Jori** stromauf folgend, verläuft aber einige hundert Meter oberhalb des Flusses. Nach etwa 3,5 km gelangt man an den Fluss **Tverråi**. Über den kräftig brodelnden Gebirgsfluss führt eine Brücke, von der man ans Ufer des **Jori** absteigt und diesem leicht bergauf folgt. Nach etwa 2 km kommt man an den Hütten der privaten **Lesjøhytta** *(wird vermietet von Lesje Fjellstyren)* vorbei und ans Ufer des Sees **Lesjøen** (1.182 m). Am Seeufer entlang läuft man in Richtung Nordosten, dann vom See weg über einen nasseren Weg wieder ans Flussufer, dem man etwa 500 m flussauf bis zu einer Watstelle folgt. Das Durchwaten ist recht einfach, im Frühsommer mittelschwer.

Nun geht man etwa 200 m bergan, nahe an einer Hütte vorbei, bis zu einer Gabelung. Der Weg nach Norden führt zu den Hütten Åmotsdalshytta *(D011)* und Grøvudlshytta *(D013)*. Unser Weg zur **Hütte Snøheim** führt den Hang hinauf nach Nordosten. Unmittelbar nach der Gabelung überquert man den *Langvassbekken* von Stein zu Stein und wandert knapp 1 km an alten und verfallenen steinernen Hütten vorbei. Die sich weit im Norden erhebenden Berge *Litlskrymten* (1.961 m) und *Storskrymten* (1.985 m) sind wunderschön. Dann geht es oberhalb des *Langvassbekken*-Ufers ziemlich steil bergauf in das Tal *Langvassdalen*. Der Weg ist gut, oberhalb aber etwas steiniger. Auch hier bietet sich ein märchenhafter, einzigartiger Blick – diesmal auf das *Langvassdalen* und die auf beiden Seiten umstehenden stattlichen Berge *Drugshøi* (1.957 m) und *Store Langvasstinden* (2.046 m).

Der Weg führt durch stellenweise steiniges Gelände weiter Richtung Nordosten. Dabei haben wir die ganze Zeit einen herrlichen Blick auf den See *Langvatnet* (1.411 m). Vorbei an kleineren Seen (1.406 m und 1.409 m) geht es bis an einen Wasserlauf, der im Süden aus dem *Langvatnet* abfließt. Der Seeabfluss lässt sich leicht durchwaten, vielleicht auch von Stein zu Stein überqueren. Selbst beim Waten sollte man auf den Steinen bleiben, denn der Grund des Flusses ist deutlich tiefer als die großen Steine, die im Wasser liegen.

Nun geht es am Südostufer des *Langvatnet* Richtung Nordosten. Nach etwa 3 km durch steiniges Gelände biegt man am Ufer eines Gebirgsbachs nach Südosten ab und folgt dessen steinigem Ufer stromaufwärts. Geradeaus weiter käme man zur Åmotsdalshytta *(D009)*.

Unser Weg führt auf einen Geröllhang an der Öffnung des Tals zu. Der steile Anstieg über den Geröllhang ist anspruchsvoll und man muss genau auf die Wegzeichen achten. Bei Regen, Nebel oder starkem Wind sollte man sich den Aufstieg genau überlegen.

Wir gehen auf 1 km etwa 260 Höhenmeter nach oben, dann lässt der Anstieg nach, der Boden ist aber nach wie vor sehr steinig. Nun läuft man zwischen dem *Larstinden* (2.108 m) und dem *Store Langvasstunden* einen kurzen, aber steilen Hang an zwei Seen (1.642 m & 1.601 m) entlang hinunter. Vorn öffnet sich ein phantastisches Panorama auf die Berge *Bruri* (2.001 m) und *Svånåtindan* (2.209 m). In nordöstlicher Richtung ist der Westgipfel *(Vesttoppen)* des *Snøhetta* (2.253 m) zu sehen, im Norden der *Larstinden* und der *Store Langvasstinden*. Das Tal ist von wahren Riesen umstanden.

Vom zweiten See (1.601 m) geht es gut 1 km gemächlich auf einem immer besser werdenden Weg hinunter zu einem weiteren See (1.499 m). Etwa 2 km wandern wir durch das Tal *Svånådalen* Richtung Südosten zu einem Arm am Oberlauf des *Svone*, der hier leicht zu queren ist. Rund 1 km weiter wendet sich der Weg nach Osten. Im Tal weiter unten, Richtung Süden, ist ein Feldweg zu sehen, der früher von der Armee genutzt wurde. Südlich an den Bergen *Hettpyntan* (1.716 m) und *Veslhetta* (1.669 m) vorbei, kommen wir auf einem guten Weg sanft absteigend hinunter zur *Hütte Snøheim*.

D011 | 21 km | Åmotsdalshytta  – Parkplatz Skamsdalen

Von der *Åmotsdalshytta* folgt man dem teils steinigen Weg Richtung Südwesten am Südufer des Sees *Åmotsvatnet* durch ebenes Gelände knapp 2 km bis zu einer Gabelung. Der Weg nach Süden führt zur Hütte Snøheim *(D009)*, unsere Route dagegen weiter nach Südwesten. Südlich um den See herum, steigen wir in hügeligem Gelände leicht an und überqueren problemlos einen Bach. Der Weg verläuft westwärts auf den *Midtkollen* (1.470 m) zu, steigt über den Fjellrücken an und führt an der teils zerklüfteten Nordseite des Berges an das Nordufer des Sees *Drugshøtjønn* (1.361 m). Vom See geht es etwa 1,5 km weiter. Unmittelbar vor einer Weggabelung quert man mehrere Gebirgsbäche. Der Weg nach Westen weist zur Hütte Grøvudalshytta *(D013)*. Unsere Route zum **Parkplatz Skamsdalen** zweigt nach Südwesten ab und führt etwa 2 km zwischen mehreren kleinen Seen durch ebenes Gelände. Dann wendet sich der Weg nach Süden allmählich bergab. Vom sanft abfallenden Hang aus hat man einen herrlichen Blick auf den Fluss *Jori*.

Nach etwa 1,5 km Abstieg folgt eine weitere Gabelung, an der ein Weg zum Wanderweg zwischen den Hütten Åmotsdalshytta und Grøvudalshytta *(D013)* abzweigt. Von hier bis zum Wanderweg sind es etwa 2,5 km.

Wir gehen weiter nach Süden. Der Pfad senkt sich zum Fluss *Jori* hin ab und folgt ihm etwa 3 km stromaufwärts bis an einer Weggabelung der Weg aus Nordosten aus dem Langvassdalen von der Hütte Snøheim *(D010)* dazustößt. Dabei überquert man mehrere Bäche.

Zum *Skamsdalen* geht es westwärts, vorbei an einer kleinen Hütte, zum Ufer des *Jori*, der leicht zu durchwaten ist, im Frühsommer mittelschwer. Nun läuft man etwa 500 m nach Süden am Fluss stromauf. Es folgt ein etwas nasserer Abschnitt zum Ufer des Sees **Lesjøen** (1.182 m), dem man Richtung Südsüdwest folgt bis zu der privaten **Lesjøhytta** *(wird vermietet von Lesje Fjellstyren)*. Von hier wandern wir gut 1,5 km den Hang am Flusslauf leicht bergab, bis der Weg zur Brücke über den Fluss **Tverråi** wieder kurz ansteigt. Nach dem stark brodelnden Fluss geht es nun schräg ganz leicht über den Hang bergan und man entfernt sich dabei vom *Jori*-Fluss unten in der Talsohle. Das Flusstal liegt tief eingeschnitten zwischen den Bergen **Tverråeggen** (1.724 m), **Hatten** (1.732 m) und **Sjongshøi** (1.948 m).

Nach einem etwa 2,5 km langen Abschnitt senkt sich der Weg erneut sanft zum Ufer des *Jori* ab und erreicht nach 1 km den Hof **Skamsdalsætrin**. Über die hübsche Holzbrücke erreicht man den **Parkplatz Skamsdalen** am Ende der Straße *Skamsdalsvegen*.

Der Bauernhof Gammelsetra neben der Grøvudalshytta, in den Sommermonaten kann man hier Käse kaufen.

D012 | 6 km | Parkplatz Hallen ⑨ – Grøvudalshytta ⑧

In *Gjøra* folgt man der Straße Fv 314 *(mautpflichtig)* bis *Håfsasen* und der Schotterstraße weiter bis zum Ende. Der *Parkplatz Hallen* liegt im *Landschaftsschutzgebiet Åmotan-Grøvudalen landskapsvernområde*. Vom Parkplatz läuft man einen kurzen, aber steilen Berg hinauf nach Süden und folgt dann etwa 1 km dem Weg zum *Røymobekken*, den man von Stein zu Stein quert. Einige hundert Meter weiter sieht man rechterhand eine Brücke über den *Grøvu*-Fluss, der durch das *Grøvudalen*-Tal fließt. Wir bleiben jedoch am Ostufer und folgen dem *Grøvu* etwa 2 km bis zum See *Nysetertjønna* (829 m).

Hier bietet sich ein malerischer Postkartenblick: Die sanft abfallenden Berghänge überlappen sich, der Fluss schlängelt sich vor dem zerklüfteten *Høgtunga* (1.724 m) durchs Tal Richtung *Grøvudalshytta*.

Vom See führt der Weg südwestwärts durch hügeliges Gelände etwa 1,5 km bis zur Brücke über den *Grøvu*, die überquert wird. Nach 500 m ist man schon an der *Grøvudalshytta*, daneben liegt der alte Bauernhof *Gammelsetra* im *Grøvudalen*, bei dem man in den Sommermonaten selbst hergestellten braunen Käse *(brunost)* kaufen kann. Die Hütten liegen in einer idyllischen Landschaft.

D013 | 27 km | Grøvudalshytta ⑧ – Åmotsdalshytta ⑥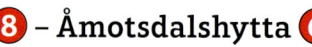

Von der *Grøvudalshytta* folgt man einem gut zu laufenden Weg südwestwärts, in einer wunderschönen hügeligen Tallandschaft. Zurück hat man einen hübschen Blick in ein breites U-Tal, vorn sind die Taleingänge des *Storgrøvudalen* links und des *Litlgrøvudalen* rechts zu sehen. Der Weg führt zum Fluss und über die Brücke des *Grøvu*-Flusses. Dann läuft man einen guten Weg im Fjellbirkenbestand leicht bergan, weg vom unten in der Schlucht fließenden Fluss. Die Route wendet sich ostwärts und führt ins *Storgrøvudalen* und zurück ans Ufer des nun viel schmaleren *Grøvu*.

Wir passieren die Grenze zwischen dem *Landschaftsschutzgebiet Åmotan-Grøvudalen* und dem *Dovrefjell-Sunndalsfjella-Nationalpark* und laufen durch lustig wuchernde Birken. Zwischen den Wipfeln der Bäume ist der Gipfel des *Grønliskarstinden* (1.926 m) zu sehen, der sich oberhalb der Bergkämme, von Gletschern bedeckt, stolz erhebt. Der Weg führt zwischen gezahnten Berghängen und lichter werdenden Birken hindurch.

An den Hängen sind kleine, aber reizvolle Wasserfälle zu sehen. Einige kleinere Gebirgsbäche werden gequert, dann geht es steiler hinauf in die Nähe einer Stromschnelle und die Route wendet sich nach Süden. Der Weg führt nördlich des Sees *Litlvatnet* (1.137 m) den Hang hinauf, von dem es 500 m über ein Geröllfeld geht, das so groß ist wie der See und von Felsbrocken durchbrochen wird. Bei Regen oder starkem Wind sollte man bei der Überquerung des Geröllfeldes größte Vorsicht walten lassen. Im Rücken bietet sich am Südufer des Sees der Blick auf eine dramatische Tallandschaft.

Die Route führt neben dem Bach *Storgrøvudalsbotnen* auf einem guten Weg leicht bergan. Bald passiert man einen Wegweiser, der auf einen alten, nicht mehr gepflegten Wanderweg zum Berg *Salhøe* (1.853 m) verweist. Unser Weg folgt weiter dem Talhang leicht ansteigend bergauf. Der Bach neben uns fließt ein hübsches steiniges Bett hinunter. Am Ende wird der Anstieg steiler und führt häufiger durch Schneefelder.

Nach den schneebedeckten Abschnitten wird der Anstieg flacher und zurück hat man einen phantastischen Blick durch das **Storgrøvudalen**. Jetzt führt die Route über ein steiniges Hochplateau. In Wanderrichtung bietet sich ein eindrucksvolles Bergpanorama: **Flatfjellet** (1.848 m), **Grøvudalstinden** (1.844 m) und **Salhøa** (1.853 m). Wir laufen am See **Nørdre Salhøtjønna** (1.405 m) vorbei, durch steinerne Wildnis und von Stein zu Stein über einen Bach. Dann Richtung Süden am geröllign und hügeligen Ostufer des Sees **Midtre Salhøtjønna** (1.412 m) entlang. Am gegenüberliegenden Ufer schauen wir auf einen mit Felsbrocken übersäten Hang. Der Weg führt östlich des **Søre Salhøtjønna** (1.418 m) über einen kleinen Bergrücken einen unebenen Hang hinunter, die private **Salhøtjønnbue** *(Vermietung über Lesje Fjellstyren, www.lesja-fjellstyre.no)* bleibt am Seeufer zurück. Vorn hat man einen wunderbaren Blick: die Westflanke des **Svånåtindan** (1.957 m) erscheint wie ein riesenhafter Treppenaufgang gen Himmel. Die ruhigere Gestalt des Berges **Drugshøi** (957 m) erhebt sich näher. Und im Hintergrund kann man einen Blick auf das Bergmassiv des **Snøhetta** (2.286 m) erhaschen.

Nach dem hügeligen Abschnitt wendet sich vor dem See **Øvre Lustjønne** der Weg nach Osten, es geht über einen steinigen, aber flacheren Hang bergab über zwei kleinere Geröllfelder. Dann gabelt sich der Weg auf einem kleinen Bergrücken: nach Süden gelangt man nach 2,5 km zur Route in Richtung Skamsdalen *(D011)*. Unser Weg führt weiter ostwärts und quert den Gebirgsbach **Veslholbekken** von Stein zu Stein. Im Frühsommer steht ein mittelschweres Durchwaten an.

Danach wird die Route leichter, der Weg quert einen breiten Fluss von Stein zu Stein und passiert einen alten Wanderweg zum Salhøa. Nach gut 3 km erreicht man einen Abzweig. Der Weg nach Südwesten führt ins Skamsdalen *(D011)*. Zur **Åmotsdalshytta** folgen wir dem

Das Grøvudalen, *Etappe D012.*

Weg nach Osten, der Blick nach Norden zum **Storskrymten** (1.985 m) ist beeindruckend. Man quert mehrere kleinere Gebirgsbäche und gelangt nach 1,5 km zum nördlichsten Teil des Sees **Drugshøtjønn**, an dem der Weg durch stellenweise steiniges Gelände führt.

Es folgt ein kleiner Anstieg nördlich am **Midtkollen** (1.470 m) und auf der Rückseite der Abstieg. Dann führt der leicht wellige Weg durch einen Bach und wendet sich nach Nordosten zum Ufer des Sees **Åmotsvatnet** (1.301 m). Hier zweigt ein Weg nach Süden zur Hütte **Snøheim** *(D009)* ab.

Unser Weg zur **Åmotsdalshytta** führt auf die schon von weitem zu sehende, schön gelegene Hütte zu. Durch teilweise steiniges Gelände geht es etwa 2 km am Südufer des **Åmotsvatnet** zum Ziel. Im Frühherbst kann man in der Hütte auf Wildrenjäger treffen.

D014 · 14 km · Dindalshytta 12 – Hütte Gammelsetra 11

An der **Dindalshytta** folgt man dem Feldweg *(Dindalsvegen)* in Richtung Südwesten bis zum westlichen Ende des Tals **Dindalen** am See **Storvatnet** (829 m). Auf dem Feldweg hat man einen reizvollen Blick auf die Ausläufer des Nordhangs des Berges **Blåfjellet** (1.716 m) und den Eingang des Tals **Svartdalen**.

Nach gut 6 km erreicht man das **Landschaftsschutzgebiet Åmotan-Grøvudalen** und nach einem weiteren Kilometer das Ostufer des **Storvatnet** und den **Hof Veggasætra**. Von hier aus geht es 2,5 km nach Westen auf einem guten Weg am Nordufer des **Storvatnet** entlang wieder zu einem Feldweg. Der Blick über den See, dem die tief eingeschnittenen Täler **Håmmårdalen** und **Svartadalen** eine große Tiefe verleihen, ist sowohl nach vorn und zurück wunderschön und friedlich.

Man folgt dem Feldweg etwa 4 km und erreicht dann die im 18. Jahrhundert erbaute Hütte **Gammelsetra** im **Linndalen**.

D015 · 2 km · Parkplatz Dindalen 13 – Dindalshytta 12

Vom Parkplatz **Dindalen** am *Dindalsvegen* folgt man der Straße südwestwärts ca. 2 km bergauf zur **Dindalshytta**.

D016 · 25 km · Dindalshytta 12 – Åmotsdalshytta 6

An der **Dindalshytta** läuft man den Feldweg *(Snøfjellstjønnvegen)* Richtung Süden den Hang hinauf. Der Weg steigt auf 2 km etwa 280 Höhenmeter nach oben und weiter über den Kamm des Berges **Pershøa** (1.124 m) auf dem Feldweg weiter nach Süden. Etwa 2 km nach dem Gipfel des **Pershøa** zweigt der Wanderweg vom Feldweg rechts nach Südwesten in Richtung Westufer des Sees **Snøfjellstjønna** (1.140 m) ab. Der Weg führt durch leichtes Gelände. Ist man etwa 500 m dem Seeufer gefolgt, öffnet sich nach Westen eine interessant aussehende Schlucht. Das Tal **Håmmådalen** ist lang, wirklich schmal und hat fast senkrechte Wände.

Vom See geht es steil bergauf und etwa 1 km schräg über den Hang in Richtung Südwesten, danach wird der

Die Hütte Gammelsetra im Linndalen, *Etappe D014*.

Anstieg flacher, führt aber immer noch nach oben. Der Aufstieg ist an einigen Stellen steinig.

Nördlich des Sees **Håmmårbekktjønna** (1.340 m) laufen wir leicht bergab, queren problemlos einen Bergbach. Durch leicht hügeliges Gelände geht es leicht bergauf. Auf dem kahlen Fjell hat man einen unbeschreiblichen Blick nach Süden auf den **Snøhetta**. Der Anblick scheint einem Traum zu entspringen. Am Ende des langgezogenen, ebenen Hochplateaus breitet sich eine Bergkette aus: der große Gletscher zwischen dem **Stortoppen** (2.286 m) und dem **Midttoppen** (2.278 m), hinter dem sich der **Vesttoppen** (2.253 m) des **Snøhetta** erhebt. Westlich davon folgen nacheinander eindrucksvoll der **Larstinden** (2.065 m), der **Store Langvasstinden** (2.046 m) und der **Drugshøi** (1.957 m). Das aus dem Miteinander von Fels, Schnee und Eis gebildete Panorama sollte man einen Augenblick genießen.

Nun geht es steil und schräg über den Berghang hinunter zu einer Weggabelung, an der in Richtung Osten ein markierter Weg zum Dorf Engan abzweigt. Unweit der Gabelung steht die privat betriebene **Pilbua-Hütte.** Unser Weg zur **Åmotsdalshytta** führt weiter nach Südwesten einen einfach zu laufenden Hang erst hinauf, dann hinunter, etwa 4,5 km bis zu einem Abzweig. Der Weg nach Nordwesten führt zur Loennechenbua *(D018)*.

Unsere Route biegt hier nach Süden über die Brücke am Fluss **Urdvassbekken** und steigt leicht an über den Nordhang des östlichen **Gråhøin** (1.495 m) zur Westspitze eines schmalen Sees (1.448 m).

Hat man den östlichen **Gråhøin** erklommen, bietet sich erneut ein herrlicher Blick auf den **Snøhetta** im Süden. Diesen phantastischen Anblick mag man gern länger genießen. Man sollte jedoch auch in Richtung Westen schauen, wo die beiden Gipfel des westlichen

Gråhøin (1.706 m & 1.699 m) in ihrer Rundheit ein gelungenes Gegengewicht zu der Landschaft im Süden bilden.

Der Weg senkt sich in Richtung Süden, führt östlich am Ufer des Sees *Langvatnet* (1.395 m) entlang zu dem aus dem See abfließenden *Langvassbekken*. Dieser ist von Stein zu Stein zu überqueren. Nun geht es noch knapp 3,5 km bis zur *Åmotsdalshytta,* schräg über das offene Fjell hinunter in Richtung Südsüdwest, an einem namenlosen kleinen See (1.300 m) vorbei und zum See *Åmotsvatnet*. Im Frühherbst sind hier oft Wildrenjäger.

D017 · 14 km · Hütte Gammelsetra ⑪ – Loennechenbua ⑩

Die Route beginnt im *Linndalen* an der Hütte *Gammelsetra*, die die Zeit mit einer schönen Patina versehen hat. Wir folgen dem Feldweg Richtung Westen. Voraus eröffnet sich ein weiter, phantastischer Blick auf das *Geitådalen*, das von einer Reihe Berge flankiert wird: *Lundlinebba* (1.276 m), *Hælfjellet* (1.197 m), *Mosaranden* (1.395 m), *Blåhøa* (1.428 m) und weit am Horizont der *Storskarhøa* (1.871 m). Auf dem leicht abschüssigen Feldweg laufen wir gut 1 km, dann gehen wir auf der Straße über die Brücke des *Linndøla* und folgen ihr weiter bergauf in Richtung Westen. Man könnte von hier einen Abstecher zum Wasserfall *Linndalsfallet* machen *(s. R031)*.

Etwa 500 m nach der Brücke zweigt ein Fuhrweg nach

Die Åmotsdalshytta.

Westen zur Hütte Raubergshytta *(D028)* und nach Vangshaugen *(D031)* ab. Wir laufen auf der kleinen Straße zunächst nach Süden, bald darauf nach Südwesten an ein paar Hütten vorbei.

Etwa 1 km nach dem Abzweig wird die Straße zum Feldweg *(hier parken meist Autos)*, 200 m weiter wird dieser zum Wanderweg und verläuft gleich steil ansteigend schräg über den Hang hinauf nach Südsüdwest. Der Anstieg führt auf 1,5 km etwa 140 Meter in die Höhe und folgt einem gut zu laufenden Weg durch Birken zur Grenze zwischen dem **Landschaftsschutzgebiet Åmotan-Grøvudalen** und dem **Dovrefjell-Sunndalsfjella-Nationalpark**. Kurz darauf wird die Baumgrenze erreicht und der Anstieg lässt kurz nach.

Unterhalb des *Skiråranden* (884 m) vorbei, biegen wir nach Südosten ins Tal *Skirådalen* und durch den schmalen Talgrund leicht bergauf. Der Anstieg wird steiler und überwindet auf 3 km etwa 380 Höhenmeter. Wir passieren die Hütte *Gammelbua* und queren den Fluss *Skiråa*, dann wendet sich die Route nach Süden ins schroffe *Flatskirådalen*. Erreicht man den ersten kleinen See (1.276 m) wird es wieder flacher. Wir laufen durch eine felsige Landschaft, ein kleiner Bach ist leicht zu überwinden und erreichen, an mehreren kleineren Seen vorbei, das Nordufer des Sees *Stortvatnet* (1.330 m). Über den See bietet sich ein eindrucksvoller Blick auf die schroff aufragenden Hänge des *Høgtanga* (1.805 m) und des *Storvasskolla* (1.813 m).

Erst am felsigen Nordostufer des *Storvatnet*, dann am Felsufer des *Litlvatnet* (1.350 m) entlang, erreicht man die steinerne Hütte *Loennechenbua*. **In der engen Hütte gibt es nur vier Übernachtungsplätze!**

D018 | 10 km | Loennechenbua 10 – Åmotsdalshytta 6

An der *Loennechenbua* beginnt ein kurzer, aber steiler Aufstieg in Richtung Südosten. Von oben kann man einen Blick auf den Berg *Snøhetta* (2.286 m) erhaschen. Dann folgt ein kurzer Abstieg zum Ufer des Sees *Urdvatnet / Krokåttjønna* (1.370 m) und am Nordostufer des Sees südostwärts. Wir kommen an eine Weggabelung, an der ein Weg nach Nordosten zur Hütte *Dindalshytta (D016)* führt. Unser Weg zur *Åmotsdalshytta* knickt nach Süden, über die Brücke am *Urdvassbekken*-Fluss und über den Nordhang des östlichen *Gråhøin* (1.495 m) leicht bergan bis zur Westspitze eines kleinen, schmalen Sees.

Hat man den Anstieg zum *Gråhøin* geschafft, bietet sich ein unvergleichlicher Blick nach Süden. Am Ende des langgezogenen, ebenen Hochplateaus breitet sich die *Snøhetta*-Bergkette aus: der große Gletscher zwischen dem *Stortoppen* (2.286 m) und dem *Midttoppen* (2.278 m), hinter dem sich der *Vesttoppen* (2.253 m) erhebt. Westlich davon ragen nacheinander der *Larstinden* (2.065 m), der *Store Langvasstinden* (2.046 m) und der *Drugshøi* (1.957 m) empor. Das aus dem Miteinander von Fels, Schnee und Eis gebildete Panorama sollte man einen Augenblick auf sich wirken lassen. Doch auch nach Westen bietet sich ein toller Anblick auf die beiden Gipfel des westlichen *Gråhøin* (1.699 m & 1.706 m), die in ihrer Rundheit ein passendes Gegengewicht zur Landschaft im Süden bilden.

Der Weg führt bergab Richtung Süden, am Ostufer des *Langvatnet* (1.395 m) längs, zum *Langvassbekken*, der südlich aus dem See abfließt, über den man von Stein zu Stein gelangt. Nun läuft man schräg über das offene Fjell hinunter in Richtung Südwesten, vorbei an einem kleinen See (1.300 m) und knapp 3,5 km bis zur *Åmotsdalshytta*. Im Frühherbst kann man in der Hütte Wildrenjägern begegnen.

Blick ins Grøvudalen, *Etappe D019 & D020.*

| **D019** | **16 km** | Raubergshytta ⑲ – Grøvudalshytta ⑧ |

Von der **Raubergshytta** geht es zunächst nach Osten auf einem guten Weg durch stellenweise steiniges Gelände. Zwischen den Seen **Buatjønna** (1.290 m) und **Blekbuvatnet** (1.284 m) entlang, gelangt man nach etwa 2,5 km an eine Gabelung. Der Weg nach Nordosten führt zur Hütte Vangshaugen *(D030)*. Wir wenden uns nach Südosten und haben kurz darauf einen schönen Blick auf den Berg **Storskarhøa** (1.871 m). Der Weg führt südlich um den Berg **Råstu** (1.673 m) herum und verläuft durch ziemlich nasses Gelände. Einige kleinere Bäche ohne Schwierigkeiten durchquert. Dann folgen nacheinander im Abstand von gut 500 m zwei Abzweige: Richtung Osten zu den Hütten Gammelsetra *(D028)* und Vangshaugen *(D029)*. Unser Weg zur **Grøvudalshytta** führt an beiden Abzweigen nach Süden. Wir queren den **Geitåa**, der hier aus dem See **Geitåvatnet** (1.235 m) abfließt, mit etwas Glück von Stein zu Stein. Im Frühsommer muss man waten (mittelschwer).

Vom **Geitåa** aus geht es weiter nach Süden, ohne Probleme über zwei Bäche und nach 1 km folgt ein kurzer, aber steiler Anstieg, der auf knapp 1 km etwa 140 Höhenmeter überwindet.

Dann erreichen wir das Ufer des **Storglupåa**, den man von Stein zu Stein überwinden kann. Das Durchwaten im Frühsommer ist mittelschwer. Nach dem Fluss geht es weiter bergauf. Der Weg führt westlich an einem Gipfelpunkt (1.523 m) vorbei und durch stellenweise steiniges, aber dennoch gut zu gehendes Gelände. Allmählich sich ostwärts wendend, erst bergab und dann zum Sattel **Merraskaret** hinauf. Vom **Merraskaret** laufen wir gemächlich über 2,5 km in Richtung Süden bergab zu einer T-Kreuzung, an der es Richtung Westen zur Aursjøhytta *(D020)* geht. Unser Weg biegt nach Nordosten zu einem steil ins Tal **Grøvudalen** hinabführenden Hang ab. Der Blick von oben hinunter ins **Grøvudalen** und auf die umstehenden Berge ist großartig.

Der extrem steile Abstieg überwindet auf 1 km etwa 400 Höhenmeter. Er erfordert zwar keine Kletterausrüstung, aber ein Wanderstock erleichtert das Absteigen sehr. Man wechselt aus dem **Nationalpark Dovrefjell-Sunndalsfjella** in das **Landschaftsschutzgebiet Åmotan-Grøvudalen**. Auf dem Weg nach unten kommt man an einem schönen Wasserfall des Gebirgsbachs **Indre Tverråa** vorbei. Wenn der Abstieg flacher wird, sind es nur noch wenige hundert Meter bis zur **Grøvudalshytta**. Im nahegelegenen Bauernhof **Gammelsetra** im **Grøvudalen** kann man in den Sommermonaten braunen Käse *(brunost)* kaufen.

D020 · 22 km · Grøvudalshytta 8 – Aursjøhytta 14

Die Route beginnt von der **Grøvudalshytta** mit einem steilen Anstieg über den Westhang des Grøvudalen-Tals. Für den Aufstieg braucht man keine Kletterausrüstung, aber ein Wanderstock ist von großem Nutzen. Vorbei an einem schönen Wasserfall des Gebirgsbach **Indre Tverråa**, überwindet man auf gut 1 km etwa 400 Höhenmeter. Man läuft vom **Landschaftsschutzgebiet Åmotan-Grøvudalen** in den **Nationalpark Dovrefjell-Sunndalsfjella** und hat von oben einen phantastischen Blick hinunter ins Tal und die umgebende Berglandschaft. Hier gibt es auch einen Abzweig nach Nordwesten zur Raubergshytta *(D019)*.

Unser Weg verläuft zunächst nach Südwesten. Wir wandern nun westwärts 4,5 km durch leichtes Gelände, queren den Gebirgsbach **Åskjeåa** ohne Schwierigkeiten und kommen zum Ufer des **Svarthammaråa**, der von Stein zu Stein überquert wird. Vorn ist die steile Südwand des **Nørdre Svarthammaren** (1.798 m) zu sehen. Die Route führt wieder durch leichtes Gelände südlich am See **Svarthammartjønna** (1.325 m) vorbei und wendet sich dann nach Südwesten. In einem Bogen läuft man an der steilen Wand des **Nørdre Svarthammaren** entlang und erreicht nach etwa 2 km das Nordende des Sees **Raudhøtjønna** (1.300 m). Hier wird der Weg steiniger und der Blick in Wanderrichtung offener.

Wir gehen südlich am Berg **Raudhøa** (1.517 m) entlang, dann westwärts leicht abfallend zum Gebirgsbach **Krøsa**, den man von Stein zu Stein queren kann. Im Frühsommer ist das Durchwaten mittelschwer. Vom Fluss geht es gut 2 km durch zerklüftetes Terrain zu einer Gabelung, an der ein Weg nach Norden zur Raubergshytta abzweigt *(D027)*. Unser Weg führt weiter nach Westen. Von hier bietet sich eine phantastische Aussicht über die Seen **Torbuvatnet** (850 m) und **Langvatnet** (849 m) und die sich dahinter erhebenden Gipfel des Berges **Slotthøa** (1.837 m).

Nun laufen wir gut 1,5 km leicht bergab und verlassen das Gebiet des **Dovrefjell-Sunndalsfjella-Nationalparks**. Kurz nach der Nationalparksgrenze geht es am See **Krøsvatnet** über eine kleine Landzunge und unter einer Stromleitung hindurch zur Landstraße. Dieser folgt man etwa 3,5 km, erst ein Stück leicht bergan nach Süden, dann schlängelt sie sich westwärts durch die felsige Landschaft und an einer Ferienhaussiedlung vorbei. Nach weiteren gut 500 m ist man an der **Aursjøhytta**.

Nørdre Svarthammaren (1.798 m), *Etappe D024*.

| D021 | 22 km | Aursjøhytta ⑭ – Reinsvassbu ⑮ |

Von der **Aursjøhytta** läuft man nach Nordwesten, unter der Stromleitung hindurch und leicht bergan. Die Route macht einen Bogen nach Westen und führt schräg über den Hang hinauf. Nach etwa 1,5 km kommt man in das **Landschaftsschutzgebiet Eikesdalsvatnet**. Nach der Grenze des Schutzgebietes geht es noch kurz weiter bergan auf einem leicht zu laufenden, ausgetretenen Pfad wieder nach Nordwesten über die Kante des Berges **Storslågan** und hinunter ins Tal **Stordalen**. Zum Fluss **Stordalsåa** geht es noch weiter bergab. Unweit der privat betriebenen, verschlossenen Hütte **Inste Lægeret** werden die Arme des aus dem See **Tvetjønna** abfließenden Gebirgsbaches überquert. Der Pfad führt in einem Bogen unter einem Felsvorsprung entlang und wendet sich dann nach Norden, den **Stordalsåa** stromaufwärts. Nach 1,5 km wird ein Gebirgsbach, der aus dem See (1.203 m) oberhalb abfließt, von Stein zu Stein gequert, anschließend noch ein weiterer Arm des gleichen Baches.

Der Weg verläuft auf einem gut zu laufenden baumlosen Fjell, östlich am See **Midt-Lægervatnet** (960 m) vorbei und am Talgrund leicht ansteigend. Hier bleibt der Schnee oft bis weit in den Sommer hinein liegen, was bei Wanderungen vor allem im Frühjahr eingeplant werden sollte. Vom See aus geht es voraus auf einen vorn sich abzeichnenden oberen Hang zu. Das **Stordalen** und der Fluss **Stordalsåa** wenden sich nach Westen, unsere Route führt weiter nach Norden. In der Kurve des Flusses beginnt ein nicht allzu steiler Anstieg den Hang hinauf auf den Bergrücken **Vakkerdalsbandet** (1.116 m), der die Täler **Stordalen** und **Vakkerdalen** trennt. Ein großartiger Blick auf das **Vakkerdalen** im Norden und das **Stordalen** im Süden ist der Lohn.

Nun folgt ein recht ordentlicher Abstieg in Richtung Norden, während dem eine Reihe von Bächen von Stein zu Stein überquert werden. Das Tal wird nach und nach breiter und der Weg hält auf die Westwand zu. Nach Westen hin hat man einen schönen Blick auf den künstlichen Stausee **Osvatnet** und den an seinem Nordende errichteten Staudamm.

Die Route umkreist den Nordausläufer des Berges **Gråhøa** (1.592 m) in stellenweise steinigem Gelände und führt über die Nordflanke leicht bergab. Gleichzeitig wendet sich der Pfad nach Nordwesten und kommt an das Ufer des Flusses **Søtubotnelva**, den man von Stein zu Stein überqueren kann. Im Frühsommer steht eine leichte Durchwatung an. Vom Fluss aus laufen wir zwischen kleineren Seen zu einem Abzweig, an dem man Richtung Osten zur Raubergshytta gelangt *(D026)*.

Unsere Route zur **Hütte Reinsvassbu** führt weiter nach Nordwesten, der Stausee **Reinsvatnet** (874-892 m) ist schon zu sehen, an dem wir westlich leicht bergab entlanggehen. Ein Bach, der aus einem oberhalb liegenden See (1.090 m) abfließt, kann von Stein zu Stein gequert werden. Auf dem Weg entlang des See bietet sich ein toller Anblick der Fjelllandschaft über den See in Richtung Norden, Nordwesten und Westen: der **Slotthøa** (1.837 m) und die zerklüfteten Umrisse der nördlich davon aufragenden Berge **Såtåtinden** (1.617 m) und **Reinstinden** (1.706 m) sind wunderschön. Über die Brücke neben der **Hütte** erreichen wir die **Reinsvassbu**.

D022 · 11 km · Reinsvassbu ⑮ – Bootsanleger Vike ⑯ (Hoemsbu ㉓)

An der **Reinsvassbu** geht es nach Nordwesten in Richtung des sich breit öffnenden, von zahlreichen Bergen umstandenen, seenreichen Tals **Vikebotnen**. Der Weg führt nördlich an einem langgestreckten See (916 m) entlang, dann durch leichtes Gelände tiefer hinunter ins Tal. Wenn man den kleinen See (935 m) passiert, bietet sich ein schöner Blick auf den Gletscher **Ytste Snøholet**.

Nördlich des nächsten Sees (939 m) wird eine Reihe von Bächen ohne Schwierigkeiten sowie die Wasserscheide überquert. Dabei wendet sich der Weg nach Südwesten. Bald laufen wir über einen leichten Bach zwischen zwei kleinen Seen (955 m und 948 m), kommen nördlich an einem größeren See (943 m) vorbei und queren abermals eine Reihe kleinerer Bäche. In der Nähe der privaten Hütte **Kolstadstølen** führt eine Holzbrücke über einen Bach.

Der Weg zieht sich um die Südspitze des Berges **Såtåtinden** (1.617 m) herum und wendet sich erneut nach Nordwesten. Je tiefer man ins Tal hineinkommt, umso verrückter wird die Umgebung: das Tal wird schmaler und die Berge ragen bis zu 900 Meter vom Talgrund auf. Die Bergwände sind extrem steil, voraus ist zunehmend das zerklüftete Gebirge zu sehen.

Von der Südspitze des **Såtåtinden** geht es knapp 1,5 km nach Nordwesten, wieder an einem See (908 m) entlang und über die Brücke seines abfließenden Baches. Danach führt der Weg etwa 500 m leicht bergab. Nach vorn bietet sich ein spektakulärer Blick: unten glitzert der See **Eikesdalsvatnet** (22 m), dahinter wachsen steil die Berge direkt aus dem See in den Himmel, in vorderer Reihe links der **Hoemtinden** (1.734 m) und rechts der **Sjøvdøla** (1.719 m) mit **Sigridtind** (996 m), die durch das üppige Tal **Hoemsdalen** getrennt werden.

Der Weg fällt südlich des Berges **Vikesoksa** (1.809 m) steil ab, hinunter nach **Vike** zum Ufer des **Eikesdalsvatnet**. Auf 2 km geht es 850 Höhenmeter nach unten – bei schlechtem Wetter sollte man diese Route auf keinen Fall gehen.

In **Vike** besteht die Möglichkeit, einen Bootstransfer zur **Hoemsbu** am gegenüberliegenden Ufer zu bestellen. **Die Kontaktdaten der Bootsführer:** Arne Vike, +47 (0)71 23 45 15, Knut Arne Vike, +47 (0)71 23 45 70 oder +47 (0)91 89 29 33. Die Bootsführer erbitten eine möglichst frühzeitige Buchung.

D023 | 15 km | Brandstadbu 17 – Reinsvassbu 15

Die Route beginnt tief im Tal **Øksendalen**, in das die mautpflichtige Straße Fv 310 *(Øksendalsvegen)* führt, an der Hütte **Brandstadbu** mit einem kurzen Abstieg. Dann geht es über die Brücke und zur Straße, die sich neben dem Fluss **Usma** hinzieht. Dieser folgt man südwärts gut 3 km bis zu deren Ende, wo im Weiler **Jønnstad** eine Autobrücke über den **Usma** führt. Vor der Brücke beginnt unser Wanderweg, schon kurz darauf geht es ohne Schwierigkeiten über den Bach **Tjønnbekken**, nach dem ein steiler Anstieg zum Oberlauf des **Usma** folgt.

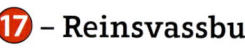

Eikesdalsvatnet (22 m), *Etappe D022 & D024*.

Etwa 700 m weiter folgt ein kleiner Bach und nach weiteren 500 m passieren wir die Baumgrenze. Kurz darauf beginnt das *Landschaftsschutzgebiet Eikesdalsvatnet*. Hat man die Baumgrenze hinter sich gelassen, sollte man unbedingt zurückschauen, der Blick ins Tal ist phantastisch.

Der Wanderweg wendet sich ostwärts und führt über das offene Fjell *Moldbakkan* leicht bergauf. Im Süden erhebt sich der stattliche Berg *Reinstinden* (1.706 m) und nördlich des Weges ist der *Kleivhøa* (1.490 m) zu sehen, in dessen Südspitze man an eine Weggabelung kommt. Der Weg weiter nach Osten weist zur Raubergshytta *(D025)*, unsere Route biegt hier nach Süden ab.

Es geht durch hügeligen, meist nackten Fels westlich am See *Kleivtjønna* (988 m) vorbei und einen kurzen Hang hinauf über den Bergrücken bis zu einer zweiten Gabelung. Auch hier gibt es einen Abzweig zur Raubergshytta, diesmal Richtung Nordosten.

Unser Weg verläuft südwärts leicht bergab. Über das offene Fjell wandern wir westlich erst am nördlicheren See *Øksendalstjønna* (964 m), dann durch leicht welliges Gelände ebenfalls westlich am südlichen *Øksendalstjønna* (953 m) vorbei. Auf dem Weg gibt es mehrere kleinere Bäche, die ohne Schwierigkeiten überquert werden können.

Vom See aus geht es noch über einen kleinen Hügel, erst hinauf und dann hinunter, zu einem kleinen Fluss, der in den See *Reinsvatnet* mündet. Den Fluss kann man von Stein zu Stein überwinden, im Frühsommer ist die Durchwatung mittelschwer. Nun ist es nur noch 1 km in Richtung Süden zu der in einer herrlichen Berglandschaft am See liegenden *Hütte Reinsvassbu*.

D024 · 10 km · Dorf Øverås (Parkplatz) ⑱ – Brandstadbu ⑰

Die Tour beginnt in schöner Landschaft am Nordufer des *Eikesdalsvatnet* (22 m). Vom Dorf *Øverås* folgt man gut 500 m der Straße 191 *(Eikesdalsvegen)* nach Südosten bis zur Landzunge *Storhammaren*. Hier zweigt der Wanderweg ab und steigt über einen sehr steilen Hang Richtung Osten auf. Nach den ersten 500 m betritt man das *Landschaftsschutzgebiet Eidesdalsvatnet*. Dann überquert man den in der Felsvertiefung *Ørmagjølet* fließenden Bach und setzt den Aufstieg in immer noch waldiger Umgebung schräg über den steilen Hang fort. Nach 1,5 km schweißtreibenden Aufstiegs wird es etwas leichter. Man überquert einige Schmelzwasserbäche. Weiter unten bildet der Unterlauf des Flusses *Ljøsåna* eine einzige tosende Stromschnelle.

Es geht immer noch bergan, aber nun gemächlicher. Nach Überschreiten der Baumgrenze wird der Anstieg noch flacher. Vom Hang aus hat man einen phantastischen Blick über den See *Eikesdalsvatnet* (22 m) und die dahinter aufragenden Berge *Kvitfjellet* (1.381 m), *Nebba* (1.477 m) und Sjøvdøla (1.719 m). Die Route folgt dem Flusslauf des *Ljøsåna* stromaufwärts bis zum Nordufer eines Sees (946 m) am *Ljøsåbotnen*.

Vom See gibt es nochmal einen kurzen, aber steilen Aufstieg auf den Sattel *Brandstadskaret* zwischen den Bergen *Henriksbotnnebba* (1.213 m) und *Litlskjorta* (1.552 m). Oben hat man eine eindrucksvolle Sicht ins Tal *Øksendalen* und im Westen zum Gebirge *Eikesdalsfjellene*.

Auf dem 6 km langen Anstieg bis hierher wurden 1.100 Höhenmeter überwunden. Von oben geht es auf einer Wegstrecke von 3 km bis zur *Brandstadbu* etwa 920 Höhenmeter wieder hinunter. Auf- und Abstieg sind extrem steil und sollten bei schlechtem Wetter nicht in Angriff genommen werden. Die letzten 500 m zur Hütte *Brandstadbu* geht man auf einem Feldweg.

Raubergshytta.

| D025 | 35 km | Brandstadbu ⑰ – Raubergshytta ⑲ ☀ |

Von der tief im Tal *Øksendalen* liegenden Hütte *Brandstadbu*, zu der die mautpflichtige Straße Fv 310 *(Øksendalsvegen)* führt, geht es zunächst einen kleinen Berg hinab und über die Brücke zur Straße. Man folgt der Straße, die sich neben dem Fluss Usma hinzieht, südwärts gut 3 km bis zu deren Ende, wo sich im Weiler *Jønnstad* eine Autobrücke über den *Usma* spannt. Vor der Brücke beginnt der Wanderweg, führt nach Süden und ohne Schwierigkeiten über den *Tjønnbekken*, nach dem ein steiler Anstieg zum Oberlauf des *Usma* folgt. Etwa 1 km nach Ende der Straße passieren wir einen kleinen Bach und 1,5 km nach der Straße die Baumgrenze. Knapp 500 m dahinter beginnt das *Landschaftsschutzgebiet Eikesdalsvatnet*. Hat man die Baumgrenze hinter sich gelassen, sollte man unbedingt einen Blick zurückwerfen, denn der Blick ins Tal ist phantastisch.

Der Wanderweg bringt uns über das offene Fjell *Moldbakkan* leicht bergauf Richtung Osten. Im Süden erhebt sich der stattliche Berg *Reinstinden* (1.706 m) und nördlich des Weges ist der Berg *Kleivhøa* (1.490 m) zu sehen, in Höhe dessen Südostspitze man an eine Weggabelung kommt. Der Abzweig nach Süden weist zur Hütte Reinsvassbu *(D023)*, unser Weg führt weiter nach Osten. Kurz nach der Gabelung macht die Route eine Bogen südwärts und folgt dem Lauf eines kleinen Gebirgsbaches. Der felsige Weg zieht sich östlich um den Berg *Kleiva* (1.098 m) herum und erreicht nach 1 km eine weitere

Gabelung, an der es nach Südwesten auch zur Reinsvassbu geht. Wir gehen weiter Richtung Süden und erreichen nach einigen hundert Metern einen kleinen Bach, der ohne Schwierigkeiten überquert werden kann.

Der Pfad verläuft südlich eines länglichen Sees (989 m), man quert wieder einen Bach von Stein zu Stein und gelangt nach 1,5 km zum südöstlichen Ende des nördlicheren *Øksendalstjønna*-Sees (964 m). Unterwegs wird abermals ein Bach von Stein zu Stein überwunden. Vom See geht es östlich am südlicheren *Øksendalstjønna* (953 m) vorbei auf einem gut zu laufenden Weg etwa 2,5 km in Richtung Süden zu einem Abzweig, an dem man nordwestwärts um das Nordende des Reinsvatnet herum in 3 km zur Reinsvassbu gelangen kann.

Unsere Route verläuft Richtung Südosten. Der Blick über den Stausee *Reinsvatnet* nach Westen auf das Tal *Vikebotnen* und die flankierenden Berge *Reinstinden* (1.706 m) und *Slotthøa* (1.837 m) ist beeindruckend. Je weiter man östlich des *Reinsvatnet* nach Südosten kommt, umso schöner wird der Anblick. Nach dem Abzweig folgen einige kleinere Gebirgsbäche und durch stellenweise feuchtes Gelände geht es 2,5 km bis zur Straße am Staudamm am südlichen Ende des *Reinsvatnet* (874-892 m).

Dieser Straße folgt man ostwärts hinab und überquert auf ihr nach gut 1,5 km die Brücke über die Schlucht des *Reinvasselva*. Dann schlängelt sie sich weitere gut 1,5 km durch eine felsige Landschaft und führt unter Stromleitungen hindurch. Hier stößt der Wanderweg von der Hütte Reinsvassbu dazu *(Do26)*.

Wir laufen noch etwa 200 m weiter auf der Straße, in einer Kurve zweigt der Wanderweg von der Straße nach Südosten ab und verläuft direkt parallel zum Staudamm des *Holbuvatnet* (793-777 m). Nach 200 m überqueren wir eine Landstraße und laufen erst süd- dann ostwärts einen kleinen Berg hinauf zu einem Bach, den man ohne Schwierigkeiten überqueren kann.

Die Route biegt kurz für etwa 200 m nach Süden, wendet sich dann in südöstliche Richtung und führt erst westlich dann südlich in einem großen Bogen um den Berg *Litltågkollen* (1.207 m) herum und steigt gleichzeitig schräg über den Hang leicht an. Südlich des *Litltågkollen* wendet sich der Weg nach Osten, verläuft unter einer Stromleitung hindurch und leicht bergab zur Straße. Unweit der Straße befindet sich eine Höhle, aus der ein Bach herausfließt. Die Wanderroute führt über die Straße und steigt dann am gegenüberliegenden Hang ostwärts steil an. Nach dem steilen Anfangsabschnitt wird der Weg kurz flacher, steigt dann aber erneut an und überwindet auf der Nordseite des Berges *Purka* (1.377 m) auf 2,5 km etwa 300 Höhenmeter.

Während des Aufstiegs überschreitet man die Grenze zum *Nationalpark Dovrefjell-Sunndalsfjella*. Von oben bietet sich ein phantastischer Blick auf den Fluss *Ruadbergsåa* und das ihn umgebende Tal. In dieser Gegend bleibt der Schnee oft bis weit in den Sommer liegen, was bei der Planung einer Tour berücksichtigt werden sollte.

Die Route führt weiter nach Osten und senkt sich vom baumlosen Fjell langsam Richtung *Raudbergsåa*-Fluss ab. Bis zum Fluss werden einige kleinere Bäche ohne Schwierigkeiten überwunden. Dem Flusslauf des *Raudbergsåa* folgend laufen wir weiter Richtung Osten auf die schon von weitem zu sehende *Raubergshytta* zu. Der Weg führt durch eine leicht hügelige und stellenweise nasse Fjelllandschaft. Die Windungen und seeartigen Ausbuchtungen des Flusses, teils mit türkisfarbenem Wasser, sind hübsch anzusehen. Wieder geht es über einige kleinere Bäche bis zu einer Gabelung südlich eines Sees (1.270 m). Auf dem Weg nach Süden gelangt man zur Aursjøhytta *(Do27)*. Wir biegen nach Norden ab, überqueren einen Gebirgsbach von Stein zu Stein (im Frühsommer steht eine mittelschwere Durchwatung an) und gelangen, den letzten Kilometer einen Hang hinauf, zur hübsch anzusehenden Hütte *Raubergshytta*.

D026 · 22 km · Reinsvassbu ⑮ – Raubergshytta ⑲

Südlich der Hütte **Reinsvassbu** befindet sich eine Brücke, die man zunächst überquert und dann am Ufer des aufgestauten Sees **Reinsvatnet** (874 – 892 m) in Richtung Südosten läuft. An der Hütte und am Seeufer bietet sich ein schöner Blick gen Osten auf das Fjell jenseits des Sees. Auch die direkt an der Hütte aufragenden Berge sind gut zu sehen: im Westen das Tal **Vikebotnen**, südlich flankiert vom **Slotthøa** (1.837 m), nördlich erheben sich die Berge **Såtåtinden** (1.617 m) und **Reinstinden** (1.706 m) mit ihren bizarren Umrissen.

Die Route führt südlich am See entlang, der Weg über das offene Fjell ist leicht zu gehen, man passiert einige leicht zu querende Gebirgsbäche. Nach rund 4 km erreicht man am südlichen Ende des **Reinsvatnet** eine Gabelung, an der es in Richtung Südosten zur Hütte Aursjøhytta geht *(D021)*. Den Feldweg am Südende des Sees zum Staudamm, etwa 400 m zuvor, ignorieren wir.

Unser Weg zur Raubergshytta führt an der Gabelung zunächst nach Osten zwischen kleineren Seen hindurch, wendet sich nach Südosten und führt bergab aus dem *Landschaftsschutzgebiet Eikesdalsvatnet* heraus. Der Weg unterquert mehrere Stromleitungen und mündet an der Straße nördlich des aufgestauten Sees **Holbuvatnet** (777-793 m). Hier vereint sich der Weg mit der Route, die von der Hütte Brandstadbu herkommt *(D025)*.

Wir biegen nach rechts auf die Straße und folgen ihr etwa 200 m, in einer Kurve zweigt der Wanderweg von der Straße nach Südosten ab und verläuft direkt parallel zum Staudamm des **Holbuvatnet** (793-777 m). Nach 200 m überqueren wir eine Landstraße und laufen erst süd- dann ostwärts einen kleinen Berg hinauf zu einem Bach, den man ohne Schwierigkeiten überqueren kann.

Die Route zieht sich in einem großen Bogen erst östlich, dann südlich am Berg **Litltågkollen** (1.207 m) herum und steigt gleichzeitig schräg über den Hang leicht an. Südlich des **Litltågkollen** verläuft der Weg dann nach Osten, führt unter einer Stromleitung hindurch und leicht bergab zu einer Straße. Unweit von ihr befindet sich eine Höhle, aus der ein Bach herausfließt. Wir queren die Straße und steigen den gegenüberliegenden Hang steil hinauf.

Nach dem steilen Anfangsabschnitt wird der Weg kurz flacher, steigt dann aber erneut an und überwindet auf der Nordseite des Berges **Purka** (1.377 m) auf 2,5 km etwa 300 Höhenmeter.

Während des Aufstiegs überschreitet man die Grenze zum **Nationalpark Dovrefjell-Sunndalsfjella**. Von oben bietet sich ein phantastischer Blick auf den Fluss **Ruadbergsåa** und das ihn umgebende Tal. In dieser Gegend bleibt der Schnee oft bis weit in den Sommer liegen, was bei der Planung einer Tour berücksichtigt werden sollte.

Die Route führt weiter nach Osten und senkt sich vom baumlosen Fjell langsam Richtung **Raudbergsåa**-Fluss ab. Einige kleinere Bäche werden ohne Schwierigkeiten überwunden. Weit Richtung Osten ist schon die **Raubergshytta** zu sehen. Der Weg führt an den Windungen des **Raudbergsåa** vorbei durch leicht hügeliges und stellenweise nasses Gelände. Nach den Flussbiegungen geht es weiter ostwärts, wieder über einige kleinere Bäche bis zu einer Gabelung südlich eines Sees (1.270 m) nördlich des Berges **Langranden** (1.567 m). Auf dem Weg nach Süden gelangt man zur Aursjøhytta *(D027)*.

Unser Weg biegt nach Norden ab, überquert einen Gebirgsbach von Stein zu Stein (im Frühsommer steht eine mittelschwere Durchwatung an) und führt auf dem letzten Kilometer bis zur hübsch anzusehenden **Raubergshytta** einen Hang hinauf.

D027 · 20 km · Aursjøhytta ⑭ – Raubergshytta ⑲

Zunächst geht es 500 m auf der Landstraße am Nordufer des aufgestauten Sees **Aursjøen** (828-856 m) in Richtung Osten. Dann zweigt der Wanderweg links von der Straße ab und führt parallel zu ihr durch eine Ferienhaussiedlung, verläuft nach Osten unter zwei Stromleitungen hindurch und über einen flachen Hang bergab bis er nach 3,5 km wieder auf die Landstraße trifft. Diese überquert man und folgt dem Wanderweg weiter Richtung Nordosten erneut unter Stromleitungen hindurch, über eine kleine Landbrücke am Südende des Sees **Krøsvatnet** und dann in den **Nationalpark Dovrefjell-Sunndalsfjella**.

Die Route wendet sich sanft ansteigend nach Osten und erreicht etwa 1,5 km nach der Nationalparkgrenze eine Gabelung. Hier weist ein Weg Richtung Osten zur Grøvudalshytta *(D020)*.

Unser Weg biegt nach Norden und führt über einen kleinen Bach von Stein zu Stein. Im Frühsommer steht eine mittelschwere Querung an. Jetzt bietet sich eine tolle Sicht nach Nordwesten über die Seen **Torbuvatnet** (850 m) und **Langvatnet** (849 m) und auf die Gipfel des **Slotthøa** (1.837 m).

Beim Anstieg auf den **Håkodalshøa** (1.733 m) wird der Ausblick sogar noch eindrucksvoller. Der Aufstieg ist lang, führt aber über ein baumloses Fjell, auf dem es sich gut laufen lässt. Der Weg verläuft nicht allzu steil schräg über den Westhang des **Håkodalshøa** und führt

Langvatnet und Osvatnet (818–849 m), *Etappe D027*.

auf 4,5 km etwa 300 Höhenmeter hinauf bis zum Gipfel **Larshøa** (1.400 m). Von oben hat man einen phantastischen Blick auf die Berge jenseits des Sees **Reinsvatnet** (892 m): der **Reinstinden** (1.706 m), **Breitelnebba** (1.736 m), **Slotthøa** und einige weitere, bilden eine wild zerklüftete Gebirgslandschaft.

Der Abstieg zum See **Nedre Håkodalsvatnet** (1.266 m) ist stellenweise steinig. Der Wanderweg führt östlich des Sees weiter im Tal **Håkodalen** Richtung Nordosten. In dieser Gegend kann der Schnee bis spät in den Sommer liegen bleiben, was man bei der Planung einer Trekkingtour berücksichtigen sollte. Die Route führt durch hügeliges Gelände hinauf zum See **Øvre Håkodalsvatnet** (1.328 m) und östlich am steinigen Ufer entlang. Nicht weit vom nördlichen Ende des Sees kommt man an einen ehemaligen Abzweig. In alten Karten ist an dieser Stelle ein Weg zum Gipfel des **Storskarhøa** (1.871 m) eingezeichnet. Doch dieser Wanderweg wird nicht mehr gepflegt und es wird davon abgeraten, ihn zu benutzen.

Die mitunter steinige Route verläuft nach dem See weiter Richtung Norden westlich am Berg **Langranden** (1.567 m) vorbei und 2,5 km leicht bergab bis zu einem Abzweig. Auf dem Weg nach Westen gelangt man zu den Hütten Brandstadbu (D025) und Reinsvassbu (D026). Unsere Route führt weiter nach Norden, von Stein zu Stein über einen Bach (im Frühsommer muss man mittelschwer waten) und den letzten Kilometer bis zur hübsch anzusehenden **Raubergshytta** den Berg hinauf.

D028 | 26 km | Raubergshytta ⑲ – Hütte Gammelsetra ⑪ ☀

Von der **Raubergshytta** geht es zunächst nach Osten, dann nach Südosten auf einem guten Weg durch stellenweise steiniges Gelände. Zwischen den Seen **Buatjønna** (1.290 m) und **Blekbuvatnet** (1.284 m) entlang gelangt man nach etwa 2,5 km an einer Gabelung. Der Weg nach Nordosten weist zur Hütte Vangshaugen (D030).

Wir gehen weiter nach Südosten. Kurz nach dem Abzweig hat man einen schönen Blick auf den Berg **Storskarhøa** (1.871 m) im Süden. Der Weg führt westlich um den Berg **Råstu** (1.673 m) herum und verläuft durch ziemlich nasses Gelände, durchquert einige kleinere Bäche ohne Schwierigkeiten. Dann folgt eine zweiteilige Kreuzung. Am ersten Abzweig verläuft ein Weg nach Süden zur Grøvudalshytta (D019), am zweiten Abzweig, 1 km weiter, nach Südosten zur gleichen Hütte.

Unsere Route verläuft an beiden Abzweigen nach Osten und dann nördlich an einem kleinen See (1.236 m) vorbei. Nun geht es leicht bergab zur nächsten Gabelung, diesmal zweigt ein Weg nach Nordosten zur Hütte Vangshaugen (D029) ab. Den Hang hinunter bietet sich ein schöner Blick gen Osten auf das Tal **Linndalen** und die nacheinander ins Tal auslaufenden Berghänge.

Unsere Route führt an der Gabelung südostwärts über den sanft abfallenden Hang auf die unten sichtbaren Bauernhäusern zu. Wir queren einen Gebirgsbach und kommen, an den Häusern und einer Viehweide vorbei, zum Nordufer des Flusses **Geitåa**. Diesem folgen wir. Etwa 2 km weiter wird das Flussbett tiefer und der Weg verläuft etwas weiter oben am Hang bergauf. Dann geht es über einen kleinen Bach und wieder hinunter in Richtung Birkenbestand. Der Weg ist leicht hügelig und teils steinig, führt durch Weidezäune und aus dem Gebiet des **Nationalparks Dovrefjell-Sunndalsfjalla** hinaus. Unmittelbar danach wird der Weg besser und man kommt ein Stück weiter zu einem Feldweg, dem man etwa 1,5 km folgt. Südlich einer kleinen Sandgrube biegen wir auf eine Straße ab und laufen nach Süden bergab zur Brücke über den Fluss **Grøvu**, der schon durch die Kiefern zu

Das Linndalen, *Etappe 28*.

erkennen ist. Nach der Brücke geht es auf der asphaltierten Straße steil bergauf bis zu einer Gabelung, an der die Sandstraße rechts zur Mautzahlstelle für Autos führt. Dieser Straße folgt man bergauf bis 1 km weiter wieder eine Gabelung erreicht ist, an der es geradeaus weiter, also Richtung Südwesten, bergauf zum Parkplatz Hallen und zur Grøvudalshytta geht *(D012)*.

Unsere Route zweigt hier nach Osten ab und führt, an vereinzelten Häusern vorbei, etwa 500 m durch ein Birkenwäldchen leicht bergab, danach geht es überwiegend bergauf. Der Weg verläuft schräg über den steiler werdenden Hang hinauf und überquert nach 1 km die **Nationalparksgrenze**, nach der es weiter schräg, nun steil, nach oben geht. Auf dem Weg liegen drei Gebirgsbäche, an denen die Hänge steiler sind.

Der Weg wird erst leicht hügelig und senkt sich dann über den Hang bergab bis zum Hof **Lundlia**. Hier folgt man gut 2 km der Straße, geht über die Brücke des **Linndøla** bis zum Abzweig, an dem man nach rechts auf den Sandweg biegt und ostwärts noch gut 1 km ins Tal **Linndalen** hineinläuft. Die in einer schönen Tallandschaft liegende Hütte **Gammelsetra** ist einen Besuch wert.

D029　17 km　Hütte Vangshaugen ⑳ – Raubergshytta ⑲ (via Geitådalen)

Am Besucherparkplatz an der schön gelegenen Hütte **Vangshaugen** vorbei, *eine der schönsten DNT-Hütten, die 1910-1911 von dem Engländer Ethelbert Lort-Philip als Sportvilla erbaut wurde,* folgt man der Straße nach Süden *(der Wanderweg verläuft in einem Birkendickicht etwa 10 m oberhalb des Kiesweges)*. Etwa 700 m nach der Hütte passiert man den Abzweig zur Hütte Gammelsetra *(D031)*. Wir laufen noch eine kurzes weiter auf der Straße über die Brücke des **Vangbekken**. Gleich danach markiert ein Wegweiser nach rechts (Westen) an einem kleineren Feldweg die Richtung zur **Raubergshytta**. Man folgt dem leicht ansteigenden Fuhrweg ein kurzes Stück (etwa 250 m), links stehen die hübschen kleinen Hütten vom Weiler **Vangan,** dann trennt sich der Wanderweg nach links vom Fuhrweg und steigt südwestwärts einen recht steilen, mit Moorbirken bewachsenen Hang hinauf. Der Weg läuft sich gut. In Höhe der Baumgrenze überwindet man einen kleinen Gebirgsbach und erreicht die Grenze des **Nationalparks Dovrefjell-Sunndalsfjalla**. Nun wird der Anstieg flacher, der Pfad führt nach Westen. Weiter geht es südlich am **Vangbekken** entlang auf einem von Weiden und Zwergbirken gesäumten Weg.

Die Berghütte Vangshaugen.

An einer Gabelung führt der Pfad weiter geradeaus zum Berg *Råstu* (1.673 m), dieser Wanderweg wird jedoch nicht mehr gepflegt. Hier biegen wir nach Süden und laufen dann südwestwärts einen sanft ansteigenden Hang hinauf, von dem man eine phantastische Sicht auf den *Råstu* hat. Der Berg wirkt wie ein breiter Kissenzipfel, der von geometrischen Felsadern verziert wird, er hat wirklich eine „eigene Gestalt".

Es geht nun weiter den Hang hinauf, über den Bergrücken und am See *Setertjønna* vorbei bis man oberhalb des Tals *Geitådalen* steht. Der Weg, von dem man einen tollen Blick hat, verläuft parallel zum Hang, überquert ohne Schwierigkeiten den Gebirgsbach *Holbekken* und nach einem guten Stück geht es schräg über einen recht steilen Hang bergab. Unterwegs hat man einen herrlichen Blick auf die Bergwände der Täler *Grøvudalen* und *Geitådalen*. In Wanderrichtung liegt eine schöne, hügelige Gebirgslandschaft.

Der Abstieg führt weiter schräg über den Hang und öffnet den Blick in die phantastische Tallandschaft des *Geitådalen*. Im Westen schaut man auf die Südwand des *Råstu*, der von hier wieder einen komplett anderen Anblick bietet. Den *Hyllbekken* überwindet man von Stein zu Stein.

Der Weg führt bergab, quert einen Gebirgsbach, steigt dann kurz an und erreicht eine Gabelung, an der es in Richtung Osten durchs *Geitådalen* zur Hütte Gammelsetra *(D028)* geht. Hier genießen wir einen wundervollen Blick weit nach Osten ins *Linndalen* und die nacheinander in das Tal auslaufenden Berghänge.

Unsere Route geht weiter nach Westen und steigt über einen flachen Berghang leicht an. Nach einem kleinen See (1.236 m) folgt ein weiterer Abzweig, an der ein Wegweiser nach Südwesten die Route zur Grøvudalshytta *(D019)* markiert. Unser Wanderweg führt hier weiter nach Westnordwest und passiert nach 1 km einen zweiten Abzweig nach Süden zur Grøvudalshytta *(D019)*. Unser Weg verläuft weiter Richtung Nordwesten über einige Bäche und in recht nassem Gelände erst südlich dann westlich am Berg *Råstu* vorbei. Vom Weg aus sieht man den eindrucksvollen Berg *Storskarhøa* (1.871 m).

In Richtung *Seterfjellet*-Berg (1.759 m) kommen wir zu einer Gabelung, an der ein Weg nach rechts über Svøubotnin zur Hütte Vanghaugen abzweigt *(D030)*. Hier geht es für uns Richtung Westen auf einem guten Weg, in teilweise steiniger Landschaft, 2,5 km zwischen den Seen *Buatjønna* (1.290 m) und *Blekbuvatnet* (1.284 m) entlang zur hübschen *Raubergshytta*.

D030 | 15 km | Raubergshytta ⑲ – Hütte Vangshaugen ⑳ (via Svøubotnin)

Von der *Raubergshytta* geht es zunächst auf einem guten Weg durch stellenweise steiniges Gelände nach Osten. Zwischen den Seen *Buatjønna* (1.290 m) und *Blekbuvatnet* (1.284 m) entlang, gelangt man dann nach etwa 2,5 km an eine Gabelung. Der Weg nach Südosten führt zur Hütte Grøvudalshytta *(D019)* und ins Geitådalen.

Unsere Route biegt nach Nordosten über einen Bach auf den in Wanderrichtung erkennbaren Sattel *Styggløypet* zwischen dem Berg *Seterfjellet* (1.812 m) und dem nördlichsten Gipfel (1.588 m) des *Råstu* zu. Der Anstieg ist zäh und gegen Ende steinig. Hat man den Sattel erklommen, bietet sich ein schöner Blick über die Seen *Storvatnet* (1.257 m) und *Styggvatnet* (1.332 m). Der Abstieg zum Nordufer des *Storvatnet* zwischen den Seen ist steil und steinig, es geht auf 500 m etwa 200 Höhenmeter nach unten. Am Hang muss man gut auf den Weg achten, da die Felshänge zu den Seen plötzlich steil abfallen, vorallem nach Osten. Der Wasserlauf, der aus dem See **Styggvatnet** zum **Storvatnet** fließt, wird von Stein zu Stein gequert. Dann steht man am Bergrücken **Svøubotnin** (1.423 m) und am Nordufer des **Storvatnet**.

Wir laufen durch steiniges Gelände nördlich am Ufer entlang in Richtung Osten. Nach und nach wird der Weg besser und führt durch offenes Fjell, in dem es sich gut wandern lässt. Vom Storvatnet sind es etwa 4 km leicht bergab bis ans Ufer des **Svøu**, der in den See **Fremmervatnet** (1.118 m) fließt. Er ist mittelschwer, im Frühsommer anspruchsvoll zu durchwaten.

Nach dem Durchwaten folgt man dem Wasserlauf rund 2 km Richtung Osten leicht bergab. Da, wo man das Gebiet des **Nationalparks Dovrefjell-Sunndalsfjella** verlässt, wird der Hang hinunter ins Tal **Grødalen** steiler. Hier hat man jetzt einen schönen Blick hinunter ins Tal. Bis weit nach Südosten und auch ein kleines Stück in Richtung Nordwesten blickt man über den Talgrund und auf die emporstrebenden Berghänge.

Der Weg steigt steil ins Tal hinunter. Es folgt eine T-Kreuzung, an der es in Richtung Norden zur Hütte Eiriksvollen *(Do32)* und zur Heimstad Gjestgiveri im Dorf Grøan *(Do33)* geht. An der Kreuzung läuft man nach Süden, wendet sich hundert Meter weiter in Richtung Osten, überquert einen Feldweg und läuft in ziemlich nassem Gelände am Südufer des Sees **Storvatnet** (733 m) *(gleicher Name wir der Bergsee)* zur Hütte **Vangshaugen**.

Linndalsfallet, *Etappe Do31.*

Svøufallet, *Etappe Do31.*

| **D031** | **12 km** | **Hütte Vangshaugen 20 – Hütte Gammelsetra 11** |

Von der Hütte **Vandshaugen** geht man 200 m bis zur Straßenkreuzung und biegt dort nach rechts in Richtung Süden ab. Nun folgt man etwa 3 km der Straße, passiert den Weiler **Hesjan** und läuft an der Kreuzung nach links auf die leicht über den Hang bergab führende **Straße Fv 314.** Dabei hat man die ganze Zeit voraus einen schönen Blick – doch das Schönste kommt erst noch!

Nach gut 3 km macht die Landstraße in **Fjellgardan** eine steile Kurve, gleich danach biegt man rechts ab, geht über die Brücke des **Grødøla** und unter Stromleitungen durch und quert nach 30 m Richtung Süden das Gelände eines alten Bauernhofs. Der Blick auf die tief unten, in steilwandigen Schluchten brausenden Gebirgsbäche und die dahinter aufragenden Berge, wie den **Gruvnebba** (1.605 m) und den **Blåfjellet** (1.716 m), ist einfach spektakulär.

Gleich hinter dem Bauernhof beginnt das **Landschaftsschutzgebiet Åmotan-Grøvudalen** und es geht steil im Zickzack bergab südostwärts zur Brücke über den reißenden **Grøvu**. Der Weg führt auf 500 m insgesamt 250 Höhenmeter bergab, man sollte bei dem Abstieg vorsichtig sein. Nach der Brücke kommt man an eine Weggabelung, an der ein Pfad Richtung Süden zur Raubergshytta (D028) weist. Unser Weg zur **Gammelsetra** im **Linndalen** führt nach Südosten. Wir haben einen herrlichen Blick nach Norden auf den Wasserfall **Svøufallet** an der **Åmotan-Schlucht**, der 165 Meter frei nach unten fällt.

Nun geht es etwa 200 m durch bergiges Gelände zur Brücke über den **Linndøla**. Anschließend steigt man einen kurzen, aber steilen Hang hinauf zu einer kleinen Landstraße und überwindet auf 500 m 150 Höhenmeter. Nach rechts geht es auf der Landstraße, die sich in Serpentinen den Hang hinaufschlängelt, bis zur ersten Kurve. Kurz nach der Kurve trennt sich der Wanderweg nach rechts von der Straße und führt südostwärts schräg über einen recht steilen, waldigen Hang bergauf. Nach ungefähr 1 km steht man auf einem Vorsprung oberhalb einer Felswand, von wo sich ein unbeschreiblicher Blick auf den Wasserfall **Linndalsfallet** bietet, der etwa 120 m frei hinunterstürzt.

Vom Vorsprung geht man 500 m weiter steil bergauf wieder zur Landstraße, der man nach rechts 500 m zur Gabelung folgt. Über die Brücke käme man zur Loennechenbua (D017). Unser Weg folgt dem Sandweg ostwärts 1 km weiter bergauf ins **Linndalen** zur **Gammelsetra**.

| **D032** | **15 km** | **Hütte Vangshaugen 20 – Hütte Eiriksvollen 21** |

Von der Hütte **Vangshaugen** geht man zuerst südlich des Sees Storvatnet (733 m) in Richtung Westen und überquert den Feldweg. Dann wendet sich der Wanderweg nach Norden und man kommt an einen Abzweig. Richtung Westen den Berg hinauf geht es zur Raubergshytta (D030). Unsere Route zur Hütte **Eiriksvollen** führt weiter nach Norden, westlich erst am **Storvatnet** und dann an den Seen **Fiskubuvatnet** (738 m) und **Koksvikvatnet** (737 m) entlang. Der Boden ist stellenweise recht feucht. Etwa 3 km nach dem Abzweig betritt man das **Landschaftsschutzgebiet Åmotan-Grøvudalen**. Jetzt wird der Weg leichter und führt nördlich am See **Svatsnytvatnet** (742 m) vorbei wieder zu einem Abzweig. Der Blick hinunter ins Tal **Grødalen** ist wunderschön.

Der Weg nach Nordwesten, hinunter ins Grødalen, führt zur Bushaltestelle im Dorf Grøa und zur Pension Heimstad Gjestgiveri *(D033)*.

Unsere Route knickt nach Norden und steigt einen recht steilen Berg hinauf. Nach etwa 500 m Anstieg werden der Gebirgsbach **Sviskurdbekken** und kurz danach ein weiterer Gebirgsbach überquert. Nach der zweiten Querung wird der Hang steiler. Der Aufstieg verläuft gut 500 m schräg über den Hang zu einem Plateau. Auf den 2 km zwischen Abzweig und Plateau werden insgesamt 340 Höhenmeter überwunden.

Vom Plateau aus geht es nördlich am Berg **Melsseterkollen** (1.348 m) vorbei leicht bergauf. Hier hat man einen schönen Blick hinunter ins Tal **Sunndalen** sowie durchs Tal in Richtung Norden auf das Gebirge **Trollheimen**. Nun geht es aus dem **Landschaftsschutzgebiet Åmotan-Grøvudalen** heraus, das Gelände wird leicht abschüssig und der Weg führt durch leichtes Gelände bergab in Richtung Nordwesten bis zum Gebirgsbach **Røta**. Hier beginnt ein extrem steiler, aber nicht zu umgehender Abstieg hinunter ins Tal. Auf den folgenden 2,5 km geht es sehr steil 950 Höhenmeter bergab. Auf 3,5 km sind es insgesamt sogar 1.100 Höhenmeter! Dieser Abstieg geht extrem auf die Knie und erfordert Konzentration und sollte nicht bei Regen unternommen werden. Zuerst wird der **Røta** überquert, dann sind es etwa 500 m bis zur Baumgrenze, anschließend folgt man dem Flusslauf weitere 500 m bergab und läuft dann noch einen Kilometer hinunter bis zur Landstraße *(Vermoyvegen)* – geschafft!

Der Landstraße folgt man nach links (Nordwesten) etwa 1 km bis zur **Straße Rv 70.** Hier wendet man sich nach rechts, geht über die Straßenbrücke und biegt sofort nach der Brücke durch Buschwerk auf die unter der Brücke (rote Holzpfähle kennzeichnen den Weg) verlaufende Straße, der man etwa 100 m nach Norden folgt. Dann zweigt ein Wanderweg ab und führt den Berg hinauf zur **Hütte Eiriksvollen**.

D033 | 21 km | Heimstad Gjestgiveri in Grøa ㉒ – Hütte Vangshaugen ⑳

Von der **Heimstad Gjestgiveri** in **Grøa** folgt man der Straße etwa 200 m gen Süden, überquert die Landstraße Rv 70 und läuft, den Schildern folgend, den Sandweg bergauf zum Parkplatz am Fluss **Grøa**. Hier steht eine Tafel, die in norwegischer Sprache die Geschichte der Region erklärt, sowie ein weiteres Schild, das die Autofahrer um rücksichtsvolles Parken bittet.

Vom Parkplatz windet sich ein guter Weg nach Süden den steilen Berg hinauf. Nach etwa 2 km wird der Anstieg flacher und der Weg führt an riesigen Findlingen vorbei durch eine mit Birken umstandene Gasse zu einem Weidetor. Anschließend geht es unterhalb eines Plateaus einer steilen, wunderschönen und spektakulären Bergkette mit schroff aufragenden Wänden herum. Die ganze Szenerie scheint einem Märchen entnommen. An den steilsten Stellen ist ein Seil am Fels befestigt.

Am Staudamm des **Grøa** Kraftwerkes vorbei, geht es weiter auf einem steinigen Weg. Die Umgebung wird von steilen Bergwänden dominiert, die vom Talgrund bis zu einem Kilometer hoch aufragen. An den Hängen sind wunderschöne Wasserfälle zu sehen, wie z.B. der **Serkja**, unterhalb liegt das Gehöft **Dalasetra**. Dann kommt man an einen riesigen Findling und kurz darauf führt eine Brücke über den **Grøa**. Nun verläuft die Route südwestlich des Flusses, betritt das **Landschaftsschutzgebiet Åmotan-Grøvudalen** und folgt südostwärts einem gut zu laufenden Weg durch niedrige Krüppelbirken. Nach etwa 500 m überquert man am Nordende des Sees

Grødalen, *Etappe Do33.*

Dalavatnat (440 m) eine Brücke, hin zur Nordseite des Flusses. Von der Brücke aus hat man einen tollen Blick auf den **Serkja-Wasserfall**.

Jetzt verläuft der Weg am Ostufer des **Dalavatnet** nach Südosten, mit schönem Blick in das von Moorbirken gesäumte Tal **Grødalen** sowie den am Südwestufer aufragenden **Serkjenebba** (1.551 m), dessen Hang von ungestümen und wilden Rissen durchzogen ist. Hat man den See hinter sich gelassen, wird der Weg nach einem kurzen offenen Abschnitt steiniger, das Gestrüpp dichter und der Untergrund unebener. An einigen privaten Hütten vorbei erreicht man nach etwa 2 km die alten Höfe **Prestsetra** und **Storsetra**, die mit eine Brücke verbunden sind. Man bleibt östlich des Flusses **Grøna** und läuft durch Fjellbirkenbuschwerk die hügelige, leicht ansteigende Talsohle bergauf.

Etwa 3 km nach den alten Höfen kommt man, an den Häusern von Åkerssetra vorbei, zum Ufer des Gebirgsbachs **Reinåa**, dessen beide Arme von Stein zu Stein gequert werden. Auch auf dem weiteren Weg queren wir einige kleinere Bäche problemlos. Die Birken werden nach und nach lichter, der Weg immer ebener und das Gelände offener. Je offener die Landschaft wird, umso deutlicher treten die Talwände hervor. Die Hänge wirken wie mit der Axt behauen.

Weiter geht es durch gutgängiges Gelände, das noch einmal hügelig wird, bevor man zu den Brücken im Norden des Sees **Svartsnytvatnet** (743 m) und dem Abzweig nach Norden zur Eiriksvollen *(Do32)* kommt. Wir gehen weiter südostwärts und überqueren bald darauf den Wendekreis der Landstraße, laufen nach Süden westlich an den Seen **Koksvikvatnet** (737 m), **Fiskbuvatnet** (738 m) und **Storvatnet** (733 m) entlang und über den Fluss **Svøu** zur Hütte **Vangshaugen**. Alternativ kann man auf der Straße östlich der Seen entlanglaufen. Hierbei kommt man an der historischen **Villa Alfheim,** *das kleine Jagdschloss von Lady Arbuthnott,* vorbei. Beide Routen sind etwa 4,5 km lang.

WANDERGEBIET TROLLHEIMEN

Trollheimen ist die Heimat von Sagen und Trollen und wo, wenn nicht hier, sollte man sonst einen Blick auf Bergtrolle erhaschen können. In der Wanderregion gibt es geschützte und üppige Täler sowie steinige Berghänge. Die steilsten von ihnen umgeben die Täler *Innerdalen* und *Svartådalen*. Im Laufe eines Wandertages ist es nicht ungewöhnlich tausend Höhenmeter auf- oder abzusteigen. Absoluter Höhepunkt der Region ist der *Snota* (1.669 m), dessen majestätischer Gipfel nur sieben Kilometer westlich der *Trollheimshytta* emporragt. Höchster Punkt des Trollheimen ist der *Gipfel Blåhøa* (1.671 m), der sich, nur wenige Meter höher als der *Snota*, ebenso dramatisch von seiner Umgebung abhebt. In der Nähe des Blåhøa befand sich früher eine Reihe von Eishöhlen, die heute leider alle geschmolzen sind. Die Klimaerwärmung hat der Gegend eine ihrer größten Attraktionen geraubt.

Die *Region Trollheimen* besteht aus den *Naturreservaten Minilldalsmyrene und Svartåmoen* und den *Landschaftsschutzgebieten Innerdalen* und *Trollheimen landskapsvernområde*, die fast die gesamte Wanderregion umfassen. Das Gebiet ist nahezu 1.500 km² groß. Es bestehen Verbindungen zu den Wanderrouten von *Nordmøre* im Norden und *Dovrefjell* im Süden. Weiter durch das *Rondane* kann man seine Trekkingtour sogar bis zum *Holmenkollen* fortsetzen, zu dem es entlang markierter Wanderwege, vorsichtig geschätzt, ungefähr 600 Kilometer sind.

Die Berghütten der Region stammen größtenteils aus dem 19. oder frühen 20. Jahrhundert, was ihnen einen besonderen Charme verleiht. Die mitten im Trollheimen an der Schnittstelle zahlreicher Wanderwege gelegenen Hütten *Trollheimshytta* und die Ende des 19. Jahrhunderts erbaute *Gamle Innerdalshytta* sind beliebte Wanderziele an Sommertagen. Um die

Hütten herum herrscht eine Stimmung wie aus einer anderen Zeit: Grasdächer, knarrende Treppenstufen und nach Teer duftende Bohlenwände zaubern eine Atmosphäre, in der man den Eindruck hat, dass jeden Moment ein kleiner Kobold mit einem Stück braunem norwegischen Käse zwischen den Zähnen um die Hüttenecke huscht.

Als sich im 18. Jahrhundert die Tradition der Bergweiden verbreitete, kam es

Innerdalen – Norwegens schönstes Tal.

immer öfter zu Konflikten zwischen den Menschen und den großen Raubsäugern. Die letzten Bären und Wölfe wurden Anfang des 19. Jahrhunderts in der Region getötet. Mit ihnen verschwanden auch der Vielfraß und viele weitere Tierarten. Seitdem hat sich die Einstellung gegenüber Tieren zum Glück gewandelt und beispielsweise Vielfraß und Luchs sind heute wieder vereinzelt anzutreffen.

Wo Starten?

Aus *Richtung Osten* bietet sich als Ausgangspunkt der *Parkplatz Kleva (Jølhaugen)* an, von dem ein gut zu laufender Feldweg fünf Kilometer zur *Jøldalshytta* führt. Auch von den etwas weiter südlicher gelegenen *Hütten Bårdsgarden* im *Storlidalen* und *Gjevilvasshytta* am *Gjevillvatnet* kann man gut zu Trekkingtouren aufbrechen. Leider gibt es auf dem *Gjevillvatnet* keinen Bootstransfer mehr.

Aus *Richtung Westen* bieten sich die Täler *Innerdalen* oder *Todalen* als Einstiegsorte an. Parkplätze gibt es unter anderem im *Viromdalen,* bei der *Todalshytta* oder am Nordufer des *Gråsjøen*.

Die *Bahn Oslo – Trondheim* hält in *Oppdal*, dort gibt es eine Busverbindung in Richtung *Sunndalsøra*. Eine Haltestelle unterwegs ist *Falen*, von wo aus man in die Wanderregion *Trollheimen* gelangt.

Die *Straße Rv 70* Oppdal – Sunndalsøra führt südlich am Trollheimen entlang (z.T. Busverkehr). Nördlich des Trollheimen-Gebirges verkehrt die Buslinie *Mørelinjen* und hält am Busbahnhof *Rindal*, ganz in der Nähe des unverwechselbar schönen und historischen *Saga Trollheimen Hotel*.

Stabburet - Trollheimen Info-zentrum & Museum
in Kårvatn im Todalen
Kårvatn Gard, 6645 Surnadal
Tel. +47 (0)71 66 37 58 oder
Tel. +47 (0)71 66 39 29

Busverkehr im Trollheimen
www.nettbuss.no
www.atb.no
www.frammr.no
www.nor-way.no

Hüttenbetreiber in der region Trollheimen

Hütten des DNT (Regionalverbände KNT und TT)
In der Region Trollheimen werden die DNT-Hütten von den *Regionalverbänden Kristiansund og Nordmøre Turistforening (KNT)* und *Trondhjems Turistforening (TT)* betreut.

Die Selbstversorgerhütten *(selvbetjent* - Lebensmittelkammer mit Konserven und getrocknete Trekkingnahrung, *ubetjent* - OHNE Lebensmittelvorrat!) sind fast immer mit dem DNT-Standardschlüssel verschlossen.

Die Hütten *Gjevilvasshytta*, *Jøldalshytta*, *Todalshytta* und *Trollheimshytta* werden in der Sommersaison als bewirtschaftete *betjent*-Hütten betrieben. Übernachtung und Mahlzeiten müssen vorab gebucht/reserviert werden. Außerhalb der Saison werden die Hütten nicht bewirtschaftet und dienen als Selbstversorgerhütten (2 *selvbetjent,* 2 *ubetjent*).

Kristiansund og Nordmøre Turistforening (KNT)
turist@knt.net
www.kntur.no

Trondhjems Turistforening (TT)
post@tt.no
www.tt.no

BEWIRTSCHAFTETE BETJENT-HÜTTEN DES DNT			
Gjevilvasshytta (TT)	(710 m)	H/62	Strom, Reservierungspflichtig www.ut.no/hytte/3.2243 gjevilvasshytta@tt.no Tel. +47 (0)932 451 46
Jøldalshytta (TT)	(740 m)	H/84	Strom, Reservierungspflichtig www.tt.no/booking-jldalshytta joldalshytta@tt.no Tel. +47 (0)73 50 50 01 / Tel. +47 (0)73 92 42 00
Todalshytta (KNT)	(40 m)	H/32	turist@knt.no Tel. +47 (0)71 66 38 36
Trollheimshytta (TT)	(540 m)	H/80	Strom, Reservierungspflichtig trollheimshytta@tt.no / post@tt.no Tel. +47 (0)73 51 52 75

Fortsetzung DNT selvbetjent und ubetjent nächste Seite

DNT-Trollheimshytta, Im Hintergrund der Snota (1.669 m).

SELVBETJENT-HÜTTEN DES DNT					
Bårdsgarden (TT)	(625 m)	T/20	mit Vorratskammer	offen, Strom, www.baardsgarden.no
Eiriksvollen (KNT)	(140 m)	T/20	mit Vorratskammer	DNT-Schlüssel
Gamle Innerdalshytta (KNT)	(400 m)	T/53	mit Vorratskammer	Strom, DNT-Schlüssel
Jøldalshytta (TT)	(740 m)	T/24	mit Vorratskammer	DNT-Schlüssel
Kårvatn (TT)	(210 m)	T/20	mit Vorratskammer	Ausrüstungsladen, offen, Strom
Sætersetra (KNT)	(320 m)	T/10	mit Vorratskammer	offen
Trollheimshytta (TT)	(540 m)	T/26	mit Vorratskammer	DNT-Schlüssel
Vassendsetra (TT)	(680 m)	T/20	mit Vorratskammer	DNT-Schlüssel
Vindølbu (KNT)	(500 m)	T/9	mit Vorratskammer	DNT-Schlüssel

UBETJENT-HÜTTEN & SCHUTZHÜTTEN DES DNT					
Gjevilvasshytta (TT)	(710 m)	T/10	ohne Vorratskammer	DNT-Schlüssel
Todalshytta (KNT)	(40 m)	T/4	ohne Vorratskammer	DNT-Schlüssel
Nauståbu (TT), *Etappe To18*	(840 m)	HS/2		offen, Notunterkunft

Privat betriebene Hütten und Hotels (PBH) an den Wanderrouten

Die privat betriebenen Hütten in den Bergregionen sind in aller Regel sehr gut ausgestattet. Aufgeführt sind nur Hütten, die an Start- oder Endpunkten beschriebener Wanderetappen liegen. Oft wird Mitgliedern eines nordischen Outdoorverbandes Rabatt gewährt. Nachfragen!

PRIVAT BETRIEBENE HÜTTEN UND HOTELS (PBH)			
Gråhaugen Fjellstue Gråsjøen Nord, Gråsjødammen. *Am Nordwestufer des Gråjsøen*	(500 m)	H/42	Reservierungspflichtig! jon.erik.moen@svorka.net Tel. +47 (0)71 66 25 00 / +47 (0)905 744 32
Heimstad Gjestgiveri Grøa	(30 m)	H/20	Reservierungspflichtig! Tel. +47 (0)71 69 61 53
Innerdal Turisthytte *Auf demselben Hof wie die Gamle Innerdalshytta*	(400 m)	H/27	innerdalturisthytte.no torill.innerdal@hotmail.com Tel. +47 (0)71 69 77 97 / +47 (0)416 282 09
Renndølsetra, auch Café (12-17 Uhr) und Milchprodukte, Zeltplatz *nahe der Gamle Innerdalshytta*	(400 m)	H/38	www.innerdalen.com post@innerdalen.com Tel. +47 (0)71 69 77 96 / +47 (0)91 32 31 99
Saga Trollheimen Hotel Rindal	(100 m)	H/80	www.sagatrollheimenhotel.no saga@sagatrollheimenhotel.no Tel. +47 (0)71 66 55 02 / +47 (0)977 548 58

Beliebte Etappen-Kombination als Weitwanderweg

Trekanten im Trollheimen

Start- & Endpunkt:
Gjevilvasshytta
Etappen:
T012–T008/T009/T010–T011
Die Route kann in beide Richtungen gelaufen werden.

Dauer: 3 Tage
Länge: 58 - 61 km
Zelt: nicht erforderlich

Dieser Rundweg wird auch „*Dreieck Trollheimen*" genannt. In der Nähe der *Gjevilvasshytta* gibt es einen Parkplatz, an dem man das Auto stehenlassen kann. Hier hat man einen wunderbaren Ausblick auf den See *Gjevilvatnet*.

Nach einer Übernachtung in der Hütte geht es Richtung Nordwesten auf den voraus sichtbaren Berghang zu. Der letzte Aufstieg auf den Rücken des *Riaren* ist steil. Vom Bergrücken geht es ebenso steil bergab auf den See *Fossådalsvatnet* zu, von dem aus es Richtung Norden weiter durch eine hügelige Landschaft geht. Nördlich des *Mellomfjellet* bietet sich in Wanderrichtung ein wundervoller Panoramablick. Die *Trollheimshytta* liegt unterhalb des Hangs im Tal.

Von der Hütte aus kann man einen *Tagesausflug* zum Wahrzeichen des Trollheimen, dem Berg *Snota*, unternehmen.

An der *Trollheimshytta* besteht die Wahl zwischen drei Routenalternativen zur Hütte *Jøldalshytta*. Die mit Abstand anspruchsvollste Route führt über den Berg *Trollhetta*. Etwas leichter sind die Routen über den Berg *Geithetta* oder durch das zwischen den Bergen gelegene Tal *Svartådalen* hindurch nach Osten.

Von der Hütte *Jøldalshytta* geht es am letzten Wandertag in Richtung Süden über ein gut zu wanderndes, baumloses Hochplateau zurück zur *Gjevilvasshytta*. Unterwegs sollte man die Kamera griffbereit haben: der Blick auf den See und den dahinter aufragenden Berg *Okla* ist ein echtes Postkartenmotiv.

Norwegens schönstes Tal

Start- & Endpunkt:
Bårdsgarden
Etappen:
T024–T020–T018–T008/T009/T010–T011–T013–T015
Die Route kann in beide Richtungen gelaufen werden.

Dauer: 6–7 Tage
Länge: 111 km
Zelt: wahlweise

Die lange Trollheimen-Tour windet sich durch langgestreckte Täler und über steile Berghänge. Zum Rasten und Ruhen laden Hütten im Charme der alten Zeit ein. Das Auto bleibt am Parkplatz an der Hütte *Bårdsgården* stehen.

Dort beginnt die erste, recht lange Tagesetappe Richtung Westen durch das vielleicht schönste Tal in Mittelnorwegen, das *Innerdalen*, zur *Innerdalshytta*. Hier sollte man die Speicherkarte der Kamera nicht zu klein wählen. Aus dem Tal wandert man über einen steilen Berghang nach Norden und einen weiteren, weniger steilen Hang, zur *Hütte am Bergbauernhof Kårvatn*. Von *Kårvatn* geht es, die längste Tagesetappe, durch das lange Tal *Naustådalen* nach Osten zur *Trollheimshytta*. Von hier aus bietet sich ein *Tagestripp* zum Wahrzeichen des Trollheimen an, zum Berg *Snota*.

Fortsetzung nächste Seite

An der **Trollheimshytta** kann man zwischen drei Routenalternativen zur **Hütte Jøldalshytta** wählen. Die mit Abstand anspruchsvollste Route führt über den Berg **Trollhetta**. Etwas leichter sind die Routen über den Berg **Geithetta** oder durch das zwischen den Bergen gelegene Tal **Svartådalen** hindurch nach Osten.

Von der **Jøldalshytta** geht es Richtung Süden über ein gut zu wanderndes, baumloses Hochplateau zur **Gjevilvasshytta**. Auf dieser Tagesetappe sollte man die Kamera griffbereit haben: der Blick auf den See und den dahinter aufragenden **Berg Okla** ist ein Postkartenmotiv.

Der letzte Wandertag führt am Nordufer des **Gjevilvatnet** nach Westen, durch eine Landschaft wie auf einem Gemälde, zur **Hütte Vassendsetra** und dort weiter ein kurzes Stück nach Süden, zurück zur Hütte **Bårdsgarden** und zum Parkplatz.

KARTEN FÜR DAS WANDERGEBIET TROLLHEIMEN

CAPPELENS FJELLKART
*Maßstab 1 : 100.000 & 1 : 50.000,
reiß- & wasserfest (Pretex)*
CK43 Trollheimen-Dovre (2009)

NORDECA TURKART
*Maßstab 1 : 50.000
reiß- & wasserfest*
2827 Trollheimen Nord (2016)
2828 Trollheimen Sør (2016)

NORDECA NORGE-SERIEN
*Maßstab 1 : 50.000
reiß- & wasserfest*
10078 Sunndalsøra (2015)
10079 Oppdal (2017)
10084 Surnadal (2015)
10085 Støren (2015)

START- & ENDPUNKTE DER ROUTEN

1. Saga Trollheimen Hotel, Rindal, PBH, P, Bus
2. Gråsjøen Nord (Gråsjødammen), P Gråhaugen Fjellstue, PBH (600 m)
3. Gråsjøen West (Westufer), keine ÜN, P
4. Sætersetra, DNT, P + Bus in Øvre Sæter (ca. 1,6 km)
5. Vindølbu, DNT, P
6. Trollheimshytta, DNT
7. Kleva (Jølhaugen), keine ÜN, P, Bus in Grindal, Straße Fv 700 (14 km)
8. Jøldalshytta, DNT
9. Gjevilvasshytta, DNT
9a. Gjevilvatnet West, ehemaliger Bootsanleger (Langoddsætra), keine ÜN
10. Vassendsetra, DNT
11. Bårdsgarden, DNT, P
12. Kårvatn, DNT, P
13. Todalshytta, DNT, P
14. Innerdalshytta, DNT & PBH
15. Viromdalen (Parkplatz Innerdal), keine ÜN, P
16. Eiriksvollen, DNT

ÜN = Übernachtung   P = Parkplatz   Bus = Bushaltestelle
PBH = Privat betriebene Hütte oder Hotel   DNT = Hütte des Den Norske Turistforening

T001 | 29 km | Saga Trollheimen Hotel ① – Trollheimshytta ⑥

Vom **Saga Trollheimen Hotel** in **Rindal** läuft man die **Landstraße Fv 340** 300 m Richtung Osten und biegt an der nächsten Straße, direkt vor der Brücke, rechts ab nach Süden. Die Straße führt bergauf und wird kurz darauf zu einer unbefestigten Straße. Durch Weidengatter geht es, stellenweise recht steil, weiter südostwärts. An Gabelungen läuft man geradeaus, bzw. hält sich rechts. Dann geht die Straße in einen holprigen Weg über und endet an einem kleinen Parkplatz, an dem die markierte Wanderroute beginnt.

Sie schlängelt sich südwärts über Bäche und macht einen kleinen Abstecher zur Scheune **Knopphaugløa**, die sich als idealer Rastplatz nach dem langen Aufstieg anbietet. Vom Hotel bis hierher hat man etwa 5,5 km zurückgelegt und 350 Höhenmeter überwunden – es geht jedoch noch weiter bergauf.

An der Scheune wendet man sich nach Süden. Vom Weg aus kann man einen kleinen Wasserfall ausmachen und die Sicht wird insgesamt offener und weiter. Der Blick zum Tal **Rindalen** ist schön und üppig grün. Man gelangt zum **Litlbølu**, den man von Stein zu Stein quert. Der **Litlbølu** fließt in einer schmalen Schlucht, an deren Südrand der Weg weiterführt. Die zerklüftete Schlucht ist absolut sehenswert. Nun laufen wir über einen welligen Hang steiler bergauf in Richtung Südosten. Dann verlässt man den Weg an der Schlucht nach Süden, an den Westflanken der Berge **Gaddfjellet** (918 m) und **Litltrollhøtta** (890 m) vorbei. Das Gelände ist hügelig, aber gut zu laufen. Der Weg wird flankiert von einem Gürtel aus Bergen und Hügelketten. Im Süden ragt eindrucksvoll der **Trollhøtta** (1.251 m) mit seinen steilen Berghängen auf. Etwas weiter südlich gibt es einen Berg gleichen Namens, also nicht verwechseln!

Dann führt der Weg hinunter zum **Busteinbekken**, über den man von Stein zu Stein gelangt. Vom Bach geht es ein kurzes, aber steiles Stück bergauf, man kommt ins Gebiet des **Landschaftsschutzgebietes Trollheimen**. Weiter vorn ragen eine steiler Hang und die schroffen Nordflanken des **Ura** und des **Trollhøtta** auf. Wir kommen an alten Hütten vorbei, dann macht der Weg einen Schlenker nach Westen und wir müssen den steilen Hang hinauf. Der Anstieg ist kurz, aber steil und flacht gegen Ende ab. Nun verläuft der Weg im baumlosen Fjell am Ostufer des **Ytre Bøluvatnet** und senkt sich hinab zur Strömungsstelle zwischen den Seen **Ytre** und **Austre Bøluvatnet** (853 m & 854 m). An der Strömungsstelle gibt es eine aus Steinen aufgeschichtete Erhöhung, über die man hinübergelangt, einige Steine liegen allerdings unter der Wasseroberfläche.

Eine wahrhaft phantastische Sicht eröffnet sich in Richtung Westen auf die Berge **Kufjellet** (1.081 m) und **Urarabben** (1.069 m) sowie das sich zwischen ihnen und hinter dem See ausbreitende Trogtal. Die Seen sind bis weit in den Sommer von einer Eisschicht bedeckt, nur die Strömungsstelle ist eisfrei und wird von hohen Schneewällen flankiert. Auch der Schnee bleibt hier normalerweise bis weit in den Sommer hinein liegen. Die Route führt am südlichen Westufer des **Austre Bøstruvatnet** entlang und am Südende des Sees einen teils steinigen Hang hinauf zum Sattel zwischen den Bergen **Kufjellet** (1.081 m) und **Rypfjellet** (1.030 m).

Die Route vom Saga Hotel zur Hütte Trollheimshytta überschreitet hier ihren Scheitelpunkt. Von Rindal bis hierher ging es über 16 km fast nur bergauf und der Höhenunterschied beträgt 1.000 Meter. Ab jetzt geht es überwiegend bergab. Zunächst überquert man einige kleinere Gebirgsbäche, dann gelangt man ans Ufer des **Støggubekken**, der im Frühsommer anspruchsvoll, sonst mittelschwer zu durchwaten ist. Voraus bietet sich ein einzigartiges Bergpanorama, das vom **Snota** (1.669 m) gekrönt wird. Etwas weiter sind die eindrucksvolle Gestalt des **Storlifjellet** (1.490 m) und die Zwillingsgipfel des **Trollhøtta** (1.616 m & 1.596 m) zu sehen.

Nach dem Bach gelangt man zur Baumgrenze, hier sollte man genau auf die Wegzeichen achten. Die Route führt an der privat betriebenen **Hütte Liagarden** vorbei und durch teils nasses Gelände hinab zum Ufer des **Gråsjøen**. Es folgt ein Abzweig, an dem es nach Nordwesten am Ufer entlang zum Staudamm Gråsjødammen *(T002)* geht. Unsere Route führt nach Süden über eine leicht schiefe Brücke. Alternativ kann man den **Kvernabekken** in Ufernähe des **Gråsjøen** durchwaten. Nach der Brücke folgt nach 1,5 km eine weitere Brücke über den **Raudbekken** am Nordrand des **Naturreservats Svartåmoen**. Durch einen Kiefernwald laufen wir zum **Mobekken**, den wir im Frühsommer durchwaten (leicht) müssen, sonst von Stein zu Stein queren können. Nach 3 km erreicht man den Fluss **Svartåa**, über den Brücken führen. An der Kreuzung davor führt ein Weg nach Osten über den Trollhøtta zur Jøldalshytta *(T008)*. Unser Weg verläuft zunächst westwärts über die beiden Brücken, dann durch einen kleinen Sumpf und weitere 1,5 km nach Süden bis zur **Trollheimshytta**. Von ihr hat man einen phantastischen Blick auf den **Snota**!

Der See Ytre Bøluvatnet (855 m), *Etappe T001*.

| **T002** | **15 km** | **Gråsjøen Nord** (Parkpl.) ② – **Trollheimshytta** ⑥ (via Gråsjøen) |

Die Route startet am **Parkplatz Gråsjødammen** am Kraftwerk im Norden des regulierten Stausees **Gråsjøen** (430-483 m). Übernachten kann man im 650 m entfernten Hotel **Gråhaugen Fjellstue**. Wir laufen 1 km über einen Feldweg am Ostufer Richtung Süden, dann über eine Brücke des **Kvernabekken**-Seezufluss. Jetzt betritt man das **Landschaftsschutzgebiet Trollheimen**. Die Route verläuft in leichtem Gelände und nicht weit vom Ufer des **Gråsjøen**. Während der Wanderweg durch nasse Bereiche führt, kann man alternativ auch am trockeneren und abwechslungsreichen Seeufer laufen. Der Blick über den See ist märchenhaft und am Ufer finden sich schön geformte getrocknete Wurzelstöcke. Am See entlang geht es über 5,5 km weiter gen Südosten. Der Weg führt über mehrere kleine Bäche. Den **Ringbekken** überwindet man von Stein zu Stein, über den **Støggubekken** führt eine Brücke. Auf dem Weg zur Brücke bietet sich ein phantastisches Bild nach Südosten auf die Doppelspitze des **Trollhøtta** (1.596 m & 1.616 m) und kurz darauf ein noch eindrucksvollerer Blick über den

Trollheimen, der See Gråsjøen (430-483 m), *Etappe T001*.

Gråsjøen auf den Berg **Snota** (1.669 m), dessen besonders kantige Gestalt leicht zu erkennen ist und sich sofort ins Gedächtnis einprägt.

Nach der Brücke geht es wieder stellenweise durch nasses, sumpfiges, aber sonst gut zu laufendes Gelände. Nach gut 2 km folgt eine Gabelung, an der man Richtung Nordosten zum Hotel Saga Trollheimen *(T001)* käme.

Unsere Route führt nach Süden über eine leicht schiefe Brücke. Alternativ kann man den **Kvernabekken** auch in Ufernähe des *Gråsjøen* durchwaten. Nach der Brücke folgt nach 1,5 km eine weitere Brücke über den **Raudbekken** an der nördlichen Grenze des **Naturreservats Svartåmoen**. Wir laufen durch einen Kiefernwald zum **Mobekken**, der im Frühsommer leicht durchwatet werden muss, sonst von Stein zu Stein gequert werden kann. Nach 3 km folgt der **Svartåa**, über den Brücken führen. Davor gibt es noch einen Abzweig: Der Weg nach Osten führt über den Trollhøtta zur Jøldalshytta *(T008)*, unser Weg führt zunächst westwärts über die beiden Brücken, dann durch einen kleinen Sumpf und weitere 1,5 km nach Süden bis zur **Trollheimshytta**. Von der Hütte hat man einen phantastischen Blick auf den *Snota*!

T003 · 14 km · Gråsjøen West (Parkpl.) ③ – Trollheimshytta ⑥ (via Bossvasshøgda)

Die Route führt vom **Parkplatz** am Westufer des Stausees **Gråsjøen** (430-483 m) *(etwa 2,3 km südlich des Gråsjødammen)* Richtung Süden. Übernachten kann man 1,5 km entfernt im Hotel **Gråhaugen Fjellstue**. Der Weg beginnt sofort mit einem Anstieg, bereits auf den ersten 3 km geht es 420 Höhenmeter hinauf. Das ist in den Beinen zu spüren! Dann läuft man östlich am Berg **Midtveggen** (1.030 m) und kleineren Seen vorbei. Der Blick in Wanderrichtung ist beeindruckend und wird vom vergletscherten **Snota** (1.669 m) dominiert, dessen kantige Gestalt leicht zu erkennen ist. Im Osten ragen die weicheren Linien des Zwillingsgipfels des **Trollhøtta** (1.596 m & 1.616 m) auf.

Am See **Svartvatnet** (889 m) kommen wir an eine Gabelung, Richtung Nordwesten weisen zwei Routen zur Hütte Vindølbu *(T005 & T006)*. Unser Weg führt nach Südosten, überquert nach etwa 1 km den **Svartvassbekken** und wendet sich südwärts. Nach gut 1,5 km bergab folgt ein weiterer Abzweig, an dem ein markierter Wanderweg zum 5 km entfernten Gipfel des **Snota** nach Westen weist. Die Route wurde aufgrund des Schmelzens der Gletscher in den letzten Jahren verlegt. Wer sich für einen Aufstieg auf den Gipfel entscheidet, muss unbedingt dem markierten Weg folgen.

Unsere Route verläuft hier wieder nach Südosten. Auf einem gut zu laufenden Weg geht es über den Berg **Bossvasshøgda** (815 m) und an dessen Osthang bergab. Auf knapp 1,5 km steigt man ungefähr 240 Höhenmeter ab und wechselt gleichzeitig aus dem **Landschaftsschutzgebiet Trollheimen** ins **Naturreservat Svartåmoen**. Der Abstieg endet an einer Brücke über den Fluss **Folda**. Hier gibt es einen weiteren Abzweig, an dem es Richtung Südwesten zur Hütte Kårvatn *(T018)* geht.

Wir überqueren die Brücke und laufen Richtung Südosten 800 m weiter bis wieder eine Gabelung kommt. Nach Südwesten gelangt man zur Hütte Vassendsetra *(T017)*. Zur **Trollheimshytta** biegen wir nach Osten ab. Schon nach 200 m folgt die dritte Gabelung, an der ein Schild nach Süden zu den Hütten Fjevilvasshytta *(T012)* und Bårdsgarden *(T016)* zeigt.

Hier müssen wir nach Norden abbiegen, überqueren eine Brücke und erreichen nach etwa 200 m die **Trollheimshytta**. Von ihr aus hat man einen phantastischen Blick auf den *Snota*!

| 1,7 km | Øvre Sæter/Straße Rv 65 (Bushaltestelle) – Hütte Sætersetra |

Zur **Hütte Sætersetra** gelangt man von der **Straße Fv 65** *(Surnadalsvegen)* z.B. vom **Øvre Sæter Camping** *(Bushaltestelle)* in ca. 1,7 km: Man läuft an der **Straße Fv 65** 200 m ostwärts und biegt am **Gemeindezentrum Sagatun Grendahus** *(Parkplatz)* rechts ein und folgt dahinter dem Weg 100 m nach Süden. Dann zweigt der Wanderweg ab und führt südwestwärts durch den Wald steil bergauf. Nach 700 m ist durch die Bäume ein Wasserfall zu sehen und wir queren einen Gebirgsbach südwärts, nun wird es flacher und wir laufen nach Südosten bergan. Kommt man unter Stromleitungen durch, wird es nochmal steiler, aber nach 300 m ist man schon an der **Sætersetra**, an der es eine schöne Badestelle am Fluss **Grytåa** gibt.

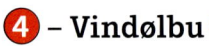

Der folgende Wanderweg ist neben den traditionellen rot gemalten Wegzeichen auch mit blauen aufgemalten Zeichen markiert.

Von **der Hütte Sætersetra**, geht es über einen Hügel nach Süden, dann überquert der Weg eine Brücke und den kleinen Fluss **Grytåa** von Stein zu Stein. Der Weg erklimmt einen steilen, mit üppigem Farn bewachsenen Waldhang. Unweit des Weges fließt eine kräftige Stromschnelle. Die Route biegt nördlich des Sees **Grytvatnet** (424 m) über einen recht steilen Hang in Richtung Osten und überquert einen in den See fließenden Gebirgsbach von Stein zu Stein. Im Frühsommer muss man eventuell waten, was aber leicht ist. Am See bietet sich ein schöner Blick auf das dahinterliegende Tal **Bolldalen** und den südlich aufragenden Berg **Bollen** (809 m).

Nach dem See schlägt der Weg einen weiten Bogen ostwärts zu einem flacheren Hang, den man dann Richtung Westen hinaufsteigt. Gegen Ende wird der Anstieg steiler. Kurz vor dem **Bollen** gibt es eine, besondere Aufmerksamkeit erfordernde, steile Stelle am Hang. Läuft man die Route in die andere Richtung und kommt von oben, mag der Eindruck entstehen, es geht senkrecht in die Tiefe. Man kann die Stelle jedoch ohne Kletterausrüstung überwinden, auch wenn sie extrem steil ist.

Am Gipfel des **Bollen** wendet sich die Route und es geht über einen zerklüfteten Bergrücken in Richtung Ostsüdost bergab. Bei schlechter Sicht muss man genau auf die Richtung achten, denn der **Bollen** fällt in viele Richtungen plötzlich steil ab. Nach gut 1 km wendet sich der Weg nach Südwesten und senkt sich, mit einer herrlichen Aussicht ins **Vindøldalen**, zur Baumgrenze hin ab ins **Harangsdalen**. Nun folgt man mehrere hundert Meter einem ungewöhnlichen Bohlenweg (die Bohlen liegen quer) zwischen Ferienhäusern und biegt an der alten **Hütte „Gjetarhytta"** nach Süden ins **Vindøldalen**. Der Weg führt hinunter zum Fluss **Harangsdalbekken**, den man von Stein zu Stein überqueren kann.

Entlang mehrerer Ferienhäuser laufen wir im Zickzack südwärts über den westlichen Berghang des **Tindfjellet**. Ein richtiger Weg ist nicht wirklich zu erkennen, aber die Wegmarkierung ist deutlich. Unterwegs werden mehrere Bäche von Stein zu Stein durchquert. Etwa 1 km vor der Hütte folgt man nach einer Brücke einem Feldweg rund 200 m bergan. Dann geht man wieder auf dem Wanderweg, der stellenweise nass ist. An der **Hütte Vindølbu** hat man eine phantastische Aussicht.

Der See Gråsjøen (430-483 m), *Etappe T002*.

T005 | 19 km | Vindølbu ❺ – Breiskaret – Trollheimshytta ❻

Dieser Wanderweg ist neben den traditionellen rot gemalten Wegzeichen auch mit blauen Farbzeichen markiert.

An der **Vindølbu** geht es gleich mit einem steilen Aufstieg los: der Weg führt gut 600 m Richtung Osten durch ein Birkendickicht etwa 250 Höhenmeter hinauf auf das baumlose Fjell im Südwesten des **Tindfjellet** (1.167 m). Dort wendet er sich nach Süden, quert den Gebirgsbach **Stølseterbekken** und man betritt das **Landschaftsschutzgebiet Trollheimen.** Der Anstieg geht sanft weiter, dann wendet sich der Weg in einer Kurve nach Südosten und führt ganz leicht abwärts ins Tal **Breiskaret**. Der Blick von oben ist beeindruckend: unten fließt der **Breiskardsbekken**, hinter dem Tal ragt der stattliche Berg **Skrøåfjellet** (1.057 m) fast 500 Meter in die Höhe.

Die Route führt leicht den Hang hinauf südlich am Berg **Tindfjellet** entlang Richtung Osten. Ist man das schmaler werdende Tal bis zum Kar **Grønbotnen** hineingelaufen, wendet sich der Weg nach Süden. Bald senkt sich der Weg zum kleinen Tal **Tronget** hinab, überwindet ohne Schwierigkeiten den Bach und steigt über die Südwand des **Skrøåfjellet** wieder an, die hier etwas flacher ist als weiter westlich. Auf gut 1,5 km im gut zu laufenden, offenen Fjell geht es insgesamt 250 Höhenmeter nach oben. Da wo der Aufstieg flacher wird, geht es an kleinen Seen vorbei. An der folgenden T-Kreuzung geht es Richtung Westen über das Skrøådalen zur Hütte Vindølbu *(T006)*. Der Anblick des Berges **Snota** (1.669 m) ist phantastisch.

Unser Weg verläuft hier nach Südosten und über den Südhang des Berges **Midtveggen** (1.030 m) leicht bergab, dann queren wir einen Gebirgsbach und kommen in Ufernähe des Sees **Svartvatnet** (889 m). Von hier hat man einen phantastischen Blick über den **Svartvatnet** zum am gegenüberliegenden Ufer emporragenden Gipfel des **Litl-Snota** (1.562 m). Weit im Osten ist wunderschön der Doppelgipfel des **Trollhøtta** (1.596 m & 1.616 m) und südlich davon die dunkle Gestalt des Berges **Geithøtta** (1.352 m) zu sehen. Es folgt ein weiterer Abzweig, über den man nach Norden zum Parkplatz Gråsjødammen West *(T003)* käme.

Wir setzen unsere Wanderung südostwärts fort, passieren kurz darauf einen Wegweiser zum Berg Snota (1.669 m) und laufen an einem sehr kleinen See vorbei zum Gebirgsbach **Svartvassbekken**. Der Weg fällt neben dem Bachlauf steil ab und quert den **Svartvassbekken** mit einer mittelschweren Durchwatung, gegen Ende des Sommers gelangt man eventuell von Stein zu Stein hinüber. Eine alternative Watstelle findet sich eventuell am Oberlauf. Auf der gegenüberliegenden Seite steigt man schräg, nicht allzu steil, über den Hang ab. Nach etwa 1 km folgt ein Gebirgsbach, der im Frühsommer mittelschwer zu durchwaten ist. Im Spätsommer gibt es über den Fluss eine sogenannte Sommerbrücke. Leicht bergab kommen wir an einem weiteren Abzweig zum Snota vorbei. In Wanderrichtung bietet sich ein wunderbares Bergpanorama mit dem **Trollhøtta**, **Geithøtta**, dem spitzen Gipfel des **Mellomfjellet** (1.335 m) und dem eindrucksvollen Berg **Storlifjellet** (1.490 m).

Der Weg führt südlich am See **Bossvatnet** durch etwas feuchteres Gelände und über den westlichen Gipfel des Doppelberges **Bossvasshøgda** (806 m) sanft absteigend zur Baumgrenze. Jetzt verlässt man das **Landschaftsschutzgebiet** und betritt das **Naturreservat Svartåmoen**. Es folgt ein kurzer, aber steiler Abstieg zu einem Abzweig nach Westen zur Hütte Kårvatn *(T018)*.

Hier gehen wir nach Südosten über die Brücke und kommen nach knapp 1 km zu einem weiteren Abzweig, der südwestwärts zur Vassendsetra *(T017)* führt. Unser Weg verläuft etwa 200 m nach Osten zu einem dritten Abzweig, an dem man nach Südosten zu den Hütten Bårdsgarden *(T016)* und Gjevillvasshytta *(T012)* gelangt. Hier biegt man nach Norden, hinunter zur Brücke, und geht weitere 200 m bis zur **Trollheimshytta**, die nicht ohne Grund „Perle des Trollheimen" genannt wird.

T006 · 20 km · Vindølbu 5 – Trollheimshytta 6 (via Skrøådalen)

Dieser Wanderweg ist neben den traditionellen rot gemalten Wegzeichen auch mit blauen Farbzeichen markiert.

Von der Hütte **Vindølbu** westwärts beginnt man mit einem langen, recht steilen Abstieg an Ferienhäusern vorbei zur Landstraße im Talgrund, der man in Richtung Süden am Fluss **Vindøla** entlang folgt. Auf der Landstraße gelangt man ins **Landschaftsschutzgebiet Trollheimen**. Wir bleiben auf der Straße insgesamt etwa 5 km bis zum Ende des Tals **Vindøldalen**, wo sie in einen Feldweg übergeht und wir vor dem Gebirgsbach **Skrøåbekken** eine Gabelung erreichen. Hier biegt man nach links Richtung Osten einen Berghang hinauf. Der flachere Anfang folgt noch dem Feldweg und macht eine Kurve nordwärts. Dann wird der Anstieg steiler und es geht auf dem Wanderweg in das Tal **Skrøådalen** wieder ostwärts. Der Anstieg beträgt auf 1,5 km insgesamt 480 Höhenmeter. Als Lohn erwartet den Wanderer oben ein phantastischer Blick hinunter ins Tal **Vindøldalen** sowie auf die umstehenden Berge und die dazwischen liegenden, schmalen Täler.

Unsere Route führt durch eine steinerne und geröllige Schlucht im Zickzack bergauf. Das Wandern durch die enge Passage ist spannend. Nach der Schlucht geht es südlich am Berg **Skrøåfjellet** (1.057 m) und nördlich an den Seen **Skrøådalsvatna** vorbei. Der Weg schneidet das Ufer des nördlichsten **Skrøådalsvatna**-Sees (903 m) und führt in beeindruckender Landschaft zu einem Abzweig, an dem man nach Norden über das Tal Breiskaret zur Hütte Vindølbu abbiegen kann *(T005)*.

Unser Weg verläuft hier weiter nach Südosten über den Südhang des Berges **Midtveggen** (1.030 m) leicht bergab, über einen Gebirgsbach und in Ufernähe des Sees **Svartvatnet** (889 m). Man hat einen phantastischen Blick über den **Svartvatnet** zum am gegenüberliegenden Ufer emporragenden Gipfel des **Litl-Snota** (1.562 m). Weit im Osten sind wunderschön der Doppelgipfel des **Trollhøtta** (1.596 m & 1.616 m) und südlich davon die dunkle Gestalt des Berges **Geithøtta** (1.352 m) zu sehen. Es folgt ein weiterer Abzweig, an dem ein Weg zum Parkplatz Gråsjødammen weist *(T003)*.

Wir setzen unsere Wanderung südostwärts fort, passieren kurz darauf einen Wegweiser zum Berg Snota (1.669 m) und laufen an einem sehr kleinen See vorbei zum **Svartvassbekken**. Der Weg fällt neben dem Bachlauf steil ab und quert den **Svartvassbekken** mit einer mittelschweren Durchwatung, gegen Ende des Sommers gelangt man eventuell von Stein zu Stein hinüber. Eine alternative Watstelle findet sich eventuell am Oberlauf.

Der Bollen (809 m), *Etappe T004*.

Auf der gegenüberliegenden Seite steigt man schräg, nicht allzu steil, über den Hang ab. Nach etwa 1 km folgt ein Gebirgsbach, der im Frühsommer mittelschwer zu durchwaten ist. Im Spätsommer gibt es über ihn eine sogenannte Sommerbrücke. Weiter geht es noch immer leicht bergab und an einem weiteren Abzweig zum Snota vorbei. In Wanderrichtung bietet sich ein wunderbares Bergpanorama mit dem *Trollhøtta*, *Geithøtta*, dem spitzen Gipfel des *Mellomfjellet* (1.335 m) und dem eindrucksvollen Berg *Storlifjellet* (1.490 m).

Der Weg führt südlich am See *Bossvatnet* durch etwas feuchteres Gelände und über den westlichen Gipfel des Doppelberges *Bossvasshøgda* (806 m) sanft absteigend zur Baumgrenze. Dann verlässt man das **Landschaftsschutzgebiet** und betritt das **Naturreservat Svartåmoen**. Es folgen ein kurzer, aber steiler Abstieg und ein Abzweig nach Westen zur Hütte Kårvatn *(T018)*.

Wir gehen hier Richtung Südosten über die Brücke des Flusses *Folda* und passieren nach knapp 1 km einen Abzweig nach Südwesten zur Hütte Vassendsetra *(T017)*. Unser Weg verläuft etwa 200 m nach Osten zur nächsten Weggabelung, an der man nach Südosten zu den Hütten Bårdsgarden *(T016)* und Gjevillvasshytta *(T012)* gelangt. Hier biegen wir nach Norden hinunter zur Brücke und gehen weitere 200 m bis zur *Trollheimshytta*, die nicht ohne Grund die Perle des Trollheimen genannt wird.

T007 | 5 km | Parkplatz Kleva (Jølhaugen) ❼ – Jøldalshytta ❽

Vom *Parkplatz Kleva,* den man über die von der Straße Fv 700 in *Grindal* südlich des Flusses Grana abzweigende Straße *(Bushaltestelle, Jøldalshytta ist ausgeschildert)* in 14 km erreicht, folgt man einem gut zu laufenden Feldweg südwestwärts über etwa 5 km bis zur südlich des Sees *Jølvatnet* (710 m) liegenden *Jøldalshytta*.

T008 | 19 km | Jøldalshytta ❽ – Trollheimshytta ❻ (via Trollhøtta)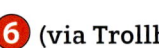

Von der *Jøldalshytta* läuft man zunächst auf dem Feldweg Richtung Westen und passiert nach 1 km einen Abzweig, an dem ein Weg nach Süden zur Hütte Gjevilvasshytta *(T011)* weist. Unser Weg über den *Trollhøtta* (1.616 m) zur *Trollheimshytta* folgt dem Feldweg noch 300 m bis der Wanderweg zum *Trollhøtta* Richtung Nordwesten abzweigt. Der Feldweg verläuft weiter nach Westsüdwest durchs Svartådalen zur Trollheimshytta *(T009)*.

Wir laufen auf die vorn aufragende Bergwand zu, anfangs flach, nach 1 km steil ansteigend. Die Route führt die Bergwand hinauf und überwindet auf 2 km etwa 420 Höhenmeter. Weiter oben wendet sich der Weg nach Westen und steigt neben dem Scheitel des Berges *Langfjellet* (1.264 m), auf felsigen Terrain verlaufend, weiter leicht an. Dann laufen wir leicht bergab zur Südseite eines Sees (1.167 m). Vom *Langfjellet* hat man einen hübschen Blick hinunter ins *Svartådalen*. Etwas weiter südlich ragt der *Svarthøtta* (1.548 m) empor.

Nördlich des nächsten Sees (1.167 m) geht es steil bergauf in Richtung Westen, die Route wendet sich nach Nordwesten auf den Ostgipfel (1.500 m) des *Trollhøtta*, man überwindet auf 1,5 km etwa 320 Höhenmeter. Von der Ostseite des Berges hat man eine phantastische Sicht hinunter in die von den drei Gipfeln flankierte Schlucht, die auch „Kleine Hölle" – Litlhelvetet genannt wird, unten schlummert der See *Trollauget* (1.006 m), zu dem die Felswand 500 m steil abfällt. Auf der gegenüberliegenden Seite ragt der **Westgipfel** (1.616 m) auf.

Nun geht es auf einem schmalen Berggrat leicht bergab, dann steigt der Weg westwärts steil und steinig zum **Nordgipfel** des **Trollhøtta** (1.596 m) empor. Der Aufstieg auf den Nordgipfel beträgt nur 300 m, aber er ist zeitraubend und anspruchsvoll. Dafür ist der Blick rundum grandios. Auf dem Nordgipfel wendet sich die Route nach Süden und führt auf einem etwas breiteren Bergrücken auf 300 m etwa 120 Höhenmeter steil hinab. Dann geht es kurz über ein ebenes, aber steiniges Stück zum letzten Aufstieg auf den **Westgipfel** (1.616 m). Der Aufstieg ist steil, die Aussicht dafür spektakulär. Am leichtesten sind im Westen der **Snota** (1.669 m) und links davon der **Neådalssnota** (1.621 m) zu erkennen.

Vom Gipfel steigt man Richtung Westsüdwest ab. Auf 3 km geht es insgesamt 950 Höhenmeter steil nach unten. Weiter unten verläuft der Weg teils durch Weidenbuschwerk, was das Vorankommen erschwert. Dann wird der Abstieg schnell flacher, der Weg erreicht das **Naturreservats Svartåmoen** und verläuft südwestwärts unterhalb der Baumgrenze in feuchterem Gelände ins **Svartådalen.** Nun wendet sich die Route und wir laufen etwa 1 km Richtung Westnordwest zu einer T-Kreuzung, an der man nach Norden zum Hotel Saga Trollheimen *(T001)* und zum Gråsjødammen *(T002)* abbiegen kann.

Unser Weg führt zunächst westwärts über die beiden Brücken des **Svartåa** und durch einen kleinen Sumpf, dann südwärts 1,5 km bis zur **Trollheimshytta**. Von hier hat man einen phantastischen Blick auf den **Snota**!

Das Skrøådalen, im Hintergrund der Indre Fauskånebba (1.325 m), *Etappe T006.*

Im Svartådalen mit Blick auf Trollhøtta (1.616 m) und Geithøtta (1.352 m), *Etappe T009*.

T009 | 16 km | Jøldalshytta ⑧ – Trollheimshytta ⑥ (via Svartådalen)

Zunächst läuft man an der *Jøldalshytta* auf dem Feldweg 1 km in Richtung Westen zu einem Abzweig, an dem ein Weg nach Süden zur Gjevilvasshytta führt *(T011)*. Unser Weg folgt dem Feldweg weitere 300 m zum nächsten Abzweig, wo ein Wanderweg nach Nordwesten über den Trollhøtta (1.616 m) zur Trollheimshytta *(T008)* weist.

Wir laufen jedoch auf dem Feldweg weiter durch das *Gammelsæterdalen* Richtung Westsüdwest. An der nach 700 m folgenden Gabelung halten wir uns links, unser Weg biegt nach Süden und führt nach 400 m über eine Brücke. Nun wendet sich die Route langsam südwestwärts, führt nach 200 m nochmal über eine Brücke und verläuft auf dem Feldweg etwa 3,6 km am unteren Hang des Bergs *Langfjellet* (1.264 m) über mehrere Brücken und vorbei an den Höfen *Åssetra*, *Nordstuggusætra* und *Retåssætra*. Wir erreichen den Fluss *Litlsvartåa* über den auch eine Brücke führt und unmittelbar danach zweigt ein Wanderweg nach Südwesten über den Berg Geithøtta (1.352 m) zur Trollheimshytta *(T010)*.

Unsere Route biegt zunächst nach Nordwesten, taucht dann westwärts in das langgestreckte, tiefe und feuchte *Svartådalen* ein, an dessen Nordseite der *Trollhøtta* und an der Südseite der *Geithøtta* aufragen.

Die Route folgt dem im Tal fließenden *Svartåa* an dessen Südseite. Im Frühsommer und nach starken Regenfällen ist der Boden nass. Kurz nach der Brücke kommen wir an mehreren kleinen Sümpfen vorbei. Nach ungefähr 3,5 km Richtung Westen gelangt man an die Grenze des *Naturreservats Svartåmoen*.

Nach weiteren 3,5 km macht unser Wanderweg einen kleinen südlichen Bogen und trennt sich ein Stück vom *Svartåa*. Der Fluss fließt hier tief in einer Schlucht, der Weg verläuft oberhalb am Hang.

Nun wendet sich unsere Route nach Südwesten weg vom Fluss, steigt kurz, aber steil an und führt dann die letzten 2 km nicht allzusteil bergab durch üppiges, teils sumpfiges Gelände zur *Trollheimshytta*. Von der Hütte aus hat man einen phantastischen Blick auf den *Snota*!

T010 | 17 km | Jøldalshytta ⑧ – Trollheimshytta ⑥ (via Geithøtta)

Zunächst läuft man an der *Jøldalshytta* auf dem Feldweg Richtung Westen. Nach 1 km kommt man an einen Abzweig, an dem ein Weg nach Süden zur Gjevilvasshytta führt *(T011)*. Unser Weg zur Trollheimshytta folgt dem Feldweg weitere 300 m bis zum nächsten Abzweig. Der Weg nach Nordwesten verläuft über den Berg Trollhøtta (1.616 m) zur Trollheimshytta *(T008)*.

Wir laufen jedoch auf dem Feldweg weiter durch das *Gammelsæterdalen* Richtung Westsüdwest. An der nach 700 m folgenden Gabelung halten wir uns links, unser Weg biegt nach Süden und führt nach 400 m über eine Brücke. Nun wendet sich die Route langsam südwestwärts, führt nach 200 m nochmal über eine Brücke und verläuft auf dem Feldweg etwa 3,6 km am unteren Hang des Bergs *Langfjellet* (1.264 m) über mehrere Brücken und vorbei an den Höfen *Åssetra*, *Nordstuggusætra* und *Retåssætra*. Wir queren den Fluss *Litlsvartåa* auch über eine Brücke, unmittelbar dahinter zweigt ein Wanderweg ab, der nach Nordwesten durch das Svartådalen zur Trollheimshytta führt *(T009)*.

Unsere Route über den *Geithøtta* hält sich in südwestliche Richtung und beginnt unmittelbar mit einem

Anstieg, der über 6 km etwa 600 Höhenmeter bergauf führt. Der Aufstieg auf den Nordgipfel des *Geithøtta* (1.325 m) ist nicht besonders steil und läuft sich gut. Auf dem Weg nach oben und vom Gipfel bietet sich eine phantastische Sicht in Richtung *Trollhøtta* und den westlich davon gelegenen See *Gråsjøen* (430-483 m).

Vom Nordgipfel des *Geithøtta* steigt man etwa 4 km hinunter, bis zur *Trollheimshytta* geht es insgesamt 780 Höhenmeter bergab. Der Abstieg ist ziemlich steil und schwierig. Nach etwa 2,5 km Richtung Westen ins Tal *Slettådalen* passiert man die Baumgrenze, danach wird der Abstieg noch einmal schweißtreibender. Der Weg wendet sich nach Nordwesten und man kommt nach etwa 1 km ins *Naturreservat Svartåmoen*. Jetzt sind es nur noch gut 500 m bis zur *Trollheimshytta*, die nicht ohne Grund die „Perle des Trollheimen" genannt wird!

T011 · 21 km · Jøldalshytta – Gjevilvasshytta

An der *Jøldalshytta* läuft man den Feldweg 1 km Richtung Westen zu einem Abzweig, an dem man nach Süden abbiegt. Über die Route weiter nach Westen gelangt man zur Trollheimshytta, entweder über den Berg Trollhøtta (1.616 m) *(T008)*, durch das Tal Svartådalen *(T009)* oder über den Berg Geithøtta (1.352 m) *(T010)*.

Unser Weg führt nach Süden über ein leicht zu laufendes, baumloses Fjell leicht bergauf. Vereinzelt stehen hier und da Moorbirken. Nach 3,5 km geht es westlich am Berg *Gråfjellet* (1.243 m) vorbei. Ein kleiner Gebirgsbach kann problemlos durchquert werden, dann wendet sich der Weg stärker in Richtung Südwesten und führt über einen 1 km langen Anstieg insgesamt 160 Höhenmeter über den Berg *Skrikhøa* (1.061 m). Von hier aus geht es weiter in leichtem Gelände, zunächst etwas bergan und dann leicht bergab zum Fluss *Minnilla*.

Über den *Minnilla* führt eine Brücke, danach führt der Weg über 1 km leicht bergan und dann erneut sanft hinunter ins Tal *Høghødalen*. Vorbei am kleinen See *Høghøtjønna* (982 m), laufen wir südwestwärts hinunter zur Baumgrenze. Im Süden bietet sich nach und nach ein herrlicher Blick auf die Nordhänge des stattlichen Berges *Okla* (1.580 m) und des *Storhornet* (1.589 m).

Die Umgebung wird waldiger und der Weg führt nun recht steil und schräg über den Westhang des *Tyrikvamfjellet* (1.252 m) tiefer ins Tal *Gjørdøldalen* hinab. Der Anblick des *Okla* und des *Storhornet* wird immer phantastischer. Etwa 4,5 km nach dem *Høghøtjønna* wendet sich der Weg nach Süden, dann über einen Bach und etwa 1 km durch waldiges Gelände zu einem Feldweg, von dem es noch 500 m bis zur *Gjevilvasshytta* sind. Gleichzeitig verlässt man das *Landschaftsschutzgebiet Trollheimen*. An der Hütte hat man einen malerischen Blick auf den See *Gjevillvatnet* (660 m) und den dahinter aufragenden Berg *Okla*. Der Bootstransfer an der *Gjevilvasshytta* wurde leider eingestellt!

T012 · 21 km · Gjevilvasshytta 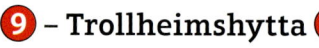 – Trollheimshytta

Von der *Gjevilvasshytta* folgt man dem Feldweg erst nordwest-, dann westwärts 1,5 km zum großen Parkplatz. Würde man weiter nach Westen laufen, käme man am Gjevillvatnet entlang zur Hütte Vassendsetra *(T013)*. Unsere Route biegt nach Nordwesten. Der erste Kilometer führt leicht bergauf und ins *Landschaftsschutzgebiet*

Trollheimen. In Höhe der Schutzgebietsgrenze wird der Anstieg steiler und folgt über 2 km dem Lauf des Gebirgsbaches *Gravbekken* insgesamt 260 Höhenmeter bergauf. Unterwegs wird die Baumgrenze passiert.

Ab da, wo der Weg flacher wird und sich nach Norden wendet, ist der Wanderweg in einem guten Zustand. Vor uns ist die steil aufragende Ostwand des höchsten Berges der mittleren Region des Trollheimen zu sehen, des *Blåhøa* (1.671 m). Noch weitere 1,5 km laufen wir neben dem *Gravbekken*, dann biegt unser Weg über den Bach nach Westen ab. Das Durchwaten ist mittelschwer, im Frühsommer anspruchsvoll. Nun geht es im baumlosen Fjell weiter in Richtung Nordwesten auf die geschwungene Linie des *Blåhøa* zu. Südlich seines Hangs führt der Weg kurz, aber steil durch eine enge Talöffnung zwischen dem *Blåhøa* und dem *Hemre Gjevillvasskamben* (1.497 m), dem Westgipfel des *Gjevillvasskamben* (1.627 m), zum Südufer des südlicheren (1.147 m) der *Kamtjønnin*-Seen.

Am Ostufer laufen wir um den See (1.147 m) herum durch eine bergige Landschaft in Richtung Nordwesten und erreichen nach etwa 2,5 km den Hanggrat *Riarskaret* und einen Abzweig. Dabei werden mehrere Gebirgsflüsse ohne Schwierigkeiten überquert. Der letzte Berg vor dem Grat steigt steil an. Am Abzweig führt ein Weg nach Westen etwa 1,5 km zur Route zwischen den Hütten Bårdsgarden und Trollheimshytta *(T016)*.

Wir laufen hier weiter nordwärts. Nach dem Grat folgt ein steiler, aber kurzer Abstieg zum See *Fossådalsvatnet* (1.188 m), an dessen Ostufer man entlangläuft.

Etwa 800 m weiter zweigt Richtung Südwesten eine Wanderroute zur Hütte Bårdsgarden *(T016)* ab. Unsere Route verläuft auf einem guten, aber hügeligen Weg weiter nach Nordnordwest durch eine Landschaft, die von mehreren Gipfel des Bergs *Mellomfjellet* (1.335 m) und einer Reihe von Seen geprägt ist. Dann kommen wir hinunter zum Ufer des westlichsten (1.194 m) der *Mellomfjelltjønn*-Seen. Nach dem See geht es nochmal etwa 1 km leicht bergan, danach beginnt ein langer Abstieg zur *Trollheimshytta*. Auf dem ersten Kilometer läuft man gemächlich nur 100 Höhenmeter nach unten. Dann ist man auf dem Scheitel des *Skallen* (1.226 m). Hier bietet sich ein atemberaubender Blick auf den *Snota* (1.669 m) und den *Trollhøtta* (1.616 m) sowie die sich dazwischen öffnende Tallandschaft und den dahinter schimmernden See *Gråsjøen* (430 – 483 m).

Vom *Skallen* bis zur Hütte steigt man auf 3 km etwa 700 Höhenmeter ab. Der Abstieg Richtung Norden ist ungleichmäßig und enthält ebenere und extrem steile Abschnitte. Ungefähr nach der Hälfte erreicht man die Baumgrenze, die Route wendet sich nordwestwärts und kurz danach wird der Abstieg leichter. Nach 500 m gelangt man in das *Naturreservat Svartåmoen*, hier wird der Weg stellenweise nass. Nach weiteren 500 m kommt man an eine T-Kreuzung. Der Weg nach Westen führt zu den Hütten Vassendsetra *(T017)* und Kårvatn *(T018)*. Wir laufen jedoch nordwärts über die Brücke und 200 m zur *Trollheimshytta*, eine der ersten Hütten in den Bergen, der älteste Teil ist über 100 Jahre alt. Von hier hat man einen phantastischen Blick auf den *Snota*!

T013 | **12 km** | Gjevilvasshytta ⑨ – Hütte Vassendsetra ⑩

An der *Gjevilvasshytta* läuft man zunächst nach Nordwesten, dann westwärts auf dem Feldweg 1,5 km bis zu einem Abzweig am großen Parkplatz. Der Weg nach Nordwesten führt zur Trollheimshytta *(T012)*. Unsere Route folgt dem Feldweg 1,3 km in Richtung Westen zum Ufer des Sees *Gjevillvatnet* (660 m), dann nordwestwärts

1 km bis zur **Håmmårsætra**, wo der markierte Wanderweg beginnt. Über den See bietet sich eine wahre Postkartenlandschaft: Unmittelbar hinter dem Ufer ragt der schöne Berg **Okla** (1.580 m) empor. Er ist während des gesamten Wegs zur **Vassendsetra** zu sehen.

Nun geht es unterhalb des am Weg steil aufragenden Berghangs **Brandegga** entlang. Am Anfang erhebt sich der Berg über 600 m. Nach 3,5 km gelangen wir zum Hof **Rensbekksætra**, an dem der gleichnamige Bach überquert wird. Nach dem Hof geht es weiter in Richtung Westen unterhalb einer immer massiver wirkenden Landschaft. Die Gipfel **Midtre Gjevillvasskamben** (1.412 m) und **Indre Gjevillvasskamben** (1.627 m) erheben sich bis zu einem Kilometer über dem See. Blick und Atmosphäre sind sagenhaft! Wir laufen noch etwa 5 km am Nordufer bis zur Hütte **Vassendsetra**, die am unteren Berghang des **Hovmannshytten** (1.290 m) liegt. Die letzten 500 m zur Hütte führen durch ziemlich sumpfiges Gelände zum Teil über Holzbohlenwege. Von der Hütte aus hat man einen märchenhaften Blick!

Vassendsetra, Holzschuppen.

Vassendsetra, Übernachtungsgebäude

T014 · 17 km · Bårdsgarden ⑪ – Gjevillvatnet West (ehemal. Bootanleger) ⑨a

Der Weg beginnt am **Bergbauernhof Bårdsgarden** (DNT-Hütte) in Richtung Nordwesten und führt etwa 500 m parallel zur Straße durch den Wald. Kurz vor einer Sandgrube biegt er erst nach Norden, dann nach Nordosten ab. Nach einigen hundert Metern geht es unter einer Stromleitung hindurch und fängt an, leicht anzusteigen. Der Anstieg zieht sich über gut 1 km und führt etwa 220 Höhenmeter hinauf. Die Bäume stehen immer vereinzelter. Etwa 1,3 km nach der Sandgrube kommt man an eine Wegkreuzung, nach Norden geht es über den Berg Mellomfjellet *(T016)* oder den Fluss Folda *(T017)* zur Trollheimshytta. Der Weg nach Nordosten führt zur Vassendsetra-Hütte *(T015)*.

Unsere Route zum See **Gjevillvatnet** (660 m) zweigt nach Ostsüdost ab und steigt über den Westhang des **Okla** gleichmäßig bergauf, auf ca. 5,5 km insgesamt 700 Höhenmeter. Der Aufstieg wird flacher und steiniger je näher man dem Scheitel kommt. Der markierte Wanderweg führt nicht auf den Gipfel, aber man sollte unbedingt einen Abstecher dorthin einplanen und die atemberaubende Aussicht über den **Gjevillvatnet** und das sich dahinter erstreckende **Gebirge Trollheimen** genießen. Auf- und Abstieg jeweils etwa 1 km.

Vom **Okla**-Gipfel **Snydda** (1.580 m) geht es nach Süden hinunter, zurück zur markierten Route, die südlich der Seen **Mjølkskåla** (1.279 m) und **Korgtjønna** (1.150 m) auf dem Bergrücken **Stenhøa** in Richtung Ostsüdost weiterführt. Nach dem **Korgtjønna** lässt das Gefälle nach, wird aber vom **Engelsbekkhøa** bergab wieder steiler. Beim Abstieg hat man eine schöne Sicht auf den **Gjevillvatnet** und die **Gjevilvasshytta** gegenüber. Erst geht es 1 km gemächlich, danach deutlich steiler bergab, auf 2 km insgesamt 440 Höhenmeter. Rund 2,5 km läuft man dabei westlich am Gebirgsbach Engelsbekken entlang und folgt diesem bis zum **ehemaligen Bootsanleger** nahe des Hofes **Langoddsætra**.

Der Bootsverkehr auf dem See wurde leider eingestellt, daher muss man von hier auf der Straße, oder bei niedrigem Wasserstand am Strand, 16 km ums Südufer des **Gjevillvatnet** laufen, um zur **Gjevilvasshytta** zu kommen.

T015	5 km	Hütte Vassendsetra ⑩ – Hütte Bårdsgarden ⑪

Von der **Vassendsetra**, idyllische Grasdachhütten mit Bohlenwänden, die an einen alten Bauernhof erinnern, gelangt man, dem Wegweiser folgend, durch das Gatter nach Süden und durch ein weiteres Weidetor in Richtung Südwesten auf den markierten Wanderweg. Nach Querung eines kleinen Baches von Stein zu Stein, hat man das **Landschaftsschutzgebiet Trollheimen** verlassen. Gut 100 m zwischen Moorbirken hindurch, überquert man die Brücke am **Holbekken**.

Der Weg führt gemächlich in Richtung Südwesten bergan und ist gut zu laufen. Die Birken werden deutlich lichter, je weiter man hinaufkommt. Gleichzeitig öffnet sich im Osten ein phantastischer Blick auf den See **Gjevillvatnet** (646-661 m) und die sich wie ein gespannter Bogen auf beiden Seiten erhebenden Berge. Im Norden des Sees sind nacheinander die südlichen Gipfel des **Gjevillvasskamban-Bergmassivs** (1.627 m) zu sehen: **Indre** (1.580 m), **Midtre** (1.412 m) und **Hemre** (1.334 m) und im Süden erhebt sich majestätisch der **Okla** (1.580 m).

Begleitet von diesem phantastischen Panorama folgt man dem Weg bergauf und quert den Fluss **Halsbekken** über eine Brücke. 500 m weiter zweigt ein Pfad nach Westen zum Parkplatz Storligrenda ab, nach weiteren 400 m folgt eine Kreuzung, an der es nach Osten auf den Berg Okla (T014) und nach Norden zur Trollheimshytta (T016 & T017) geht. Von hier hat man eine herrliche Sicht auf die Bergkette am südlichen Rand der Täler **Storlidalen** und **Innerdalen**. Die Berge **Nonshøa** (1.532 m), **Ottdalskammen** (1.569 m), **Storsomrungnebba** (1.798 m), **Storsalen** (1.720 m) und der fast 1 km aufragende **Navardalsnebba** (1.662 m) sehen fast unwirklich märchenhaft aus. Nördlich der Bergreihe ist die haifischflossenartige Gestalt des **Kringlehøa** (1.466 m) zu erkennen.

An der Kreuzung gehen wir weiter nach Südwesten zu einer Gabelung, an der wir links auf den Feldweg Richtung Südosten einschwenken und diesem etwa 1 km bis zur Hütte am **Bergbauernhof Bårdsgarden,** auch bekannt durch die Bücher von Berit Brænne, folgen.

Bårdsgarden.

| T016 | 22 km | **Hütte Bårdsgarden ⑪ – Trollheimshytta ⑥** (via Mellomfjellet) |

Der Weg beginnt am **Bergbauernhof Bårdsgarden**, der auch durch die Bücher „Tørris, der Junge aus Storlidalen" der norwegischen Kinderbuchautorin und Schauspielerin Berit Brænne bekannt ist. Man läuft parallel der Straße durch den Wald, etwa 500 m Richtung Nordwesten. Kurz vor einer Sandgrube biegt die Route nach Nordosten ab. Nach einigen hundert Metern führt der Weg unter einer Stromleitung hindurch und beginnt, leicht anzusteigen und zwar auf gut 1 km etwa 220 Höhenmeter. Die Bäume stehen immer vereinzelter. Etwa 1,3 km nach der Sandgrube kommt man an eine Wegkreuzung. Nach Osten gelangt man zum Gipfel des Okla *(T014)*, nach Nordosten zum See Gjevillvatnet und der Hütte Vassendsetra *(T015)*.

Unsere Route führt nach Norden einen gemächlich ansteigenden Hang hinauf. Nach gut 1 km wird der Oberlauf des Gebirgsbaches **Halsbekken** ohne Schwierigkeiten überquert und die Grenze zum **Landschaftsschutzgebiet Trollheimem** überschritten. Auch nach der Querung des **Halsbekken** geht es weiter hinauf, bis zum Scheitel des **Holbruna** (1.100 m). Von oben hat man einen phantastischen Blick auf den See **Gjevillvatnet** (660 m). Auf dem Weg zum Bergscheitel passiert man eine Reihe unmarkierter Wanderwege in Richtung Westen zum Parkplatz Storligrenda.

Am Scheitel wendet sich unser Laufrichtung nach Nordosten schräg über einen steilen Hang bergab. An der dann folgenden Kreuzung käme man Richtung

Trollheimen.

Süden zur Vassendsetra *(T017)* und nach Norden über den Fluss Folda zur Trollheimshytta *(T017)*.

Unser Weg über den **Mellomfjellet** verläuft geradeaus in Richtung Ostnordost und steigt nach der Kreuzung steil auf der Nordseite des **Hovmannshytten** (1.290 m) an. Auf dem ersten Kilometer werden 300 Höhenmeter überwunden, dann wird der Aufstieg mäßiger, führt aber weitere 1,5 km nach oben bis südlich eines Gipfelpunktes von 1.456 m. Gut 500 m weiter wenden wir uns kurz nach Norden, der Weg senkt sich steil und teils steinig hinab zum See **Storfagerlitjønna** (1.140 m) und biegt kurz vor dem Seeufer nach Nordosten, überquert einen kleinen Bach und führt knapp 2,5 km südlich an diesem See und an dem folgenden See **Fagerlitjønna** (1.126 m) entlang, bis zu einem Abzweig. Hier weist ein Weg nach Osten etwa 1,5 km zur Route zwischen den Hütten Gjevilvasshytta und Trollheimshytta *(T012)*.

Wir halten uns links nach Norden und laufen westlich des **Fossådalsvatnet** (1.188 m) etwa 2,5 km durch hügeliges Gelände. Es folgt ein steiler, aber kurzer Abstieg nördlich des Sees zu einer T-Kreuzung, an der man nach Süden zur Hütte Gjevilvasshytta abbiegen kann *(T012)*. Unsere Route zur **Trollheimshytta** verläuft auf einem guten, aber hügeligen Weg weiter nach Norden durch eine Landschaft, die von mehreren Gipfel des Bergs **Mellomfjellet** (1.335 m) und einer Reihe von Seen geprägt ist. Dann geht es hinunter dicht ans Ufer des westlichen (1.194 m) **Mellomfjelltjønn**-Sees. Danach laufen wir etwa 1 km leicht bergan, bevor der lange Abstieg zur Hütte beginnt. Auf dem ersten Kilometer geht es noch gemächlich nur 100 Höhenmeter nach unten. Dann ist man auf dem Scheitel des **Skallen** (1.226 m). Hier bietet sich ein atemberaubender Blick auf den **Snota** (1.669 m), den **Trollhøtta** (1.616 m) sowie die sich dazwischen öffnende Tallandschaft und den dahinter schimmernden See **Gråsjøen** (430 – 483 m).

Vom **Skallen** steigen wir in Richtung Norden auf 3 km etwa 700 Höhenmeter ab. Der Abstieg ist ungleichmäßig und enthält ebenere und extrem steile Abschnitte. Ungefähr nach der Hälfte erreicht man die Baumgrenze und läuft nahe des Bachlaufs des **Slettåa**. Kurz danach wird der Abstieg leichter. Nach weiteren 500 m gelangen wir ins **Naturreservat Svartåmoen**, hier wird der Weg stellenweise nass. Dann wendet sich die Route nach Nordwesten und stößt auf Gabelung. Der Weg nach Westen führt zu den Hütten Vassendsetra *(T017)* und Kårvatn *(T018)*. Wir biegen nach Norden über die Brücke des **Slettåa** und erreichen nach 200 m die **Trollheimshytta** – von der „Perle des Trollheimen" hat man einen phantastischen Blick auf den **Snota**!

T017 | 18 km | Trollheimshytta  – Hütte Vassendsetra (via Fluss Folda)

An der **Trollheimshytta** laufen wir zunächst 200 m nach Süden über die Brücke des **Slettåa** und zur T-Kreuzung, an der es nach Ostsüdost zur Gjevilvasshytta *(T012)* und zur Hütte Bårdsgarden *(T016)* geht. Unsere Route zur **Vassendsætra** biegt nach Westen ab und kommt nach weiteren 200 m erneut an einen Abzweig. Hier geht es nach Nordwesten zum Parkplatz Gråsjødammen *(T003)*, zur Hütte Vindølbu *(T005 & T006)* und zur Hütte Kårvatn *(T018)*. Wir wenden uns nach Südwesten durch ein Kiefernwäldchen den Hang hinauf, dann südlich am Fluss **Folda** entlang und aus dem Gebiet des **Naturreservats Svartåmoen** hinaus und hinein ins **Landschaftsschutzgebiet Trollheimen**. Kurz danach kommt man an der privaten **Berghütte Litlsetra** vorbei. Etwa 1 km nach der Grenze zwischen den Schutzgebieten gelangt man in teilweise sumpfigem Gelände zu zwei Brücken über den

Fluss *Fossåa*. Dann durchquert man den Sumpf *Stormyra*, der Blick voraus ist phantastisch und wird vom Berg *Trollhøtta* (1.616 m) beherrscht. An den Bergkaten *Løsetsetra* und *Storsetra* vorbei, kehren wir nach dem Abschnitt im offeneren Moor wieder zurück in einen Wald aus schönen Kiefern und vereinzelt üppiger wachsenden Birken. Weiter durch das Tal Folddalen geht es auf die vorn aufragenden Berge *Bollen* (1.250 m) und *Fallan* (1.295 m) zu. Der Weg ist in einem guten Zustand und führt abermals ans Ufer des Flusses *Folda*. Zurück hat man einen eindrucksvollen Blick auf den Doppelgipfel des *Trollhøtta*.

Der Weg folgt der Flussbiegung nach Süden und führt uns westlich am *Fallan* den steilen Hang hinauf. Kurz vor Beginn des Aufstiegs, steht zwischen den Birken eine kleine offene, aber verfallene Hütte. Nach dem kraftzehrenden Aufstieg laufen wir schräg über einen teils steinigen Hang wieder hinunter zur *Folda*. Die senkrechten Wände des vorn aufragenden Berg *Sprikltjønnknubben* (1.179 m) rahmen die Landschaft eindrucksvoll. Dem Flusslauf folgt man, östlich am *Sprikltjønnknubben* vorbei, im gleichmäßig ansteigenden Talgrund in Richtung Süden und überquert dabei einige kleinere Bäche von Stein zu Stein. Nach und nach bleiben die Birken zurück und geben die Sicht nach Osten auf das *Neådalen* und in dessen Mitte die *Sprikltjønnin*-Seen frei.

Wir laufen langsam am *Folda* den Hang hinauf, zurück bietet sich ein herrlicher Blick auf das Trogtal, nach vorn beeindruckt der Berg *Hyttedalskamben* (1.308 m). Der Weg wendet sich nach Südosten und verläuft im Tal *Hyttdalen* nordöstlich an den Seen *Hyttedalstjønnin* (945 m, 946 m und 952 m) vorbei, durch stellenweise sumpfige Landschaft. Einige kleinere Bäche werden ohne Schwierigkeiten überwunden. Die sich hinter dem See erhebende Bergwand des *Hyttedalskamben* bietet einen besonders schönen Anblick.

Dann folgt eine Kreuzung, an der es hinauf Richtung Nordosten zur Trollheimshytta *(T016)*, nach Südwesten zum Bauernhof Bårdgården *(T016)* und zum Parkplatz Storligrenda geht. Unser Weg bringt uns weiter nach Süden leicht bergab durch eine atemberaubende Landschaft. Der Blick auf den *Gjevillvatnet* (646-661 m) und die umliegenden, sanft geschwungenen Berge *Gjevillvasskamben* (1.627 m) und *Okla* (1.580 m) ist unglaublich. Diese Szenerie aus Seen und Bergen ist auch als „Skater-Rampe" der Riesen und Bergtrolle beschrieben worden. Durch beeindruckende Landschaft laufen wir bergab auf die schon sichtbare Hütte zu. Nach einem kurzen, steileren Stück zwischen Moorbirken hindurch, über einige Bäche, kommen wir durch ein Weidetor und ein zweites Gatter zur *Hütte Vassendsætra*. Am Tor gibt es einen Abzweig nach Bårdgården. Der Bootstransfer auf dem See Gjevillvatnet wurde leider eingestellt.

T018 · 23 km · Hütte Kårvatn ⑫ – Trollheimshytta ⑥

Von der Hütte am *Bergbauernhof Kårvatn,* wo es auch ein Info-Center und Museum über Trollheim sowie einen Ausrüstungsladen gibt, folgt man den Wegweisern Richtung *Nauståfossen* über die Brücke und nach rechts auf dem Feldweg erst am Fluss *Toåa,* dann 500 m weiter am *Naustå* entlang. Am Ende der Straße geht es noch kurz auf dem Wanderweg bis zum Wasserfall *Nauståfossen,* der sich etwa 110 m die Felsen hinabstürzt.

Nach dem *Nauståfossen* steigt der Weg ziemlich steil nach Norden an, wir passieren einen Abzweig, der wieder nach Kårvatn führt. Kurz läuft man am Gebirgsbach *Bronabekken* entlang, dann wendet sich die Route nordostwärts erneut steil bergauf, durch interessanteren Baumbestand bis zur Baumgrenze. Wir gelangen zur idyllischen, herrlich gelegenen privaten **Hütte Naustådalssetra**. Hier sollte man eine Rast einlegen und sich von dem kräftezehrenden Aufstieg erholen.

Wir laufen nun durch einen niedrigen Moorbirkenbestand und steiniges Gelände nach Nordosten. Nach 1 km leichten Anstiegs kommen wir an den Fluss **Tverråa**, der hier in den **Nausåa** mündet, und über den eine Brücke führt. Nun geht es kurz, aber steil bergauf, dann wandert man durch eine herrliche Landschaft Richtung Osten auf ein enges Tal zu. Ein kurzes Stück geht es über eine leicht zu laufende Gebirgswiese, dann tauchen wir wieder in ein Birkendickicht und folgen einem hügeligen, felsigen Weg steil bergauf. Unterwegs führt eine etwas schwächlich aussehende Brücke mit nur einem Geländer über einen Gebirgsbach, der, vom **Strankåbotnen** kommend, am Grund einer kleinen Schlucht fließt. Nach der Brücke steigt man das enger werdende Tal zwischen steilen Berghängen hinauf. Im Rücken bietet sich ein herrlicher Blick auf das gerade durchlaufene Tal **Naustådalen** und die umstehenden Bergwände.

Die Route führt hinauf auf die Nordseite des Sees **Naustådalsvatnet** (835 m). Und wieder bietet sich hinter uns einem ein wunderbarer Blick auf helle Felswände und üppiggrüne Bodenvegetation sowie vor uns auf den aufragenden, kalkschimmernden **Salen** (1.430 m) und bei genauerem Hinsehen am Ende des Sees auf eine kleine Hütte. Die **Nauståbu** ist eine Schutzhütte, die wunderbar mit der Landschaft verschmilzt und zu der unsere Route nun hinführt. Von hier geht es langsam bergauf, an der Wasserscheide und dem höchsten Punkt der Tour (973 m) vorbei. Die Landschaft ist ziemlich zerklüftet und trotz der Enge des Tals muss man besonders bei schlechter Sicht genau auf die Wegmarkierungen achten.

Nun laufen wir zum Nordende des Sees **Øvre Salsvatnet** (875 m) hinunter und über einen breiten, in den See fließenden Bach von Stein zu Stein. Im Frühsommer steht eventuell eine mittelschwere Durchwatung an. Nach der Querung führt die Route etwa 1,5 km südlich am **Øvre Salsvatnet** über mehrere kleine Seezuflüsse nach Südosten, wendet sich dann nach Nordosten und senkt sich zur Ostseite des **Nedre Salsvatnet** (827 m) hin ab. Dahinter hat man eine phantastische Sicht auf den mit Gletschern bedeckten Berg **Neådalssnota** (1.621 m). Während man am **Nedre Salsvatnet** entlanggeht, bietet sich ein beeindruckender Blick nach Norden auf den **Snota** (1.669 m).

Der Nauståfossen, *Etappe T018*.

Vom See aus geht es nordwärts an den drei kleinen Seen **Naustådalsvatnet,** dann an einem alten Abzweig vorbei, der ins Fagerlidalen und Romådalen führt *(hier werden gerade neue Wanderwege geplant, die durchs Romådalen zur Hütte Todalshytta und im Norden durchs Fagerlidalen zur Hütte Vindølbu führen sollen).*

Unsere Route verläuft vom Taleingang nach Nordosten um die Nordseite des Bergs **Sollirabben** (956 m) herum. Der Abstieg ist sehr gemächlich und gibt den Blick im Rücken frei auf den Doppelgipfel des **Trollhøtta** (1.596 m & 1.616 m). Wir laufen den Hang hinunter und über eine Reihe von kleineren Bächen. Der Weg führt durch teilweise sumpfiges Gelände bis man unterhalb der Baumgrenze in einen schönen Kiefernwald gelangt. Wir queren den Gebirgsbach **Leirtjønnbekken** und wenden uns nun deutlicher nach Osten. Nach etwa 500 m kommt man an zwei privaten Waldhütten vorbei, nach denen es weiter durch schönen Kiefernwald geht. Den Hang hinunter Richtung Nordosten gelangt man vom **Landschaftsschutzgebiet Trollheimen** ins **Naturreservat Svartåmoen**. Knapp 500 m weiter kommen wir an einem Abzweig vorbei, der in Richtung Nordwesten zur Hütte Vindølbu *(T005 & T006)* sowie zum Parkplatz Gråsjødammen *(T003)* führt. Dann spannt sich eine Brücke über den **Folda** und es geht es 1 km weiter in Richtung Südosten, an einem Abzweig zur Hütte Vassendsetra *(T017)* vorbei. Nach etwa 200 m ostwärts kommen wir zu einem dritten Abzweig, der nach Südosten zu den Hütten Bårdsgarden *(T016)* und Gjevillvasshytta *(T012)* führt. Wir biegen nach Norden hinunter zur Brücke und gehen noch 200 m bis zur **Trollheimshytta**. Diese wird nicht umsonst die „Perle der Bergregion Trollheimen" genannt.

| T019 | 21 km | Hütte Bårdsgarden  – Hütte Kårvatn |

Am **Bergbauernhof Bårdsgarden,** auch bekannt durch die Bücher der norwegischen Kinderbuchautorin und Schauspielerin Berit Brænne, geht man am Parkplatz vorbei auf der Straße oder parallel im Wald Richtung Nordwesten. Nach knapp 1 km zweigt vor der Sandgrube ein Wanderweg ab, einen dicht bewachsenen Hang hinauf zu den Routen zur Trollheimshytta *(T016 & T017)* und Vassensætra *(T015).*

Unsere Route folgt der Landstraße noch 2 km, führt an einem weiteren Parkplatz und an einem Abzweig nach Westen zur Hütte Innerdalshytta *(T023 & T024)* vorbei. Kurz darauf passieren wir den großen Parkplatz in **Storligrenda**. Von der Straße hat man eine prächtige Aussicht auf das Tal **Innerdalen** und die umgebenden Berggipfel. Wir laufen auf der Straße noch 1,5 km westwärts, queren über die Straßenbrücke den **Lona** und kommen zu einem Schlagbaum. Hier beginnt der Wanderweg, während die Straße weiter nach Westen, später nach Norden führt, der man auch 10 km, östlich am See Tovatna (757 m) entlang, folgen kann.

Der Wanderweg zum **Bergbauernhof Kårvatn** entfernt sich von der Straße in Richtung Nordwesten, steigt am Westufer des Flusses **Lona** bergauf und überquert auf 3 km Wegstrecke eine Reihe kleiner Bäche. Außerdem betritt man das **Landschaftsschutzgebiet Trollheimen** und überschreitet die Baumgrenze.

Die Route führt hinauf zum Südufer des Sees **Lontjønna** (887 m), wo sie durch eine hügelige Gegend weiter Richtung Westen verläuft. Nach dem See geht es noch weitere 1,5 km, aber nur leicht, bergauf. Am Berg **Lontjønnhalsen** (961 m) vorbei, wendet sich unser Weg langsam wieder nordwestwärts. Gleichzeitig hat man zurück einen herrlichen Blick auf den Berg **Slanglifjellet** (1.488 m). Dann fällt der Weg schräg und gemächlich über einen Hang hinab zu der schon von oben sichtbaren Straße, die wir vorhin verlassen haben. Nach 1 km, der Straße um die Nordspitze des Sees **Tovatna** folgend, biegt man wieder auf den Wanderweg ein. Der Blick auf das vom Fluss **Toåa** geteilte Tal ist großartig. Auf der Westseite erhebt sich eine 800 Meter hohe Bergwand, oberhalb der (den Blicken verborgen) der Gipfel des **Slanglifjellet** liegt. Der Weg führt schräg und flach über den Westhang des **Skardnebba** (1.174 m) bergab zum Oberlauf des **Toåa**, den man nach etwa 1,5 km erreicht und von Stein zu Stein quert. Nun läuft man ungefähr 1 km im Tal nach Norden bis zum Rand einer Felszunge die man ostwärts umrundet. Der Blick hinunter ins Tal ist atemberaubend. Das **Gammelseterdalen** liegt tief zwischen den Bergen **Gammelseterfjellet** (1.078 m) und **Storfjellet** (1.034 m). Die Route führt über einen alten Steinweg aus dem 19. Jahrhundert vom Felsvorsprung hinunter. *Als diese „Steinstraße" angelegt wurde, wollte man eine Verbindung aus dem Oppdal zum Todal (und ans Meer) schaffen, doch das Vorhaben wurde nie vollendet.*

Die Wasserfälle **Nør**- und **Sør Fallbekken** schmiegen sich wunderschön rechts und links an die Berghänge. Der Weg verläuft am Grund des **Gammelseterdalen** in Richtung Norden. Die Landschaft ist wild und voller Kontraste. Nach gut 1,5 km folgt eine Holzbrücke über den tief in einer Schlucht fließenden **Toåa**.

Tårnfjellet (1.521 m) und Tåga (1.840 m), *Etappe T020*.

Etwa 1 km nach der Brücke verlässt man das *Landschaftsschutzgebiet Trollheimen* und geht einen steilen, aber kurzen Hang hinunter zum Fluss *Toåa*. In teilweise sumpfigem Gelände begleitet man den sich windenden Flusslauf bis zur Brücke über den *Neåa*. Den letzten Kilometer zur Hütte *Kårvatn* folgt man dem Feldweg, über die Brücke des *Toåa* und dann der Straße in Richtung Nordwesten zum *Bergbauernhof Kårvatn*, wo es auch ein Info-Center und Museum über Trollheimen sowie einen Ausrüstungsladen gibt.

T020 | 13 km | Gamle Innerdalshytta ⑭ – Hütte Kårvatn ⑫

Von der im Laufe der Zeit mit Patina versehenen *Gamle Innerdalshytta* von 1889 geht man zunächst Richtung Nordwesten durch das Schaftor auf einen Fuhrweg. Nach einigen hundert Metern zweigt rechts ein Weg ab, der durch das Tal Renndalen zur Hütte Bårdsgarden führt *(T023)*. Wir laufen weiter bis zur Brücke über den Fluss *Renndøla.* Den Fuhrweg 100 m weiter geradeaus liegt idyllisch am See *Innerdalsvatna* die Hütte *Renndølsetra*, die in der Saison ein Café (12-17 Uhr) betreibt, Milchprodukte verkauft und Übernachtungen anbietet.

Unser Weg zweigt gleich hinter der Brücke nach Nordosten ab, den Hang hinauf durch Birkenbuschwerk. Nach nur 50 m passieren wir den nach Nordwesten abzweigenden Weg zur Todalshytta *(T021)*. Neben dem Fluss geht es einen ziemlich steilen Berg hinauf und wir kommen an einem schönen Wasserfall vorbei. In Flussnähe geht der Aufstieg noch ein Stück weiter. Dann folgt ein Wegweiser nach *Kårvatn* und der Weg wendet sich nach Norden. Hier wird der Anstieg deutlich steiler und überwindet auf den folgenden 700 m insgesamt 360 Höhenmeter. Bei Regen oder starkem Wind sollte man ausgesprochen vorsichtig sein.

Ist man die 700 m hochgestiegen, wird es etwas flacher und man gelangt zum Sattel *Bjøråskaret* (1.178 m) zwischen dem Nordgipfel des *Snøfjellet* (1.579 m) und dem Berg *Skjerdingfjellet* (1.465 m). Bis hierher ist man auf einer Wegstrecke von 2,5 km 800 Höhenmeter hochgekraxelt. Schweiß und Mühe werden oben mit einem phantastischen Blick ins *Innerdalen* belohnt. Südlich davon ragen der *Tårnfjellet* (1.521 m), der *Såtbakkkollen* (1.840 m) und der *Navardalsnebba* (1.662 m) wie Schornsteine dreier riesiger Dampfschiffe auf. Gleich unterhalb von uns liegt das üppig grüne Tal des *Renndøla*. Etwas weiter südwestlich erheben sich der scharfgezackte *Skarfjellet* (1.790 m) und der *Trolla* (1.850 m) . Und in größerer Entfernung sind noch der Berg *Vinnufjellet* (1.816 m) und dessen Gletscher am Nordhang zu sehen. Das *Innerdalen*, das fast 1.500 m unterhalb der höchsten Gipfelspitzen liegt, breitet sich wie ein grüner Teppich aus, der von graublauhellen Mauern umgeben ist. Kein Gemälde könnte schöner sein.

Nun führt die Route vom *Bjøraskaret* über die Grenze zwischen dem *Innerdalen Landskapsvernområde* und dem *Trollheimen Landskapsvernområde* nach Norden. Hier öffnet sich der Blick auf eine andere, ebenso märchenhafte Berglandschaft. Der Nordgipfel des *Snøfjellet* ist wie eine steinerne Pyramide mit einem davorliegenden Plateau-Tal, an dessen Osthang der Grat des *Skjerdingfjellet* wie ein Sägeblatt hervorsticht. Weiter entfernt im Norden sind die wuchtigen Berge des nördlichen Trollheimen zu erkennen.

Der Hang ist anfangs steinig, wird aber bald zu einem baumlosen Fjell und leichter zu gehen. Der Weg führt östlich am See *Bjøråvatnet* (997 m) vorbei, am Seeufer liegen viele größere Steine, unter anderem auch ein Sessel, der aus einem großen Stein herausgehauen

Todalshytta.

wurde. Über offenes Fjell geht es weiter. Am **Midtryggen** zweigt ein Weg nach Nordwesten ab, der nach 3 km am Snekkardalshalsen auf den Wanderweg zwischen der Todalshytta und der Gamle Innerdalshytta *(T021)* führt.

Wir laufen weiter nach Norden das Fjell gemächlich bergab. Am Wegesrand stehen vereinzelte Moorbirken. Dann wendet sich der Weg nach Nordosten und schlängelt sich über kleinere Bäche durch stellenweise sumpfiges und schlammiges Gelände. Vom Hang hat man einen schönen Blick auf den weit im Nordwesten schimmernden Fjord **Todalsfjorden**. Bald erreichen wir die Baumgrenze, der Weg wendet sich nach Osten und führt auf einem felsigen Weg mit vielen Wurzeln durch einen schönen Kiefernwald zur Straße. Dieser folgen wir über die Brücke und erreichen nach etwa 2 km die malerisch gelegene Hütte am **Bergbauernhof Kårvatn,** wo es auch ein Info-Center und Museum über Trollheimen sowie einen Ausrüstungsladen gibt.

T021	12 km	Todalshytta ⑬ – Gamle Innerdalshytta ⑭

Die **Todalshytta** ist ein kulturhistorisches Kleinod und wurde 1901 als Lachsfischerhütte vom Engländer Ethelbert Lort-Phillips erbaut. Die historischen Wurzeln reichen also zurück bis in die Kindheit des Bergtourismus in Norwegen.

Diese Tour beginnt auf Meereshöhe und führt an der Hütte nach Süden etwa 2 km den sich schlängelnden Feldweg hinauf. Dann folgt man dem Wanderweg östlich des Gebirgsbaches **Raudåa** durch eine waldigere Landschaft und ein kurzes, sehr steiles Stück hinauf zur

Baumgrenze. Etwa 2 km nach dem Feldweg kommt ein Abzweig, an dem man in Richtung Südosten nach etwa 3 km zur Route zwischen den Hütten Kårvatn und Gamle Innerdalshytta gelangen kann *(T020)*.

Wir haben von hier, am **Snekkardalshalsen,** einen schönen Blick zurück auf den Fjord **Todalsfjorden** und voraus nach Süden auf den Nordgipfel des Berges **Snøfjellet** (1.330 m). Der Weg verläuft am Ostrand des Tals **Snekkardalen** südwärts, vorne öffnet sich nach und nach der Blick auf eine beeindruckende Landschaft. Als erstes sind direkt am gegenüberliegenden Rand des **Innerdalen** die Gipfel des **Vinnufjellet** (1.816 m) und des **Sandvikhaugen** (1.635 m) mit ihren auf den Nordhängen ruhenden Gletschern zu sehen. Dann werden der scharf gezackte Berg **Skarfjellet** (1.790 m) und der **Trolla** (1.850 m) sichtbar. Aber auch der Blick hinunter ist Tal ist atemberaubend.

Rechterhand liegt der kleine See **Snekkerdalsvatnet,** dann kommen wir über die Bergkante und laufen schräg Richtung Südosten hinab. Recht steil geht es zur Nordflanke des **Snøfjellet** (1.579 m) und ins **Landschaftsschutzgebiet Innerdalen** runter. Kurz vor dem voraus klar erkennbaren Berg **Merrakammen** (998 m) macht der Weg einen Knick nach Süden. Dann folgt ein kurzes, extrem steiles Stück hinab zur Baumgrenze, es wird wieder flacher und geht erneut schräg in Richtung Südosten. Am Fluss **Renndøla** zweigt ein Pfad nach Norden, dem Wegweiser folgend, zur Hütte **Kårvatn** *(T020)* ab. Hier biegt unser Weg nach Süden hinunter zur Schotterstraße. Rechts liegt idyllisch am See **Innerdalsvatna** die **Renndølsetra,** die ein Café betreibt und Übernachtungen anbietet. Wir queren links über die Brücke den **Renndøla.** Danach kommt man an einem weiteren Abzweig mit Wegweiser vorbei, diesmal Richtung Renndalen zur Hütte **Bårdsgarden** *(T023)*. Nach Passieren eines Weidegatters, sind es nur noch wenige hundert Meter zur märchenhaft gelegenen und von der Zeit geprägten hübschen **Gamle Innerdalshytta**.

T022 · 4 km · Parkplatz Viromdalen 15 – Gamle Innerdalshytta 14

Vom Parkplatz im **Viromdalen** beim Dorf **Dalen** folgt man dem Feldweg nach Osten und geht nördlich am See **Innerdalsvatnet** (395 m) sowie an der **Renndølsetra,** die ein Café betreibt und Übernachtungen anbietet, vorbei. Nach etwa 4 km durch eine unglaublich beeindruckende Berglandschaft erreicht man die **Gamle Innerdalshytta**.

T023 · 23 km · Gamle Innerdalshytta 14 – Hütte Bårdsgarden 11 (via Renndalen)

Die von der Zeit geprägte, hübsche **Gamle Innerdalshytta** verlassend, läuft man einige hundert Meter in Richtung Westnordwest bis zum ersten Abzweig. Der Feldweg verläuft weiter geradeaus zur Renndølsetra und weiter zum Parkplatz Viromdalen *(T022)* sowie zu den Hütten Kårvatn *(T020)* und Todalshytta *(T021)*.

Unsere Route biegt hier nach Nordosten ab und führt östlich des Flusses **Renndøla** den Hang hinauf. Auf den ersten 500 m ist der Anstieg noch mäßig, dann wird es hinauf durch die Moorbirken steiler und anstrengender. Links blickt man auf einen kleinen, hübschen Wasserfall am **Renndøla**. Auf Höhe der Baumgrenze wird der Anstieg etwas flacher. Zurück genießen wir einen herrlichen Blick auf das **Innerdalen** und den **Innerdalsvatna**

(395 m) sowie die südlich aufragenden schönsten und höchsten Berge des Trollheimen: der *Skarfjellet* (1.790 m), der *Trolla* (1.850 m) und der *Vinnufjellet* (1.816 m). Der Blick ist eindrucksvoller als es je ein Foto wiedergeben könnte. Im Norden sind die Hänge des *Skjerdingfjellet* (1.500 m) und des *Snøfjellet* (1.579 m) erkennbar. Der Kontrast zwischen den unteren, üppig grünen und den oberen, grauen Hängen ist beeindruckend.

Die Route führt, sich langsam gen Südosten wendend, ins Tal *Renndalen* und südlich am See *Renndalsvatnet* (883 m) vorbei. Der Weg steigt leicht an. Am Ende des Tals folgt ein kurzer, aber steiler Anstieg in Serpentinen ans Ufer des Sees *Langvatnet* (1.078 m). Die Route windet sich auf gut 500 m etwa 180 Höhenmeter hinauf. Dann laufen wir am Nordufer des langgestreckten *Langvatnet* durch bergiges und steiniges Gelände etwa 3,5 km Richtung Südosten bis zum Seeende. Es folgt ein kleiner, problemloser Bach, der aus dem See abfließt. Weiter geht es zwischen kleineren Seen leicht bergab zur Grenze zwischen dem **Landschaftsschutzgebiet Trollheimen** und dem **Landschaftsschutzgebiet Innerdalen**. Im Süden ragen die stattlichen Berge *Storsalen* (1.720 m) und *Sotrsomrungnebba* (1.798 m) empor. Nach der Grenze erreicht man nach etwa 1 km eine T-Kreuzung.

Der Weg nach Westen weist durch das Innerdalen zurück zur Gamle Innerdalshytta *(T024)* und zur Hütte Eiriksvollen *(T025)*. Unser Route führt auf einem gut zu laufenden Weg Richtung Osten über einige Gebirgsbäche, die keine Schwierigkeiten bereiten, hinunter zum Südufer des Sees *Tovatna* (757 m). Durch ebeneres

Storsalen (1.720 m) und Storsomrungnebba (1.798 m), *Etappe T024.*

Gelände kommen wir zu einem, vom Berg **Tovhaugan** herabfließenden Bach. Im Frühsommer ist das Durchqueren mittelschwer, sonst gelangt man von Stein zu Stein oder leicht durchwatend hinüber.

Nun sind es noch ein paar hundert Meter bis zu einem Haus, an dem die Straße beginnt, der man etwa 100 m folgt, bis der Wanderweg wieder westwärts ins offene Fjell abzweigt . Nach etwa 1 km überschreitet man die Grenze des Landschaftsschutzgebietes.

Es folgt ein gemächlicher Abstieg, nach etwa 1,5 km wird der **Kjortbekken** problemlos durchquert. Dann folgt man dem gut zu laufenden Weg nochmal ungefähr 1,5 km ostwärts durch dichter werdende Moorbirkenbestände bis zur **Landstraße 511** und dem Ort **Storligrenda**. Die Straße nach Südosten, vorbei an einem Parkplatz, läuft man nun noch 3 km bis zum **Bergbauernhof Bårdsgarden,** auch bekannt durch die Bücher der norwegischen Kinderbuchautorin Berit Brænne.

| T024 | 21 km | Bårdsgarden ⑪ – Gamle Innerdalshytta ⑭ (via Innerdalen) 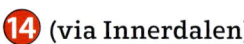 |

Die Route folgt vom Bergbauernhof **Bårdsgarden** der **Landstraße 511** Richtung Nordwesten. Nach knapp 1 km passiert man an der Sandgrube den Abzweig des markierten Weges der den dicht bewachsenen Hang hinaufführt zu den Routen zur Vassendsetra *(T015)* und Trollheimshytta *(T016 & T017)*. Von der Straße hat man einen reizvollen Blick auf das **Innerdalen** und die es einrahmende Berglandschaft. Unsere Route folgt der Landstraße weitere 2 km und biegt, unmittelbar vor einer Flussbiegung des **Lona**, die dicht an die Straße her-

Gamle Innerdalshytta.

anreicht, nach links, Richtung Süden, auf einen Pfad in ein Birkendickicht. Unter Stromleitungen hindurch kommen wir über eine kleine Brücke über den **Lona** unmittelbar dahinter zu einer Gabelung. Der Weg Richtung Süden führt zur Hütte Vollasetra.

Wir wenden uns nach Westen auf den sogenannten „Skomakerstien" und laufen einen nicht allzu steilen Hang hinauf, von dem aus wir einen phantastischen Blick auf die besonders wilden und schroffen Berggipfel rund um das **Innerdalen**-Tal haben. Auch hinter uns liegt eine beeindruckende Landschaft mit dem See **Ångardsvatnet** (581-583 m) und dem Berg **Okla** (1.580 m). Mit dem Aufstieg ins Fjell, betritt man das **Landschaftsschutzgebiet Innerdalen**.

Der Anstieg erreicht seinen Scheitelpunkt, dann geht es sanft hinunter zur Straße zum Südufer des Sees **Tovatna** (757 m). Der Weg folgt dem schönen Seeufer, führt dann jedoch von diesem weg weiter westwärts, über einen Gebirgsbach von Stein zu Stein und dann wieder bergauf. Der Anstieg ist nicht steil und endet am Meskaret an einem Abzweig, an dem es nach Norden zur Innerdalshytta durch das Tal Renndalen geht *(T023)*. Unsere Route führt geradeaus auf eine majestätische Landschaft zu: in vorderster Reihe ragen der **Storsalen** (1.720 m) und der **Storsomrungnebba** (1.798 m) auf. Am Berghang ist ein kleiner Wasserfall zu sehen.

Über einen kleinen Bergrücken laufen wir leicht bergab auf die kleine Schlucht des Flusses **Storfalla** und den U-förmigen Taleingang des **Innerdalen** zu – die **Innerdalsporten**. Insgesamt ist dieser Abschnitt sehr beeindruckend. Die Wände der kleinen Schlucht ragen bis zu einem Kilometer in die Höhe. Vorn bilden die Bergwände sich ständig übertreffende Ansichten. Die gerade aufragenden Wände des **Navardalsnebba** (1.662 m) liegen näher und die Berge des **Tåga** (1.840 m) etwas weiter weg.

Hinunter ins **Innerdalen**, dem schönsten Tal Norwegens, geht es im Schlängelweg über einen steinigen Hang. Nach Überschreiten der Baumgrenze kommen wir an einen Abzweig in einem von den Bergen **Kringlehøa** (1.493 m), **Navardalsnebba** und **Storsalen** eingerahmten Dreieck. Der Weg Richtung Süden über den Fluss **Storfalla** führt zur Hütte Eiriksvollen *(T025)*.

Wir laufen jedoch weiter nordwestwärts am Fluss **Småfalla** entlang. Zwischen den Bergen gibt es wunderschöne, über Stufen herabfließende Wasserfälle. Der Weg führt abwechselnd durch Birkendickicht und recht feuchte Sümpfe. Über den nassesten Stellen liegen Bohlen oder dicke Äste.

Dann geht es über den Gebirgsbach **Fallbekken** und weiter durch teils sumpfiges Gelände leicht bergauf. Wir laufen noch etwa 2,5 km durch hügelige Landschaft zur **Gamle Innerdalshytta**. Gleich daneben bietet die privat betriebene **Innerdal Turisthytta** ebenfalls Übernachtungen sowie gute traditionelle Gerichte an. Und nur 600 m weiter kann man in der idyllischen **Renndølsetra** übernachten und essen. Die **Gamle Innerdalshytta** liegt malerisch: im Süden breitet sich vor der Hütte der See **Litlvatnet** aus, dahinter ragen die Gebirgslinien bis zu 1.800 m hoch auf.

| T025 | 15 km | **Gamle Innerdalshytta** 14 – **Eiriksvollen** 16 (via Tverrådalen) 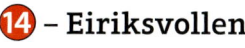 |

In malerischer Landschaft rund um die **Innerdalshytta** bricht man zunächst in Richtung Südosten auf und läuft durch hügelige Landschaft und durch das sumpfige Gelände **Lusmyra** am Fluss **Småfalla** etwa 2,5 km bis zum Gebirgsbach **Fallbekken**. Dann geht es tiefer ins **Innerdalen**, Norwegens schönstes Tal, hinein. Dieser

Abschnitt ist sehr beeindruckend. Am Südrand ragen die Wände des **Navardalsnebba** (1.662 m) und des **Tåga** (1.840 m) über 1.000 m empor. Zwischen den Bergen gibt es wunderschöne, über Terrassen fließende Wasserfälle. Geradeaus ragt fächerartig der **Storsalen** (1.720 m) und am Nordrand des Tals der **Kringlehøa** (1.493 m) auf.

Die Route verläuft weiter geradeaus, abwechselnd durch Birkendickicht und feuchteres Sumpfgebiet. Über besonders nassen Stellen liegen Bohlen oder dicke Äste. Wir laufen am Talgrund entlang bis zur Baumgrenze und gelangen zu einem Abzweig in einem von den Bergen **Kringlehøa** (1.493 m), **Navardalsnebba** und **Storsalen** eingerahmten Dreieck. Weiter nach Osten käme man zur Hütte am Bergbauernhof Bårdsgarden (T024).

Unser Weg biegt nach Süden und quert sogleich den Gebirgsbach **Storfalla**. Im Frühsommer ist das Durchwaten mittelschwer, sonst leicht oder man gelangt sogar von Stein zu Stein hinüber. Nun beginnt ein steiler Anstieg Richtung Süden, ins **Tverrådalen**, eingerahmt vom **Navardalsnebba** (1.662 m) und **Storsalen** (1.720 m).

Auf 1,5 km werden 460 Höhenmeter überwunden.

Durchs Tal laufen wir in Richtung Süden, leicht bergab zur südlichen Grenze des **Landschaftsschutzgebietes Innerdalen**, dann erreichen wir das Nordufer des Sees **Tverråvatnet**. Wir folgen seinem Westufer durch stellenweise steiniges Gelände und laufen erneut bergauf zu einem kleinen, namenlosen See (1.061 m). Nach 1 km kommt man an eine T-Kreuzung – von da hat man einen herrlichen Blick ins **Sunndalen**. Der Weg, der nach Westen abbiegt, führt durch das Tal Flatvaddalen zur Gamle Innerdalshytta (T026).

Unser Weg schlängelt sich den steilen Berghang erst nach südsüdost, dann ostwärts langsam bergab. Unbedingt auf die Wegmarkierungen achten! Nach etwa 1 km kommt man an einer kleinen Hütte vorbei, nach der es noch einmal 500 m schräg über den Berghang nach unten geht. Dann wendet sich der Weg nach Süden und führt steil im Zickzack bergab, schlängelt sich über etwa 1,5 km insgesamt 700 Höhenmeter hinunter zur Hütte **Eiriksvollen**. Der Abstieg zur Hütte ist sehr steil.

| T026 | 14 km | **Gamle Innerdalshytta** ⑭ – **Eiriksvollen** ⑯ (via Flatvaddalen) |

An der **Innerdalshytta** wendet man sich in Richtung Südosten und geht etwa 500 m bis zur Brücke über den **Småfalla**. Nach ihr führt der Weg durch sumpfiges Gelände in Richtung Südwest. Nach dem kurzen sumpfigen Abschnitt beginnt gleich ein steiler Aufstieg über den vorn sichtbaren Hang. Der sich im Zickzack hinaufschlängelnde Weg überwindet auf gut 1 km stolze 280 Höhenmeter. Danach wird der Anstieg flacher und wir kommen nah zum Gebirgsbach **Fluo**. Hier wird die Baumgrenze überschritten.

Wir wandern in Richtung Süden ins Tal **Flatvaddalen** und zum Ufer des Sees **Storvatnet** (729 m). Auf beiden Talseiten ragen massige Gipfel auf. Im Westen der **Skarfjellet** (1.790 m), südlich davon der **Trolla** (1.850 m) und am Ostrand der **Innerdalstårnet**, der **Tårnfjellet** und wie ein riesiger Monolith der **Tåga** (1.840 m).

Der Weg führt östlich am **Storvatnet** entlang etwa 1 km durch hügeliges Gelände und steigt danach leicht an. Hier sollte man nach Nordwesten einen Blick auf den Gletscher auf der Südwand des **Skarfjellet** werfen. Das **Flatvaddalen** ist schmal, die auf beiden Seiten aufragenden Berge lassen es noch enger erscheinen.

Der Weg zieht sich ziemlich steil nach oben, passiert den Südrand des **Landschaftsschutzgebietes Innerdalen** und führt am Westufer des Sees **Langvatnet** (839 m) längs. Die Entfernung zwischen den beiden Seen beträgt etwa 2 km. Ein Wasserlauf kann problemlos durchquert werden. Nach dem See ist der Weg gut zu laufen und steigt etwa 1 km sanft hinauf zu den Seen **Lauvåtjønnin** (890 m). Auf einem stellenweise steinigen Weg geht es östlich an den vielen kleinen Seen vorbei, die wie auf einer Perlenkette aufgereiht daliegen. Dann wendet sich unsere Route nach Südosten zum steilen Südhang des **Såtbakkkollen** (1.632 m). In Laufrichtung hat man einen phantastischen Blick ins Tal **Sunndalen**. Am Südhang laufen wir oberhalb der Felsenschlucht **Såtbakkleiva** am **Såtbakkkollen** weiter Richtung Osten, etwa 1,5 km nach den Seen führt über den Fluss **Bjørnhjellbekken** eine Brücke. 100 m weiter folgt eine Weggabelung.

Der nach Norden abzweigende Weg verläuft durch das Tverrådalen zur Gamle Innerdalshytta *(T025)*.

Unsere Route windet sich 400 m den steilen Berghang südsüdostwärts hinunter, wendet sich dann nach Ostsüdost und zieht sich am Hang entlang leicht bergab. Unbedingt auf die Wegmarkierungen achten! Etwa 1,2 km nach der Gabelung läuft man an einer kleinen Hütte vorbei und nochmal 500 m weiter leicht bergab schräg über den Berghang. Dann quert man einen Wasserlauf und der Weg wendet sich nach Süden und führt im Zickzack steil bergab. Er schlängelt sich über etwa 1,5 km insgesamt 700 Höhenmeter hinunter bis zur **Hütte Eiriksvollen**. Der Abstieg zur Hütte ist sehr steil!

Skarfjellet (1.790 m), *Etappe T026*.

WANDERGEBIET NORDMØRE

Nordmøre wird vom Duft des Meeres beherrscht. Diese Wanderregion vereinigt in sich das ruhige Auf- und Ab weitläufiger Fjellplateaus im Süden und eine maritime Landschaft aus Inseln und schmalen Fjorden im Norden. Die Form der Berge im Norden erinnert an Perlenschnüre, die sich um die Inseln legen. Die Berge auf den Inseln ragen mitunter steil und bis zu 900 Meter über dem Meer auf. Am eindrucksvollsten sind der *Skarven* (896 m), der *Storøra* (905 m) und der *Stabben* (908 m). Wenn man in den frühen Abendstunden am Meeresstrand steht, dem Rufen der Meeresvögel lauscht und über das stille Meer schaut, erscheinen die steilen Berge wie aus einer anderen Welt.

Die Schroffheit der maritimen Landschaften im Norden des *Nordmøre* nimmt zum Landesinneren hin ab. Die scharf gezeichneten Berggipfel bleiben zurück und machen Fjellplateaus Platz, die von üppigen Tälern durchschnitten werden. Hier liegen die höchsten Punkte der Wanderregion: der *Dyrstolan* (929 m), der *Hjelmet* (978 m) und der *Ruten* (1.039 m). Abgesehen von einigen Feuchtgebieten, lässt es sich in der Gegend insgesamt leicht wandern. Im Süden bietet sich an mehreren Stellen ein beeindruckender Blick auf den *Trollheimen*.

Absoluter Anziehungspunkt der Region ist der *Fjord Vinjefjord* und die den Fjord umrundende *Fjord-Route*. Die *"Fjordruta"* beginnt in *Kristiansund* am Flughafen direkt vor dem Terminalgebäude und endet an der Anlegestelle im Ort *Halsan*. Die Route kann auch in gegenläufiger Richtung oder nur auf einem Teilstück gewandert werden.

Es gibt eine Vielzahl kürzerer und längerer *Fährverbindungen* sowie *Brücken*, die einer Trekkingtour eine besondere Note verleihen. In der Küstenregion kann man auch die reiche, Vogelwelt kennenlernen. Hier brüten eine Reihe von Meeresvögeln, wie die leicht zu erkennenden *Austernfischer*, *Kormorane* oder *Seeadler*. Außerdem kommen auch eine Reihe seltener Meeresvögel wie die *Eiderente*, die *Gryllteiste* oder die *Dreizehenmöwe* in relativ großer Zahl vor. Einmal soll sich sogar ein Albatros an die Nordmøre-Küste verirrt haben.

Der Halsafjord, *Etappe N022.*

Wo Starten?

Busverkehr in Nordmøre
www.nettbuss.no
www.atb.no
www.frammr.no

Museen in der Region
www.nordmore.museum.no

Gullsteinvollen.

Hüttenbetreiber in der region Nordmøre

Kristiansund og Nordmøre Turistforening (KNT)
turist@knt.no
www.kntur.no

In die Region **Nordmøre** gelangt man von vielen Orten aus. **Kristiansund** ist ein perfekter Ausgangspunkt für Wanderungen in Nordmøre. Die Stadt ist mit den an der Küste verkehrenden Schiffen der **Hurtigruten**, mit dem Flugzeug sowie dem Bus, z.B. aus Trondheim, zu erreichen.

Die **Buslinie Trondheim – Kristiansund** hält nicht nur am **Fähranleger Halsa**, bei dem sich auch ein Parkplatz befindet, sondern auch an vielen Haltestellen unterwegs, von denen aus man zu einer Trekking-Tour auf markierten Wanderwegen aufbrechen kann.

Die Ortschaften **Vinjeøra** und **Aure** sind Kreuzungspunkte, an denen man leicht auf markierte Wege einsteigen kann. Zwischen **Vinjeøra** und **Aure** verkehrt ein Linienbus, ebenso wie von **Aure** nach **Kristiansund**. Oft hält dieser auch auf Bitte der Passagiere an den Einstiegsorten der Routen, selbst wenn es keine offizielle Bushaltestelle gibt.

Im Süden der Wanderregion liegt die Ortschaft **Rindal**, von der aus man zu Wanderungen sowohl gen Norden nach **Nordmøre** als auch nach Süden ins **Trollheimen** aufbrechen kann. Genauso verhält es sich mit dem 15 Kilometer westlich von Rindal an der Landstraße gelegenen Ort **Skjermoe**.

Parkplätze gibt es außer am Fähranleger **Halsa** auch einige Kilometer südlich, unweit des Sees **Oppsalvatnet** (328 m), an der Hütte **Kårøyan** sowie am Flughafen **Kristiansund**.

Hütten des DNT-Regionalverband Kristiansund og Nordmøre (KNT)

Die Hütten in der **Wanderregion Nordmøre** werden vom DNT- Regionalverband **Kristiansund og Nordmøre Turistforening (KNT)** betrieben.

Die Hütten in dieser Region werden nicht bewirtschaftet, sondern sind alle *Selvbetjent* – Selbstversorger-Hütten mit Vorratskammer und entweder offen oder mit dem DNT-Standardschlüssel verschlossen. Mitgliedern eines nordischen Outdoorverbandes wird Rabatt gewährt.

SELVBETJENT-HÜTTEN DES DNT				
Grytbakksetra	(414 m)	T/11	mit Vorratskammer	offen
Gullsteinvollen	(180 m)	T/16	mit Vorratskammer	DNT-Schlüssel
Hardbakkhytta	(800 m)	T/14	mit Vorratskammer	offen
Hermannhytta	(420 m)	T/15	mit Vorratskammer	offen
Imarbu	(5 m)	T/30	mit Vorratskammer	DNT-Schlüssel

SELVBETJENT-HÜTTEN DES DNT				
Jutulbu	(400 m)	T/22	*mit Vorratskammer*	offen
Nersetra, Scheune	(180 m)	T/10	*mit Vorratskammer*	DNT-Schlüssel
Nersetra, Hauptgebäude	(180 m)	T/34	*Nur für Gruppen*	Extra-Schlüssel
Rovangen	(445 m)	T/15	*mit Vorratskammer*	offen
Sætersetra	(320 m)	T/10	*mit Vorratskammer*	offen
Sollia	(310 m)	T/15	*mit Vorratskammer*	offen
Storfiskhytta	(490 m)	T/15	*mit Vorratskammer*	offen
Storlisetra	(260 m)	T/15	*mit Vorratskammer*	offen
Trollstua	(70 m)	T/11	*mit Vorratskammer*	DNT-Schlüssel
Tverrlihytta	(560 m)	T/20	*mit Vorratskammer*	offen

Privat betriebene Hütten und Hotels (PBH) an den Wanderrouten
Die privat betriebenen Hütten in den Bergregionen sind in aller Regel sehr gut ausgestattet. Aufgeführt sind nur Hütten, die an Start- oder Endpunkten der beschriebenen Wanderetappen liegen.

Übernachtungen müssen vorab reserviert werden. Oft wird Mitgliedern eines nordischen Outdoorverbandes Rabatt gewährt. Nachfragen!

PRIVAT BETRIEBENE HÜTTEN UND HOTELS (PBH)			
Aure Gjestegård		H/17	Reservierungspflichtig www.aure-gjestegaard.no firmapost@aure-gjestegaard.no Tel. +47 (0)94 18 44 57 / +47 (0)94 18 44 15
Bolme Pensjonat Bolme *3,5 km westlich von Rindal*	(100 m)	H/20	Strom, Reservierungspflichtig www.bolmepensjonat.no post@bolmepensjonat.no Tel. +47 (0)71 66 40 50 / +47 (0)99 26 58 07
Kårøyan Fjellgård, *zelten möglich* *Mitte Juni – Mitte August* *Sonntag Café + Buffet 12-18 Uhr*	(280 m)	keine ÜN mehr	Reservierung Café lillist2@online.no Tel. +47 (0)93 68 93 15
Saga Trollheimen Hotel, Rindal	(75 m)	H/80	Strom, Reservierungspflichtig www.sagatrollheimenhotel.no saga@sagatrollheimenhotel.no Tel. +47 (0)71 66 55 02 / +47 (0)97 75 48 58

Beliebte Etappen-Kombination als Weitwanderweg

Start- & Endpunkt:
Imarbu
Etappen:
N003 oder N004

Dauer: ½–2 h
Länge: 2–6 km
Zelt: nicht erforderlich

Hütte Imarbu

Die **Hütte Imarbu** sollte man sich nicht entgehen lassen. Sie liegt 700 Meter vom Parkplatz und drei Kilometer von der nächsten Bushaltestelle entfernt. Die Landschaft rund um die Hütte ist traumhaft schön. Hier vergisst man allen Stress. Der Geruch des Meeres und das Geschrei der Möwen verlangsamen Schritte und Gedanken. An der Hütte befindet sich auch ein in traditioneller Bauart gefertigtes Ruderboot, Hinweise zu seiner Benutzung hängen in der Hütte. Dort gibt es Angelruten für unter 16-Jährige, ältere können eine eigene Angelrute und die erforderliche Genehmigung mitbringen.

Startpunkt:
Halsa
Endpunkt:
Aure, zurück mit dem Bus
Etappen:
*N022–N021–N019–N018–N012–N009–N007–N006
Die Route kann in beide Richtungen gelaufen werden.*

Dauer: 8–9 Tage
Länge: 99 km
Zelt: nicht erforderlich

Fjordruta (etappe Halsa – Aure)

Die Anfang der 2000-er Jahre eröffnete **Fjordroute** ist der ganze Stolz der Region Nordmøre. Die Wanderoute verläuft zwischen dem Flughafen **Kristiansund** (*Kvernberget*) und der Fähranlegestelle **Halsa**. Man muss die Strecke nicht vollständig ablaufen, sondern kann unterwegs an vielen Stellen ein- oder aussteigen oder mit dem Bus zurück zum Ausgangspunkt fahren. Entlang der Route gibt es mehrere Parkplätze, an denen man sein Auto für die Zeit der Wanderung stehen lassen kann. Im Folgenden wird eine von vielen Möglichkeiten beschrieben, auf der Fjordroute zu wandern.

Die Route startet auf dem Parkplatz südlich von **Halsa**, von dem man über die Hütten **Jutulbu**, **Tverrlihytta** und **Hardbakkhytta** nach **Grytbakksetra** wandert. Dann läuft man weiter in Richtung Norden nach **Storlisetra** und über den Ort **Vinjeøra** sowie die Hütten **Storfiskhytta** und **Rovangen** zum Ort **Aure**.

Von **Aure** geht es mit dem Bus nach **Kristiansund** (Fahrplan: www.frammr.no), wo man in den Bus zurück nach **Halsa** umsteigt. Die Bushaltestelle ist am Fähranleger, von dort geht es 2,5 km nach Süden zurück zum Parkplatz.

Karten für das Wandergebiet Nordmøre

Nordeca Turkart
*Maßstab 1 : 100.000
reiß- & wasserfest*
2607 Fjordruta (2014)

Nordeca Norge-serien
*Maßstab 1 : 50.000
reiß- & wasserfest*
10083 Kristiansund (2015)
10084 Surnadal (2015)
10088 Smøla (2015) 10089 Kyrksæterøra (2015)

ROUTEN IM WANDERGEBIET NORDMØRE

START- & ENDPUNKTE DER ROUTEN

1. Kvernberget Flughafen, Kristiansund, P, Bus, Boot
2. Trollstua, DNT, Tømmervåg (3 km): P, Bus, Boot
3. Gullsteinvollen, DNT
4. Imarbu, DNT, P, Bus (ca. 2 km)
5. Nersetra, DNT, P
6. Aure, PBH, Bus
7. Rovangen, DNT
8. Storfiskhytta, DNT
9. Sollia, DNT
10. Storlisetra, DNT, Bus (ca. 3 km)
11. Kårøyan, keine ÜN, zelten möglich
12. Grytbakksetra, DNT
13. Saga Trollheimen Hotel, Rindal, PBH, P, Bus
14. Oppsalvatnet (Vinjefjord), keine ÜN, P
15. Hermannhytta, DNT
16. Sætersetra, DNT, Bus (ca. 2km)
17. Hardbakkhytta, DNT
18. Tverrlihytta, DNT
19. Seterbøen (Bøverdalen), keine ÜN, P,
20. Jutulbu, DNT
21. Halsa Fähranleger, keine ÜN, Boot, Bus

WEITERE HÜTTE AN DEN ROUTEN

1. Bolme Pensjonat

ÜN = Übernachtung P = Parkplatz Bus = Bushaltestelle Boot = Bootsanlegestelle
PBH = Privat betriebene Hütte / Hotel DNT = Hütte des Den Norske Turistforening

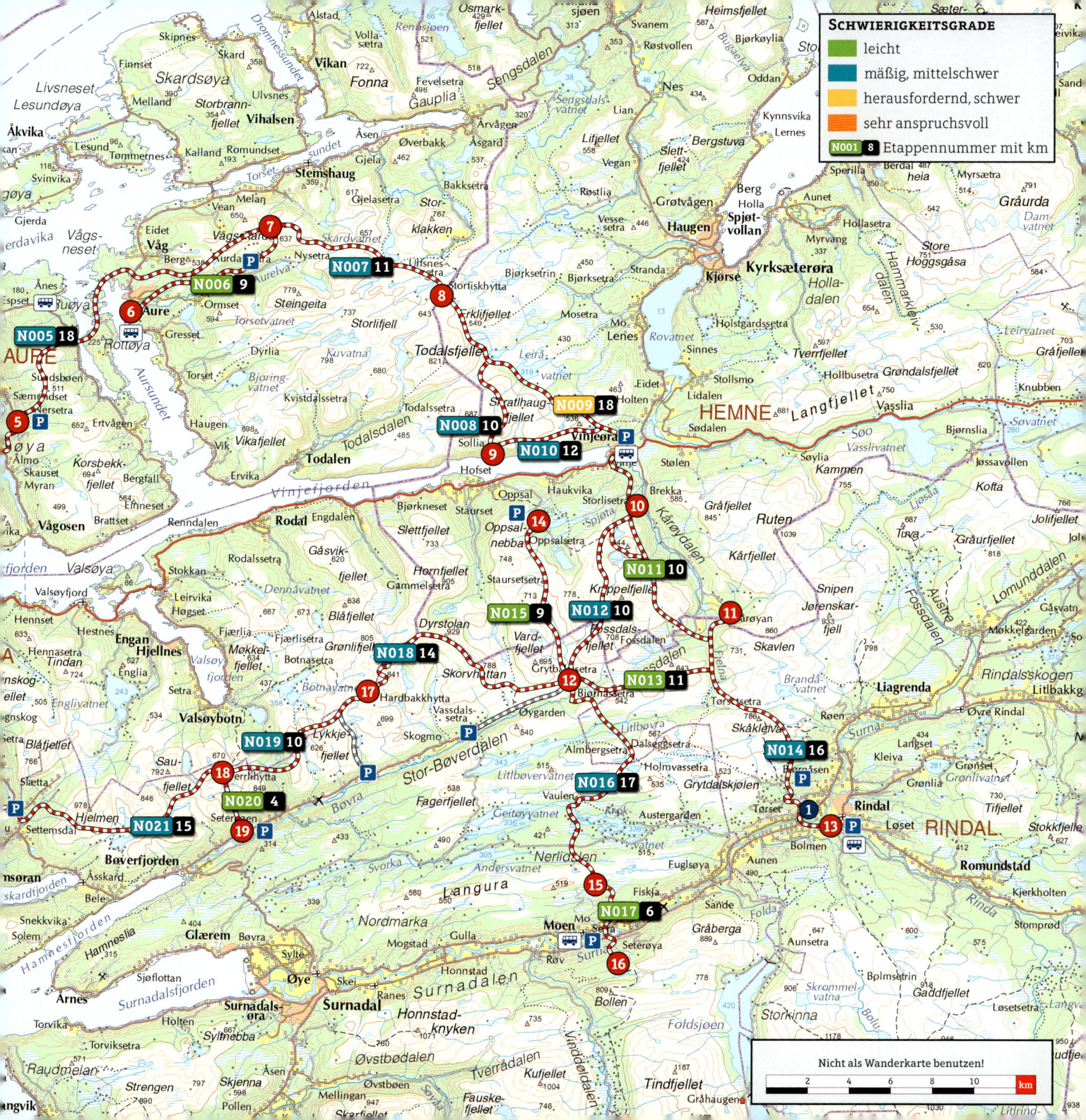

| **N001** | **8 km** | **Flughafen Kristiansund – Trollstua 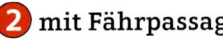 mit Fährpassage** |

Die mit Wegweisern markierte Wanderroute beginnt unweit von **Kristiansund**, am östlich der Stadt gelegenen Flughafen **Kvernberget**, von dem aus man den Wegweisern ungefähr 3 km in Richtung Osten zum **Fähranleger Seivika** folgt. Man nimmmt hier die Fähre nach **Tømmervåg** *(die Überfahrt dauert 30 Minuten)*.

Nach der Fährüberfahrt folgt man erneut den Wegweisern, nun in Richtung Nordosten und läuft entlang einer kleinen Nebenstraße zur Landstraße FV 370, der man nach rechts etwa 200 m folgt. An der nächsten Straße biegt man, der Ausschilderung folgend, nach links, 200 m weiter beginnt der Wanderweg, dem man noch etwa 2,5 km bis zur Hütte **Trollstua** folgt. Zur Trollstua führen auch für Autos befahrbare Straßen. In der Nähe der Hütte liegt der See **Bjørnavatnet** (53 m) mit hervorragenden Bademöglichkeiten.

| **N002** | **8 km** | **Trollstua 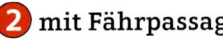 – Hütte Gullsteinvollen ** |

Die Tour beginnt südlich des Sees **Bjørnavatnet** (53 m) in Richtung Ostsüdost. Nach einem kurzen Stück gelangt man an einen Feldweg, dem man 200 m nach Süden bis zu einer T-Kreuzung folgt. Die Route biegt nach links ab und führt nördlich am See **Jørenvågvatnet** (65 m) entlang, dann den Hang hinauf auf den vorn aufragenden Berg zu. Der **Jurtinden** (857 m), der daneben aufragende **Leirtinden** (760 m) und der etwas weiter weg liegende **Skarven** (896 m) bilden zusammen eine atemberaubend schöne Landschaft, die unüberwindlich scheint. Doch keine Sorge, schon bald beginnt ein steiler Aufstieg schräg über den Südhang des **Jurtinden**. Auf gut 1 km werden 340 Höhenmeter erklommen. Die Route führt über die Bergflanke und dann kurz, aber steil und schräg bergab. Weiter geht es, etwas weniger steil bergauf, zu einem Plateau zwischen dem **Jurtinden** und dem **Skarven**, über das man wandert und danach ins **Gullsteinsdalen**-Tal absteigt.

Vom Plateau aus ist der Blick fantastisch: im Norden liegen das offene Meer mit der Insel **Smøla** und das Tal **Gullsteinsdalen**, im Süden die Fjord- und Bergregion des **Nordmøre**. Bei gutem Wetter sollte man seinen Rucksack auf dem Plateau zurücklassen und den Gipfel des **Jurtinden** besteigen.

Der Abstieg hinunter ins **Gullsteinsdalen** ist anfangs sehr steil, wird aber nach und nach flacher. Die den Wanderweg einrahmenden Berge **Jurtinden**, **Leirtinden** und **Skarven** ragen majestätisch empor.

Auf dem letzten Kilometer geht es weniger steil bergab und an der **Gullsteinsetra** vorbei, dann sind es noch 600 m Feldweg bis zur Hütte **Gullsteinvollen**.

N003 | 14 km | Hütte Gullsteinvollen ③ – Hütte Imarbu ④

Von der Hütte aus folgt man dem leicht abschüssigen Feldweg Richtung Norden und kommt nach gut 1 km an eine T-Kreuzung, an der man links nach 400 m zum hinter der Brücke gelegenen kleinen Parkplatz gelangen kann. Unser markierter Wanderweg zur **Hütte Imarbu** führt auf dem Feldweg dagegen nach rechts in Richtung Nordosten und mündet auf die **Straße Rv 680**. Dieser folgt man nach rechts, vorbei an der hübschen **Gullstein kirke**, und quert über die Brücke **Sålåsundbrua** die Bucht **Mevika**. Nach der Brücke führt die Route auf der Insel **Stabblandet** über einen kleinen Berg und ein kurzes Stück auf der Straße unter Stromleitungen hindurch, bis man wieder auf den Wanderweg trifft. Etwa 900 m später wird eine Landstraße überquert. Der Weg führt über den Berg **Trollskarhaugen** (197 m) – bis zum Gipfel sind auf 500 m stolze 160 Höhenmeter zurückzulegen und auch wieder abzusteigen.

Der Wanderweg mündet auf eine Straße ein auf der man nordwärts wieder zur **Straße Rv 680** gelangt. Wir folgen ihr nach rechts etwa 3 km und kommen mit den beiden Brücken über den **Imarsundet** auf die gegenüberliegende Seite der Bucht. Von den Brücken hat man einen fantastischen Blick auf die kleinen Inselchen und Felsklippen die im Meer verstreut liegen. Am nächsten Abzweig folgt man der Ausschilderung nach rechts und geht an hohen Felswänden vorbei 1,5 km Richtung Süden zu einer weiteren Kreuzung, an der man erneut der Ausschilderung nach rechts folgt und nach einem

Halsa, *Etappe N022*.

Tor auf einem leicht abschüssigen Waldweg die letzten hundert Meter zur **Hütte Imarbu** zurücklegt. *Imarbu* liegt an einem unwirklich schönen Fleck, unmittelbar am Ufer des *Imarsundet*. Gegenüber ragen die zerklüfteten Berge **Litløra** (637 m) und **Storøra** (905 m) auf, weiter entfernt ist der stark gefaltete Bergrücken des **Stabben** (908 m) zu erkennen. Im Bootsschuppen liegt ein in traditionaler Bauart gefertigtes Ruderboot, das von den Gästen genutzt werden kann. In der Hütte findet man Hinweise zur Nutzung des Bootes sowie Schwimmwesten.

N004 | 12/13 km | Hütte Imarbu ④ – Hütte Nersetra ⑤

Von der **Hütte Imarbu** geht es mäßig steil über Bohlen und Baumwurzeln den Wandweg hinauf. Nach einem Gatter trifft der Weg auf einen Fahrweg. Links käme man zur Hütte Gullsteinvollen *(N003)*, wir gehen nach rechts, folgen dem Sandweg mit Blick auf den über die Bäume aufragenden Berg **Storøra** (905 m), bis nach rund 400 m der markierte Wanderweg links in ein Wäldchen abzweigt. Für den weiteren Weg zur **Nersetra** gibt es zwei Routen-Varianten: nördlich oder südlich am See **Hundhammarvatnet** (76 m) vorbei.

Route 1: Der nördliche Weg führt durch ein schwierig zu begehendes Kiefernwäldchen und schlängelt sich durch bergiges und stellenweise sumpfiges Gelände. Die Bodenvegetation ist dicht und es ist nicht immer leicht, die Wegmarkierung zu erkennen. Knapp 2 km läuft man über den Südhang des *Ormbostadfjellet* (328 m) bergab in Richtung Westen zur *Landstraße 367*. Jenseits der Landstraße setzt sich der Weg fort durch teils sumpfiges Gebiet, nördlich am kleinen *Svarttjønna* (73 m) und dem deutlich größeren *Vollvatnet* (62 m) vorbei. Nach diesem beginnt ein mäßig steiler, aber langer Anstieg über einen bewaldeten Hang, der nach Querung eines Gebirgsbaches südlich des Sees *Sagvikvatnet* (128 m) endet. Dann führt der Weg anfangs flach, später steiler bergab zum Rand des *Foldfjord* und eröffnet dabei einen herrlichen Blick über den Fjord. Auf einer Dorfstraße geht es südostwärts gut 1 km weiter bis zur Kreuzung in *Ålmo*.

Route 2: Die andere Variante schlängelt sich ab und auf etwa 2 km weiter auf dem Sandweg südwärts bis zur Kreuzung mit der *Landstraße 367*. Der Weg ist ausgeschildert, überquert die Straße und führt über weicheren Boden in die Uferlandschaft des *Hundhammarvatnet*. Nach dem See folgt ein kurzer, aber steiler Aufstieg zum Scheitel des knapp 180 m hohen *Olvikåsenfjells* und über einen kurzen Hang hinunter durch teils sumpfiges Gelände zum Südufer des Sees *Olvikvatnet* (87 m). Von dort führt der Weg mäßig steil bergauf durch eine kiefernbestandene, waldige Gegend zur Nordseite des Sees *Setertjønnin* (197 m). Ein kleiner Bach wird von Stein zu Stein überquert. Vom See aus hat man einen schönen Blick auf das geschichtete Panorama der zerklüfteten Berge *Litløra* (637 m) und *Storøra* (905 m). Nun läuft man etwa 1,5 km durch eine hügelige Gegend. Über einen abschüssigen Hang kommt man auf einen Feldweg, dem man immer noch bergab, man hat hier einen malerischen Blick auf den *Foldfjord*, zu einer kleinen Straße am Rand des Fjords folgt. Diese geht man etwa 500 m südostwärts bis zur Straßenkreuzung mit der Straße 682 in *Ålmo*.

Die beiden Routen treffen hier wieder zusammen und man läuft nun an der Straßenkreuzung in *Ålmo* nach links und folgt der *Straße 682* nordwärts bergauf gut 2 km bis zu einer Kreuzung, an der es auch einen Parkplatz gibt. Hier wendet man sich nach rechts, geht den Sandweg hinauf, an einem Eigenheim vorbei und über einen steilen Aufstieg weitere 700 m zur mitten in einer Wiese gelegenen *Hütte Nersetra*.

N005 — 18 km — Hütte Nersetra  – Hütte Rovangen

Von der schönen *Hütte Nersetra* bricht man nach Nordosten auf und läuft über einen steilen Hang (120 Höhenmeter auf 700 m) bergauf. Der Aufstieg führt zu einer privaten Hütte, an deren Vorderwand unübersehbar "Solvanghytta" steht. Die Wegmarkierungen sind dagegen viel schwerer zu erkennen und rote Wegzeichen weisen in verschiedene Richtungen. Die Route führt an der *Solvanghytta* vorbei, noch 1 km weitere 200 Höhenmeter steil bergauf über den Berg *Vardfjellet* (511 m) und wendet sich dann nach und nach Richtung Norden. In Laufrichtung hat man einen freien Blick so weit das Auge reicht und mit hunderten Inseln und Inselchen unterschiedlichster Größe, aus denen die klar erkennbare Rückenflosse des *Høvikfjellet* (243 m) aufragt, eröffnet sich ein fantastisches Panorama.

Der Weg zieht sich in einem weiten Bogen westlich um den Gipfel des Berges *Hostegga* (505 m) herum, dann beginnt in Richtung Osten ein ziemlich steiler Abstieg zum Dorf *Giset* und der *Straße Rv 680*. Der Blick über den Sund auf *Aure* ist großartig. Unweit der Stelle, an der der Wanderweg auf die Straße trifft, befinden sich die Bushaltestellen in Richtung Kristiansund und Aure.

Die Route führt nun 5 km die *Straße Rv 680* entlang Richtung Aure und überquert, bzw. durchquert dabei drei Brücken und zwei Tunnel. Insbesondere von den Brücken bieten sich einzigartige Ausblicke auf die umgebende Berg- und Fjordlandschaft. Die Straße mündet in einen Kreisverkehr, in dessen Nähe es auch eine Bushaltestelle gibt. Hier geht man geradeaus weiter auf einer kleinen Straße *(Kjelklia)* durch Industriegebiet und folgt den Wegweisern etwa 400 m die Straße entlang, bis diese in einen markierten Wanderweg übergeht.

Gleich darauf quert der einen Feldweg, führt in Richtung Nordosten und trifft dann auf einen weiteren Feldweg, der schon bald darauf nach Süden schwenkt. In einem weiten Bogen geht es südlich um den Berg *Bergsfjellet* (538 m) herum. Danach beginnt ein steiler Anstieg durch den Wald in Richtung Ostnordost und dann in offeneres Gelände. Auf gut 1 km Wegstrecke werden 220 Höhenmeter überwunden. Unten liegt das Tal *Aurdalen*, hinter dem die massiven und gedrungenen Berge *Ormsetfjellet* (594 m) und *Steingeita* (779 m) aufragen. Der Weg wendet sich in Höhe des Sees *Bergsvatnet* (311 m) nach Norden und senkt sich mäßig steil zum See hinunter. Nördlich am See wendet sich unsere Route erneut nach Ostnordost und es beginnt ein steiler Aufstieg, bei dem auf 1 km etwa 250 Höhenmeter zurückgelegt und dabei die Baumgrenze passiert wird.

Nach dem Aufstieg geht es entlang des Südhangs des Berges *Rostolen* (650 m). Die Szenerie der Landschaft im Süden hinter dem *Aurdalen*-Tal wirkt immer wuchtiger. Unterwegs kommt man an den Überresten eines ehemaligen Weges zur Storfiskhytta vorbei. Der letzte Hang zur *Hütte Rovangen* ist mäßig steil. Die Hütte steht an einer geschützten Stelle unmittelbar am Ufer des Sees *Rostolvatnet* (445 m) und erinnert an die alte Tradition des Flößens. Unweit der Hütte gibt es einen Abzweig in Richtung Südwesten zur Ferienhaussiedlung Tverrbotn und zu einem Sandweg, der ins Zentrum des Ortes Aure sowie zur Bushaltestelle führt *(N006)*.

N006 · 9 km · Hütte Rovangen 7 – Ort Aure (Bus) 6

Von der Hütte geht man nach Südwesten einen kurzen, flachen Hang hinauf zu einer Bergfalte. Linkerhand ragt der gut erkennbare *Pikfjellet* (637 m) auf. Der Blick nach vorn ins Tal *Aurdalen* und die gedrungenen Berge *Ormsetfjellet* (594 m) und *Steingeita* (779 m) ist großartig.

Die Route führt weiter steil bergab. Es geht etwa 1 km durch eine Moränenlandschaft und in leichten Windungen bis zu einem Feldweg. Auf diesem durchquert man eine Ferienhaussiedlung bis der Weg auf die Landstraße trifft, wo sich in der Nähe ein kleiner Parkplatz befindet. Hier wendet man sich nach rechts und folgt der Straße westwärts etwa 5,5 km bis ins Zentrum von *Aure*.

N007 · 11 km · Hütte Rovangen 7 – Storfiskhytta 8

Von der *Hütte Rovangen* geht es nach Osten, über einen ziemlich großen Sumpf und nördlich am leicht erkennbaren Berg *Pikfjellet* (637 m) vorbei. Über einzelne steile Hangfalten gelangt man hinauf zum Ostende des Berges. Unser markierter Wanderweg führt nach Süden und an den Überresten eines ehemaligen Weges in Richtung Aure vorbei. Nun wieder südostwärts geht es weiter über den Berg *Storskardknausen* (538 m), dann einen schmalen Bergrücken hinauf auf einen engen und steinigen Pass nördlich der Seen *Strumptjønnin* (535 m). Auf dem

Pass liegen teils große Felsbrocken und der Weg ist sehr spannend. Bei Nebel sollte man genau auf die Wegmarkierung achten. Nach den Seen geht es einen kurzen Hang hinauf, danach über einen nackten Felshang hinab zum See **Skardvatnet** (346 m). Vom Hang hat man einen schönen Blick auf den hinter dem See aufragenden, gedrungenen Berg *Litlklakken* (718 m). Auf etwa 1,5 km geht es 210 Höhenmeter hinunter, bei Regen ist der Hang mitunter extrem glatt. Auf dem Weg zum Seeufer kommt man an drei kleinen Wasserfällen vorbei.

Südlich des Sees **Skardvatnet** passiert man dann eine private Hütte und quert alsbald den Fluss **Vihalselva**, der leicht zu durchwaten ist, im Spätsommer gelangt man auch von Stein zu Stein balancierend hinüber.

Weiter geht es nach Südosten und es folgt ein ziemlich nasser Abschnitt bis zum Fluss **Tverrelva**. Der schmale, von Moorbirken gesäumte Weg verläuft hoch oberhalb des Flusses, der hier mehr einer Stromschnelle ähnelt. Zurück hat man einen schönen Blick auf die Berge *Litlklakken* und **Storklakken** (767 m). Etwas weiter entfernt sind westlich des **Skardvatnet** die drei kleinen Wasserfälle als Striche auf dem Fels zu erkennen. Weiter geht es zum Anfang der Stromschnelle, wo der **Tverrelva** auch überquert wird. Bei niedrigem Wasserstand gelingt das von Stein zu Stein an der mit Farbe markierten Stelle. Im Frühsommer und nach langen, starken Regenfällen steigt der Fluss merklich an und dann wird empfohlen, den Fluss etwa 100 m weiter flussauf zu überqueren, wo er ruhiger und breiter fließt.

Der markierte Weg folgt dem Fluss **Tverrelva** stromauf. Er ist gut zu laufen und führt durch leicht hügeliges Gelände in Richtung Süden, wendet sich nach Osten nördlich am See **Blomlivatnet** (425 m) vorbei, dann südostwärts die letzten 700 m bis zur Hütte **Storfiskhytta**.

Die Hütte Rovangen.

| **N008** | **10 km** | Storfiskhytta ❽ – Hütte Sollia ❾ |

An der **Storfiskhytta** geht es zunächst nach Süden. Der markierte Weg führt westlich im Bogen um den See **Storlivatnet** (439 m) herum und einen kurzen Anstieg hinauf zum Sattel zwischen den Bergen **Storlia** (643 m) und **Flatfjellet** (504 m). Am Hang gegenüber steht eine sehr interessant und ungewöhnlich aussehende steinerne Hütte, die den Charakter einer Einsiedelei hat. Der gut zu laufende Weg führt nun am See **Nyvatnet** (482 m) vorbei Richtung Südsüdost durch stellenweise sumpfiges Gelände zum See **Erklipollen** (459 m).

Der Blick in Wanderrichtung ist sehr vielseitig. Die sanft geschwungene Fjelllandschaft liegt breit und friedlich da. In unmittelbarer Nähe ist die Bergspitze des **Todalsfjellet** zu sehen, der mit seiner Wildheit einen schönen Kontrast zur ihn umgebenden ruhigen Landschaft bildet. Es folgt ein steiler, aber nicht allzu langer Abstieg über die Ostseite des schön aufragenden Berges **Todalsfjellet** (821 m). Durch hügeliges Gelände geht es kurz ostwärts, dann wieder in südsüdöstliche Richtung zur Südseite des Sees **Skardsetervatnet** (338 m). Hier, in der Nähe des Hofes **Skardsetra**, etwa 2,5 km nach dem **Erklipollen**, gibt es einen Abzweig Richtung Südosten zur Storlisetra (N009).

Unsere Route führt weiter nach Südwesten und nach einem kurzen, überwiegend bergauf verlaufenden Stück überquert man ohne Schwierigkeiten das Flüsschen **Raudbekken**.

Nur 500 m später wendet sich der Weg nach Süden und es beginnt ein 1,2 km langer Aufstieg über 250 Höhenmeter. Er ist zwar schweißtreibend, wird aber mit einem fantastischen Blick vom Scheitel des **Snøfjellet** (674 m) belohnt. Die steilen Hänge des **Todalsfjellet** ragen in der Nähe auf und weiter im Nordosten dehnt sich die Landschaft aus, so weit das Auge reicht.

Vom **Snøfjellet** geht es weiter in Richtung Südsüdost und nach etwa 1 km wendet sich der Hang hinunter zur hoch über dem Fjord stehenden **Hütte Sollia**. Der Blick von hier in den **Vinjefjord** ist einfach traumhaft. Vom oberen Ende des Hangs bis zur Hütte sind es knapp 2 km, auf denen es 340 Höhenmeter bergab geht.

| **N009** | **18 km** | Storfiskhytta ❽ – Hütte Storlisetra ❿ |

An der **Storfiskhytta** geht es zunächst nach Süden. Der markierte Weg führt im Bogen westlich um den See **Storlivatnet** (439 m) herum und einen kurzen Anstieg hinauf zum Sattel zwischen den Bergen **Storlia** (643 m) und **Flatfjellet** (504 m). Am Hang gegenüber steht eine sehr interessant und ungewöhnlich aussehende steinerne Hütte, die den Charakter einer Einsiedelei hat. Der gut zu laufende Weg führt nun am See **Nyvatnet** (482 m) vorbei in Richtung Südsüdost durch stellenweise sumpfiges Gelände zum See **Erklipollen** (459 m). Nun folgt ein steiler, aber nicht allzu langer Abstieg über die Ostseite des schön aufragenden Bergs **Todalsfjellet** (821 m). Durch hügeliges Gelände geht es kurz ostwärts, dann wieder in südsüdöstliche Richtung zur Südseite des Sees **Skardsetervatnet** (338 m). Der Blick in Wanderrichtung ist sehr vielseitig. Die sanft geschwungene Fjelllandschaft liegt breit und friedlich da. In unmittelbarer Nähe ist die Bergspitze des **Todalsfjellet** zu sehen, der mit seiner Wildheit einen schönen Kontrast zur ihn umgebenden ruhigen Landschaft bildet.

Etwa 2,5 km nach dem **Erklipollen** gelangt man in die Nähe des Hofes **Skardsetra**, wo es einen Abzweig in Richtung Südwesten zur Hütte Sollia gibt *(N008)*.

Unser Weg führt ein kurzes Stück zum Ufer des Flüsschens Raudbekken, das ohne Schwierigkeiten gequert wird. Dann geht es ostwärts leicht bergauf bis sich vor uns der See **Leiråvatnet** (319 m) ausbreitet. Richtung Südosten gelangen wir durch Birkendickicht hinunter. Im Süden des Sees geht es durch leicht hügeliges, manchmal schwieriges und nasses Gelände. Beim Zurückschauen genießt man den schönen Blick über den **Leiråvatnet**.

Die Birken lichten sich und der Weg führt vom See weg zunehmend steil bergauf, bevor er sich dann zum Fluss **Skratlhaugdalsbekken** hinabsenkt. In Flussnähe ist der Boden sumpfig, den Fluss selbst kann man von Stein zu Stein balancierend überqueren.

Jenseits des Flusses folgt man seinem Bett im Tal nach Südosten und bewegt sich dabei teils in sumpfigem und steinigem Gelände. Aus dem **Skratlhaugdalen** geht es über die Ostflanke des **Grytvassfjellet** (536 m) hinauf durch stellenweise sumpfiges Terrain zu einer Gabelung. Nach Westen gelangt man zur Hütte Sollia *(N010)*.

Unser Weg zur **Storlisetra** verläuft weiter nach Südosten. Für uns beginnt ein etwa 3 km langer und 460 Höhenmeter überwindender Abstieg zum Ort **Vinjeøra**. Der Weg taucht zunächst in ein Fichtenwäldchen ein, folgt aber auf dem letzten Stück den Straßen durch das am Ende des **Vinjefjords** gelegene Dorf. *Hier kommt man auch an der 1820 erbauten, hübschen achteckigen Holzkirche Vinje kirke vorbei. Sie hat ein romanisches Kruzifix, wahrscheinlich aus dem 13. Jahrhundert.* Dann läuft man zur Straßenbrücke der **Europastraße E 39** über den Fluss **Fjelna**. Der Blick über den schmalen Fjord, der von hohen steilen Berghängen flankiert wird, ist malerisch.

Hinter der Brücke bleibt man noch 200 m auf der

Leiråvatnet (319 m), *Etappen N008 & N009.*

Fjellplateau in Nordmøre, Etappe No18.

E 39, dann weisen Wegmarkierungen einen kleineren Feldweg aus, dem man, vorbei an einem Bauernhof, folgt. Der Weg schlängelt sich etwa 3 km lang über 260 Höhenmeter hinauf zur **Hütte Storlisetra**. Von ihr aus hat man einen herrlichen Blick über den See **Rovatnet** (13 m) und den ihn flankierenden Berg **Roberget** (342 m).

N010 · 12 km · Hütte Sollia ⑨ – Hütte Storlisetra ⑩

Von der schön gelegenen **Hütte Sollia** geht es, den Wegmarkierungen folgend, Richtung Osten. Gleich an der Hütte beginnt ein 600 m langer und steiler Anstieg über 100 Höhenmeter. An der Nordseite des **Vinjefjords** läuft man über die Südhänge des **Vardfjellet** (535 m) und des **Skratlhaugfjellet** (601) durch hügeliges Gelände leicht bergauf zur Südseite der **Småtjønnin**-Seen (450 m). Nun wird das Wandern etwas leichter und es bleibt Zeit, den atemberaubenden Blick in den Fjord zu genießen.

Der Weg führt danach durch leichtes Gelände südlich am See **Grytvatnet** (430 m) entlang, an dem eine private Hütte steht. An der Gabelung zweigt ein Weg nach Nordwesten zur Hütte Storfiskhytta ab *(No09)*.

Unser Weg biegt nach Südosten. Für uns beginnt ein etwa 3 km langer und 460 Höhenmeter überwindender Abstieg zum Ort **Vinjeøra**. Der Weg taucht zunächst in ein Fichtenwäldchen ein, folgt aber auf dem letzten Stück den Straßen durch das am Ende des **Vinjefjords** gelegene Dorf. *Hier kommt man auch an der 1820 erbauten, hübschen achteckigen Holzkirche Vinje kirke vorbei. Sie hat ein romanisches Kruzifix, wahrscheinlich aus dem 13. Jahrhundert.* Dann läuft man zur Straßenbrücke der **Europastraße E 39** über den Fluss **Fjelna**. Der Blick über den schmalen Fjord, der von bis zu 500 Meter hohen steilen Berghängen flankiert wird, ist malerisch.

Hinter der Brücke bleibt man noch 200 m auf der *E39*, dann weisen die Wegmarkierungen einen kleineren Feldweg aus, dem man, vorbei an einem Bauernhof, folgt. Der Weg schlängelt sich etwa 3 km lang über 260 Höhenmeter hinauf zur *Hütte Storlisetra*. Von ihr aus hat man einen herrlichen Blick über den See *Rovatnet* (13 m) und den ihn flankierenden Berg *Roberget* (342 m).

N011 | 10 km | Hütte Storlisetra ⑩ – Bauernhof Kårøyan (keine ÜN, zelten)

Gleich an der Hütte beginnt ein heftiger Aufstieg Richtung Südwesten, der auf gut 1 km sage und schreibe 230 Höhenmeter hinaufführt.

Alternative Route: Nach 800 m zweigt ein Weg nach Südsüdost ab, der östlich des Storlivatnet auch zum Kvernabekken führt, wo die Routen wieder zusammentreffen.

Im oberen Teil ist der Anstieg weniger steil. Während des Aufstiegs bietet sich ein fantastischer Blick zurück. Unmittelbar nach dem Aufstieg geht es einen kurzen, aber ebenfalls recht steilen Berg hinunter zur einer Brücke, die den Seeabfluss hinter dem *Storlivatnet* (464 m) überspannt. Hinter ihr gabelt sich der Weg, der rechte Abzweig in Richtung Südwesten führt westlich am See Middagslivatnet (493 m) vorbei zur Hütte Grytbakksetra *(N012)*.

Unser Weg zum *Bergbauernhof Kårøyan* (Café So 12–17 Uhr) führt nach Süden den Hang hinunter, am Westufer des *Storlivatnet* längs, dann leicht ansteigend vom südlichen Seeende zum *Middagslivatnet*. Hier ändert sich die Richtung nach Südosten, der Hang im Osten des *Middagslivatnet* ist recht steil, dann geht es weiter leicht bergab zum Westhang des Tales *Kårøydalen*.

Nun wendet sich der Weg wieder nach Süden, trifft mit der *alternativen Route* zusammen und führt kurz darauf von Stein zu Stein über das Flüsschen *Kvernabekken*. Der Blick durch das *Kårøydalen* in Richtung Osten ist wunderschön: Am Ostrand ragen der *Gråfjellet* (845 m) und der *Ruten* (1.039 m) auf. Hinter dem *Kvernabekken* geht es bergauf. Der Anstieg ist nicht steil, sondern verläuft mäßig schräg über den Berghang nach oben. Weiter geht es auf der Ostseite eines Sees (532 m) und erneut ansteigend zum Sattel zwischen den Bergen *Anderslifjellet* (727 m) und *Knippelfjellet* (870 m). Bis hierher betrug der Anstieg 200 Höhenmeter auf 2 km.

Nach dem Sattel läuft man über den Hang leicht bergab zum unten sich ausbreitenden Tal *Fossdalen*. Der Abstieg endet nach 2,5 km und 320 Höhenmeter und kreuzt einen Feldweg. Den Fluss *Fosselva* kann man ohne Schwierigkeiten durchqueren, danach geht es kurz hinauf über den Fluss Fjelna zu einer T-Kreuzung, nach Süden kommt man zur Hütte Grytbakksetra *(N013)* und dem Hotel Saga Trollheimen *(N014)*. Nach *Kårøyan* dagegen geht es nach Norden. Nach einem sumpfigen Abschnitt läuft man unter einer Stromleitung hindurch, danach wendet sich der Weg nach Nordosten und kommt nach 1 km zum *Bergbauernhof Kårøyan* (zelten).

N012 | 10 km | Hütte Storlisetra ⑩ – Hütte Grytbakksetra ⑫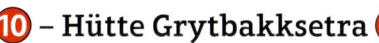

Gleich an der Hütte Storlisetra beginnt ein heftiger Aufstieg in Richtung Südwesten, der auf gut 1 km sage und schreibe 230 Höhenmeter hinaufführt. Im oberen Teil ist der Anstieg weniger steil. Während des Aufstiegs bietet sich ein fantastischer Blick zurück. Unmittelbar nach dem Aufstieg geht es einen kurzen, aber ebenfalls recht steilen Berg hinunter zu einer Brücke, die den Seeabfluss hinter dem *Storlivatnet* (464 m) überspannt. Nach der Brücke gabelt sich der Weg und der Abzweig in Richtung Süden verläuft östlich am See Middagslivatnet (493 m) vorbei zum Bergbauernhof Kårøyan (N011).

Unser Weg führt leicht bergauf in Richtung Südwesten, kurz darauf folgt erneut ein Abzweig, der rechts den Wanderer nach Staurset am Vinjefjord bringt. Von dort erreicht man die Hütte Sollia per Boot. *Ein Transfer muss rechtzeitig vorher bestellt werden: Tel. +47 (0)92 23 97 48 oder +47 (0)90 93 80 85 oder +47 (0)98 81 57 13.*

Wir gehen vom Abzweig weiter nach Süden durch gut zu laufendes Gelände an die Westseite des Sees *Middagslivatnet*. Der Blick zurück ist absolut malerisch. Bergab kommen wir durch eine kleine Birkenansammlung und laufen dann in etwas hügeligeres Gelände bevor der Weg schließlich mäßig steil im Westen des Berges *Knippelfjellet* (870 m) auf ein breites Fjellplateau hinaufführt. Eine fantastische Sicht hat man hinunter auf den *Middagslivatnet*, den Berg *Flya* (644 m) und den weiter entfernten Berg *Ruten* (1.039 m).

Vom Fjellplateau verläuft der Weg einen stellenweise nassen und stark bewachsenen Hang bergab Richtung Süden. Nahe des Sees *Holavatnet* (529 m) folgen schlammigere Passagen, der Weg wendet sich südwestwärts. *In Seenähe gibt es eine interessante Infotafel die von dem Samen Torkel Jonassen Rutfjell (1839-1921) erzählt, genannt „Finn-Torkel", der hier gewohnt hat. Als tief religiöser Mann verfasste der Rentierhirte auch christliche Schriften und poetische Lieder.*

Dann läuft man etwa 1 km durch ebeneres Gelände bevor es erneut abschüssig wird. Durch stellenweise sumpfiges und welliges Terrain führt der Weg hinunter zur Brücke über den Fluss *Bøvra*. Nun sind es noch etwa 500 m bis zu der auf einer Anhöhe liegenden urigen *Hütte Grytbakksetra*, mit ihrem grasbewachsenen Dach.

N013 — 11 km — Bauernhof Kårøyan ⑪ – Hütte Grytbakksetra ⑫

Vom *Bergbauernhof Kårøyan* geht man zunächst 1 km nach Südwesten und wendet sich dann, nach Unterquerung der Stromleitung, Richtung Süden. Der Weg verläuft durch sumpfiges Gelände. An einem Abzweig Richtung Westen würde man zur Hütte Storlisetra gelangen *(N011)*. Unser Weg zur *Grytbakksetra* folgt weiter den Stromleitungen durch das Tal nach Süden entlang des Flussbetts des *Fjelna*. Nach 1,5 km gabelt sich der Weg erneut. Nach Süden kommt man zum Dorf Rindal mit seinem Hotel Saga Trollheimen *(N014)*.

Unser Weg führt nach Westen einen recht steilen Hang hinauf und legt dabei auf 1 km etwa 160 Höhenmeter zurück. Man überwindet die Baumgrenze und im offenen Fjell ist der Anstieg dann sehr gemäßigt. Weiter läuft man südlich des Bergs *Nonsfjellet* (643 m) entlang und erreicht den Scheitel, wo ein langer und mäßig steiler Abstieg zum Wendepunkt der beiden Täler *Stor-Bøverdalen* und *Fossdalen* beginnt. Vom offenen Fjell hat man bei gutem Wetter einen schönen Blick auf das *Trollheimen-Gebirge*.

Der Weg führt etwa 4 km leicht abwärts durch das offene Fjell und erreicht dann wieder die Baumgrenze. Von dort geht es gut 500 m bergab in Richtung Tal zu einer T-Kreuzung, an der man in Richtung Süden zur Hermannhytta gelangen kann *(N016)*.

Unser Weg biegt hier nach Nordosten und führt am Talgrund entlang, an dem es eine Reihe von kleineren Wegabzweigungen gibt. Von diesen unbeeindruckt, wendet sich unsere Route nordwestwärts und quert einen kleinen Gebirgsbach. Nun geht es wieder leicht bergauf und zurück ins offene Fjell. Nach 1 km und der Überquerung des Flusses *Bøvra* kommen wir zur grasbedeckten Holzhütte *Grytbakksetra*, die, wunderschön am Fluss mit Wasserfällen gelegen, zum Baden einlädt.

N014 16 km Bauernhof Kårøyan ⑪ – Saga Trollheimen Hotel ⑬

Vom *Bergbauernhof Kårøyan* läuft man zunächst 1 km nach Südwesten und wendet sich dann, nach Unterquerung der Stromleitung, Richtung Süden. Der Weg verläuft durch sumpfiges Gelände. Es folgt ein Abzweig an dem es in Richtung Westen zur Hütte Storlisetra geht *(N011)*. Unser Weg zum *Hotel Saga Trollheimen* folgt den Stromleitungen durch das Tal nach Süden. Nach 1,5 km gabelt sich der Weg erneut, ein Abzweig bringt den Wanderer nach Westen zur Grytbakksetra *(N013)*.

Unser Weg führt nach Süden weiter entlang des Flusses *Fjelna*. Es geht an einigen privaten Ferienhäusern vorbei, danach wird der Boden sumpfiger. Nun wendet sich der Weg nach Südosten und zieht sich über 3,5 km einen gemächlich ansteigenden Berghang bis zur Ostseite des Berges *Skåkleiva* (786 m) hinauf, von wo man einen herrlichen Blick auf das *Trollheimen-Gebirge* hat.

Vom Hang des *Skåkleiva* beginnt ein langer, unablässiger Abstieg nach Süden hinunter zum Dorf *Rindal*. Zunächst geht es in die Nähe der Baumgrenze, danach überquert man die Flüsse *Stokkåa* und *Ljøsåa* ohne Schwierigkeiten. Nach einem kurzen, eher ansteigenden Abschnitt, bewegt man sich kurz oberhalb der Baumgrenze und steigt dann ab zum *Parkplatz Tørsåsløa*. Von dort folgt man dem sich den Hang hinunterschlängelnden Sandweg zur *Landstraße 65* beim Dorf *Bolme*. Nur ein Stück bleibt man auf dieser Landstraße und biegt dann, der Ausschilderung folgend, nach links ab auf die *Straße Fv 340*. Dieser folgt man etwa 1,5 km bis zum stilvollen und überaus schönen, im Landhausstil errichteten *Hotel Saga Trollheimen* in *Rindal*. Das Hotel-Restaurant konzentriert sich auf Bio-Küche und serviert regionale Produkte wie Elch, Rentier, Moltebeeren und Lachs. Von hier kann man Wanderungen ins Trollheimen fortsetzen.

Grytfossen, *Etappe N017.*

| **N015** | **9 km** | Parkplatz Oppsalvatnet 14 – Hütte Grytbakksetra 12 |

Von dem nördlich des Sees **Oppsalvatnet** (328 m) liegenden Parkplatz läuft man auf der Straße am Westufer des See entlang Richtung Süden. Nach knapp 1 km zweigt rechts ein Fahrweg ab, der nach wenigen Metern an der Ferienhaussiedlung **Oppsalsetra** in einen markierten Wanderweg übergeht. Von der Straße aus, sind auf 2 km etwa 280 Höhenmeter zu überwinden. Der Weg führt östlich des Bergs **Skorroskallen** (748 m) auf dessen Flanke und dann wieder 1,5 km hinunter auf die Westseite des Sees **Storbekkdalstjønna**. Dort zieht sich der in südlicher Richtung verlaufende Weg im Zickzack am Osthang des **Storbekkdalsfjellet** (713 m) auf und ab.

Noch etwa 3 km nach Süden sind es entlang des **Storbekkdalen** bis zu der mit einem Grasdach versehenen **Hütte Gryttbakksetra**. Unterwegs werden mehrere Bäche ohne Schwierigkeiten überwunden.

| **N016** | **17 km** | Hermannhytta 15 – Hütte Grytbakksetra 12 *Höhle!* |

An der **Hermannhytta** geht es einen kurzen, aber steilen Berg hinauf in Richtung Norden. Vom Bergrücken hat man einen weiten Blick auf das **Trollheimen-Gebirge**. Nun läuft man weiter nach Nordwesten durch leicht hügeliges Terrain. Der Weg quert einige kleinere Bäche und ein paar sumpfige Stellen und verläuft ansonsten durch ein spärlich bewachsenes Kiefernwäldchen. Nach einem kurzen Anstieg zum Berg **Langfjellet** (422 m) geht es auch schon wieder schräg über einen recht steilen Hang bergab. Am Hang wendet sich der Weg erneut nach Norden, kreuzt einen Sandweg und steigt kurz an. Von oben bietet sich ein wunderschöner Blick in Wanderrichtung, außerdem steht hier eine sehr große, alte Kiefer. Schon bald läuft man unter einer Stromleitung hindurch und gelangt in einem Bogen an die Ostseite des Sees **Midtgardskvennavatnet** (360 m). Auf der

Die Höhle Limåskjerkå, *Etappe N016.*

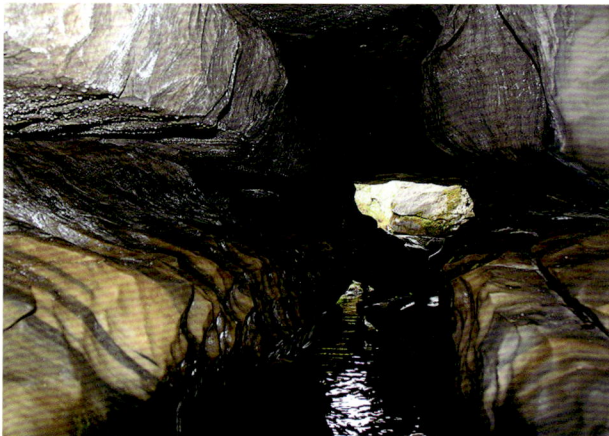

Nordseite des Sees gibt es eine vom Wasser geformte Kalksteinhöhle mit dem Namen **Limåskjerkå**, die man betreten kann, wenn man sich am Eingang etwas bückt. *Am Boden der Höhle stehen meist etwa 10 cm Wasser. Das Innere der Höhle wird von schön geformten Steinen bestimmt. Will man weiter in die Höhle vordringen, braucht man eine Stirnlampe.*

Nach der Höhle geht es einen felsigen Hang hinauf und an einigen privaten Hütten vorbei. Dabei hat man voraus einen schönen Blick auf den **Vaulakjølen**. Westlich des Sees **Krokvatnet** (331-336 m) läuft man nordwärts etwa 1 km weiter zu einer Brücke über dem Wasserlauf **Vaulen** zwischen den Seen **Krokvatnet** und **Vaulavatnet** (331-336). Einen leichten Bogen beschreibend, steht man am Ende des Sees **Vaulavatnet** vor einem Bach, der einfach zu queren ist. Hinter diesem zieht sich der Weg einen kurzen, aber recht steilen Hang hinauf zum historisch bedeutsamen **Hof Vaulen**. *In den 1920er Jahren lebte hier der Brite James Lawrence Chaworth-Musters der bis zum Ausbruch des Zweiten Weltkrieges auf verschiedenen wissenschaftlichen Expeditionen seinem Interesse an Säugetieren und Vögeln nachging. 1939 arbeitete der fließend norwegisch sprechende James als britischer Vizekonsul in Norwegen. Als die Deutschen 1940 Norwegen besetzten, wurde er vom Special Operations Executive rekrutiert, einer britischen Organisation, mit dem Ziel der Spionage, Sabotage und Aufklärung im besetzten Europa.*

Der Weg zur **Hütte Grytbakksetra** führt hinter **Vaulen** schräg in Richtung Osten bergauf. Nach etwa 1 km Anstieg wendet sich der Weg nach Norden und über den Faltenwurf mehrerer hintereinanderliegender Moränen hinweg. Dann gelangt man nordostwärts durch hügeliges Gelände an die Westseite des Sees **Holmvatnet** (472 m), überquert ein Stück weiter einen zwischen diesem und dem See **Attre Holmvatnet** (464 m) fließenden Bach von Stein zu Stein. Nun wendet sich der Weg wieder nach Norden und es beginnt allmählich der Abstieg. Etwa 800 m nach dem **Attre Holmvatnet** zweigt rechts ein markierter Weg nach Südosten zum Parkplatz Tørsåsløa ab.

Unser Weg wendet sich nach Nordwesten und führt zur Baumgrenze hinunter. Unterwegs kommt man erst an der privaten **Hütte Tørsetsetra** vorbei und gelangt dann, durch stellenweise sumpfiges Gelände, zur Talsohle und ans Ufer des Flüsschens **Litlbøvra**. Im Frühsommer ist das Durchwaten mittelschwer, sonst einfach. Dahinter steigt man kurz in das offene Fjell auf und in ein kleines Tal zwischen dem Berg **Torehauet** (542 m) und dem Gipfelpunkt 459 m. Knapp 1 km geht es jetzt leicht bergab bis sich der Weg gabelt. Nach Osten kommt man zum Bergbauernhof Karøyan *(N013)*.

Unser Weg zur **Gryttbakksetra** führt weiter Richtung Norden am Talgrund entlang, an dem es eine Reihe von kleineren Wegabzweigungen gibt. Von diesen unbeeindruckt wendet sich Weg nach Nordwesten, quert einen Bach und führt wieder leicht bergauf zurück aufs offene Fjell. Nach 1 km und der Querung des Flusses **Bøvra** erreichen wir die grasbedeckte **Hütte Grytbakksetra**.

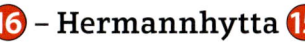

| N017 | 6 km | Hütte Sætersetra 16 – Hermannhytta 15 |

An der **Hütte Sætersetra** startet auch ein Wanderweg nach Süden in die Wanderregion Trollheimen *(T004)*.

Unsere Route beginnt mit einem steilen Abstieg nordwärts in die entgegengesetzte Richtung unter den Stromleitungen hindurch und wird bald flacher. Dann geht es über einen kleinen Bach und durch die Bäume wird ein großer Wasserfall sichtbar. Vom Bach aus folgt man dem steilen, aber guten Weg durch den Wald bergab, vorbei am Gemeindehaus **Sagatun** zur **Straße Fv 65** *(Surnadalsvegen)*, der man etwa 200 m in Richtung Westen folgt und dann auf einen Sandweg zu einem nördlich der Straße liegenden Bauernhof abzweigt, direkt neben dem **Øvre Sæter Camping**. Nach etwa 100 m geht man hinter dem Hof über eine Hängebrücke und kommt zu einer Kreuzung, an der ein mit Gras gedecktes Milchhäuschen steht. Dort wendet man sich der Ausschilderung folgend auf der **Straße Fv 325** *(Nordsida)* nach rechts und kommt nach 800 m zum Abzweig eines Feldweges, an dem ein Wegweiser zu einem voraus steil aufragenden und mit Wald bedeckten Berghang zeigt.

Zunächst geht es ein kurzes Stück auf dem Feldweg, dann führt ein Pfad links ab steil den Hang hinauf und mündet auf einen zweiten Feldweg, dem man den Wegweisern nach oben folgt. Der Anstieg ist weiterhin steil und wird erst in Höhe des Sees **Grytvatnet** (239 m) etwas flacher. Der sich den Hang hinaufschlängelnde Weg kommt dann an einen steileren Abschnitt und auch auf dem letzten Kilometer bis zur Hütte geht es stetig bergauf. Auf den 3 km von der Straße bis zur **Hermannhytta** sind insgesamt 420 Höhenmeter zu überwinden.

N018 — 14 km — Hütte Grytbakksetra – Hardbakkhytta

Die Route beginnt an der **Grytbakksetra** und zieht sich über den Hang in Richtung Westsüdwest. Anfangs geht es gemächlich bergan, dann wird das Terrain flacher. Am Berghang werden einige Bäche überquert, die hinunter zum Fluss **Bøvra** fließen. Im Frühsommer kann der Hang extrem nass sein. Etwa 2 km nach der Hütte wendet sich der Weg einen flachen Hang hinab und trifft auf einen Abzweig. An ihm läuft man zunächst 500 m nach Norden weiter und wendet sich dann wieder nach Westen. Der Weg verläuft durch sumpfiges Gelände. Dann wird der Anstieg steiler und der Weg schwenkt nach Nordwesten. Das Vorankommen wird hier richtig

Die Nordflanke des Trollheimen von der Tverrlihytta aus, *Etappe N020*.

anstrengend und der Boden ist sehr nass. Der Weg steigt auf 1 km etwa 300 Höhenmeter nach oben auf den Gipfel des **Skorvhattan** (787 m). Je steiler der Anstieg, umso trockener wird der Boden. Ein wundervoller Blick eröffnet sich nun nach Süden auf das **Trollheimen-Gebirge**.

Nach dem Gipfel geht es auf einem guten Weg weiter nach Nordwesten über das wellige und teils steinige Gelände des **Skortfjellhalsen** um dann am Südhang des **Dyrstolan** (929 m) wieder steil nach oben zu führen. Der Weg bringt uns nicht ganz auf den Gipfel, aber es lohnt ein Abstecher dorthin, allein schon wegen des grenzenlosen Rundumblicks. Die Gestalt des Berges **Hornfjellet** (905 m) im Norden ist besonders prägnant und auch der Blick auf den **Trollheimen** im Süden ist eindrucksvoll.

Vom **Dyrstolan** geht es auf dem felsigen Grat gemächlich bergab, zunächst in Richtung Westen. Dann wendet sich der Weg nach Südwesten und führt nördlich am See **Dyrstoltjønna** vorbei. An dieser Stelle lohnt ein Blick zurück auf den **Dyrstolen** und den **Hornfjellet**.

Es wird allmählich weniger steinig, je tiefer man den sanft abfallenden Hang hinunterkommt. Unter einer Stromleitung hindurch geht es auf der gegenüberliegenden Hangseite wieder nach oben und erneut bergab. Der dritte Anstieg führt südwärts stellenweise recht steil auf den Scheitel des **Hardbakkfjellet** (841 m). Von hier geht es südwestwärts noch einmal über einen kurzen, steinigen Hang hinab und wieder hinauf zur zwischen Felsen an einem kleinen See stehenden **Hardbakkhytta**.

| N019 | 10 km | Hardbakkhytta 17 – Tverrlihytta 18 |

Der Weg führt von der **Hardbakkhytta** westwärts in felsigem Terrain über den Westhang des Berges **Hardbakkfjellet** (841 m) zunächst 1,5 km bergab. Dann wendet er sich nach Süden, passiert am **Botnaskaret** westlich einen kleinen See und trifft 200 m später auf eine Gabelung. Im Frühsommer liegt auf dem Hang in aller Regel eine dicke Schneeplatte. Falls es schwierig erscheint sie zu überqueren, kann man auch östlich am See vorbeigehen. Hier ist der Abstieg etwas steiler, die Route aber leichter zu erkennen.

An der Gabelung führt ein Weg nach Südsüdost ins Tal Stor-Bøverdalen. Für uns geht es Richtung **Tverrlihytta** nach Südwesten weiter. Über einen recht steilen Hang laufen wir auf einer Strecke von 500 m rund 130 Höhenmeter hinunter in eine kleine Schlucht und zu einem Bach, dabei wendet sich die Route westwärts. Über den Bach gelangt man von Stein zu Stein. Nun geht es in gleicher Richtung bergauf. Erst nördlich des Sees **Svarthammarvatnet** (432 m) läuft man wieder bergab, zunächst nach Südwesten, nach 700 m südwärts. Die Route ist in diesem Abschnitt etwas unübersichtlich, bei schlechtem Wetter empfiehlt es sich, genau auf die Wegzeichen zu achten. Der **Svarthammarvatnet** befindet sich dutzende Höhenmeter unterhalb des Weges und dient daher bei Nebel leider nicht zur Orientierung.

Nördlich des Berges **Holtakammen** (560 m) schwenkt der Weg in Richtung Westen und führt ziemlich steil bergab zur Baumgrenze und zum Flüsschen **Holtaelva**. Über nasses Terrain und durch einen Bach geht der Routenverlauf in einen steilen Anstieg über entlang des nördlichsten Hangs des **Skarven** in Richtung Westnordwest. Der Weg quert dann mehrere kleinere Bäche. Vom Flüsschen **Holtaelva** beträgt der Anstieg auf 2 km ungefähr 320 Höhenmeter. Bald erreicht man einen Abzweig, an dem es in Richtung Nordosten zum Weiler Valsøybotn geht. Unser Weg zur **Tverrlihytta** führt weiter nach Westen, schräg über einen Berghang hinunter bis zur Hütte.

| **N020** | **4 km** | Tverrlihytta [18] – Parkplatz Seterbøen (Bøverdalen) [19] |

Von der **Tverrlihytta** geht es erst ein kurzes Stück nach Südosten, danach wendet sich der Weg im Zickzack wieder in Richtung Westen und Südosten, dann nach Süden über einen flachen Hang bergab. Sowohl von der Hütte aus als auch vom Hang hat man einen absolut eindrucksvollen Blick auf das **Trollheimen-Gebirge**. Dieser Blick bleibt bis zur Baumgrenze erhalten. Durch stellenweise sumpfiges und hügeliges Terrain kommt man an der privaten Hütte **Seterbøsetrin** vorbei bis der Weg in einem Feldweg mündet, der sich durch ein Fichtenwäldchen weiter südwärts, parallel zum Flüsschen **Geitåa**, in Serpentinen in den Talgrund hinabsenkt. Im Wald stehen Wegweiser zu den Gipfeln der umliegenden Berge, und will man den eigenen Weg nicht verlieren, muss man sehr genau aufpassen. Der sich stark schlängelnde Feldweg führt hinunter zu einem Feldrand, geht am Rand des Feldes entlang nach **Seterbøen** und zur **Landstraße Fv 329**, wo man 150 m weiter parken kann.

| **N021** | **15 km** | Tverrlihytta [18] – Jutulbu [20] |

Der Weg beginnt gleich an der **Tverrlihytta** und verläuft in Richtung Westen zwischen zwei Bergkuppen hindurch, dahinter schwenkt er in Richtung Südwesten zum Südufer des Sees **Langvatnet** (491 m). Eine fantastische Sicht bis zum Horizont und dem **Trollheimen** bietet sich auf dem Weg vom Bergsattel hinunter zum See. Vom **Langvatnet** geht es ein ordentliches Stück bergauf zum **Saufjellet** und dann wieder hinunter ins Tal **Mørkdalen**, in etwas sumpfigeres Gelände.

Jenseits des Baches, der das **Mørkdalen** durchfließt, steigt der Pfad Richtung Süden wieder kurz an, wendet sich jetzt nach Westen und verläuft nördlich des Berges **Slettfjellet** (620 m) zwischen zwei kleinen langgestrecken Seen hindurch. Anfangs entlang eines Baches, hält der Weg in hügeligem Gelände geradewegs hinunter auf die Landenge zwischen den Seen **Belevatna** (428 m-437 m) zu. Hier folgt ein leichtes Durchwaten des die beiden Seen verbindenden Wasserlaufs, im Spätsommer gelangt man von Stein zu Stein hinüber. Auf diesem Abschnitt hinunter zu den Seen hat man voraus einen herrlichen Blick. Die massigen Berge **Hjelmkona** (846 m) und **Hjelmen** (978 m) ragen unmittelbar vor dem Wanderer auf und die blau schimmernden Seen bilden einen tollen Kontrast zu den gedrungenen Bergen, insbesondere bei klarem Wetter.

Nun verläuft die Route südlich des **Hjelmen** nach Westnordwest und mäßig bergauf. Dabei überquert man mehrere kleinere Bäche. Unterhalb des steil aufragenden **Hjelmen** verläuft der Weg über einen schmalen Pass und ohne Schwierigkeiten durch den vom See **Almbekkvatnet** (556 m) abfließenden Bach **Almbekken**. Danach schlängelt sich der Pfad einen steileren Hang entlang des Bachbetts und lässt bald den vom Gipfel des Hjelmen herabkommenden Pfad rechts liegen. Das kleine Tal öffnet sich und bietet nun einen schönen Blick über das Tal **Settemsdalen** hinweg auf die Berge **Blåfjellet** (766 m) und **Tussan** (765 m). Stetig geht es bergab, bis der Pfad in einen Feldweg übergeht. Den Wegweisern folgend laufen wir auf dem Feldweg zu einer Brücke über den Fluss **Settemselva**. Vom Abzweig auf den Gipfel des Hjelmen bis hier zum Talgrund, sind rund 450 Höhenmeter zu überwinden.

Jenseits des **Settemselva** folgt man dem Feldweg nordostwärts weiter bergauf, überquert eine Straße und läuft dann weiter auf dem Feldweg Richtung Westen zur **Landstraße Rv 65**, an der es auf der anderen Straßenseite einen Rastplatz gibt. Hier führt der Weg durch ein Gatter nach Westen und unmittelbar danach steigt man, in stellenweise nassem Gelände, steil zur Nordseite des Berges **Ørngarden** (449 m) hinauf. Der Aufstieg beträgt auf 500 m insgesamt 250 Höhenmeter. Von oben bietet sich ein fantastischer Blick in Richtung **Hjelmen**.

Oben geht der Weg in offenes Fjell über, wendet sich an der Nordseite des Sees **Fjellslættvatnet** (395 m) südwestwärts und steigt mäßig bergauf zur Nordseite des Berges **Storhøybulia** (519 m) und von dort hinunter zu der am Fuße des **Tussan** gelegenen **Hütte Jutulbu**. Von der Hütte hat man einen fantastischen Blick nach Süden auf das **Trollheimen-Gebirge** und die etwas näher liegenden Berge **Tussan** (765 m) und **Vasssdalsheia** (712 m). Außerdem bieten sich in den nahen Seen Möglichkeiten zum Angeln und im Bachlauf in Hüttennähe zum Baden.

N022 — 12 km — Jutulbu ⑳ – Halsa Fähranleger (Fähre, Bus) ㉑

An der Hütte **Jutulbu** läuft man zunächst nach Nordwesten parallel zum Berghang durch recht nasses Gelände. Auf und ab geht es über den Berghang Richtung Südwesten, nördlich am See **Skrøvsetvatnet** (315 m) wieder nordwestwärts, an ein paar privaten Hütten vorbei, zur Nordseite des Sees **Skreåvatnet** (326 m) hinunter. Aus dem See fließt ein Bach ab, der von Stein zu Stein überquert werden kann. Nun wendet sich der Weg nach Norden und führt 500 m durch ein schwer zu laufendes, aber reizvolles Waldstück, bis man an eine Gabelung gelangt, an der es nach Nordosten zum See Megardsvatnet (99 m) geht.

Unsere Route Richtung Halsa führt steil den Hang hinauf Richtung Nordwesten. Nach der Gabelung geht es auf 700 m insgesamt 200 Höhenmeter bergauf, dann biegt der Weg nach Südwesten und verläuft auf dem Kamm des **Middagsheia** auf 300 m weitere 100 Höhenmeter nach oben. Der Aufstieg ist steil und bei Regen muss man besonders vorsichtig sein, wird aber belohnt mit einem Blick gen Norden, der seinesgleichen sucht: jenseits des Fjords schießen auf den Inseln **Tustna** und **Stabblandet** die Berge **Storøra** (905 m), **Stabben** (908 m) und **Skarven** (896 m) unglaublich eindrucksvoll empor.

Nun geht es auf gut 100 m 80 Höhenmeter teils extrem steil bergab zu den schon sichtbaren Seen und dem riesigen Felsbrocken **Håkkåsteinen**. An den steilsten Stellen ist ein Seil im Fels verankert. Von dem riesenhaften **Håkkåsteinen** führt der Weg südlich am Berg **Flatfjellet** entlang in Richtung Südwesten und erneut steil bergauf zum Sattel **Kariskaret** zwischen zwei Gipfeln des **Krekjefjellet** (663 m).

Wenn der Weg vom **Krekfjellet** über den schmalen Pass sich nach Norden wendet, hat man erneut einen märchenhaften Blick auf die Inseln **Tustna** und **Stabblandet** sowie auf die Silhouette des nebenan gelegenen Berges **Saksa** (902 m). Stellenweise ist der Hang hinunter gen Norden recht nass und unten wird das Gelände gar sumpfig. Um den See **Gammeltjørna** (361 m) verläuft der Weg in einem Bogen ostwärts herum und wendet sich dabei über den nassen Berghang leicht bergab nach Westen. Dann gelangt man an einen Feldweg, dem man bergab bis zur **Landstraße Fv 351** folgt. Dort befindet sich ein kleiner Parkplatz.

Der Weg zum **Fähranleger Halsa** folgt der **Straße Fv 351** etwa 2,5 km nach Norden. Beim Fähranleger *(Kiosk, Supermarkt)* gibt es auch eine **Bushaltestelle**.

WANDERGEBIET TAFJORDFJELL

Tafjordfjell oder *Tafjordfjella* ist eine Gebirgsregion, die am Westrand des *Reinheimen-Nationalpark* (norweg. *Reinheimen nasjonalpark*) liegt. Reinheimen ist der drittgrößte Nationalpark Norwegens mit einer Fläche von 1.974 km². Er erstreckt sich von Mittelnorwegen über hunderte Kilometer in Richtung Westen bis zur Küste des Fjords *Tafjord*, nach dem die Region ihren Namen erhielt. *In einer Aprilnacht des Jahres 1934 stürzte ein Teil der Bergwand senkrecht in den Fjord hinab und löste eine dutzende Meter hohe Flutwelle aus. Dieses Unglück kostete 40 Menschen das Leben.*

Die östlichen Teile des Nationalparks werden von ruhigen, welligen Geländeformen bestimmt. Der Gletscher *Storbreen* und der südlich davon aufragende *Løyfthøene* (2.014 m) sind die klaren Landmarken des östlichen Nationalparkgebiets. Der Westteil des Nationalparks stellt sich wesentlich spektakulärer dar. Die Täler sind steil eingeschnitten, die Wasserfälle stürzen tief hinab und ringsum erheben sich majestätische Bergriesen.

Die markierten Wanderwege konzentrieren sich auf die Westteile des *Nationalparks Reinheimen* und führen durch enge Talschluchten und offene Fjellplateaus, dabei bis zu 1.000 Höhenmeter überwindend. Die hiesigen Wanderrouten gehören zu den anspruchsvollsten Mittelskandinaviens. An einigen Stellen verlaufen sie über steil abfallende Bergflanken, an denen nur ein schmaler Grat den Füßen Halt bietet. Andernorts ist es wiederum ratsam, sich auf allen Vieren vorwärts zu bewegen. In der Region bleibt der Schnee oft lange liegen, mitunter bis in den Juli hinein, was bei der Planung der Trekkingtour berücksichtigt werden sollte.

Der *Nationalpark Reinheimen* und *Tafjordfjell* bieten anspruchsvolle Routen für den geübten Wanderer. Die Routen selbst sind sehr leicht zu erreichen und nicht alle sind schwierig. In der Gegend gibt es durchaus auch leichtere Routenalternativen.

Eine Besonderheit der Region ist der *Geirangerfjord*, dessen Fotos viele aus dem Reiseführer kennen. Zum Geirangerfjord gelangt man auch entlang der Wanderrouten, was eine ganz neue Perspektive auf eine der bekanntesten Sehenswürdigkeiten Skandinaviens ermöglicht.

Der Karitinden (1.984 m), *Etappe TA001*.

Wo Starten?

Die *Staatsstraße 15 (Rv 15)* führt im Süden der Region *Tafjordfjell* von der Stadt *Otta* nach Westnorwegen. Die an der Straße liegenden Orte *Billingen* und *Grotli* besitzen Busbahnhöfe mit Verbindungen nach Osten und Süden. Von Oslo beispielsweise bestehen mehrere Verbindungen am Tag.

Im Norden des Gebirges verläuft die *Europastraße E 136* sowie die Bahnstrecke zwischen den Städten *Dombås* und *Åndalsnes*. Der Zug hält am *Bahnhof Bjorli*, von dem man mit dem Taxi zum *Parkplatz Tunga* gelangt. *Tunga* ist auch mit dem eigenen Auto zu erreichen. Die Straßenbenutzung kostet eine geringe Gebühr.

Anfahrt durchs Romsdalen über die E 136.

Von *Åndalsnes* führt die *Straße Rv 63* gen Süden, über die man die westlichen Teile des Wandergebietes Tafjordfjell erreichen kann. Aus der Ortschaft *Valldal* folgt man der Ausschilderung ostwärts Richtung *Tafjord*. Man fährt auf der Straße Fv 92 durch den Tunnel *Heggurtunnelen* zum Beispiel zu den *Parkplätzen Muldal* oder weiter südlich *Zakariasdammen* oder zur *Hütte Kaldhusseter*.

Möchte man die Wandertour am *Geirangerfjord* beginnen, biegt man in *Valldal* der Ausschilderung folgend westwärts ab, fährt mit der Fähre von *Linge* über den Fjord nach *Eidsdal* und anschließend auf der Straße Rv 63 nach *Geiranger*. Die Stadt wird auch von den an der Küste verkehrenden Schiffen der *Hurtigruten* angefahren.

Hüttenbetreiber in der region Tafjordfjell

ÅLESUND-SUNNMØRE TURISTFORENING (ÅST)
alesund.turistforeningen.no
info@aast.no
Tel. +47 (0)70 12 58 04

Hütten des DNT-Regionalverband Ålesund-Sunnmøre (ÅST)

Die DNT-Hütten werden in der *Wanderegion Tafjordfjell* vom *Regionalverband Ålesund-Sunnmøre Turistforening (ÅST)* betreut. Die *selvbetjent*-Selbstversorgerhütten des DNT verfügen über eine Lebensmittelkammer, in der man konservierte und getrocknete Trekkingnahrung kaufen kann, die *ubetjent*-Selbstversorgerhütten haben KEINE Lebensmittelvorräte.

Die Hütte *Reindalseter* wird in der Sommersaison als *betjent*-Hütte bewirtschaftet. Hier müssen Übernachtung und Mahlzeiten vorher gebucht werden. Außerhalb der Saison wird die Hütte nicht bewirtschaftet und dient als *selvbetjent*-Selbstversorgerhütte. Mitglieder eines nordischen Outdoorverbandes erhalten Ermäßigung.

BEWIRTSCHAFTETE BETJENT-HÜTTEN DES DNT			
Reindalseter https://www.ut.no/hytte/3.2009/	(710 m)	H/76	info@aast.no Tel. +47 (0)995 806 87 / +47 (0)993 801 87

SELVBETJENT & UBETJENT-HÜTTEN DES DNT				
Fieldfarehytta	(1.180 m)	T/4	*ubetjent (ohne Vorratskammer)*	offen/Museum
Jakobselet	(710 m)	T/7	*ubetjent (ohne Vorratskammer)*	DNT-Schlüssel
Tjønnebu	(985 m)	T/9	*ubetjent (ohne Vorratskammer)*	offen
Danskehytta, *Ende April – Ende Mai geschlossen*	(1.450 m)	T/26	*Vorratskammer*	offen
Kaldhusseter	(600 m)	T/18	*Vorratskammer*	DNT-Schlüssel
Pyttbua	(1.160 m)	T/51	*Vorratskammer*	offen
Reindalseter	(710 m)	T/33	*Vorratskammer*	DNT-Schlüssel
Torsbu	(1.350 m)	T/14	*Vorratskammer*	DNT-Schlüssel
Vakkerstøylen	(870 m)	T/28	*Vorratskammer*	offen
Veltdalshytta	(1.180 m)	T/51	*Vorratskammer*	offen

Privat betriebene Hütten und Hotels (PBH) entlang der Wanderrouten

Die privat betriebenen Hütten in den Bergregionen sind in aller Regel sehr gut ausgestattet. Aufgeführt sind nur Hütten an den Start- oder Endpunkten der beschriebenen Wanderetappen. Übernachtungen müssen vorab reserviert werden. Mitgliedern nordischer Outdoorverbände wird oft Rabatt gewährt.

PRIVAT BETRIEBENE HÜTTEN UND HOTELS (PBH)			
Grotli Høyfjellshotel, in Grotli	(900 m)	H/120	www.grotli.no post@grotli.no Tel. +47 (0)6121 7474
Geiranger		verschiedene Hütten, Hotels & Camping	www.geiranger.no tourist@geiranger.no Tel. +47 (0)7026 3099
Herdalssetra in Herdalen *Käserei, Almmuseum*	(500 m)	Übernachten in Almhütte, zelten möglich	Reservierungspflichtig www.herdalssetra.no aashildd@online.no / jossande@online.no Tel. +47 (0)7025 9108 / +47 (0)9701 2035
Billingen Seterpensjonat & Café in Billingen *auch Matratzenlager*		H/16	Reservierungspflichtig www.billingen.no stensgaa@online.no Tel. +47 (0)913 570 36 / +47 (0)909 417 02

www.statskog.no
post@statskog.no
Tel. +47 (0)74 21 30 00
Reservierung: www.inatur.no

Hütten des Statskog

Die **Grønnvassbue** und **Tverråhytta**, im Besitz des staatlichen norwegischen Forstunternehmens *Statskog*, sind Wildmarkhütten mit minimaler Ausstattung, aber gut instand gehalten. Sie müssen vorab reserviert werden.

HÜTTEN DES STATSKOG			
Grønnvassbue, *Route TA022*	(1.280 m)	T/5	verschlossen, Reservierungspflichtig*
Tverråhytta, *Route TA006*	(1.060 m)	T/5	verschlossen, Reservierungspflichtig*
Storvassbu *(nicht an der Route)*	(1.525 m)	T/5	verschlossen, Reservierungspflichtig*
Skarvedalshytta *(nicht an der Route)*	(1.479 m)	T/5	verschlossen, Reservierungspflichtig*

*Kontakt und Schlüsselübergabe in Bismo, Mo-Fr 8-15.30: *Skjåk Almenning, Industrivegen 10, 2690 Skjåk, Tel. +47 (0)61 21 39 00, firmapost@skjak-almenning.no, www.skjak-almenning.no*

Die Herdalssetra in Herdalen.

Beliebte Etappen-Kombination als Weitwanderweg

Start- & Endpunkt:
Tunga Parkplatz
Etappen:
T001–T005–weiter in der "Wildnis"

Dauer: 1–2+ Tage
Länge: 23+ km
Zelt: erforderlich

Reinheimen

Der **Nationalpark Reinheimen** dehnt sich im Ostteil des Gebirges Tafjordfjella aus. Der Großteil des Nationalparks besteht aus wegloser Wildnis, in der man nur mit einem Zelt wandern kann. Die wenigen vorhandenen Hütten ändern an diesem Umstand nichts. Der Nationalpark Reinheimen wird von grenzenloser Ruhe beherrscht, die nur von einer Wildrenherde unterbrochen wird.

Zunächst fährt man zum **Parkplatz Tunga**, der über die mautpflichtige **Europastraße E 136**, dann bei **Tangøye** (Abzweig nach Brøste) 12,5 km weiter über eine kleine Straße, erreichbar ist. Vom Parkplatz geht es zunächst zur **Hütte Pyttbua**, von der man am gleichen oder nächsten Tag in Richtung Süden zur **Hütte Torsbu** aufbricht. Östlich von **Torsbu** liegt eine weglose, extrem selten besuchte Wildnis. Die Gegend ist nicht ganz so dramatisch wie die Gebirgsregion Tafjordfjella. Der höchste Gipfel im Ostteil des Nationalparks ragt dennoch über 2.000 Meter auf. Der **Løyfthøene** (2.014 m) liegt südlich des **Gletschers Storbreen**, beide sind absolut erkundenswerte Riesen. In der Region weiden auch **Tundrarentierherden**.

Die im **Nationalpark Reinheimen** liegenden Hütten des Statskog, wie die **Storvassbu** und die **Skarvedalshytta**, sind verschlossen und können nach Vorreservierung *(Kontakt: Skjåk Almenning, siehe links)* gemietet werden.

In die Ostteile des Nationalparks sollte man nie allein aufbrechen!

Start- & Endpunkt:
Tunga Parkplatz
Etappen:
T001–T004–T008–T009–T001
Abstecher *T003–T002*
Die Route kann in beide Richtungen gelaufen werden.

Dauer: 4–5 Tage
Länge: 57 km
Zelt: nicht erforderlich

Tunga

Die **Gebirgsregion Tafjordfjell** ist ein großartiges Wandergebiet! Kleine Seen, Gletscher und dazwischen hoch aufragende Berge bilden eine majestätische Landschaft und ein teilweise anspruchsvolles Wandergebiet! Von Tal zu Tal ändert sich die Landschaft dramatisch und bietet phantastische Möglichkeiten sowohl für kürzere als auch für längere Trekkingtouren. Ein hervorragender Startpunkt ist der **Parkplatz Tunga**, der über die kostenpflichtige **Europastraße E 136** erreicht werden kann *(genauere Anfahrtsbeschreibung siehe oben)*.

Vom Parkplatz geht es zunächst zur Hütte **Pyttbua**, von der man am gleichen oder nächsten Tag aufbrechen kann zur Hütte **Veltdalshytta**. Eine kurze, aber anspruchsvolle Tagesetappe nach Norden zur Hütte **Reindalseter** führt durch atemberaubende Landschaften. Von der Hütte geht es nach Osten zurück zur **Pyttbua** und wieder zum **Parkplatz Tunga**. Eine empfehlenswerte Ergänzung der Tour ist ein Abstecher zur **Hütte Vakkerstøylen**.

Blick auf den Geirangerfjord von Ørnesvingen.

Karten für das Wandergebiet Tafjordfjell

Nordeca Norge-serien, Maßstab 1:50.000, reiß- & wasserfest
10071 Tafjord (2017)

Nordeca Turkart, Maßstab 1:50.000, reiß- & wasserfest
2533 Tafjordfjella (2015)

START- & ENDPUNKTE DER ROUTEN

1. Tunga, keine ÜN, P
2. Vakkerstøylen, DNT
3. Pyttbua, DNT
4. Torsbu, DNT
5. Billingen, PBH, P, Bus
6. Veltdalshytta, DNT
7. Fieldfarehytta, DNT
8. Reindalseter, DNT
9. Jakobselet, DNT
10. Zakariasdammen, keine ÜN, P
11. Danskehytta, DNT
12. Grotli, PBH, P, Bus
13. Geiranger, PBH, P, Bus, Boot
14. Kaldhusseter, DNT, P
15. Herdalen, PBH, P
16. Muldal, keine ÜN, P
17. Tjønnebu, DNT
18. Grønningsæter, keine ÜN, P

WEITERE HÜTTEN AN DEN ROUTEN

1. Tverråhytta, Statskog
2. Grønnvassbue, Statskog

ÜN = Übernachtung   P = Parkplatz   Bus = Bushaltestelle   Boot = Bootsanlegestelle
PBH = Privat betriebene Hütte oder Hotel   DNT = Hütte des Den Norske Turistforening   Statskog = Hütte des Statskog

TA001 | 10 km | Parkplatz Tunga ① – Hütte Pyttbua ③

Zum **Parkplatz Tunga** gelangt man von der mautpflichtigen **Europastraße E 136**, bei **Tangøye** abbiegen *(Wegweiser nach Brøste)* und 12,5 km über die kleine Straße bis zur Brücke über den Fluss Puttåa *(wenige hundert Meter östlich fließen die Flüsse Ulvåa und Puttåa zusammen)*. Die Quittung über die Mautgebühr unbedingt gut sichtbar hinter die Windschutzscheibe legen!

Vom **Parkplatz** quert man über die Brücke den Fluss **Puttåa**, wo es auch ein Viehgatter gibt. Dann geht es ein kurzes Stück den Berg hinauf und auf dem Feldweg nördlich des Puttåa an einigen Ferienhäusern vorbei. Einige hundert Meter nach der Brücke folgt ein Abzweig nach Norden, über den man zur Hütte Vakkerstøylen gelangen würde *(TA002)*. Wir halten uns Richtung Südwesten. Etwa 700 m nach dem Abzweig trennt sich der in südwestliche Richtung abzweigende Wanderweg vom Feldweg, der hier nach Nordwesten abknickt.

Der Wanderweg ist ausgetreten und gut zu laufen, er führt weiter nahe am Fluss zwischen Moorbirken hindurch. Ungefähr 1,5 km nachdem man den Feldweg verlassen hat, betritt man das Gebiet des **Nationalparks Reinheimen** und überquert gleich einen kleinen Bach. Der Weg führt südlich unterhalb des Berges **Tungesnyta** (1.272 m) entlang tiefer ins Tal **Puttbudalen** hinein und steigt die ganze Zeit leicht an. Die Vegetation im Tal ist üppig. Voraus kann man hin und wieder einen Blick auf das **Tafjordfjell-Gebirge** erhaschen, von dem als erstes der Berg **Benkehøa** (1.943 m) über den Baumwipfeln aufragt. Der Wanderweg bringt uns über die Baumgrenze hinauf. Hat man das teils recht nasse Gebiet im Umfeld des Flusses **Nyskreda** hinter sich gelassen, führt ein kurzer, aber steiler Hang zum

Puttbudalen, *Etappe TA001.*

Fluss **Puttåa**. An dieser Stelle strömt er schnell und das Getöse der Stromschnellen ist gewaltig. In Flussnähe hat man auch einen fantastischen Blick zurück, der umso eindrucksvoller wird, je höher man kommt. Als erster von dreien wird der Berg **Puttega** (1.999 m) sichtbar, südlich von ihm erhebt sich der **Høgstolen** (1.953 m) und der letzte von ihnen ist der schönste Berg von allen – der **Karitinden** (1.982 m). Seine gestochen scharfe und dennoch ruhige Silhouette wirkt fast elegant. Der Anblick ist unvergesslich schön.

Der Wanderweg zur idyllisch gelegen **Hütte Pyttbua** führt über einige kleinere Bäche den Berg hinauf.

TA002 8 km Parkplatz Tunga – Hütte Vakkerstøylen

Anfahrt zum Parkplatz siehe *TA001*. Die Quittung über die Mautgebühr unbedingt gut sichtbar hinter die Windschutzscheibe legen!

Vom **Parkplatz Tunga** aus quert man über die Brücke den Fluss **Puttåa**, wo es auch ein Viehgatter gibt. Dann geht es ein kurzes Stück den Berg hinauf. Einige hundert Meter nach der Brücke folgt man dem Abzweig nach Norden. Der Feldweg weiter nach Südwesten führt zur Hütte Pyttbua *(TA001)*. Unser Weg zur **Hütte Vakkerstøylen** verläuft kurz nach dem Abzweig erneut über eine Brücke diesmal über den stark strömenden Fluss **Ulvåa** – nicht vergessen, das Viehtor wieder zu schließen! – und erreicht, leicht ansteigend, nach etwa 1,5 km das Gebiet des **Nationalparks Reinheimen** und das Ostende des Sees **Ulvådalsvatnet** (858 m). Die Landschaft ist bezaubernd, der Weg führt an einigen privaten Ferienhäusern vorbei gut 500 m bis zum Seeufer und bietet dabei einen malerischen Blick über den langgestreckten See. An seinem westlichen Ende ragt der Berg **Veslbjørnegga** (1.490 m) fast senkrecht empor. Hinter ihm versetzt, ist der gewaltige **Storfjellet** (1.759 m) zu sehen. Je näher man der Hütte kommt, umso beeindruckender wird das Panorama.

Etwa 1 km geht es über eine Reihe von Schmelzbächen bis zu einer in Seenähe befindlichen Brücke über den Fluss **Storseilgrova**. Weiter laufen wir durch recht bergiges, aber sonst gut zu gehendes Gelände bis zum Seeufer und weitere 3 km durch eine wunderschöne Landschaft zur **Hütte Vakkerstøylen** am Ufer des **Ulvådalsvatnet**, die im Laufe der Jahre eine urige Patina angelegt hat.

Sogar Ruderboote liegen hier, die aber vorrangig zur Querung des Ulvådalsvatnet gedacht sind *(TA003)*, aber auch für Rudertouren ausgeliehen werden können. In der Nähe des Bootsschuppens befindet sich auch ein kleiner Badestrand.

TA003 8 km Hütte Vakkerstøylen  – Hütte Pyttbua

Der Wanderweg führt von der **Hütte Vakkerstøylen** zum Ufer des Sees **Ulvådalsvatnet** (858 m), wo man sich ein Ruderboot nimmt und den See überquert. Nach dem Übersetzen müssen auf beiden Seiten des Sees unbedingt mindestens je ein Ruderboot liegen! Dann folgt man dem Südufer des **Ulvådalsvatnet** etwa 1 km Richtung Südosten, bevor sich der Weg nach Südwesten wendet und dabei auf gut 500 m insgesamt 320 Höhenmeter einen steilen Hang hinaufführt. Der Aufstieg erfordert viel Konzentration und sollte bei Regen nicht unternommen werden. Oben angekommen, überwindet man den Fluss **Tungegrova** von Stein zu Stein gehend und steigt, diesmal aber weniger steil, weiter bergan.

Auf steinigem Untergrund überwindet man bald einen kleinen Gletscher im Osten des **Høgtunga**. In dieser Gegend bleibt der Schnee oft bis weit in den Sommer hinein liegen und daher kann man den Gletscher vom Schnee nicht unbedingt unterscheiden.

Der Weg ist immer noch steinig und führt am Gipfel des **Tungerøten** (1.597 m) vorbei. Nördlich des Wegs bietet sich ein herrlicher Blick auf den Berg **Høgtunga** (1.912 m). Doch in Wanderrichtung voraus ist der Blick auf die Berge **Puttegga** (1.999 m), **Høgstolen** (1.953 m) und **Karitinden** (1.982 m) noch viel beeindruckender. Am **Tungerøten** wendet sich die Route nach Süden und wir gehen einen steilen Abstieg hinunter zur wunderschön gelegenen **Hütte Pyttbua**. Auf gut 2 km beträgt der Abstieg etwa 400 Höhenmeter.

TA004 | 11 km | Hütte Pyttbua ③ – Veltdalshytta ⑥

Von der **Hütte Pyttbua** geht es über einen kurzen Hang hinunter zur Brücke über den Fluss **Puttåa**. Auf der anderen Flussseite steigt der Weg gut 1 km in Richtung Südwesten leicht bergan, es lässt sich aber auf dem offenen Fjell gut laufen. An der Weggabelung geht es nach Südwesten zwar auch zur Hütte Veltdalshytta, allerdings über den Berg Karihøa (1.782 m) und zum Scheitel des Karitinden (1.982 m) hinauf.

Unsere Route führt hier weiter nach Südosten und bergan über einen nun steinigeren Hang. Dennoch kommt man gut voran und der Weg ist leicht zu erkennen. Von der Weggabelung läuft man auf gut 1,5 km insgesamt 260 Höhenmeter hinauf. Der Anstieg ist also nicht allzu steil, wenn er sich auch hinzieht. Dann geht es östlich am See **Radiovatnet** (1.453 m) vorbei, *der seinen Namen erhielt, weil Widerständler im Zweiten Weltkrieg hier Funkverbindungen aufbauen konnten*. Nach einem Stück bergab folgt wieder ein Abzweig, an dem es in Richtung Ostsüdost zur Hütte Torsbu *(TA005)* geht.

Unser Weg hingegen führt weiter nach Südwesten.

Der Berg Trollkyrkja (1.762 m), *Etappe TA014.*

Ein kleiner Gebirgsbach wird von Stein zu Stein überschritten und anschließend steigt der Weg, östlich am Berg *Litlefjell* (1.494 m) vorbei, leicht bergan. Der Weg führt übers *Kariløyfti* und in einem Bogen im Norden an einem See (1.464 m) vorbei. Dann stößt der Weg, der rechts vom *Karihøa* herunterkommt, wieder zu unserer Route. In dieser Gegend bleibt der Schnee oft bis weit in den Sommer hinein liegen, was bei den Planungen berücksichtigt werden sollte.

Nach etwa 1 km gelangt man ans Ufer eines aus einem kleinen See (1.458 m) abfließenden Baches. Sollte die Strömung zu stark sein, kann er weiter unten gequert werden. Im Normalfall kann man über den Bach von Stein zu Stein balancieren. Hinter ihm verlässt man das Gebiet des *Nationalparks Reinheimen* und geht, erst am felsigen *Viltløyfti*, dann dem Bachlauf folgend, recht steil bergab bis zu einer T-Kreuzung, an der man, wenn man nach links, Richtung Südosten geht, am Nordufer des aufgestauten Sees *Heimste Veltdalsvatne*t (1.157-1.175 m) entlang zur Hütte Torsbu *(TA007)* und zum Ort Billingen *(TA006)* käme. Unser Weg führt nach rechts Richtung Nordwesten in 200 m zur *Veltdalshytta*.

TA005 | 13 km | Hütte Pyttbua – Hütte Torsbu

Von der **Hütte Pyttbua** geht es über einen kurzen Hang hinunter zur Brücke über den Fluss *Puttåa*. Auf der anderen Flussseite steigt der Weg gut 1 km in Richtung Südwesten leicht bergan, es lässt sich aber auf dem offenen Fjell gut laufen. An der Weggabelung ginge es nach Südwesten über den Berg Karihøa (1.782 m) und den Scheitel des Karitinden (1.982 m) zur Veltdalshytta.

Unsere Route führt jedoch weiter nach Südosten und bergan über einen nun steiniger werdenden Hang. Dennoch kommt man gut voran und der Weg ist leicht zu erkennen. Ab der Weggabelung steigt man auf gut 1,5 km Wegstrecke insgesamt 260 Höhenmeter hinauf. Der Anstieg ist also nicht allzu steil, wenn er sich auch hinzieht. Dann geht es östlich am See *Radiovatnet* (1.453 m) vorbei, *der seinen Namen erhielt, weil Widerständler im Zweiten Weltkrieg hier Funkverbindungen aufbauen konnten.* Nach einem Stück bergab folgt wieder ein Abzweig, an dem es geradeaus in Richtung Südwesten zur Hütte Veltdalshytta *(TA004)* geht. Unser Weg zur **Torsbu** biegt hier nach Südosten ab.

Einen kurzen, aber steinigen Hang laufen wir hinunter zum See *Tordsvatnet* (1.336 m), an dessen Nordspitze man einen Seezufluss von Stein zu Stein balancierend quert, sich dann ans Ostufer des Sees wendet und nach Süden weiterläuft. Der Blick über den See auf die sanft geschwungenen Linien des Bergs *Veltdalsegga* (1.767 m) ist fantastisch. Weit im Süden ist die unverkennbare Gestalt des Bergs *Tordskyrkja* (1.513 m) zu sehen.

Am Weg entlang des Ufers wechseln sich gut zu laufendes baumloses Fjell und kleinere Geröllfelder miteinander ab. Nach etwa 6 km kann man schon einen Blick auf die Hütte erhaschen. Es folgt ein Fluss, den man von Stein zu Stein balancierend überqueren kann. Danach sind es noch ein paar hundert Meter bis zur **Hütte Torsbu**. Am Seeufer steht eine zweite, wesentlich ältere Hütte – die *Friisbu, die der bekannte Sprachwissenschaftler J.A. Friis in den 1890er Jahren erbauen ließ. Friis machte sich einen Namen mit der Erforschung der Sami-Sprachen.* Ein Abstecher zu der über 100 Jahre alten Hütte ist durchaus lohnenswert.

Die *Torsbu* ist idealer Ausgangspunkt für Wanderungen, die tiefer in die östlichen Teile des Nationalparks Reinheimen hineinführen. Im Ostteil des Nationalparks gibt es jedoch keine markierten Wanderwege!

TA006 15 km Hütte Torsbu – Parkplatz Billingen ⑤

An der Torsbu geht es zunächst in Richtung Süden, bis man nach 1 km am Ufer des *Tverråi* steht. Über den stark strömenden Fluss führt eine sogenannte Sommerbrücke, die nach der Schneeschmelze aufgebaut, und rechtzeitig vor Einbruch des Winters wieder abgebaut wird. Ist die Brücke noch nicht vor Ort, kann stromab nach einer geeigneten Watstelle gesucht werden.

Unmittelbar nach der Brücke folgt eine Gabelung, an der es Richtung Westen zur Veltdalshytta *(TA007)* geht. Unser Weg nach **Billingen** führt jedoch weiter nach Südsüdwest. Der Weg ist gut zu laufen und ziemlich eben. Nach gut 1 km wird er leicht abschüssig und nähert sich erneut dem stark strömenden Fluss *Tverråi*, an dessen Ufer man weiter Richtung Südwesten durch das *Tverrådalen* geht. Dabei wird der Weg steiler. An der nun folgenden T-Kreuzung würde man auf dem Weg, der steil bergauf Richtung Norden weist, nach etwa 3 km den Wanderweg, der die Hütten Torsbu und Veltdalshytta *(TA007)* verbindet, erreichen. Unser Weg führt jedoch weiter südwestwärts, nach 200 m an der *Tverråhytta (Statskog)* vorbei zur Brücke über den Fluss *Torda*.

Nach der Brücke wendet man sich nach Süden und läuft entlang des Westufers des friedlich dahinplätschernden *Torda*, quert dabei mehrere kleine Bäche und lässt die markante Gestalt des Bergs *Tordskyrkja* (1.513 m) langsam zurück. Die steilen Bergwände des *Vulueggi* (1.696 m) und des *Låggøymen* (1.577 m) lassen das Tal zunehmend enger erscheinen. Etwa 1,5 km nach der Brücke blickt man im Torda auf ein paar Stromschnellen. In diesem Bereich führt der Weg erneut über einige, leicht zu querende Bäche.

Weiter geht es 3,5 km auf gut zu laufendem Weg in dem nun schon deutlich enger gewordenen Tal in Richtung Süden. Beim Vorangehen fällt ein atemberaubender Blick auf das weit vorausliegende Gebirge *Breheimen*. Auch die Aussicht ins Tal *Billingsdalen*, in das der Weg hinunterführt, ist großartig. Nach 1,5 km leichten Abstiegs überschreitet man die Grenze zum **Nationalpark Reinheimen**. Nun sind es noch gut 500 m, an einem Bauernhof vorbei, zum *Parkplatz Billingen.*

Wenige hundert Meter weiter am gegenüberliegenden Flussufer sollte man sich nicht ein leckeres Essen oder gar eine Übernachtung am rauschenden Bach im gemütlichen **Billingen Seterpensjonat** entgehen lassen (Essen und Übernachtung vorab reservieren!). Man kann auch lokale Produkte kaufen.

TA007 12 km Hütte Torsbu ④ – Veltdalshytta ⑥

An der *Torsbu* geht es zunächst in Richtung Süden, bis man nach 1 km am Ufer des *Tverråi* steht. Über den stark strömenden Fluss führt eine sogenannte Sommerbrücke, die nach der Schneeschmelze aufgebaut, und rechtzeitig vor Einbruch des Winters wieder abgebaut wird. Ist die Brücke noch nicht vor Ort, kann stromab nach einer geeigneten Watstelle gesucht werden.

Unmittelbar nach der Brücke folgt eine Gabelung, an der man in Richtung Südsüdwest zum Parkplatz Billingen gelangt *(TA006)*. Unsere Route zur **Veltdalshytta** führt an der Gabelung Richtung Westen und steigt auf einem guten, aber stellenweise steinigen Weg leicht an. Auf etwa 3 km Weg, den Berg *Bruni* links liegen lassend, kommt man zu einer weiteren Gabelung. Auf dem anfangs ebenen, später schnell steiler werdenen Hang bergab Richtung Süden, käme man nach etwa 3 km zum Wanderweg zwischen Torsbu und Billingen *(TA005)*.

Unser Weg zur **Veltdalshytta** führt an der Gabelung in einem leichten Bogen am See **Kupevatnet** (1.296 m) vorbei Richtung Nordwesten. Dann überquert man die Grenze des **Nationalparks Reinheimen**, hinter der es hinunter zum Ostufer des Sees **Fremste Veltdalsvatnet** (1.170 m) geht. Der Ausblick über den See in Richtung Nordwesten auf die zahlreichen Gipfel des Berges **Naushornet** (1.895 m) ist großartig.

Der Weg folgt etwa 3,5 km lang dem Ufer des Sees der durch eine 500 m schmale Landenge vom nächsten See, dem aufgestauten **Heimste Veltdalsvatnet** (1.157-1.175 m), getrennt ist. Über einen Gebirgsbach, der von einem von kleinen Gletschern umgebenen See (1.464 m) gespeist wird, gelangt man von Stein zu Stein. Hinter dem Bach verläuft der Weg weitere 1,5 km durch teils steiniges und felsiges Terrain über einzelne steilere Abschnitte am Nordostufer des Sees **Heimste Veltdalsvatnet** entlang bis zu einem Abzweig. Hier biegt ein Weg Richtung Nordosten zur Pyttbua ab *(TA004)*. Unser Weg zur **Veltdalshytta** führt an der Kreuzung noch ein kleines Stück weiter am See nach Nordwesten.

Nur gut 1 km weiter könnte man auch in der winzigen **Fieldfarehytta**, Norwegens geschichtsträchtigste Übernachtungshütte, heute auch ein kleines Freilichtmuseum *(siehe Seite 350)*, in einem der 4 Betten übernachten.

Billingen Seterpensjonat.

TA008 — 10 km — Hütte Reindalseter ⑧ – Veltdalshytta ⑥

Von der am See **Langvatnet** im Talgrund liegenden Hütte **Reindalseter** bietet sich ein herrliches Bergpanorama Richtung Südosten: die Berge **Naushornet** (1.895 m) und **Svartegga** (1.937 m) ragen massig und eindrucksvoll auf und bilden einen feinen Kontrast zum Tal **Reindalen**.

An der Hütte geht man ein kurzes Stück bis zur Brücke über den Fluss **Veltdalselva**. Am gegenüberliegenden Ufer gabelt sich der Weg sofort. Links, Richtung Nordwesten, würde man zum Damm Zakariasdammen und zum Parkplatz gelangen *(TA015)*, aber unser Weg zur **Veltdalshytta** biegt hier nach Südosten und trifft nach etwa 500 m auf einen weiteren Abzweig, an dem man Richtung Norden zu den Hütten Pyttbua *(TA009)*, Vakkerstøylen *(TA010)* und zum Parkplatz Muldal *(TA014)* gelangen würde.

Unser Weg führt weiter durch eine herrliche Gebirgslandschaft Richtung Südosten und verläuft in einem Bogen Richtung Nordosten durch ein lichtes Fjellwäldchen zu den Brücken über den Fluss **Tverrelva**. Hinter ihm beschreibt der Weg abermals einen Bogen und führt südostwärts an schönen Seen vorbei auf die schmale Talöffnung des **Veltdalen** zu. Dabei steigt der Weg ins immer enger werdende Tal recht steil an und wird von mehreren Findlingen und Felseinschnitten begleitet. An den schmalsten Stellen wird der Pfad von einer senkrecht aufragenden Bergwand und einem steilen Abhang hinunter in die Schlucht **Glupen** begrenzt. An den schwierigsten Abschnitten helfen im Felsen verankerte Seile. Manchmal ist der Pfad nur knapp einen Meter breit

Der See Veltdalsvatnet (1.159–1.170 m), *Etappe TA007*.

und wegen der großen Findlinge unübersichtlich. Man sollte die Wegmarkierungen daher gut im Auge behalten! Dort, wo es richtig steil wird, führt der Weg unter kleinen Wasserfällen hindurch. Bei Regen ist dieser Abschnitt wirklich anspruchsvoll zu laufen! In weiterhin felsigem Terrain wird das Tal dann zunehmend breiter.

Der Weg verläuft durch kleinere Bäche, die von Stein zu Stein überquert werden. Das Tal öffnet sich immer weiter und auch die Wegbeschaffenheit wird immer besser. Jetzt ist es Zeit einen Blick zurück auf die einzigartige Berglandschaft zu werfen. Bis zum Horizont erstrecken sich einander überlappende, hoch aufragende Berghänge. Wenn man sich dem See (1.094 m) nördlich des aufgestauten Sees *Smettevatnet* (1.146-1.151 m) nähert, wird der Weg wieder schwieriger. Die Felsen ragen hoch auf, der Pfad wird mitunter sehr schmal und abfallend und ist voller loser Steine. In dieser Gegend bleibt der Schnee oft bis weit in den Sommer hinein liegen und bei dem kurzen Abstieg am See ist Vorsicht geboten.

Beim See verlässt man auch das *Landschaftsschutzgebiet Tafjorden-Reindalen*. Das nächste kurze Stück ist noch einmal steil und man quert dabei einen Gebirgsbach, der sich in den kleinen See (1.148 m) links von uns ergießt. Nun läuft man am Ostufer des *Smettevatnet* entlang, über zerklüftete Felsen Richtung Süden. Dieser sehr anstrengende Abschnitt zieht sich über 1,5 km hin. Dann gelangt man an einen Abzweig, an dem es rechts südwestwärts in 700 m zur Fieldfarehytta sowie in 21 km zur Danskehytta *(TA024)* geht, während unser Weg zur *Veltdalshytta* noch gut 500 m nach Südosten weiterführt.

TA009 | 16 km | Hütte Pyttbua ③ – Hütte Reindalseter ⑧

An der *Pyttbua* bricht man Richtung Nordwesten auf und geht, die herrliche Aussicht genießend, nördlich am See *Nørdre Botnvatnet* (1.176 m) entlang. Das von den Bergen *Høgtuna* (1.912 m) und *Puttegga* (1.999 m) eingerahmte Tal *Nørdre Botnen* ist eine herrliche Gegend zum Wandern. Im Norden des Sees wendet sich der gut zu gehende Weg direkt nach Westen und führt dabei, einige kleinere Bäche querend, einen teils steinigen Hang leicht bergauf. Der Anstieg wird schnell steiler, hier bleibt der Schnee oft bis weit in den Sommer hinein liegen. Am Hang ist ein Seil verankert, das den steilen Aufstieg erleichtern soll. Es folgt ein etwas flacherer Abschnitt, dann geht es erneut steil bergauf. Auch hier hilft wieder ein Seil. Der Weg führt auf einen Sattel zwischen einem namenlosen Gipfel (1.544 m) und dem Berg *Isholfjellet* (1.677 m) und steigt auf 500 m insgesamt 250 Höhenmeter an. Von oben bietet sich ein absolut umwerfender Rundumblick auf die umliegende Landschaft.

Nun geht es steil hinunter zur Nordseite des Sees *Fremste Isholvatnet* (1.353 m) und über einen flacheren Hang in Richtung Westen. Hinter einer Brücke, die einen namenlosen Fluss überspannt, gelangt man nach einigen hundert Metern an eine Gabelung. Der Weg rechts hinauf Richtung Nordosten führt zur Hütte Vakkerstøylen *(TA010)*. Zur *Hütte Reindalseter* geht es nördlich an einem kleinen See (1.142 m) vorbei und ca. 1 km weiter bis zu einer kleinen Brücke über einen Gebirgsbach, der oben aus dem *Småkoppane* kommt. Ab hier ist das Gelände nach und nach besser begehbar.

Unsere Route durch das *Øvre Reindalen* ist nun leicht abschüssig. Vor uns bietet sich ein großartiger Anblick – zuerst auf die Berge *Sæterhornet* (1.563 m) und *Svartegga* (1.937 m), dann auch auf den *Naushornet* (1.895 m). Die von Schneefeldern und Gletschern überzogenen und wild zerklüfteten Berghänge ragen mehr als tausend Meter aus dem üppigen Grün des *Reindalen* empor.

Unser Weg bringt uns über eine weitere Brücke und dann steil bergab zum Fluss *Tverrelva*. Unterwegs kommt man an einem großen Wasserfall vorbei. Jetzt führt der abschüssige Pfad nach Südwesten aus dem *Reinheimen-Nationalpark* heraus. An der folgenden Weggabelung käme man, rechts den Hang hinauf in Richtung Nordwesten, zum Parkplatz Muldalen *(TA014)*.

Wir biegen jedoch, weiter bergab, Richtung Südosten, bis nach einigen hundert Metern eine weitere Gabelung folgt, an der es nach Osten zur Veltdalshytta geht *(TA008)*. An dieser Gabelung laufen wir nach rechts noch etwa 500 m Richtung Westen bis zu einer Brücke. Hier verläuft der Weg Richtung Nordwesten zum Parkplatz am Damm Zakariasdammen *(TA015)*. Zu unserem Ziel, der *Hütte Reindalseter,* schön am See *Langvatnet* gelegen, kommt man gleich jenseits der Brücke rechts.

| TA010 | 21 km | Hütte Vakkerstøylen ② – Hütte Reindalseter ⑧  |

Von der malerisch am See *Ulvådalsvatnet* gelegenen *Hütte Vakkerstøylen* folgt man dem Fluss *Hånådalselva* 200 m stromauf und geht dann Richtung Westen über die Brücke. Der Weg zieht sich nördlich des Sees *Ulvådalsvatnet* (858 m) durch ein Birkendickicht gut 1 km bis hin zum Hof *Trollstølen*. Unterwegs genießt man die ganze Zeit über eine unglaubliche Aussicht.

Anders als in vielen Wanderkarten angegeben, führt der Weg vom *Hof Trollstølen* nicht Richtung Südwesten an den Sumpfgebieten am Westende des Ulvådalsvatnet vorbei, sondern in westliche Richtung weiter. Dabei überquert man alsbald den Fluss *Bjørnaelva* über eine Brücke. Nach etwa 2 km, etwa in Höhe der Baumgrenze, ist eine Gabelung erreicht: Der Weg nach Norden führt zur Hütte Tjønnebu *(TA011)*, wir dagegen biegen gen Westen ab und gelangen gleich darauf zur Brücke über den Fluss *Børrebottelva*. Der Blick in Wanderrichtung bleibt unverändert beeindruckend. Knapp 3 km läuft man über das offene Fjell Richtung Südwesten ins *Grøndalen* bis nah an den von Westen her kommenden Fluss *Grønåa*. In diesem Bereich steht man an einem Abzweig, geradeaus weiter Richtung Südwesten käme man zum Parkplatz Muldal *(TA013)*.

Unser Weg zur *Reindalseter* biegt nach Süden ab zur Brücke über den *Grønåa*. Nun folgt ein steiler Aufstieg über den Berg *Storløypfjellet* (1.756 m). Anfangs geht es südwärts auf 1 km etwa 400 Höhenmeter bergauf, dann, leicht flacher, aber auch steiniger werdend, nach Südwesten, direkt auf den vergletscherten Gipfel des *Storløypfjellet* zu, an dem man nördlich vorbeiläuft. Der Blick hinunter ins Tal *Øvre Reindalen* und auf die Berge im Nordteil des *Tafjordfjell* ist atemberaubend.

Es folgt ein steiler, langer Abstieg hinab auf die Ostseite des Sees *Fremste Småkoppvatnet* (1.290 m). Dann kommt man in gutem Terrain zu einer Gabelung, an der es links nach Osten zur Pyttbua geht *(TA009)*. Wir halten uns jedoch rechts, nördlich an einem kleinen See (1.142 m) vorbei, von dem es etwa 1 km zu einer kleinen Brücke ist. Nach und nach ist das Gelände besser zu begehen. Auch nach der Brücke folgen wir dem Tal *Øvre Reindalen*. Nun ist der Weg leicht abschüssig und in Wanderrichtung bietet sich ein großartiger Anblick – zuerst auf den markanten *Sæterhornet* (1.563 m) und den *Svartegga* (1.937 m), dann auch auf den *Naushornet* (1.895 m). Die von Schneefeldern und Gletschern überzogenen und wild zerklüfteten Berghänge ragen mehr als tausend Meter aus dem dem üppigen Grün des *Reindalen* empor.

Der Weg bringt uns über eine weitere Brücke und dann steil bergab zum Fluss *Tverrelva*. Unterwegs kommt man an einem großen Wasserfall vorbei. Jetzt führt der abschüssige Pfad nach Südwesten aus dem *Reinheimen-Nationalpark* heraus. An der folgenden T-Kreuzung käme man rechts den Hang hinauf in Richtung Nordwesten, zum Parkplatz Muldal *(TA014)*. Unser Weg zur *Reindalseter* führt weiter bergab in Richtung Südosten, bis nach einigen hundert Metern eine weitere Gabelung folgt, an der es nach Osten zur Veltdalshytta *(TA008)* geht. Hier laufen wir jedoch nach rechts Richtung Westen noch etwa 500 m bis zu einer Brücke. Der Weg verläuft Richtung Nordwesten zum Parkplatz am Damm Zakariasdammen *(TA015)*. Zu unserem Ziel, der *Hütte Reindalseter,* schön am See *Langvatnet* gelegen, kommt man gleich jenseits der Brücke rechts.

TA011 · 14 km · Hütte Vakkerstøylen ❷ – Hütte Tjønnebu ⓱

Von der malerisch gelegenen *Hütte Vakkerstøylen* folgt man dem Fluss *Hånådalselva* 200 m stromauf und geht dann nach Westen über die Brücke. Der Weg zieht sich nördlich des Sees *Ulvådalsvatnet* (858 m) durch ein Birkendickicht gut 1 km bis hin zum *Hof Trollstølen*. Unterwegs genießt man die ganze Zeit über eine unglaubliche Aussicht.

Anders als in vielen Wanderkarten angegeben, führt der Weg vom *Hof Trollstølen* nicht Richtung Südwesten an den Sumpfgebieten am Westende des Ulvådalsvatnet vorbei, sondern in westliche Richtung weiter. Dabei überquert man alsbald den Fluss *Bjørnaelva* über eine Brücke. Nach etwa 2 km, etwa in Höhe der Baumgrenze, ist eine Gabelung erreicht: Der Weg nach Westen führt

Der See Ulvådalsvatnet (858 m), *Etappe TA011.*

zur Hütte Reindalseter *(TA010)*, zur **Hütte Tjønnebu** biegen wir jedoch gen Norden ab. Von hier ab ist der Weg gut zu gehen und führt am **Børrebottelva** stromauf.

Voraus ist die steile Südflanke des Berges **Bjørnegga** (1.704 m) zu sehen. Durch den Bogen den sie beschreibt, gewinnt man den Eindruck, als würde die Flanke das Tal abschneiden. Der Weg steigt mäßig steil in den von den Bergen **Bjørnegga** und **Storfjellet** (1.759 m) flankierten Kessel hinauf. Ihn durchquert man östlich eines Sees (1.015 m) und dabei mehrere Bäche überwindend. Am Westrand des Tals zu laufen, hat überdies den Vorzug des fantastischen Blicks auf den gegenüberliegenden Gletscher **Storfjellbreen**. Den See zurücklassend, geht es in leicht steinigem Gelände hinauf zu einem weiteren, kleineren See (1.038 m). Dann zieht sich ein kurzer Anstieg in Richtung Nordwesten auf den Bergrücken des **Børrebottreset**, von dem aus man einen schönen Blick auf den See **Illstigvatnet** (1.033 m) und den dahinter aufragenden Berg **Krynkelen** (1.494 m) hat. In dieser Gegend bleibt der Schnee oft bis weit in den Sommer hinein liegen, was man bei der Planung berücksichtigen sollte.

Es folgt der steinige Abstieg Richtung Westen auf den **Illstigvatnet** zu, an dem es nördlich unterhalb einer Klippe entlanggeht. Die Route hat es in sich – an mehreren Stellen sind Sicherungs-Seile befestigt und bei Regen ist der Weg äußerst anspruchsvoll. Dann wird der Weg leichter und führt nordwestwärts in einem Bogen um den Gipfel-Ausläufer des **Bjørnegga** (1.484 m) herum. Zwischen den **Tjørnane**-Seen geht es hinunter zu der zwischen eindrucksvollen Bergen stehenden **Tjønnebu**.

TA012 · 7 km · Hütte Tjønnebu ⑰ – Parkplatz Grønningsæter ⑱

An der **Tjønnebu** geht es zunächst nach Norden durch das Tal **Steindalen** leicht bergab. Auf dem kahlen Fjell werden mehrere kleinere Bäche überquert. Der Weg führt um den Berg **Litlehornet** (1.436 m) herum, wendet sich auf der Nordseite des Berges gen Westen und verlässt das Gebiet des **Nationalparks Reinheimen**. Der Talgrund, der vom **Steindalselva** durchflossen wird, ist leicht hügelig, aber ansonsten gut zu laufen und wird auf dem ganzen Weg nach Westen immer besser.

Nach der Baumgrenze geht es noch einmal kurz, aber steil bergab. Der Weg schlängelt sich am Hang hinunter, am malerischen und von Schafen beweideten **Hof Steindalsstølen** vorbei und überwindet dabei auf 500 m etwa 180 Höhenmeter bis der Pfad auf die Brücke über den Fluss **Grønningsæterelva** trifft. Jenseits der Brücke liegt der **Parkplatz Grønningsæter** und hier geht der Pfad in einen Feldweg über. Für das Parken ist eine kleine Gebühr in den Zahlkasten am Wegrand zu entrichten.

TA013 · 27 km · Parkplatz Muldal ⑯ – Hütte Vakkerstøylen ②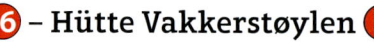

Diese Route beginnt am **Parkplatz Muldal**, direkt an der **Straße Fv 92** mit Blick auf die Wasserfläche des **Tafjord**. Vom Parkplatz aus geht man nach Süden über die Autobrücke, von der aus man auf den mächtigen, 200 m in die Tiefe stürzenden Wasserfall **Muldalsfossen** blickt.

Hier beginnt auch das **Landschaftsschutzgebiet Tafjord-Reindalen**. Nach etwa 100 m zweigt ein gut zu gehender Wanderweg ab, der sich nordostwärts im Zickzack etwa 1,5 km einen waldigen Hang steil bergauf zieht und dabei 350 Höhenmeter überwindet. *Der Ende des 19.*

Das Muldalen, *Etappe TA013*.

Jahrhunderts angelegte Pfad führt durch einen artenreichen Edellaubwald, einem sehr alten Naturtyp, entstanden während einer wärmeren Klimaperiode vor 6.000 Jahren. Auch vom Wanderweg kann man den Wasserfall, einen der höchsten Norwegens, bewundern. Allerdings sollte man sich nicht zu nah an den Rand heranwagen.

Oben am Berg angekommen, eine Brücke führt hinüber zum **Weiler Muldal**, befindet man sich nun oberhalb des **Muldalsfossen** und hat einen tollen Blick auf den **Tafjord** sowie den jenseits des Fjords die Felswände herabstürzenden Wasserfall **Slutsa**. Auch der Blick ostwärts ist sehenswert, wo die das Muldalen nach Norden begrenzenden Felswände steil und senkrecht über 1.000 Meter nach oben ragen. Es sind die des majestätischen **Muldalsegga** (1.766 m) und am südlichen Talrand, etwas weiter entfernt, der Berg **Heimste Høghornet** (1.484 m).

Der Weg verläuft etwa 1,5 km durch einen üppigen Wald und vorbei an einem Staudamm, der die Durchflussmenge des **Muldalsfossen** regelt. Knapp 1 km später folgt eine Wegkreuzung, an der man nach Süden zur Hütte Reindalseter *(TA014)* gelangt. Unser Weg zur **Vakkerstøylen** geht jedoch nach Norden über eine Brücke zu den verlassenen Höfen **Muldalsætra** und **Tafjordsætra**. Die von Wind und Wetter in Mitleidenschaft gezogenen Hofgebäude liegen zwischen großen Findlingen, was dem Gelände einen besonderen Anstrich verleiht. Von den Höfen weist ein üppig bewachsener Pfad in Richtung Nordosten, weiter in den **Nationalpark Reinheimen** hinein. Ihm folgen wir auf der Nordseite des kräftig strömenden Flusses **Muldalselva**. Kurz vor einem kleinen Sumpf verläuft der Weg oberhalb von ihm, auf der teilweise abgerutschen Uferböschung, dann quert man einen kleinen Bach von Stein zu Stein gehend. Die Berge **Grjotkopphornet** (1.726 m) am Südrand des Tales und der **Buskredhornet** (1.516 m) am Nordrand, ragen stolz und majestätisch empor. Noch ein Stück weiter voraus ist der am höchsten aufragende Gipfel des **Neskopptindane** (1.687 m) zu sehen, während sich, ihm gegenüber, der schöne Wasserfall **Stolselva** ins Tal stürzt. Auf Höhe des Wasserfalls tritt das dichte Birkengebüsch kurz zurück, um aber schon gleich wieder den Pfad in dichte Moorbirkensträucher eintauchen zu lassen. Kleinere Bäche müssen von Stein zu Stein überquert werden, dann beschreibt der Weg einen leichten Bogen nach Osten und zieht sich weiter ins **Muldalen** hinein. Gut 500 m geht es an Geröllfeldern und Buschwerk vorbei zur Watstelle durch den **Muldalselva**. Im Fluss liegen große Felsbrocken, auf denen man, vorsichtig balancierend, den Fluss überwinden kann. Insbesondere bei nassem Wetter ist Aufmerksamkeit gefordert.

Jenseits des Flusses verzweigt sich der Weg, doch nur wenig später führen alle Wege wieder zusammen und folgen dem Südufer des **Muldalselva** in Richtung Südosten. Nach etwa 2 km wendet sich der Weg erst nach Nordosten, macht dann einen Bogen um steinige Geröllfelder und steigt zur verschlossenen Hütte **Illstighytta** kräftig an. Während des Aufstiegs genießt man zurück einen besonders schönen Blick. Auch nach der Hütte steigt der Pfad weiter bergan, nun in Richtung Süden über eine nach unten schräg abfallende Felsplatte. Hier ist bei Regen besondere Vorsicht geboten.

Dann stößt der Weg ans Ufer des Sees **Illstigvatnet** (1.091 m) und den damit anspruchsvollsten Abschnitt dieser Route. In wunderschöner Landschaft läuft man zunächst über ein schräges Geröllfeld, dann taucht vor einem ein sehr schmaler und niedriger Durchgang auf, der sich direkt an der Wasserkante befindet. Durch die enge Passage gelangt man am besten, indem man sich sitzend Meter für Meter vorwärtsschiebt. Großgewachsene Menschen müssen unter Umständen auf allen Vieren hindurchkriechen oder robben. Oberhalb türmt sich ein steinerner Hang, der sich über den Durchgang wölbt. Nach dem kriechenden Abschnitt geht es, wieder aufrecht, zwanzig Höhenmeter den Hang hinauf. Hier

Der See Illstigvatnet (1.091 m), *Etappe TA013*.

dabei bietet, ist herrlich. Nördlich des Sees **Grønvatnet** (1.069 m) entlang geht es auf nun etwas leichterem Terrain, bevor sich nach 1,5 km der Weg gabelt und der Abzweig nach Süden zur Hütte Reindalsetra *(TA010)* führt. Zur **Vakkerstøylen** geht es weiter nach Nordosten. Schaut man zurück, bietet sich ein friedliches Bild, während der Blick nach vorn in Wanderrichtung wohl bei vielen Wanderern ein erhabenes Gefühl auslöst.

Entlang des Nordufers des Flusses **Grønåa** kommt man nach etwa 3 km an eine Brücke über den **Børrebottelva** und bald dahinter gabelt sich der Weg erneut. Nach Norden gelangt man zur Hütte Tjønnebu *(TA011). An dieser Stelle ist auf vielen Wanderkarten ein Fehler. Auf den Karten sieht es so aus, als würde der Wanderweg Richtung Südosten durch die Sumpfgebiete nahe des Flusses Grønåa führen*, es geht aber hier nach Osten weiter. Kurz nach der Weggabelung erreicht man die Baumgrenze und etwa 2 km weiter, nach Überquerung der Brücke am **Bjøranelva**, den **Hof Trollstølen**.

Vom Hof aus setzt man seinen Weg in südöstlicher Richtung fort zum Ufer des **Ulvådalsvatnet** (858 m), von wo man einen herrlichen Blick in beide Richtungen über den See hat. Die an den Ufern des Sees aufragenden Berghänge bilden fast ein flaches Trogtal. Am Seeufer entlang geht es kurz ansteigend und entlang des Flussufers des **Hånådalselva**. Über den Fluss führt eine Brücke, nach der man zur malerisch gelegenen **Hütte Vakkerstøylen** hinabsteigt.

verzweigt sich der Weg in mehrere kleine Pfade. Das Stück über den extrem abschüssigen Hang ist zwar nicht lang, aber sehr anspruchsvoll. Unbedingt empfehlenswert sind Wanderstöcke, da es sehr schräg nach oben geht. Der Boden ist mit Moosen und Flechten bedeckt, zwischen denen kleine Rinnsale fließen und das Gelände extrem rutschig machen.

Der Weg führt nochmal hinunter ans Ufer des Sees, von wo man dann in Richtung Osten, einen flachen Hang hinauf, weiterläuft. Unsere Route folgt nun der Talöffnung zwischen den Bergen **Illstigegga** (1.679 m) und **Kollen** (1.513 m) bergab und südlich am See **Blanktjørna** (1.124 m) vorbei, über ein schräges Geröllfeld hinunter ins Tal **Grøndalen**. Der Blick der sich

TA014 — 16 km — Parkplatz Muldal 16 – Hütte Reindalseter 8

Diese Route beginnt am **Parkplatz Muldal**, direkt an der **Straße Fv 92** mit Blick auf die Wasserfläche des **Tafjord**. Vom Parkplatz aus geht man nach Süden über die Straßenbrücke, von der aus man auf den mächtigen, 200 m in die Tiefe stürzenden Wasserfall **Muldalsfossen** blickt.

Hier beginnt auch das **Landschaftsschutzgebiet Tafjord-Reindalen**. Nach etwa 100 m zweigt ein gut zu gehender Wanderweg ab, der sich nordostwärts im Zickzack etwa 1,5 km einen waldigen Hang steil bergauf zieht und dabei 350 Höhenmeter überwindet.

Der Ende des 19. Jahrhunderts angelegte Pfad führt durch einen artenreichen Edellaubwald, einem sehr alten Naturtyp, entstanden während einer wärmeren Klimaperiode vor 6.000 Jahren. Auch vom Wanderweg aus kann man den Wasserfall, einen der höchsten Norwegens, bewundern. Allerdings sollte man sich nicht zu nah an den Rand heranwagen. Oben auf dem Berg angekommen, eine Brücke führt hinüber zum **Weiler Muldal**, befindet man sich nun oberhalb des **Muldalsfossen** und hat einen tollen Blick auf den **Tafjord** sowie den jenseits des Fjords die Felswände herabstürzenden Wasserfalls **Slutsa**.

Auch der Blick in die andere Richtung, nach Osten, ist sehenswert, wo die das **Muldalen** nach Norden begrenzenden Felswände steil und senkrecht über 1.000 Meter nach oben ragen. Es sind die des majestätischen **Muldalsegga** (1.766 m) und am südlichen Talrand, etwas weiter entfernt, der Berg Heimste **Høghornet** (1.484 m).

Der Weg verläuft etwa 1,5 km durch einen üppigen Wald und vorbei an einem Staudamm, der die Durchflussmenge des Wasserfalls **Muldalsfossen** regelt. Knapp 1 km später folgt eine Kreuzung, an der nach Norden über die Brücke ein Weg zur Vakkerstøylen *(TA013)* führt.

Unsere Route zur **Reindalseter** biegt hier nach Süden und führt gleich steil bergauf – auf gut 500 m sind 260 Höhenmeter zu überwinden. Hat man die Baumgrenze hinter sich gelassen, bietet sich ein märchenhafter Blick ins **Muldalen**. Im Norden des Tals ragen, aufgereiht wie Perlen auf einer Schnur, imposante Berge auf: der **Buskredhornet** (1.516 m), der **Korga** (1.640 m) und der **Neskopptindan** (1.687 m). Direkt am Weg erhebt sich der **Heimste Høghornet** (1.484 m). Dann geht es weiter, nun etwas mäßiger bergauf, mit dem eindrucksvollen Bergmassiv **Trollkyrkja** (1.762 m) und westlich davon dem **Muldalsegga** (1.766 m) im Rücken. Zwischen den Gipfeln breitet sich der Gletscher **Nakkebreen** aus.

Die Route steigt nun südostwärts leicht bergan, dann nach Osten bis zu einer Steinhütte am Ufer des Sees **Raudnukdalsvatnet** (982 m). Hier geht es ein paar Schritte bergab und von Stein zu Stein balancierend über den aus dem See abfließenden Gebirgsbach. Der Weg verläuft anfangs entlang des Seeufers, wendet sich dann nach Südsüdwest einen immer steinigeren Hang steil bergauf. Auf gut 500 m sind 220 Höhenmeter zu überwinden. Die Wegmarkierung lässt hier zu wünschen übrig. Vom Hang aus hat man einen eindrucksvollen Blick auf die spitzen Gipfel des **Muldalsegga** und des **Trollkyrkja** und den dazwischen liegenden Gletscher.

Jetzt hält man sich nach Südosten und läuft an einem kleinen See vorbei sowie über den aus ihm abließenden Bach. Einem schnell enger werdenden Tal zwischen den Bergen **Breinausa** (1.433 m) und **Fremste Høghornet** (1.700 m) folgen wir über einen leichten Hang hinunter ins Tal **Djupdalen**. Auf halber Höhe wendet sich der Weg nach Ostnordost und macht einen Bogen sanft bergab zum Oberlauf des Flusses **Djupdalselva**, der im Talgrund dahinplätschert. *Alte Wanderkarten weisen an dieser Stelle einen Fehler auf. Anders als auf ihnen verzeichnet, verläuft der Weg nicht direkt hinunter zum Fluss, sondern wie oben beschrieben in einem Bogen zum Oberlauf des Flusses.* Dort wird dieser von Stein zu Stein balancierend überquert. Im Frühsommer, mit erhöhtem Wasserstand, steht einem dabei eine mittelschwere Flussdurchquerung bevor. Hinter dem Fluss geht es dann in Richtung Süden zu einem voraus erkennbaren Geröllfeld. Der Westhang des **Melegga** (1.685 m) ist über und über mit verschieden großen Steinen und Felsbrocken übersät und der Aufstieg ist sehr anspruchsvoll und zeitraubend, insbesondere bei Regen. Am Hang gibt es auch eine Reihe von losen Steinen und man muss extrem vorsichtig vorangehen.

Das Geröllfeld erstreckt sich über 1,5 km den Hang hinauf, danach verbessert sich die Bodenbeschaffenheit und das Gelände wird leichter begehbar. Weiter geht es nun über einen stellenweise steinigen Hang in Richtung

Südosten an einem See (1.235 m) vorbei. Zwischen ihm und einem winzigen See muss ein Bach gequert werden, bevor es einen steilen Hang an der Westseite des Berges *Skjervløypfjellet* hinaufgeht. Von oben genießt man einen großartigen Blick nach Süden auf das Tal *Reindalen* und die dahinter aufragenden Berge *Naushornet* (1.895 m) und *Svartegga* (1.937 m) sowie den Gipfel des *Nibba* (1.818 m). Als wäre dies noch nicht genug, eröffnet sich 800 Höhenmeter weiter unten im Westen ein atemberaubender Blick auf den aufgestauten See *Zakariasvatnet* (375-450 m). Dahinter erhebt sich der gedrungene Berg *Litlejordhornet* (1.560 m).

Der nun folgende Hang führt weniger steil hinunter als der vorherige. In Richtung Südosten läuft man auf einer Bergflanke über eine Strecke von gut 1 km etwa 360 Höhenmeter in die Tiefe. Dann wird der Hang flacher und gut 500 m später ist eine Weggabelung erreicht. Nach Nordosten käme man zu den Hütten Pyttbua *(TA009)* und Vakkerstøylen *(TA010)*. Unser Weg zur Reindalseter führt geradeaus weiter bergab in Richtung Südosten, bis nach 500 m eine weitere Gabelung folgt, an der es nach Osten zur Veltdalshytta geht *(TA008)*. Hier laufen wir noch etwa 500 m Richtung Westen bis zur Flussbrücke des *Tverrelva*. In Richtung Nordwesten gelangt man zum Damm Zakariasdammen und zum Parkplatz *(TA015)*. Über die Brücke und gleich dahinter an der Gabelung rechts, kommen wir nach 150 m zur **Hütte Reindalseter**.

Blick von Fjøra in den Tafjord.

TA015 | 6 km | Parkplatz Zakariasdammen ⑩ – Hütte Reindalseter ⑧

Vom *Parkplatz Zakariasdammen*, 900 m südöstlich der Staumauer, läuft man knapp 3 km am Südufer des Sees *Zakariasvatnet* (375-450 m) entlang nach Osten. Dann geht es einen kurzen, aber steilen Anstieg neben dem Wasserfall *Reindalsfossen* den Berg hinauf ins *Landschaftsschutzgebiet Tafjord-Reindalen* hinein. Mit 140 Metern Höhe ist der recht unbekannte Wasserfall durchaus eindrucksvoll und sein lautes Rauschen ist schon von weitem zu hören. Lässt der Anstieg nach, wendet sich der Weg zur Brücke über den Fluss oberhalb des Wasserfalls. Den Fluss im Rücken, geht es nach Südosten durch das bildschöne Tal *Reindalen*. Egal, wohin man guckt, der Wanderer sieht sich auf allen Seiten von steil aufragenden Bergwänden umgeben. Der Anblick schmeichelt den Augen!

Der gut zu gehende Weg führt westlich des Sees *Sildevatnet* (595 m) entlang, dann einen kurzen, aber steilen Hang hinauf. Nördlich am Berg *Haugane* (784 m) und dem See *Langvatnet* (699 m) vorbei, läuft man weiter in Richtung Südosten und lässt die Hütte *Jakobselet* rechts liegen. Vor der Brücke über den *Tverrelva* gabelt sich der Weg. Richtung Osten gelangt man zur Hütte Veltdalshytta *(TA008)*. Zur *Hütte Reindalseter* geht man über die Brücke und direkt dahinter an der Gabelung rechts.

TA016 | 8 km | Parkplatz Zakariasdammen ⑩ – Hütte Kaldhusseter ⑭

Die Route beginnt am *Parkplatz Zakariasdammen*, etwa 900 m südöstlich der Staumauer. Hier folgt man knapp 1,5 km der Straße westwärts, zunächst geht es am regulierten See *Zakariasvatnet* (375-450 m) entlang auf den wirklich riesenhaften Staudamm zu und weiter auf der Straße nach Südwesten bis am Straßenrand links ein Schild zur *Hütte Kaldhusseter* weist.

Der Weg führt oberhalb der Straße steil über eine Absenkung im Hang nach oben und dabei knapp 1 km in Richtung Westen. Dann wendet sich der Weg nach Nordwesten und führt zur Nordspitze des Bergs *Flyene* (780 m) hinauf. Am Berghang ist die Vegetation sehr üppig, doch der Weg ist trotzdem gut zu laufen. Vom Berg bietet sich ein großartiger Ausblick nach Norden auf den Stausee *Onilsavatnet* (160-177 m) und nach Osten auf den *Zakariasvatnet*. Der Weg führt dann vom Berg in Richtung Südsüdwest schräg über den Hang hinunter und vorbei an den Hütten von *Kaldhusstølen*. Hier macht die dichte Birkenvegetation offenerem Gelände Platz und etwa 3 km nachdem der Weg Richtung Südsüdwest abgeknickt ist, folgt man auf dem letzten Kilometer zur *Hütte Kaldhusseter* einer Stromleitung.

TA017 | 19 km | Hütte Kaldhusseter ⑭ – Ort Geiranger ⑬ (via Slettdalen)

Von der Hütte *Kaldhusseter* geht es nach Süden knapp 2 km die Landstraße entlang bis ein kleinerer Feldweg links den Hang hinaufführt. Auf ihm würde man zur Hütte Danskehytta *(TA020)* gelangen. Unsere Route zum *Geirangerfjord* führt noch 500 m weiter auf der Landstraße, die dann in einen Wanderweg übergeht.

Der Wanderweg folgt dem Ufer des regulierten Sees *Fremste Kaldhussætervatnet* (549-572 m) unter den Stromleitungen bis zu seinem Südende. Hier beginnt ein kurzer Aufstieg zum Tal *Storkaldhusdalen*. Am Grund des schönen und idyllischen Tals gibt es mehrere verschieden große Seen, an denen man sich an einem heißen Sommertag gut aufhalten kann. Zwischen den Seen breiten sich Kiefernwäldchen und nackter Fels aus. Am Westrand des Tals erhebt sich der Berg *Nonshornet* (1.566 m), dessen Bergwand 800-900 Höhenmeter über dem Tal aufragt. Die Landschaft ist wirklich malerisch und die kleinen Seen sind durch Wasserläufe miteinander verbunden, über die meist Brücken führen. Der Anstieg vom *Fremste Kaldhussætervatnet* zum regulierten See *Slettdalsvatnet* (885-907 m) ist gemäßigt. Nach und nach wird die Vegetation auf den leicht hügeligen Felsen spärlicher, dann gabelt sich der Weg: Nach Süden geht es in einem weiten Bogen zur Landstraße Rv 63 und zur Djupvasshytta. Unsere Route folgt dem Pfeil nach *Geiranger und Vesterås* Richtung Westen und geht recht steil den Berghang ins *Slettdalen* hinauf. Dabei genießt man in Wanderrichtung einen großartigen Blick auf die wie Haifischflossen emporragenden Berge *Slettdalsfjellet* (1.640 m) und *Vesteråshornet* (1.660 m) und *Holeegga* (1.590 m). Gegen Ende wird der Anstieg immer steiniger.

Nun geht es auf den voraus sichtbaren Bergrücken (1.462 m) zwischen dem *Holeegga* und dem *Vesteråshornet* zu. Ab dem See Kaldhussætervatnet ist man auf den bisher gegangenen 8 Kilometern fast 900 Höhenmeter aufgestiegen, was bei der Planung der Wanderung berücksichtigt werden sollte. Zudem bleibt in dieser Gegend der Schnee oft bis weit in den Sommer liegen.

Vom Bergrücken aus fällt der Blick auf einen Gletscher am Berghang des *Sandurfjellet* (1.680 m) und auf den See *Skarevatnet* darunter, in dem die Eisschollen treiben – fantastisch! An dieser Stelle gibt es auch einen Abzweig, wo der Pfad, anfangs auf dem schmalen Berggrat des Holeegga, nach Norden zum Tal Herda-

Blick über das Tafjordfjell-Gebirge.

len führt *(TA019)*. Unser Weg zum *Geirangerfjord* bringt uns bergab in Richtung Südwesten über einen steinigen Hang zum See *Kaldhusbakkvatnet* (1.274 m). Um den See herum ist die Gegend karg und recht steinig und auch hier bleibt der Schnee oft bis weit in den Sommer liegen. Der Blick hinunter ins Tal *Vesteråsdalen* ist wirklich beeindruckend, mitunter sogar atemberaubend!

Ein Gebirgsbach, der aus dem See abfließt, wird gequert. Dann geht es am inzwischen reißenden Bach entlang weiter steil hinab in das sich weit ausbreitende *Vesteråsdalen*. Auf etwa 600 m geht es gar 400 Höhenmeter hinunter. Der Abstieg ist anfangs sehr steil, flacht dann aber leicht ab und lässt Zeit die bildschöne Szenerie zu bewundern. Im Gegensatz zum *Kaldhusbakkane* ist das *Vesteråsdalen* sehr üppig und grün.

Etwa in der Mitte des Tals passiert man den Hof *Vesteråssætra*, dann sind es noch gut 1,5 km zu dem auf einer großen Lichtung liegenden alten Hof *Storsætra*. Von hier könnte man einen kleinen Abstecher zum überaus beliebten Wasserfall *Storsæterfossen* unternehmen. Der Weg dorthin ist schmal und mit einem Metallgeländer gesichert und führt tatsächlich bis hinter den prachtvollen Wasserfall. Der Weg ist steinig und oft glatt, aber absolut lohnenswert!

Zurück auf dem Wanderweg, geht es nun steiler bergab. Der Blick auf den *Geirangerfjord* ist dabei spektakulär. Hinter ihm ragt der Berg *Keipen* fast 1.400 Meter vom Meeresspiegel auf und dahinter der massivere Berg *Blåhornet* (1.667 m). Etwa 800 m später gelangt man zur Straße, der man hinunter zum Ort *Geiranger* folgt.

| TA018 | 8 km | Hütte Kaldhusseter – Herdalssetra in Herdalen |

Von der Hütte *Kaldhusseter* geht man nordwestwärts im Bogen um das Nordufer des Sees *Heimste Kaldhussætervatnet* herum, dann steil bergauf in Richtung Süden. Dabei beträgt der Anstieg bereits auf dem ersten Kilometer etwa 240 Höhenmeter. Anfangs wandert man noch durch Wald, doch je höher man kommt, desto spärlicher wird der Baumbestand. Der Pfad wendet sich plötzlich nach Westen und wird zwar flacher, doch es geht weitere 1,5 km bergauf bis zur Grenze des *Landschaftsschutzgebietes Geiranger-Herdalen*. Voraus fällt der Blick auf zwei Seen (1.044 m & 1.037 m), hinter denen der Berg *Heregga* (1.557 m) aufragt. Auch der Blick zurück auf den massiven *Storfjellet* (1.821 m) lohnt sich.

Nun läuft man durch das wellige Tal *Nørdre Herdalen* in Richtung Nordwesten. Kurz nach den Seen wird der Weg abschüssig, führt an einem dritten See (1.012 m) vorbei und weiter über einen ziemlich steilen Berghang hinunter. Etwa 100 Höhenmeter unterhalb des Hanges liegen ruhig zwei fast ineinandergehende Seen (884 m). Die Route führt an diesen vorbei und gibt einen schönen Blick ins *Herdalen* frei. Die im Tal liegenden Hofgebäude bieten einen guten Größenvergleich für den dahinter aufragenden mächtigen Berg *Torvløysa* (1.850 m).

Auf Höhe der Baumgrenze wird der Weg steiler, an einigen Stellen sogar extrem steil. Die am Hang wachsenen Bäume und Sträucher helfen zwar beim Abstieg, die felsigen Furchen und Scharten verlangsamen aber das Vorankommen. Insgesamt geht es auf knapp 2 km etwa 500 Höhenmeter teils im Zickzack bergab, an den steilsten Stellen sind es auf 100 Meter gar 80 Höhenmeter.

Über die Brücke des *Herdalselva* geht es zur Ziegenalm *Herdalssetra*, die wie ein Freilichtmuseum wirkt – die ältesten Gebäude stammen aus dem 18. Jahrhundert. Im Sommer kann man frischen Molkenkäse und andere Ziegenprodukte erwerben. Falls man eine Übernachtung ins Auge fasst, sollte man diese im Voraus reservieren.

| TA019 | 15 km | **Herdalssetra in Herdalen ⑮ – Ort Geiranger ⑬** ✈ ▩ ❄ |

Zunächst geht es durch die waldige Umgebung des Tals *Herdalen* am Fluss entlang in Richtung Süden. Der Weg führt sehr gemächlich bergauf. Die Gebirgslandschaft in Wanderrichtung ist beeindruckend: der spitze Gipfel des *Kupenibba* (1.760 m) und daneben der des *Torvløysa* (1.850 m) sind zu sehen sowie die unmittelbar geradeaus aufragenden Berge *Bolletehornet* (1.349 m) und *Grjotdalsnibba* (1.490 m), zwischen denen der Weg schon steiler bergauf führt und sich zum *Bolletehornet* hinwendet. Auf der gegenüberliegenden Seite, an der Südflanke des Tals, blickt man auf einen Gletscher, der sich hinunter zum See *Grjotdalsvatnet* erstreckt.

Oben auf dem *Bolletehornet* angekommen, läuft man auf seinem scharfen und steinigen Grat weiter nach Süden hinauf zum Gipfel des Berges *Holeegga* (1.590 m). Dabei überwindet man auf gut 1,5 km etwa 240 Höhenmeter. Gegen Ende wird der Anstieg steiler. Vom Scheitel des Berges hat man einen weit in die Ferne reichenden Blick.

Herdalssetra in Herdalen.

Vom Gipfel geht es über den Bergrücken in Richtung Süden hinunter. An einem Gipfelpunkt von 1.462 m gabelt sich der Weg und führt zum einen nach Osten, den Hang hinunter zur Kaldhusseter *(TA017)* und zum anderen in Richtung Südwesten zum *Geirangerfjord*. Diesen Weg nehmen wir und laufen einen steinigen Hang mäßig steil hinab zum See *Kaldhusbakkvatnet* (1.274 m). Die Gegend um den See ist karg und recht steinig. Auch hier bleibt der Schnee oft bis weit in den Sommer liegen. Der Blick hinunter ins Tal *Vesteråsdalen* ist wirklich beeindruckend, mitunter atemberaubend.

Ein aus dem See abfließender Gebirgsbach wird gequert, dann geht es neben dem immer reißender werdenden Bach weiter steil bergab in das sich verbreiternde hübsche Tal *Vesteråsdalen*. Auf etwa 600 m sind beeindruckende 400 Höhenmeter zu überwinden. Der Abstieg ist anfangs sehr steil, flacht dann leicht ab. Im Gegensatz zum *Kaldhusbakkane* ist das bildschöne *Vesteråsdalen* von Beginn an sehr üppig und grün.

Etwa in Talmitte kommt man am Hof *Vesteråssætra* vorbei. Es geht noch gut 1,5 km unterhalb der Baumgrenze weiter zum alten Hof *Storsætra*. Von hier kann man einen kleinen Abstecher zum überaus beliebten Wasserfall *Storsæterfossen* unternehmen. Der Weg dorthin ist schmal und mit einem Metallgeländer gesichert und führt tatsächlich bis hinter den prachtvollen Wasserfall. Der Weg ist steinig und oft glatt, aber absolut lohnenswert!

Zurück auf dem Wanderweg, steigt man nun steiler bergab. Der Blick auf den *Geirangerfjord* ist dabei spektakulär. Hinter ihm ragt der Berg *Keipen* fast 1.400 Meter vom Meeresspiegel auf und dahinter der massivere Berg *Blåhornet* (1.667 m). Etwa 800 m später gelangt man zur Straße, der man hinunter zum Ort *Geiranger* folgt.

Diese Route sollte nicht bei schlechtem Wetter gegangen werden!

TA020 · 12 km · Hütte Kaldhusseter ⑭ – Danskehytta ⑪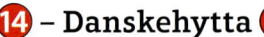

Von der Hütte *Kaldhusseter* geht es zunächst knapp 2 km am See Richtung Süden die Straße hinab, bis sich links ein kleiner Feldweg den Hang hinaufschlängelt. Die Straße geradeaus weiter führt zum Geirangerfjord *(TA017)*. Wir biegen hier ostwärts auf den Feldweg und folgen ihm gut 1 km steil bergauf bis links ein Wanderweg vom Feldweg abzweigt. Dieser bringt uns über das offene Fjell in Richtung Süden. Der Aufstieg wird immer flacher. Etwa nach 500 m gabelt sich der Weg, rechts nach Südsüdwest gelangt man zum Geirangerfjord.

Wir folgen an dieser Gabelung dem linken Abzweig nach Südsüdost. Nach der Weggabelung geht es etwa 1,5 km bergauf zum Staudamm des regulierten Sees *Fitvatnet* (1.030-1.052 m). Östlich an ihm entlanglaufen wir durch leichtes Gelände, am Südende biegen wir Richtung Ostsüdost etwa 1 km bergauf. Dann beschreibt der Pfad einen Bogen nach Süden und führt in das schmales Tal *Kaldhussæterreindalen* zwischen den Bergen *Kolhø* (1.418 m) und *Fetegga* (1.578 m). Stellenweise geht es durch steiniges Gelände, dann an einem kleinen See (1.157 m) vorbei. Jetzt wendet sich der Weg nach Osten und steigt steil, aber kurz erst süd- dann wieder ostwärts über das *Reindalshola* hinauf auf den Bergkamm zwischen *Fetegga* und *Helleggi*. Auf gut 500 m fast 200 Höhenmeter. Vom Kamm hat man einen schönen Blick auf die Stauseen *Heimste* und *Fremste Vikvatnet* (1.302-1.319 m) sowie den dahinter aufragenden Berg *Nibba* (1.818 m). Nun sind es nur noch gut 500 m bergab bis zur *Danskehytta*. Die 1994 erbaute Hütte hat von **Ende April bis Ende Mai, wenn die Rentiere kalben, geschlossen!**

TA021 | 12 km | Danskehytta ⑪ – Grotli Høyfjellshotel ⑫

Von der **Danskehytta** geht es einen mäßig steilen Hang hinunter zum Stausee **Heimste Vikvatnet** (1.299-1.319 m), an dessen Ufer man in Richtung Süden wandert. Nach dem Abstieg ist der Weg zwar gut, aber stellenweise steinig. Am Osthang des Berges **Helleggi** (1.668 m) sind häufig vom Wind geformte Schneeverwehungen zu erkennen. Einige Gebirgsbäche werden von Stein zu Stein überquert. Etwa 4,5 km nach der Hütte wird am Südende des südlicheren Stausees **Fremste Vikvatnet** (1.302-1.319 m) ein Gipfelpunkt von 1.362 m passiert, ab jetzt verläuft der Weg meist leicht bergab. Nach weniger als 1 km gabelt sich der Weg, nach rechts führt in Richtung Südwesten eine Route zum Dorf Hamsa.

Unser Weg zum **Grotli Høyfjellshotel** führt weiter nach Südosten bergab, vorbei an kleinen Seen, die wir rechts liegen lassen. Mehrere kleine Bäche können ohne Schwierigkeiten überwunden werden und das Gelände ist insgesamt gut zu laufen. An der nächsten Weggabelung lassen wir den Abzweig nach Norden zur Hütte Reindalseter *(TA022)* links liegen und laufen weiter nach Süden Richtung **Grotli**.

Auf einer Strecke von 500 m ist der Weg ziemlich eben, dann beginnt ein steiler Abstieg hinunter zum Hotel – auf gut 1,5 km geht es etwa 220 Höhenmeter bergab. Wir erreichen die Straße, der man noch etwa 500 m bis zum Hotel **Grotli Høyfjellshotel** folgt. *Im Zusammenhang mit dem Bau der Bergstraße entstand hier schon 1880 ein Berggasthof. Das Hotel eröffnete 1905 und verfügt heute auch über einen Laden, in dem regional produzierte Lebensmittel gekauft werden können.*

Die Danskehytta.

TA022 | 27 km | Hütte Reindalseter 8 – Grotli Høyfjellshotel 12

An der **Hütte Reindalseter** geht es Richtung Südosten. Hier hat man vom Weg aus einen herrlichen Blick auf den Berg **Naushornet** (1.895 m). Durch einen kleinen Wald gelangt man über eine Reihe kleiner Bäche zurück in offenes Gelände und steigt dann steil bergauf. Beim Blick zurück liegt unter uns das stark zerfurchte Tal **Veltdalen**. Im Nordosten ragt der fast 2.000 Meter hohe **Høgstolen** auf und im Westen stürzt der Fluss **Tverrelva** als mächtiger Wasserfall in den **Langvatnet**. Nach insgesamt 2 km gabelt sich der Weg, *eine alternative Route verläuft über die Brücke Richtung Osten den Hang hinauf.*

Wier folgen dem Weg weiter südostwärts und laufen östlich des Berges **Hulderkoppen** an mehreren kleinen Seen vorbei zum Bergbach, der jene Seen verbindet. Im Frühsommer steht eine mittelschwere Durchwatung bevor, zu allen anderen Zeiten kommt man von Stein zu Stein balancierend auf die andere Seite. Dann geht es anfangs mäßig steil, nach etwa 1 km merklich steiler bergauf in Richtung Südosten. An der steilsten Stelle sind auf 500 m über 200 Höhenmeter zu überwinden, dabei geht es durch eine enge und steinige Schlucht.

Nach ihr kommt man an eine Weggabelung, wo von links die *alternative Route* wieder zu unserem Weg stößt. Hier verlässt man das **Landschaftsschutzgebiet Tafjord-Reindalen** und es folgt ein Abstieg Richtung Südosten über einen steilen, unübersichtlichen Hang, in einem von großen Findlingen und Felseinschnitten dominierten Gelände. Dieser Weg ist von Süden her kommend sehr gut markiert. Für uns, von oben her kommend, sind die Markierungen deutlich weniger zahlreich und erkennbar. Man sollte daher genau auf die Wegmarkierungen achten, denn das Gelände ist unübersichtlich und schwer zu gehen. Zudem bleibt der Schnee oft bis weit in den Sommer hinein liegen.

In dieser kargen, aber schönen Landschaft gelangt man bald an eine T-Kreuzung. Dem Wegweiser zufolge stößt man hier auf den Wanderweg zwischen der Veltdals- und der Danskehytta *(TA024)*, nach Osten gehts zur Veltdalshytta. An der nächsten Gabelung, nur 200 m weiter, zweigt nach rechts die markierte Route zur Danskehytta *(TA024)*, die in einem Bogen westlich um den See Femånvatnet (1.371 m) herumführt, ab.

Unser Weg nach **Grotli** führt Richtung Süden einen steilen Hang bergab, dann entlang der Felskante des oberhalb liegenden **Tordsnose** (1.975 m) und dem Ostufer des **Femånvatnet**. Unterwegs sehen wir noch ältere Markierungen. Dann geht es einen kleinen Berg hinauf und durch eine leicht hügelige Landschaft östlich am See **Simlevatnet** (1.418 m) vorbei zu dem Bach, der den **Simlevatnet** und den **Styggedalsvatnet** verbindet. Ihn kann man von Stein zu Stein queren. Hinter dem folgenden Berghang läuft man dann bergab Richtung **Grønvassbue**-Hütte *(Statskog)*, die am Ufer des **Grønvatnet** liegt.

Weiter geht es über einige Bäche in Richtung Süden, bis man nach ca. 1 km an einer Gabelung steht, von der aus sich voraus ein herrlicher Blick auf den großen Gletscher am Nordhang des **Krosshø** (1.857 m) bietet. Der Weg, der nach Südsüdost weist, führt ins Tal Vuludalen. Wir zweigen auf den Weg nach Südwesten ab und setzen unsere Wanderung nach **Grotli** fort, überqueren alsbald problemlos einen Bach und sammeln auf dem Weg hinauf ins Tal **Skrådalen** ordentlich Höhenmeter. Der Weg trifft mitten im Tal auf eine Reihe kleinerer und größerer Seen und Bäche, die ohne Schwierigkeiten passiert werden und führt anfangs am See **Skrådalsvatnet** (1.320 m) entlang und schwenkt dann, auf einer Landenge am Ostufer des regulierten Sees **Fremste Vikvatnet** (1.302-1.319 m), nach Süden.

Gut 1 km folgt der Weg dem Seeufer und steigt dann in leichtem Gelände sanft an. Nun geht es den Hang hinunter. Die letzten 1,5 km in Richtung *Kjerringtjønne*-Seen, die man bereits von oben sieht, sind ziemlich steil. Der Pfad führt durch die mit kleineren und größeren Seen und Tümpeln gesprenkelte Landschaft bis zu einer Gabelung, an der man nach rechts, in Richtung Nordwesten, zur Hütte Danskehytta *(TA021)* gelangen würde. Der Weg zum *Grotli Høyfjellshotel* führt dagegen weiter nach Süden.

Nach der Gabelung ist der Weg auf einer Strecke von 500 m ziemlich eben, dann beginnt ein steiler Abstieg hinunter zum Hotel – auf gut 1,5 km geht es etwa 220 Höhenmeter bergab.

Dann kommt man an eine Straße, der man etwa 500 m bis zum *Hotel Grotli Høyfjellshotel* folgt. *Im Zusammenhang mit dem Bau der Bergstraße entstand hier schon 1880 ein Berggasthof. Das Hotel eröffnete 1905 und verfügt heute auch über einen Laden, in dem regional produzierte Lebensmittel gekauft werden können.*

TA023 | 12 km | Hütte Reindalseter ⑧ – Danskehytta ⑪

An der *Reindalseter* geht man wenige hundert Meter nach Süden, überquert in kurzer Abfolge zwei Brücken und klettert einen recht steilen Hang hinauf. Der Weg verlässt dann das Birkendickicht und schlängelt sich neben einem Bergausläufer Richtung Südwesten. Kurz vor dem Berg *Daurmålshaugen* (1.308 m) wird der Boden steinig. Nun folgt ein etwa 2 km langer und 580 Höhenmeter überwindender Anstieg auf den *Daurmålshaugen*. Der Weg führt auf der Südostseite des Gipfels vorbei. Den sich bietenden Rundumblick sollte man genießen: eine fantastische Aussicht hinunter ins Tal *Reindalen* und die dahinter aufragenden Berge *Melegga* (1.685 m) und *Høgstolen* (1.953 m) sind der Lohn. Es geht jetzt aus dem *Landschaftsschutzgebiet Tafjord-Reindalen* hinaus und weiter auf steinigem Untergrund westlich am See *Daurmålsvatnet* (1.306 m) entlang.

Vom See aus läuft man Richtung Süden durch teils schwieriges Gelände bergauf. Ein im Fels verankertes Seil erleichtert das Vorankommen. Kurz nach einem Gipfelpunkt (1.512 m) geht man unter einer Stromleitung hindurch und kommt zu einer Gabelung, an der es nach links, Richtung Ostsüdost, zur Hütte Veltdalshytta geht *(TA024)*. Unser Weg zur *Danskehytta* führt weiter in Richtung Südwesten am nördlichen Ausläufer des *Landversbreen* vorbei. Nach der Gabelung ist das Terrain zwar zerklüftet und führt beschwerlich über mehrere Gesteinshänge, der Blick jedoch hinunter ins Tal *Rødalen* ist herrlich. Nach knapp 1,5 km steht man an einer weiteren Stromleitung die zunächst etwas verloren wirkt inmitten der steinigen Umgebung. Ihr entlang folgt man in Richtung Süden, passiert die Westseite eines kleinen Sees (1.329 m) und überwindet einen daraus abfließenden Bach von Stein zu Stein, der hinunter zum größeren See *Tjønna* fließt.

Nun wendet sich der Weg nach Westen und führt alsbald an einem Staudamm entlang, bis zu einer T-Kreuzung, an der man in Richtung Norden zum Tal Rødalen abbiegen könnte. Unser Weg zur *Danskehytta* schwenkt nach Süden und überquert nach weniger als 1 km einen in den regulierten See *Heimste Vikvatnet* (1.299-1.319 m) fließenden Bach ohne Schwierigkeiten. Schräg über einen flachen Hang westlich am *Heimste Vikvatnet* entlang, geht es noch 1,5 km in Richtung Süden zur *Danskehytta* zwischen Felsen oberhalb des Ufers. **Die 1994 erbaute Hütte hat von Ende April bis Ende Mai, wenn die Rentiere kalben, geschlossen.**

TA024 | 22 km | Veltdalshytta ❻ – Danskehytta ⓫

Von der **Veltdalshytta** läuft man in felsigem Terrain gut 500 m in Richtung Nordwesten bis zu einem Abzweig, geradeaus weiter käme man zur Hütte Reindalseter *(TA008)*. Wir biegen zur Danskehytta links, nach Südwesten eine Brücke querend, ab und kommen nach 500 m über einen kleinen Pfad zur Hütte **Fieldfarehytta** – Norwegens geschichtsträchtigste Übernachtungshütte.
Sie ist nicht nur eine Übernachtungshütte für Wanderer, sondern ein kleines Freilichtmuseum. *Ursprünglich wurde die winzige Hütte als Stützpunkt von norwegischen Widerstandskämpfern der Kompanie Linge im Zweiten Weltkrieg gebaut, die hier das letzte Kriegsjahr verbrachten. Erschwerend kam hinzu, dass sie, um sich durch Rauch nicht zu verraten, im Winter weder heizen noch kochen konnten und die Temperatur daher selten über Null Grad lag. Die Hütte mit den 4 Betten wurde 1990 wieder originalgetreu restauriert und mit der gleichen Ausstattung versehen, die während des Krieges verwendet wurde.* Der Weg von der Brücke zur Hütte ist unübersichtlich und lässt erahnen, warum sie gerade an dieser Stelle errichtet wurde.

Von hier geht es weiter in Richtung Südwesten und einen kurzen, aber steilen Hang bergauf. Hier wird auch die Grenze zwischen dem **Landschaftsschutzgebiet Tafjord-Reindalen** und dem **Nationalpark Reinheimen** überschritten. Jetzt wendet sich der Weg nach Westen und steigt in felsigem Terrain mäßig an zum See (1.442 m). Der Schnee bleibt in dieser Gegend oft bis weit in den Sommer hinein liegen, was man bei der Planung berücksichtigen sollte. In ihrer extremen Kargheit ist die felsige und vergletscherte Landschaft sehr beeindruckend. Im Norden ragt der Berg **Naushornet** (1.895 m) auf und im Süden der Berg **Tordsnose** (1.975 m), von dessen Nordhang sich der **Langfonna**-Gletscher hinunterzieht.

Durch leichteres Gelände laufen wir vom Fuße des Gleschersees den Hang nach oben und an einem Gipfelpunkt (1.510 m) vorbei. Die Landschaft wird immer beeindruckender. Vorn ragt der spitze Gipfel des **Svartegga** (1.937 m) auf. Geht man ein Stück am Hang weiter und bergab, hat man in Richtung Norden einen fantastischen Blick auf das Tal **Reindalen**. An dem steinigen Hang stehen im Abstand von etwa 100 Metern zwei Wegweiser. Der hintere Wegweiser markiert die richtige Kreuzung, an der es nach Norden den Hang hinunter zur Hütte Reindalseter geht *(TA022)* und für uns zur **Danskehytta** den steinigen Hang hinauf Richtung Süden.

Wir steigen einen kurzen, aber steilen Hang hinauf. Dann führt der Weg im Bogen westlich um den See **Femånvatnet** (1.371 m) herum und einen flachen Hang hinauf zum Berg **Femåna** (1.540 m). Von dort geht es ziemlich steil bergab ans Ufer eines Baches, der leicht zu überqueren ist. Hier wendet sich der Weg nach Südwesten, steigt kurz an und fällt anschließend zur Nordseite des regulierten Sees **Grønvatnet** (1.255-1.275 m) ab, wo sich der Weg nach Westen wendet. Quer über den steilen und stellenweise felsigen Hang läuft man über den schmalen Landstreifen zwischen dem **Grønvatnet** und dem Stausee **Brusebotnvatnet** (1.255-1.273 m). Der Weg folgt dem Westufer des **Brusebotnvatnet** durch felsiges Gelände in einem Bogen Richtung Norden, bis er auf eine Stromleitung trifft. Der Blick über den See auf den **Svartegga** ist großartig. In Nähe der Stromleitung läuft man vom See weg in Richtung Norden über einen steinigen Hang bergauf. Der Anstieg ist fast 1,5 km lang und endet an einer Gabelung, an der man in Richtung Norden nach Reindalseter gelangen kann *(TA023)*.

Zur **Danskehytta** biegt man nach Südwesten, das Gelände ist zerklüftet und führt über mehrere Gesteinshänge. Dabei genießen wir einen großartigen Blick hinunter ins Tal **Rødalen**. Nach knapp 1,5 km steht man wieder an einer Stromleitung die etwas verloren wirkt inmitten der steinigen Umgebung. Ihr entlang folgt man nach Süden, passiert die Westseite eines kleinen Sees (1.329 m) und überwindet von Stein zu Stein einen daraus abfließenden Bach der hinunter zum größeren See **Tjønna** fließt.

Nach dem See wendet sich der Weg nach Westen und führt alsbald an einem Staudamm entlang bis zu einer Gabelung, an der man in Richtung Norden zum Tal Rødalen abbiegen könnte. Unser Weg schwenkt nach Süden und überquert nach weniger als 1 km einen in den regulierten See **Heimste Vikvatnet** (1299-1.319 m) fließenden Bach ohne Schwierigkeiten. Schräg über einen flachen Hang und westlich am See entlang, geht es noch 1,5 km südwärts zur oberhalb des Ufers zwischen Felsen thronenden **Danskehytta**.

Die 1994 erbaute Hütte hat von Ende April bis Ende Mai, wenn die Rentiere kalben, geschlossen.

Die Fieldfarehytta ist eigentlich ein „Freilichtmuseum", *Etappe TA024*.

LITERATURVERZEICHNIS

Allgemeines:

Trekking ultraleicht – Basiswissen für draußen, Stefan Dapprich (2017), Conrad Stein Verlag.

Karte Kompass GPS – Basiswissen für draußen, Reinhard Kummer (2017), Conrad Stein Verlag.

GPS Grundlagen · Tourenplanung · Navigation – Basiswissen für draußen, Michael Hennemann (2017), Conrad Stein Verlag.

Outdoor Praxis: Ausrüstung, Verhalten, Gefahren, Survival, Rainer Höh (2012), Reise Know-How Verlag.

Praxis Wildnis-Küche, Rainer Höh (2012), Reise Know-How Verlag.

Skandinavien – Pflanzen im Fjäll, Hans-Jürgen Gottschalk (2017), Edition Elch.

Wandern:

Schweden Mitte: Zwischen Höga Kusten, Härjedalen und Jämtlandsfjäll. 50 Touren m. GPS-Tracks, Sabine Gilcher (2016), Rother Verlag.

Norwegen: Jotunheimen – Rondane. 52 Touren m. GPS-Tracks, Bernhard Pollmann (2017), Rother Verlag.

DuMont aktiv: Wandern in Norwegen, Sabine Gorsemann (2013), DuMont Reiseverlag.

Norwegen: Rondane, Tonia Körner (2009), Conrad Stein Verlag.

Norwegen Mitte: Von Geiranger bis Trondheim und zum Børgefjell. 50 Touren m. GPS-Daten, Rother Verlag.

Fjordruta – Wandern in Norwegen, Alexander Geh (2013), Edition Elch.

Reiseführer:

Reise Know-How Skandinavien – Der Norden, Peter Rump, Frank-P. Herbst (2016), Reise Know-How. .

Norwegen: Reiseführer für individuelles Entdecken, Martin Schmidt (2016), Reise Know-How Verlag.

Norwegen Süd / Mitte, D. Schröder & U. Pagenstecher & M. Velbinger (2014), Verlag Martin Velbinger.

Reiseführer Schweden: mit großer Reisekarte, Ch. Nowak & R. Knoller (2017), Baedeker.

Lesebücher:

Die Birken wissen's noch, Lars Mytting, Insel Verlag.

Die Lügenhaus-Serie: Das Lügenhaus, Hitzewelle, Einsiedlerkrebse, Sonntags in Trondheim, Anne B. Ragde, btb Verlag.

Mittsommertod, Hanne Nehlsen, Aufbau Taschenbuch.

Peer Gynt, Henrik Ibsen, Anaconda Verlag.

Es begann in einer Mittsommernacht *(Roman über das Alltagsleben norwegischer Bauern)*, Olav Gullvåg, antiquarisch.

Im Zeichen des Hammers *(Leben der Bergarbeiter und Bauern auf der Hochebene von Røros im 18. Jh.)*, Johan Falkberget (1938/1954), antiquarisch.

Lagerfeuer vor Trondheim *(Fiktive Erzählung über den Pagen von General Armfeldt vor dem Hintergrund des „Todesmarsch der Karoliner")*, Karl-Aage Schwartzkopf (1983), antiquarisch.

Anzeige

Geobuchhandlung Kiel
Landkarten und Reiseführer für den Norden

Schülperbaum 9 | 24103 Kiel
Tel. 0431 91002 | www.geobuchhandlung.de

GLOSSAR	
Lantmäteriet	Landesvermessungsamt Schweden
Kartverket	Landesvermessungsamt Norwegen
Naturum	Besucherzentrum in einem Nationalpark oder Naturschutzgebiet
NOK	Norwegische Krone *(Umrechnungskurs Sep 2017: 9,3 NOK = 1 Euro)*
SEK	Schwedische Krone *(Umrechnungskurs Sep 2017: 9,55 SEK = 1 Euro)*
DNT – Den Norske Turistforening	Norwegens Wanderverein (Dachverband) www.dnt.no
Statskog	Staatliches Norwegisches Forstunternehmen www.inatur.no
NJFF – Norges Jeger- og Fiskerforbund	Norwegischer Jäger- und Anglerverband www.njff.no
Länsstyrelsen Dalarna	Regionalverwaltung des Verwaltungsbezirks Dalarna www.lansstyrelsen.se/dalarna
STF – Svenska Turistförening	Schwedischer Tourismusverband www.svenskaturistforeningen.se
Nordische Outdoorverbände sind:	DNT, STF, Suomen Latu *(Finnland)* und Ferðafélag Íslands

SKANDINAVIEN ZU HAUSE

norrmagazin.de/abo

Mit einem Abo kommt **NORR** direkt zu dir nach Hause. Die Frühlings-, Sommer-, Herbst- und Winterausgabe, und eine skandinavische Prämie gibt es **für 19,60 Euro**.

Du möchtest **NORR** testen? Registriere dich unter norrmagazin.de/testabo mit dem Code **Mittelschweden** und du erhältst ein kostenloses Probeabo.

JETZT GEHT'S FJORDWÄRTS!

Die TraumReiseFähren
DÄNEMARK–NORWEGEN

INFOS + BUCHUNG

ALLES FÜR WANDERER: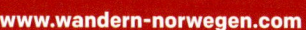

Fjord Line GmbH | Nizzestraße 28 | D-18311 Ribnitz-Damgarten | Tel.: +49 3821 709 72 10 | E-Mail: Buchung@FjordLine.de

Die schönsten Kanu- & Outdoorbücher für Skandinavien

KANU KOMPASS
Südschweden

KANU KOMPASS
Dänische Südsee,
Deutsche Ostsee

OUTDOOR KOMPASS
Südnorwegen
Wandern, Kanu, Rad, Wintertouren

OUTDOOR KOMPASS
Südschweden
Wandern, Kanu, Rad

je 19,90 €

Wanderwege Band 1
Nordskandinavien

29,90 €

Entdecke die
Lofoten

24,90 €

Thomas Kettler Verlag

RANDULF VALLE OUTDOOR-ABENTEUER
FINNMARK
NORWEGENS NORDEN

- KÜSTENSPAZIERGÄNGE
- PADDELTOUREN IN DER WILDNIS
- SKIFAHRTEN IN DER POLARNACHT
- FAMILIENAUSFLÜGE MIT KINDERN
- LACHSFISCHEN
- GLETSCHERWANDERUNGEN ...
- UND JEDE MENGE TIPPS FÜR DAS PERSÖNLICHE ABENTEUER
- TRAUMHAFTE FOTOS

34,90 € [D]

Outdoor-Abenteuer
FINNMARK
ISBN 978-3-934014-66-4

ÜBER DEN AUTOR

Harri Ahonen (geb. 1976) aus Tampere ist ein waschechter Finne, wie er im Buche steht. Als solcher liebt er die Einsamkeit und Weite der nordskandinavischen Landschaft in der er alljährlich viele hundert Kilometer zu Fuß unterwegs ist. Der professionelle Wanderer und studierte Historiker, der mehrere Jahre in Norwegen lebte, besucht in seiner Freizeit gerne kulturelle Veranstaltungen und – natürlich – ausgiebig die Sauna.

Schon drei Bücher über Wanderkultur und -routen in Nord- und Mittelskandinavien hat er auf Finnisch verfasst, von denen nun die ersten beiden auf Deutsch im Thomas Kettler Verlag erscheinen.

Foto: © Mikko Heponeva

Namensregister

über Hütten, Unterkünfte, Start- & Endpunkte der Strecken

Kürzel der Regionen:
Sy = Sylarna
FR = Femundsmarka & Rogen
R = Rondane
D = Dovrefjell
TR = Trollheimen
N = Nordmøre
TA = Tafjordjell

A

Anaris Fjällstuga (Sy) *71, 74, 80, 84, 85, 88*
Armfeldts Karoliner *8, 55, 66, 117*
Arådalen Fjällstuga (Sy) *71*
Arådalen (Sy) *74, 78, 80, 82*
Aure Gjestegård (N) *295*
Aure (N) *296, 298, 304*
Aursjøhytta (D) *213, 218, 237, 238, 245*
Åmotsdalshytta (D) *213, 215, 218, 222, 223, 224, 226, 228, 230, 232, 235*

B

Billingen Seterpensjonat (TA) *321*
Billingen (TA) *321, 324, 330*
Bjørneggen (Sy) *69, 74, 119, 120, 122, 124, 125*
Bjørnhollia (R) *181, 183, 184, 201, 203, 204, 205, 207, 208*
Blåhammaren Fjällstation (Sy) *70, 73, 74, 108, 112, 114, 115*
Bolme Pensjonat (N) *295, 298*
Brandstadbu (D) *213, 218, 240, 241*
Broktjärnskojan (FR) *136, 140*
Bårdsgarden (TR) *258, 259, 260, 276, 277, 278, 282, 286, 288*
Bøverdalen (N) *298, 316*

D

Danskehytta (TA) *321, 324, 346, 347, 349, 350*
Dalarna (FR) *53*
Dindalen (D) *218, 232*
Dindalshytta (D) *213, 218, 232*
Dovrefjell (D) *52*
Dørålseter (R) *181, 183, 184, 190, 191, 193, 194, 196, 198, 201, 203*

E

Eiriksvollen (D+TR) *213, 218, 251, 258, 260, 289, 290*
Ekorrdörren (Sy) *71, 75, 105*
Eldåbu (R) *181, 184, 205*
Elgå (FR) *137, 139, 140, 176, 177*
Enaforsholm (Sy) *71*
Enafors (Sy) *74, 110*
Endalen (Sy) *71, 75, 115*
Enkälen (Sy) *71, 75, 108, 112*

F

Fagerlino (Sy) *130*
Fältjägaren Fjällstuga (Sy) *71, 74, 97, 98*
Falkfångarfjället (Sy) *71, 75, 78*
Falkfångarhögdana *54*
Fautbua (FR) *136, 140, 153*
Femunden Fjellstue (FR) *137*
Femundsee/Femunden (FR) *139, 147, 149, 150, 176*
Femundshytta (FR) *137, 140, 149, 150*
Femundsmarka *54*
Feragsdambua (FR) *136, 140*
Fieldfarehytta (TA) *321, 324, 331, 350*
Firkanten (SY) *73*
Fiskåhøgda (Sy) *69, 75, 109*
Fjordruta (N) *51, 292, 296*
Fjällnäs (Sy+FR) *72, 74, 98, 100, 138, 140, 155*
Fjølburøsta (FR) *137*
Furrubakken (FR) *136, 140, 148*

G

Gamla Sylen (Sy) *71, 75, 114*
Gamle Innerdalshytta (TR) *258, 284, 285, 286, 288, 289, 290*
Gammelsetra (D) *210, 213, 215, 218, 230, 232, 234, 246, 251*
Gamme ved Roasten (FR) *136, 140*
Gåsen Fjällstuga (Sy) *71, 74, 92, 94, 106*
Gåsån (Sy) *71, 75, 106*
Geirangerfjord (TA) *324*
Geiranger (TA) *321, 324, 342, 345*
Gjevillvatnet West (TR) *260, 276*
Gjevilvasshytta (TR) *52, 257, 258, 259, 260, 274, 275*
Gjøra (D) *214, 218*
Grimsdalshytta (R) *181, 184, 188, 189, 190, 193*
Grotli Høyfjellshotel (TA) *321, 347, 348*
Grotli (TA) *321, 324, 347, 348*
Grytbakksetra (N) *294, 296, 298, 309, 310, 312, 314*
Grådalsbua (FR) *136, 140, 149*
Gråhaugen Fjellstue (TR) *258, 264, 265*
Gråsjødammen (TR) *258, 260*
Gråsjøen Nord (TR) *258, 260, 264*
Gråsjøen West (TR) *260, 265*
Gräftåvallen (Sy) *72, 74, 78*
Gräslidfjället (Sy) *71, 75, 114*
Græslihytta (Sy) *69, 74, 128, 131*
Græsli (Sy) *74, 131*
Grøa (D+TR) *214, 218, 252, 258*
Grønningsæter (TA) *324, 336*
Grønnvassbue (TA) *322, 324*
Grönvallen (Sy) *71, 75, 86*
Grövelsjön Fjällstation (FR) *135, 139, 164, 166, 167, 168*
Grövelsjön (FR) *53, 54, 135, 140, 163, 164, 165, 166, 171*
Grøvudalshytta (D) *213, 215, 218, 230, 236, 237*
Gullruta *52*
Gullsteinvollen (N) *294, 298, 300, 301*

H

Hageseter (R) *182, 184, 186, 188*
Hallen (D) *218, 230*
Halsa (N) *51, 296, 298, 317*
Haltdalen *55*

Handöl 55
Hardbakkhytta (N) *294, 296, 298, 314*
Haugen gård (FR) *138, 140, 170, 175*
Haverdalseter (R) *182, 184, 189, 191*
Härjångsdalen (Sy) *71, 75, 94*
Hävlingestugorna (FR) *137, 139, 140, 161, 162, 163, 164*
Hegra (Sy) *72, 73, 74, 130*
Helags Fjällstation (Sy) *70, 74, 94, 95, 96, 97, 102, 103*
Hembre gård (Sy) *74*
Herdalen (TA) *321, 324, 344, 345*
Herdalssetra (TA) *321, 344, 345*
Hermannhytta (N) *294, 298, 312, 313*
Hjerkinnhus (R+D) *182, 184, 214*
Hjerkinn (R+D) *180, 182, 183, 184, 186, 212, 214, 215, 218, 220*
Hoemsbu (D) *213, 218, 239*
Hosjöbottnarna (Sy) *72, 75, 80*
Höglekardalen (Sy) *72, 74, 78, 80*
Høgrondbu (Sy) *181, 203*
Høvringen (R) *182, 183, 184, 193, 194*
Hulke (Sy) *71, 75, 95*

I

Imarbu (N) *294, 296, 298, 301, 302*
Innerdalshytta (TR) *259, 260, 284, 285, 286, 288, 289, 290*
Innerdal Turisthytte (TR) *258*

J

Jakobselet (TA) *321, 324, 342*
Jonasvollen (FR) *138, 140, 150*
Jutulbu (N) *295, 296, 298, 316, 317*
Jøldalshytta (TR) *52, 257, 258, 259, 260, 270, 273, 274*
Jølhaugen (TR) *260, 270*

K

Kaldhusseter (TA) *321, 324, 342, 346*
Kleva (TR) *52, 260, 270*
Kluksdal (Sy) *74, 121, 122*
Klukstugan (Sy) *71, 75, 122*
Kläppen (Sy) *74, 96*

Kongsvold Fjeldstue (D) *214, 220*
Kongsvoll (D) *52, 214, 215, 218, 220*
Kristiansund (N) *298, 300*
Kungsleden (Södra/südlicher) *54*
Kuvolsætra (FR) *175*
Kvernberget (N) *298, 300*
Kvitfjellhytta (Sy) *69, 74, 129, 130, 131*
Kårvatn (TR) *256, 258, 259, 260, 280, 282, 284*
Kårøyan (N) *295, 298, 309, 310, 311*
Käringsjön (FR) *138, 140, 156, 159*
Käringsjövallen (FR) *140, 159*

L

Langbrottstugan (Sy) *71, 75*
Langen (FR) *138, 140, 146, 149*
Langtjønnbua (FR) *136, 140, 146*
Laurgårdseter Fjellstue (R) *182*
Limåskjerkå (N) *312*
Linné Stigen/Linnés veg *53, 166, 168*
Litjfjellgruva (Sy) *124*
Litjrennbua (FR) *136, 140, 148*
Ljosåbue (R) *196*
Ljungan (Sy) *71, 75, 95*
Ljungdalen (Sy) *70, 74, 96, 98*
Ljøsnavollen (FR) *140*
Ljøsnåvollen (FR) *138, 145, 147, 150, 151, 153*
Loennechenbua (D) *213, 218, 234, 235*
Lorthølbua (FR) *136, 140*
Lunndörrspasset (Sy) *71, 75, 83*
Lunndörrsstugan (Sy) *71, 74, 83, 84, 86, 92*

M

Mannseterbakken (Sy) *74, 125*
Marenvollen (FR) *135, 140, 144, 146*
Miesehketjahke (Sy) *71, 75, 104*
Moschusochse *43, 178*
Muggsjøbua (FR) *136, 140, 152, 153*
Muggsjølia (FR) *136, 140, 152, 153*
Muldal (TA) *324, 336, 339*
Mysuseter (R) *182*
Møllerbua (FR) *136, 140, 172*

N

Nauståbu (TR) *258, 281*
Nedalshytta (Sy) *69, 73, 74, 102, 104, 116*
Nersetra (N) *295, 298, 302, 303*
Nesjøe (Sy) *66*
Nordmøre (N) *51*

O

Oppsalvatnet (N) *298, 312*
Øigardseter (R) *183*
Øverås (D) *218, 241*

P

Peer Gynt-Hytta (R) *182, 184, 196*
Prestøyhytta (Sy) *69, 73, 74, 128, 129*
Pyramiderna (Sy) *84*
Pyttbua (TA) *321, 323, 324, 326, 327, 328, 329, 333*

R

Ramsjøhytta (Sy) *69, 74, 117, 123*
Ramundberget (Sy) *70, 74, 97, 100, 101*
Raubergshytta (D) *213, 215, 218, 236, 242, 244, 245, 246, 248, 249*
Reindalseter (TA) *321, 323, 324, 332, 333, 334, 339, 342, 348, 349*
Reinheim (D) *213, 215, 218, 221, 222, 224*
Reinheimen (TA) *323*
Reinsvassbu (D) *213, 218, 238, 240, 244*
Renndølsetra (TR) *258, 284, 286*
Reva (FR) *136, 172*
Revbua (FR) *136, 140*
Revlingen (FR) *140, 176*
Rindal (TR+N) *258, 260, 262, 295, 298*
Rogen Fjällstuga (FR) *136, 139, 140, 156, 159, 160*
Rogen (FR) *156, 159*
Rondeheim (R) *182*
Rondetunet (R) *182, 184, 207*
Rondvassbu (R) *181, 183, 184, 195, 196, 198, 200, 204, 205*
Rovangen (N) *295, 296, 298, 303, 304*
Rundhögen (Sy) *74, 113, 114*

Røa (FR) *140, 176*
Røros (FR) *138, 140, 144*
Røvollen (FR) *135, 140, 151, 174, 176*

S

Saga Trollheimen Hotel (TR+N) *258, 260, 262, 295, 298, 311*
Schulzhytta (Sy) *69, 73, 74, 123, 124, 127, 128*
Seterbøen (N) *298, 316*
Sjursvollen (Sy) *117, 119*
Skamsdalen (D) *218, 227, 228*
Skarvedalshytta (TA) *322, 323*
Skarvruet (Sy+FR) *70, 135*
Skedbro Fjällstuga (FR) *136, 139, 140, 153, 154, 155, 156, 171*
Slagufjället (FR) *136, 140, 161*
Slagusjön (FR) *136, 140, 161*
Sletten Fjellgård (R+D) *183, 184, 186, 189, 214, 218, 220*
Smuksjøseter (R) *183, 184, 195*
Snasahögarna (Sy) *71, 75, 111*
Snøheim (D) *212, 213, 215, 218, 222, 223, 224, 226, 227*
Snøhetta (R+D) *180, 212, 215*
Sollia (N) *295, 298, 306, 308*
Södra Kungsleden (südlicher) *54*
Spranget (R) *182, 184, 196*
Spåime (Sy) *71, 75, 107*
Spångkojan (FR) *136, 137, 140, 161, 162, 163*
Staalavieliekojan (Sy) *71, 75*
Stensdalen Fjällstuga (Sy) *71*
Stensdalsstugan (Sy) *74, 89, 91, 92*
Stodsbuøye (R) *184, 193*
Storerikvollen (Sy) *55, 69, 73, 74, 109, 115, 116, 117, 119, 120, 121*
Storfiskhytta (N) *295, 296, 298, 304, 306*
Storliens Fjällgård (Sy) *70*
Storlien (Sy) *54, 72, 74, 122*
Storlisetra (N) *295, 296, 298, 306, 308, 309*
Storrödtjärn Fjällstuga (FR) *136, 139, 140, 160, 161*

Storulvån Fjällstation (Sy) *70, 74, 106, 107, 112*
Storvassbu (TA) *322, 323*
Straumbu (R) *183, 184, 200, 208*
Stäntja (Sy) *71, 75*
Svaaletjåhke (Sy) *71, 75, 99*
Svalåtjärn (Sy) *71, 75*
Svukuriset (FR) *135, 139, 140, 167, 168, 169, 171, 174, 175, 176, 177*
Sylarna Fjällstation (Sy) *70, 73, 74, 103, 104, 106, 107, 108, 109, 110, 113*
Sylen (FR) *164, 166, 170*
Sylseth (FR) *138, 140, 164, 165, 166, 169, 170*
Synnervika (FR) *136, 140, 147, 149*
Särsjöbäcken (FR) *136, 140, 164*
Särsjön (FR) *137, 140, 162*
Sæter (FR) *135, 140, 150*
Sætersetra (TR+N) *52. 258, 260, 266, 295, 298, 313*

T

Tänndalen (Sy+FR) *70, 72, 74, 101, 135, 140, 154*
Teveldalen (Sy) *72, 74, 122*
Tjallingen (Sy) *106*
Tjønnebu (TA) *321, 324, 335, 336*
Todalshytta (TR) *257, 258, 260, 285*
Torsbu (TA) *321, 323, 324, 329, 330*
Tossåsen (Sy) *72, 74, 82, 83*
Trekanten (TR) *52, 259*
Trollheimen *52*
Trollheimshytta (TR) *52, 257, 258, 259, 260, 262, 264, 265, 267, 268, 270, 273, 274, 278, 279, 280*
Trollstua (N) *295, 298, 300*
Tundra-Ren *43, 178*
Tunga (TA) *323, 324, 326, 327*
Tverrfjellhytta (R+D) *180, 212*
Tverrlihytta (N) *295, 296, 298, 315, 316*
Tverråhytta (TA) *322, 324*
Tvärån (Sy) *71, 75, 78*
Tydal (Sy) *66*
Töfsinghån (FR) *137, 140, 162*

Tømmervåg (N) *298, 300*

U

Ulvåtjärn (Sy) *71, 75, 112, 114*

V

Vakkerstøylen (TA) *321, 323, 324, 327, 334, 335, 336*
Valdalen (FR) *138, 140, 166, 167*
Valdalen Gård (FR) *139*
Vallbo (Sy) *72, 74, 85, 86*
Vangshaugen (D) *52, 213, 215, 218, 248, 249, 251, 252*
Vassendsetra (TR) *258, 260, 275, 277, 279*
Vauldalen (FR) *138, 140, 150*
Veltdalshytta (TA) *321, 323, 324, 328, 330, 332, 350*
Viglaskyddet (FR) *135, 140, 151*
Vike (D) *218, 239*
Vindølbu (TR) *258, 260, 266, 267, 268*
Vinjefjord (N) *298*
Vinjeøra (N) *296*
Viromdalen (TR) *260, 286*
Visjön (Sy) *71, 75, 80*
Vålådalen (Sy) *66, 70, 73, 74, 86, 88, 90*
Vålådalen Fjällstation (Sy) *70*
Vålåstugan Fjällstuga (Sy) *71, 74, 90, 92, 95, 96*

Z

Zakariasdammen (TA) *324, 342*